SABINA BRACK, geboren 1981 in der Ostschweiz, arbeitet seit vielen Jahren in der Kommunikationsbranche, aktuell leitet sie internationale Tourismuskampagnen. Privat reist sie gerne und mag sowohl die Ruhe der Berge als auch die Weite des Meeres. Sie lebt mit ihrer Familie in der Nähe von Zürich.

SABINA BRACK

Die kleine Auszeit in den Bergen

Roman

Ullstein

Besuchen Sie uns im Internet:
www.ullstein.de

Wir verpflichten uns zu Nachhaltigkeit

• Papiere aus nachhaltiger Waldwirtschaft
und anderen kontrollierten Quellen
• ullstein.de/nachhaltigkeit

FSC
www.fsc.org
MIX
Papier | Fördert
gute Waldnutzung
FSC® C021394

Originalausgabe im Ullstein Taschenbuch
1. Auflage Juni 2025
2. Auflage 2025
© Ullstein Buchverlage GmbH, Friedrichstraße 126, 10117 Berlin
2025
Wir behalten uns die Nutzung unserer Inhalte für Text und Data
Mining im Sinne von § 44b UrhG ausdrücklich vor.
Bei Fragen zur Produktsicherheit wenden Sie sich bitte an
produktsicherheit@ullstein.de
Umschlaggestaltung: © Sabine Kwauka, München
Titelabbildung: shutterstock / © invisible163 (Himmel);
shutterstock (Berge); shutterstock / © LedyX (Wiese); shutterstock
/ © aBSicht (Hütte); shutterstock / © Bento Orlando (Kalb);
shutterstock / © chudilo (Frau); shutterstock / © Gringoann.art
(Blätter)
Gesetzt aus der Albertina by *pepyrus*
Druck und Bindearbeiten: ScandBook. Litauen
ISBN 978-3-548-06960-9

Erster Teil

Pia

Pia wirft einen unauffälligen Blick auf die Wanduhr. Noch fünf Minuten, denkt sie. Jetzt noch mal volle Konzentration, es ist fast Feierabend.

»Ich bin mir einfach nicht sicher«, sagt Frau Stoll. Dabei zupft sie am Ärmel ihres Pullovers, der schon ganz fusselig ist. Ihre neueste Marotte.

Frau Stoll ist seit mehr als drei Jahren bei Pia in Therapie. Ursprünglich, um die Scheidung von ihrem Mann zu verarbeiten. Doch anstelle einer sauberen Trennung befindet sie sich nun schon seit Jahren in einer aufreibenden On-off-Beziehung mit ihrem Ex-Mann.

»Er gibt sich wirklich Mühe, hört mir zu, fragt mich manchmal sogar, wie es mir geht. Das hat er während unserer Ehe nie getan.«

Pia lächelt empathisch.

»Ich bin an einem Punkt, an dem ich mir vorstellen könnte, wieder …«

Eine Beziehung mit ihm einzugehen, denkt Pia.

»Eine Beziehung mit ihm einzugehen«, sagt Frau Stoll.

Sie schielt in die Patientenakte. Es wäre wieder an der

Zeit, drei Monate sind rum. Warum fällt sie immer wieder in das alte Muster zurück?

»Und wie fühlen Sie sich bei diesem Gedanken?«, fragt Pia und drückt den Kugelschreiber so fest, dass die Adern an ihrer Hand anschwellen.

»Nun, es sind gemischte Emotionen. Auf der einen Seite sind da natürlich diese Ängste. Was, wenn ich mich wieder eingeengt fühle und ihn betrüge?«

»Sie haben selbst gesagt, dass es diesmal anders ist.«

Noch zwei Minuten. Dann gönnst du dir etwas Schönes. Du könntest zu Hause ein ausgedehntes Vollbad nehmen, ganz kitschig mit Duftkerze, Bubble-Badesprudelzusatz, und dabei die neue Playlist hören. Das wäre sicher entspannend.

»Ich denke es, ja«, antwortet Frau Stoll zögerlich und zerstört weiter ihren cremefarbenen Mohairpullover. »Wer an sich arbeitet, kann sich ändern. Das sagen Sie doch immer.«

Zuversicht ausstrahlen, Pia. Das gehört zu deinem Job. Wenigstens noch zwei Minuten, was danach kommt, sieht niemand.

»Wir beschäftigen uns nun schon seit längerer Zeit mit Ihren Beziehungsängsten. Sie haben Fortschritte gemacht«, hört sie sich sagen. Die magischen Worte. Die Augen von Frau Stoll funkeln wie Bergkristalle.

»Finden Sie?«

Noch eine Minute. Denk an all die Patientinnen, die deine Therapie erfolgreich abgeschlossen haben. Manchmal dauert es einfach etwas länger. Das liegt nicht an dir und deinen Fähigkeiten. Selbst Frau Stoll wirst du noch an diesen Punkt bringen, auch wenn noch einige ihrer teuren Pullis dafür draufgehen werden.

»Vielleicht bin ich jetzt bereit für ein Kind«, sagt Frau Stoll.

Der Zeiger der Wanderuhr springt. Sechs Uhr, Feierabend. Gott sei Dank.

»Lassen Sie uns nächste Woche darüber sprechen, Frau Stoll.«

»Wissen Sie, die Zeit vergeht immer so schnell, wenn ich bei Ihnen in Therapie bin.«

Pia lächelt. Das hört sie oft. Sie ist eine gute Therapeutin.

»Genauso, wie wenn ich mit einer Freundin in einem Café sitze und plaudere. Außer, dass ich hinterher viel – wie sagt man – klarer bin.«

»Erfreulich, dass Ihnen die Gesprächstherapie so leichtfällt.«

»Total. Und dennoch mache ich Fortschritte.«

»Die machen Sie.«

Vielleicht sollte sie sich auf dem Heimweg noch Lavendelbadezusatz kaufen, das soll sehr beruhigend sein. Mensch, Pia, jetzt klingst du schon wie deine Schwester.

»Machen alle Patienten so schnell Fortschritte wie ich?«

Immer diese Vergleichsfragen. Pia unterdrückt einen Seufzer.

»Das kann ich so pauschal nicht sagen, weil es ganz auf die Patientin und ihr Anliegen ankommt. Ich muss Sie nun leider bitten zu gehen. Ich habe noch einen Termin.«

»Natürlich. Bin schon weg, liebe Frau Wunderlich.«

Frau Stoll verabschiedet sich mit einem leichten Händedruck.

»Überstürzen Sie nichts«, rät Pia ihr zum Abschied. Vor sich hin summend verlässt Frau Stoll die Praxis, ihre Beziehungsprobleme hat sie brav bei ihr im Therapieraum gelassen.

Pia macht das Fenster auf und atmet tief die kühle Luft ein. Ihr Feierabendritual. Den Kopf durchlüften nach einem ganzen Tag lang zuhören und Fragen stellen. Die Abendluft trägt immer noch die Schwere des Winters in sich. Es ist schon April, doch nach einem milden Winter kam der Schnee erst Ende März und blieb tagelang als grauer Matsch in den Straßen liegen. Draußen rauscht der Feierabendverkehr durch die Stadt. Pia mag die Dynamik der Menschenmassen, die sich in ihr Privatleben stürzen und auf dem Nachhauseweg versuchen, möglichst viel vom Arbeitstagsballast loszuwerden. Manchmal wünscht sie sich, sie könnte ihren Job einfach an den Kleiderhaken ihrer Praxis hängen – und unbeschwert nach Hause spazieren.

Ihr Praxisraum liegt in einem anonymen Hochhaus mitten in der Stadt. Durch die Fensterfront wirkt er größer, als er ist, und ziemlich freundlich, auch wenn er nüchtern eingerichtet ist mit dem aufgeräumten Schreibtisch und dem Sofa für ihre Patienten. In der Ecke steht ein mickriger Ohrenkaktus, den sie von ihrem Praxiskollegen Matteo geschenkt bekommen hat, »damit du bei der Arbeit auch noch etwas Grünes siehst«. Die perfekte Pflanze für Pia, die keinen grünen Daumen hat und bei der schon viele Zimmerpflanzen vertrocknet sind. Sie wirft einen Blick auf ihr Smartphone. Ein verpasster Anruf von Lena und eine Nachricht.

> *Bitte melde dich, es ist wichtig. Danke. Dein Schwesterherz.*

Wenn sie mit »Schwesterherz« unterschreibt, braucht Lena immer etwas. Es reicht schon, dass sie den ganzen Tag lang ihren Patienten bei deren Problemen hilft, da ist ihre Bereitschaft für private Therapiestunden abends eher gering. Heute hat sie definitiv keine Energie für ihre Schwester und ihre Alpdramen, sondern muss etwas für ihre eigene Work-Life-Balance tun. Sonst wird das noch eine lange Woche.

»Na, schon am Nachdenken über das Menü fürs Abendessen?«, fragt Matteo, der seinen wuscheligen Kopf in ihren Praxisraum steckt. Sie hat gar nicht gehört, wie die Tür geöffnet wurde.

»Nein, noch am Abschalten.«

»Harter Tag?«

»Hm. Frau S. ist bereit für ein Kind. Herr P. hat einen zweiten Burn-out. Frau L. trinkt wieder.«

»Na, immerhin geht dir die Arbeit nicht aus.«

Sie lacht. Matteos Galgenhumor tut ihr gut. Die beiden teilen sich eine psychologische Praxis, inklusive einer Küche mit einer sündhaft teuren Kaffeemaschine.

»Manchmal fühle ich mich wie Sisyphos«, seufzt Pia. »Da freue ich mich über hart erarbeitete Therapieerfolge, nur damit es in der nächsten Sitzung wieder von vorne losgeht.«

Bei den Worten drückt sie ihre Hand auf den Ohrenkaktus, bis die Stacheln piksen. Sie weiß ja selbst, wie albern das klingt. Matteo setzt seinen Welpenblick auf, mit dem er seinen Patienten jedes Geheimnis entlockt.

»Mach dir keinen Kopf. Geh nach Hause, und koch dir was Leckeres. Morgen ist ein neuer Tag.«

»Mit neuen Problemen.«

»Augen auf bei der Berufswahl.«

Von Matteos Gelassenheit könnte sie sich eine Scheibe abschneiden. Jeden Abend brennt er ein Räucherstäbchen ab, um die Sorgen seiner Patienten aus seinem Praxisraum zu verbannen. Zwar belächelt Pia das, auch weil sie diesen Geruch mit ihren Eltern verbindet, die in weiten Hippiekleidern in einem indischen Ashram sitzen und den halben Tag lang meditieren, aber irgendwie scheint es zu funktionieren. Jedenfalls verlässt er die Praxis meist genauso beschwingt wie ihre Patientin Frau Stoll.

»Tut mir leid, dass ich in letzter Zeit so oft jammere.«

»Keine Ursache. Die fünf Minuten mit dir werde ich einfach meinem letzten Patienten verrechnen«, ruft er ihr scherzend zu, dann ist er weg.

In der Küche bereitet sich Pia einen Espresso zu, den letzten für heute. Manchmal ist so ein Kaffee das Einzige, was sie erheitert. Kein Wunder, dass ihr Konsum ins Unermessliche gestiegen ist. Sie versteht es selbst nicht: Sie, die diszipliniert zweimal die Woche im Fitnessstudio trainiert, vitaminreich kocht, kaum Alkohol trinkt. Nur beim Kaffee ist sie maßlos. Sogar abends vor dem Schlafen genehmigt sie sich oft noch einen koffeinfreien Cappuccino mit viel Milch.

Sie stürzt den Espresso hinunter und macht sich auf den

Heimweg. Ihre Wohnung liegt zu Fuß nur fünf Minuten von der Praxis entfernt. Was praktisch ist, aber fast zu nah. Zu Hause, in ihrer winzigen Dachwohnung, bereitet sie sich ein schnelles Thai-Curry zu und verdrückt sich damit auf ihr kuscheliges Sofa. Sie ist zu hungrig und müde für ein Vollbad und achtsame Erholungszeit. Stattdessen klappt sie ihren Laptop auf und ist bald mitten in einer englischen Krimiserie gefangen.

Lena

Lena kniet in ihrem Kräutergarten und steckt die Hände in die angefrorene Erde, die kalt ist wie ein Grab. Überhaupt gleicht ihr Garten mehr einem Friedhof. Dabei hatte Alma aus dem Dorf sie noch gewarnt.

»Du wohnst auf 1200 Metern über dem Meeresspiegel, Leni. Es ist noch zu früh für die Aussaat.«

Dennoch hatte sie sich durch das milde Frühlingswetter Mitte März verführen lassen. Überall ums Haus reckten Schneeglöckchen und Krokusse im Rekordtempo ihre Köpfe aus der Erde. Die Sonne schien bereits so warm, dass sie ihre Pausen draußen verbringen konnte, im T-Shirt. Ihr Gesicht war abends voller Sommersprossen. Doch bereits einen Tag später fegte ein Schneesturm über den Hof und hinterließ einen eisigen Zuckerguss auf ihrem Garten. Sie hätte auf Alma hören sollen, jetzt sind alle Keimlinge erfroren.

Der Winter war unnatürlich warm und praktisch schneefrei. Insgeheim war sie froh, dass es mehr ein Bergwinter für

Anfängerinnen war. Sie nutzte die ruhigen Wintertage, um im alten Bergbauernhaus – ihrem aufregenden neuen Zuhause – ein paar notwendige und weniger notwendige Arbeiten auszuführen. Im November hackte sie fast eine Woche lang das Holz des Försters in Scheite, damit es durch die Luke des Kachelofens passt, ihre einzige Heizung. Noch nie hatte sie solch einen Muskelkater, nicht einmal nach ihrem einmonatigen Yoga-Intensivtraining auf Bali, als sie kaum noch gehen konnte.

Im urigen Bad ersetzte sie die dunkelgrauen Plättchen mit einem Mosaik aus filigranen blau-weißen Kacheln, die ihr Miguel aus Porto mitgebracht hatte. Jedes Mal, wenn sie den Heizstrahler montieren wollte, sprang allerdings die Sicherung raus. Lange stand sie vor dem Sicherungskasten, bewegte die Schalter hin und her und studierte die Kabel. Viel mehr traute sie sich nicht. Jetzt ist ihr Bad erst dann eine Wohlfühloase, wenn sie unter dem heißen Wasserstrahl in der Dusche steht.

Am liebsten ist Lena allerdings in der gemütlichen Stube, die nach winterlichen Tannenwäldern und warmer Milch duftet, während das Knistern des Kachelofens ihr Wohlbehagen perfekt macht. Die getäfelte Rückwand, die mit ihren Holzaugen stressig auf sie wirkte, hatte sie im Dezember mintgrün angemalt. Was für ein cooler Kontrast zu dem senfgelben Kachelofen. In den hat sie sich sofort verliebt. Wenn sie ehrlich ist, war das sogar der ausschlaggebende Grund, das Bergbauernhaus zu kaufen – obwohl es nur über einen Fußweg erreichbar ist. Nun verbringt sie die langen

Winterabende auf der warmen Ofenbank und liest zerfledderte Romane, meditiert oder praktiziert den Sonnengruß.

Jeden Tag ist sie dankbar dafür, hier zu Hause sein zu dürfen. In diesem kitschigen Holzhäuschen mit Schindeldach und dem alten Stall, eingebettet in eine offene und vom Schnee platt gedrückte Alpenwiese und umzingelt von spitzen Schneeriesen.

Als ihre ehemalige Schulkollegin Olivia ihr im letzten Sommer das handgeschriebene Inserat aus der Dorfzeitung geschickt hatte mit der Bemerkung, ob das nicht ein Projekt für die verrückte Lena wäre, war sie sofort Feuer und Flamme gewesen. In den Wochen zuvor hatte sie viel meditiert und das Universum, wie sie ihre höhere Kraftquelle nennt, um ein Zukunftszeichen gebeten. Sie war müde vom vielen Reisen und auf der Suche nach einem Ort, an dem sie bleiben konnte. Genau in dieser Zeit schrieb ihr Olivia, mit der sie seit einem ausgeuferten Klassentreffen vor vielen Jahren keinen Kontakt mehr hatte. Das konnte kein Zufall sein. Bereits als sie den Fußweg zum Hof hochwanderte, hat sie gespürt, wie besonders dieser Fleck Erde ist. Bergbauer Sepp, dem sie die Alp für einen Spottpreis abkaufte, weil er ins Altersheim zog, war mehr als goldig. Sie musste ihm versichern, sich um seine Schafe zu kümmern und keines von ihnen zu schlachten.

Lena atmet tief die winterschwere Bergluft ein, nimmt ein Stück Gartenerde in die Hände und wirft einen letzten Blick auf die Keimlinge, die wie verzauberte Schneeprinzessinnen auf ihre Rettung warten. Zum Glück sieht Alma die toten Pflänzchen nicht. Das würde ihr das Herz brechen.

Nächstes Mal hinhören, Lena. Alma macht das schließlich schon seit über vierzig Jahren.

»Wir werden schon noch Freunde«, sagt sie zu ihrem Garten und wirft den Erdklumpen zurück auf das Beet. Eigentlich wollte sie nur kurz raus, um frische Luft zu schnappen. Wegen des Sturms hat sie das Haus in den letzten Tagen nur verlassen, um nach den Schafen im Stall zu sehen. Sie genoss es, während der langen Wintertage genug Zeit zu haben, um sich mit ihren sechs Schwarznasenschafen anzufreunden. Was sich als sehr einfach erwies. Die Schafe sprangen ihr in der Hoffnung auf eine Streicheleinheit entgegen, sobald sie die quietschende Stalltür öffnete. Schnell hatte sie für jedes Tier einen passenden, von Göttinnen inspirierten Namen gefunden. Wie gut es tat, im klirrend kalten Stall die flauschig warmen Schafe an sich zu drücken und ausgiebig zu bürsten. Mit der Wolle, die sie eimerweise aus den Tieren kämmte, polsterte sie vier Stühle. Bis auf den einzelgängerischen Bock Karl Ludwig freuten sich alle Tiere über die Aufmerksamkeit ihrer neuen Besitzerin.

Die Sonne hat sich bereits hinter den Bergen verdrückt, und doch werden die Tage allmählich wieder heller und freundlicher. Lena schlägt den schmalen Pfad zurück zum Bauernhaus ein. Ein wenig vermisst sie die Frühlingstage im Flachland, wo schon alles blüht und die Wälder bald grün sind. Im benachbarten Bergbauernhaus bewegen sich die Vorhänge. Sie ist sich sicher, dass mindestens einer der drei knorrigen Brüder, die auf dem Nachbarhof wohnen, zu ihr hinüberglotzt. Keine ihrer Taten bleibt unbeobachtet. Seit sie auf der Alp ist, müssen sich die Bodmer-Brüder nicht mehr um die Fernbedienung streiten. Sie, die Neue aus der Stadt, die alleine auf einem Bergbauernhof lebt, liefert einen größeren Unterhaltungsfaktor als der Samstagsjass im Abendprogramm. Ihre Missgeschicke als Amateur-Bergbäuerin sorgen sicher für reichlich Erheiterung am Dorfstammtisch. Auch ihr Gartendebakel wird den Brüdern Grimm, wie sie diese nur nennt, nicht entgangen sein. Mehr als ein brummiges »Hallo« und abschätzige Blicke konnte sie noch keinem entlocken, obwohl sie am ersten Tag mit einem selbst gebackenen Kuchen ganz hoffnungsvoll bei ihren einzigen Nachbarn weit und breit an die Tür geklopft hatte. Sie wurde nur entgeistert angestarrt, wortlos ihres Kuchens entledigt, aber nicht hereingebeten.

Zurück in der Stube, legt sie drei Holzscheite in den Kachelofen, schlüpft in ihre Trainingshose und legt sich auf die Ofenbank. Für eine Weile schließt sie die Augen und spürt, wie der heiße Ofen ihre durchgefrorenen Beine aufwärmt. Dann kocht sie sich einen Kräutertee und schlurft ins Schlafzimmer. Die Stunde der Wahrheit ist gekommen. Sie stellt ihr Handy an und wartet ein paar Sekunden. Der Empfang ist schlecht, SMS und Anrufe gehen für gewöhnlich aber durch. Es brummt.

Eine Nachricht poppt auf, von Miguel. Das war klar.

Aber kein Anruf, keine Nachricht von Pia. Schon seit Tagen nicht.

Lena starrt an die Holzwand, die Astlöcher glotzen vorwurfsvoll zurück.

»Lasst mich doch einfach in Ruhe«, ruft sie laut heraus. Am liebsten hätten sie ihre Teetasse gegen die wehrlose

Wand geworfen. Doch das wäre genau die Reaktion gewesen, die ihre Schwester erwartet hätte. Mal wieder viel zu impulsiv. Dabei lief es doch so verheißungsvoll, bis der Brief von der Bank kam. Den ersten Brief hat sie einfach im Ofen verbrannt. Doch bald schon kamen ein zweiter und ein dritter. Der vierte liegt ungeöffnet ganz unten im Schrank, in dem sie ihren Bürokram aufbewahrt – in Form eines hohen Papierstapels.

In der Stube legt sie sich auf die Ofenbank. Diesmal nicht, um zu dösen, sondern um nachzudenken. Sie braucht einen Plan, und zwar dringend. Vorher wird sie nicht von der Ofenbank aufstehen, auch wenn es sieben Jahre dauert wie im Märchen vom starken Wanja.

Pia

Schon seit Stunden wälzt sich Pia im Bett und kann sich nicht aufraffen. Die Sonne scheint heute nicht, das Licht, das durch die Läden dringt, ist zu matt. Immerhin balzen die Vögel im Nachbarsgarten ihre Frühlingsgefühle laut heraus. Eine Patientin hat ihr gestern erzählt, dass sie jeden Morgen um sechs Uhr eine Stunde joggen geht – zu jeder Jahreszeit und bei jedem Wetter. Ohne diese »kleine Sporteinheit« würde sie sich den ganzen Tag schlapp und unproduktiv fühlen. Vielleicht wäre das ja die Lösung gegen ihre ausufernden Samstagmorgen-Trödeleien? Obwohl … Der frühe Morgen ist zu dunkel und kalt, zu warm und kuschelig ihr weiches Bett, das am Wochenende zum Verweilen einlädt. Bei diesem Gedanken rollt sie sich in ihre Daunendecke ein und schläft noch eine Runde. Sie ist erst abends mit Ines verabredet.

Es ist fast Mittag, als sie, immer noch im Pyjama, mit einer großen Tasse Kaffee in der Küche sitzt und aus dem Fenster starrt. Auf der Scheibe mäandern Regenbäche hinunter. Am letzten Wochenende hat sie ihre Fenster geputzt, an denen Abgase von drei Jahren Stadtleben klebten. Das Wasser im Eimer war trüb wie ein Moorsee, und sie staunt, wie viel mehr Licht seitdem wieder in ihre Wohnung dringt.

Sie widerstrebt dem ersten Impuls, sich durch die News des Tages zu klicken. Vor wenigen Tagen hat sie lange mit Matteo darüber diskutiert, wie schwierig ein vernünftiger Nachrichtenkonsum ist. Ein Thema, mit dem auch viele ihrer Patienten zu kämpfen haben, vor allem jene mit einem Hang zu Depressionen. Weniger ist meist mehr, war ihr gemeinsames Fazit, belegt durch verschiedene Studien. Und doch ertappt sie sich häufig dabei, wie sie in einer freien Minute schnell durch die Schlagzeilen klickt.

Wenn schon keine News, dann könnte sie wenigstens einen Blick auf ihre persönlichen Nachrichten werfen. Sie stellt den Flugmodus ihres Handys aus. Zwei neue Nachrichten erscheinen, eine von Lena und eine von Ines.

Lena will sie für Ostern auf die Alp einladen, um sie in ihren neuen und äußerst aufregenden Plan einzuweihen. Drei Ausrufezeichen und verschiedene Herz-Smileys. Das sind tendenziell schlechte Nachrichten. Vor allem, seit sie sich dazu entschieden hat, die Projekte ihrer kleinen Schwester finanziell nicht mehr zu unterstützen.

Ines möchte die gemeinsame Verabredung – Abendessen

und Kino – lieber in einen nachmittäglichen Kaffee im Café B. eintauschen. Sie hat abends sicher ein verheißungsvolles Date. Das sind definitiv schlechte Nachrichten, denn Pia hat sich sehr auf den gemeinsamen Abend gefreut. Seit Ines in einer neuen Marketingagentur arbeitet und nebenbei Vollzeit-Partnersuche betreibt, hat sie kaum noch Zeit für ihre alte Freundin. Für einen Moment überlegt Pia, ob sie schmollen und absagen soll. Schließlich schreibt sie: *Klar, halb drei, okay?*

Bei einer zweiten Tasse Kaffee denkt sie darüber nach, was sie mit Lenas Einladung auf die Alp anfangen soll. Seit Tagen versucht ihre Schwester, sie über verschiedene Kanäle zu erreichen – und sie stellt auf Durchzug. Sie hat gerade einfach keine Nerven, weder für Lena noch für deren Sorgen oder übermütigen Projekte, die meist im Doppelpack kommen. Obwohl, seit sie auf dieser Alp wohnt, ist sie verdächtig still geworden. So still, dass es Momente gibt, in denen sie ihre Schwester ein wenig vermisst. Es ist ja nicht so, dass sie Lena nicht gernhat. Ihr letzter, eigentlich völlig überflüssiger Streit ist schon Monate her. Sie kann sich nicht einmal mehr erinnern, worum es dabei ging. Meist ist es eine Lappalie, eine ihrer flapsigen Bemerkungen, die Pia irgendwie triggert, und dann gibt ein Wort das andere, und schon weint Lena, und Pia mag sich nicht immer entschuldigen. Lena würde sagen, »aber wir haben doch auch voll viele geniale Sachen zusammen erlebt, Pia. Denk doch mal daran.« Was ja auch richtig ist, aber …

Lena

Lena verbringt fast die ganze Nacht auf der Ofenbank und brütet vor sich hin. Ein wilder Geistesblitz jagt den anderen, und sie werden – je weiter die Nacht voranschreitet – immer unrealistischer und krimineller. Was auch keine Lösung ist. Im Gegenteil. Wann ist das Leben eigentlich so kompliziert geworden?

»Das Leben ist nicht kompliziert, Lena, du musst einfach mal erwachsen werden.«

Pias Worte. Immer wieder.

Sie weiß ja selbst, dass sie in den letzten Jahren einiges verbockt hat. Und immer hat Pia versucht, ihr die Hirngespinste aus- und mehr Verantwortungsgefühl einzureden. Ein Extrem-Survivaltraining in der Wüste, bei dem sie fast verdurstet wäre, ein klappriger VW-Bus, zum Eiswagen umgebaut, allerdings ohne Genehmigung, ein Onlineshop für Mandalas mit eigener Währung und so weiter und so fort. Das kann doch nicht gut gehen, Lena. Jetzt überleg doch mal! Doch sie hat sich jedes Mal voller Hoffnung hineingestürzt. Dafür ist das Leben doch da. Um möglichst viel zu erleben. Und ja, ein paar Dinge sind schiefgelaufen, das sieht sie ja ein.

Doch dieses Mal ist es anders. Der Bergbauernhof – Pia nennt ihn nur leicht abschätzig »die Alp«, obwohl der Hof ursprünglich das ganze Jahr bewirtschaftet wurde und daher keine Alp ist – und das Leben hier oben, das ist hundert Prozent Lena. Hier fühlt sie sich nach ihrer Sturm-und-Drang-Phase endlich angekommen. Es muss einen Weg geben, ihr Zuhause vor der gierigen Bank zu schützen.

Denk nach, Lena.

Mehrmals schreckt sie auf, weil sie auf der Ofenbank einnickt. Traumfetzen in grauen Anzügen reißen ihr Geldscheine aus den Hosentaschen. Sie schwitzt, obwohl der Kachelofen längst ausgegangen ist. Erst als bereits die ersten Sonnenstrahlen durch das Fenster scheinen, schlägt der Geistesblitz ein. Sofort setzt sie sich an den Esstisch, nimmt ihr Tagebuch zur Hand und schreibt los.

Pia

Am Samstagnachmittag ist das Café B. meistens rappelvoll. Muntere Frauentrios mit prallen Einkaufstaschen, verklemmte erste Dates und Touristen, die ein bisschen vom authentischen Stadtleben aufsaugen wollen. Die übliche Mischung. Pia hat Glück, der hinter einem Gummibaum versteckte Zweiertisch wird gerade frei. Ein Date hat ein frühzeitiges Ende gefunden, und beinahe erlöst geben die beiden den Platz frei, als Pia sich nach einem freien Tisch umsieht. Da haben zwei Seelen nicht zueinandergefunden.

Ines verspätet sich für gewöhnlich. Dennoch schafft Pia es nicht, ebenfalls unpünktlich zu kommen. Im Gegenteil, auch heute ist sie einige Minuten zu früh hier. Sie bestellt einen doppelten Espresso und blättert durch ein zerlesenes Frauenmagazin, das auf dem Tisch liegt. Hochglänzende Modefotos, ein Fünf-Minuten-Erfolgscoaching, das bei neunzig Prozent aller Teilnehmerinnen zu Verhaltensänderungen führt, Beziehungstipps aus Männerperspektive, eine effizientere Fettverbrennung durch neue Dehnungstechniken. Aus dem Leben gegriffen, denkt Pia und legt das Heft lustlos beiseite.

Sie gähnt. Irgendwie kommt sie heute einfach nicht in die Gänge und Ines nicht zu ihrer Verabredung, obwohl sie schon fast eine Viertelstunde zu spät dran ist. Am Tisch gegenüber sitzen zwei runzlige Frauen mit gepflegten weißen Föhnfrisuren und erzählen lebhaft aus ihrem Leben. Dabei lachen sie immer wieder so laut los, dass die Leute von den anderen Tischen zu ihnen hinüberstarren. Den beiden Großmüttern scheint das egal zu sein – sie bestellen schon das zweite Stück Torte.

Café B., das hört sich so unfertig an, und genau dieses Flair strahlt das Café auch aus. Bunt zusammengewürfelte Stühle und Tische, eine schludrig montierte Blumentapete, ungeschultes Servicepersonal … und doch ist es immer gut besucht.

Da drüben am Fenstertisch sitzt ein Typ und schaut zu Pia hinüber, ziemlich offensichtlich. Jetzt lächelt er. Braune Stoppelhaare, buschige Augenbrauen. Ob er sie mit jemandem verwechselt? Sie senkt ihren Blick.

»Sorrrry, Pia.«

Ines setzt sich so beschwingt an den Tisch, dass die Espressotasse wackelt.

»Wartest du schon lange?«

»Ich bin auch gerade gekommen«, sagt Pia. Sie will mal nicht so sein.

Ines zieht ihre grüne Jacke aus, an der noch Regentropfen

kleben, und wirft sie über die Lehne. »Krass, die vielen Leute überall. Die spüren alle den Frühling.«

»Wie kommst du da drauf?«

»Schau dich doch mal um, Pia. Überall Verliebte und Dates.«

Bei den Worten grinst Ines von einem Ohr zum anderen, ihr schwarzer Pagenkopf wackelt. Ihre Fröhlichkeit steckt Pia an, und sie wirft einen Blick zum Fenster, zu seinem Tisch. Er spricht gerade angeregt mit seinen zwei Tischgefährten, vermutlich einem befreundeten Paar.

»Könnte es sein, dass du ebenfalls ein bisschen verknallt bist?«, fragt Pia.

»Ich bin immer ein bisschen verknallt. Das weißt du doch.«

Bei der vorbeieilenden Kellnerin bestellt Ines einen Latte macchiato und fährt fort: »Gestern war ich zum zweiten Mal mit Paul essen, bei diesem neuen Thailänder. War nett, aber irgendwie fehlt da einfach das Kribbeln. Das war nach unserem ersten Treffen deutlich intensiver. Dafür habe ich heute Abend ein richtiges Knaller-Date.«

Pia lächelt gequält. Wusste sie es doch.

»Ein ehemaliger Arbeitskollege von mir, Janis. Ich fand ihn schon toll, als wir damals für eine Werbekampagne zusammengearbeitet haben. Habe ich dir nicht von ihm erzählt?«

»Möglich.«

Ines pustet ihren Pony aus dem Gesicht. »Der hat mir die vielen Überstunden jedenfalls ziemlich versüßt. Damals hatte er aber noch eine Freundin.«

»Und jetzt ist er Single?«

»Das nehme ich schwer an. Jedenfalls habe ich ihn vor zwei Tagen bei so einem Netzwerk-Event wiedergetroffen. Wir haben lange geredet, und als ich losmusste, fragte er mich, ob wir nicht mal essen gehen wollen.«

»Das kann alles Mögliche heißen«, erwidert Pia und merkt sofort, dass das nicht die erwünschte Antwort war.

»Hör schon auf.« Ines wirft ihr einen strengen Blick zu. »Seine Körpersprache war eindeutig. Das ist ein Date.«

»Na, wenn du meinst«, antwortet sie schulterzuckend.

Jetzt schaut der Typ wieder zu ihr rüber, nur ganz kurz. Durch das Fenster fällt Licht auf sein Gesicht, und sie nimmt seine markante Nase wahr. Gerade zeigt er seinen Freunden etwas auf seinem Smartphone, alle lachen. Irgendwie scheinen sich alle zu amüsieren.

»Und bei dir so? Was läuft?«, fragt Ines und schaut sich nach der Kellnerin um, die noch keine Anstalten macht, ihre Bestellung zu bringen.

»Etwas stressig bei der Arbeit. Aber das kennst du ja.«

»Puh, das scheint der Zeitgeist zu sein«, stöhnt Ines. »Bei uns ist das halbe Team am Durchdrehen, seit wir diesen neuen Kunden haben, der mit nichts zufrieden ist.«

Im Vergleich zu Ines und vielen anderen hat sie es doch echt gut, denkt Pia. Kein Grund zum Jammern. Sie kann selbst bestimmen, wie viele Patientinnen sie behandelt, hat keine fordernden Kunden, die sie zu Überstunden drängen. Da ist kein Chef, der über sie verfügt. Eigentlich ist alles gut.

»Und die Liebe?«, fragt Ines.

Wie Pia diese Frage hasst! Ines weiß das und fragt doch immer wieder unter dem Deckmantel der Fürsorglichkeit.

»Nix Neues. Irgendwie hab ich keine Energie für Dates.«

Und immer noch Albträume von Henrik, wie er nachts wild an ihre Wohnungstür klopft und im ganzen Treppenhaus herumbrüllt. Obwohl das schon zwei Jahre her ist. Nicht mal Ines kennt die ganze Story, so sehr schämt sie sich für diesen Ausrutscher. Henrik. Wie konnte sie sich bloß auf den einlassen? Schließlich war er doch ihr ehemaliger Patient, sie kannte seine Probleme besser als alle anderen. Das wird sie sich nie verzeihen. Sie schnappt nach Luft und hofft, dass der Typ vom Fenster nicht zu ihr rüberschaut und sie so sieht. So traurig.

Nach einer kleinen Ewigkeit bringt die Kellnerin endlich den Latte macchiato, stellt ihn allerdings so schusselig auf den Tisch, dass das Glas beinahe umfällt. Pia nutzt die kurze Aufregung für einen Themenwechsel und erzählt Ines von ihren Plänen für Ostern. Ganz spontan hat sie sich heute entschieden, Lena auf der Alp zu besuchen und sich in ihre neuen Pläne einweihen zu lassen.

»Was sie wohl wieder ausgeheckt hat? Irgendwie mag ich diese verrückten Lena-Aktionen ja«, sagt Ines und löffelt den Milchschaum von ihrem Kaffee.

»Du musst sie ja auch nicht ausbaden.«

»Wer weiß? Vielleicht bekommt ihr das Leben auf der Alp ja, und sie wird Bergbäuerin oder so.«

Pia seufzt. »Bei Lena ist immer alles möglich.«

»Aber freust du dich auf das Wiedersehen?«

»Ja und nein. An Weihnachten sind wir uns ja heftig in

die Haare geraten. Immerhin scheint sie verstanden zu haben, dass ich sie bei ihren Projekten nicht mehr unterstütze. Das bringt hoffentlich etwas Entspannung in unsere Beziehung. Es wird Zeit, dass sie Verantwortung für ihr Leben übernimmt.«

Als Pia zum Fenstertisch hinüberschaut, sieht sie, wie er gekonnt die Kellnerin abfängt und für alle bezahlt, den Reaktionen der anderen nach zu schließen. Dann schlendert er an ihrem Tisch vorbei Richtung Ausgang, und sie starrt in ihre Espressotasse.

Lena

»Sie kommt!«, ruft Lena ins Telefon.

Almas glucksendes Lachen ist am anderen Ende der Leitung zu hören. »Was habe ich dir gesagt? Die brauchte einfach noch etwas Zeit.«

»Kommst du auf einen Kräutertee vorbei?«

»Später, Leni, später.«

Lena hängt das uralte Telefon mit der gekringelten Schnur auf und tigert in der Stube herum. Bereits während ihrer Morgenmeditation sind die Gedanken in alle Himmelsrichtungen abgeschweift. Im aufgeregten Zustand meditieren ist schwierig.

Pia kommt.

Sie verfasst die erste To-do-Liste ihres Lebens. Boden wischen, einkaufen, Brot backen, Stall ausmisten, Freya kämmen, Gästebett frisch beziehen, Miguels Zahnbürste verstecken, Garten aufräumen (bis Alma kommt). Kopfüber stürzt sie sich in die Arbeit und setzt mit einem roten Kugelschreiber hinter jede erledigte Aufgabe einen Haken. Richtig spießig, denkt sie und grinst dabei vor sich hin.

Am Nachmittag wirft die Sonne hier und da ein paar Strahlen durch die offenen Wolkenfenster. Die fette Erde dampft richtig, als sie Pflänzchen für Pflänzchen aus dem Friedhofsgarten zieht. Sie hat fast das ganze Beet beackert, als sie das Geknatter eines Traktors hört. Der feuerrote Retro-Traktor ist das einzig Aufregende an den Brüdern Grimm. Die beiden älteren Brüder sind sich so ähnlich, dass sie sie nicht voneinander unterscheiden kann. Hagere Gesichter und Körper in ausrangierten Overalls, dazu dieser verbitterte Blick. So wie jetzt, als einer der beiden an ihr vorbeifährt und sie verächtlich mustert. Der jüngere Bruder scheint nicht ganz so schlimm zu sein, eher sehr schüchtern. Er grüßt manchmal sogar mit gesenktem Blick und einem wortlosen Kopfnicken. Heute zieht der Traktor einen voll beladenen Anhänger mit sich, vermutlich Futter für die vielen Rinder. Kaum erreicht der Traktor den Nachbarhof, strömen die beiden anderen Brüder hinaus und helfen beim Verladen der Säcke in die Scheune.

Nach ihrer gescheiterten Vorstellungsrunde im letzten Herbst hatte sie Alma ihr Leid geklagt. Die Brüder sind ihre einzigen Nachbarn, und sie hätte liebend gerne ein freundschaftliches Verhältnis zu ihnen aufgebaut. Dabei ist sie leider – laut Alma – an ein paar ganz sture Bergler geraten.

»Eigentlich müssen sie dir leidtun, Leni. Die drei leben ein völlig abgeschiedenes Leben hier oben, kaum jemand hat

Kontakt zu ihnen. Ausgenommen die wenigen Male, an denen sich die älteren beiden Brüder am Stammtisch im Pöstli blicken lassen und stumm eine Runde mitjassen. Man munkelt, dass der alte Bodmer ein Säufer war und den frühen Tod seiner Frau und Mutter seiner Söhne über Monate vertuscht hat. Die haben nur sich selbst, Leni.«

Überhaupt wären die Grimms ein perfekter Fall, um Mitgefühl unter erschwerten Umständen zu praktizieren, und doch fällt ihr das bei ihren Nachbarn schwer. Die senden so viele negative Schwingungen aus, dass sie ihre Alp regelmäßig mit Salbei ausräuchern muss, damit diese Energie nicht auf ihr Land überschwappt.

Gleich kommt Alma, ihr bleibt keine Zeit mehr zum Duschen. Egal. Irgendwie mag sie es, wenn Schweiß, Erde und Wolle noch an ihr kleben als Zeugen eines abwechslungsreichen Arbeitstages.

Pia

»Maiensäss Bodenrück« erscheint auf der Anzeigetafel des Postautos, und Pia drückt auf den Knopf »Halt auf Verlangen«. Das Postauto schlängelt sich immer langsamer die Kurven hoch, bis es schließlich mitten auf der engen Straße stehen bleibt und sich die Tür öffnet. Außer ihr steigt niemand aus, das nächste Dorf ist kilometerweit weg. Pia rückt ihren Rucksack gerade und schaut dem Postauto wehmütig nach, das schon hinter der nächsten Kurve verschwindet. Dann schlägt sie den Fußweg ein, der den Wald hinaufführt und sofort ansteigt. Eigentlich hatte sie erwartet, dass Lena sie abholt und ihr mit dem Gepäck hilft. Für einen Moment fragt sie sich, ob sie ihre Ankunft einfach vergessen hat.

Bereits nach wenigen Minuten ist ihr Rücken nass geschwitzt, die kühle Bergluft strömt in ihre geweiteten Lungen. Sie pausiert für einen Moment, mitten im Bergwald, und schaut sich um. Vor ihr steht ein knorriger Nadelbaum, der in alle Himmelsrichtungen wächst und seinen altersmüden Stamm auf dem Boden abstützt, mitten auf dem Wanderweg. Im Stadtpark würde ein solcher Auswuchs wohl gefällt werden, aber hier wird der Baum einfach über einen Trampelpfad umgangen. Über sich hört sie einen Specht klopfen, und sie fragt sich, warum er das eigentlich macht. Holt er Würmer aus dem Stamm? Bohrt er sich ein Nest? In der Grundschule hatten sie das Thema »Vögel« behandelt, und sie war völlig begeistert gewesen, weit über den Schulstoff hinaus. Gemeinsam mit ihrem Vater und ihrer Schwester baute sie damals ein Futterhäuschen aus Sperrholz und stellte es im Garten auf. Jeden Morgen füllte sie pflichtbewusst das Futterfach auf, um anschließend die bunten Vögel beim Körnerpicken und Balzen zu beobachten. Und jetzt weiß sie nicht mehr, warum der Specht Löcher in den Stamm bohrt.

Nachdem sich ihr Atem wieder beruhigt hat, steigt sie weiter auf. Ihre Wanderschuhe drücken am großen Zeh, sie hat sie schon lange nicht mehr getragen. Bald hat sie das steile Waldstück hinter sich gebracht, und vor ihr öffnet sich eine weite, gelb gesprenkelte Alpwiese. In der Ferne sieht sie schon Lenas Alphütte, die wie ein Spielzeughäuschen dasteht. Aus dem Kamin steigt Rauch. Wenig später steht sie vor der wettergegerbten Holztür und weiß nicht, ob sie einfach eintreten soll, da es keine Klingel gibt. Kein Wunder, nach hier oben verirrt sich ja auch niemand.

Sie klopft und ruft mehrere Male Lenas Namen. Keine Reaktion. Wenn Lena noch im Bett liegt um diese Uhrzeit, verschwindet Pia gleich wieder. Was nun? Sie öffnet die quietschende Tür, tritt in den finsteren Flur und sucht nach einem Lichtschalter. Von irgendwoher klingt laute, scheppernde Musik, der sie durch das Haus folgt. In der Küche findet sie Lena. Sie hat ihr den Rücken zugewandt und holt gerade einen Kuchen, der ziemlich dunkel aussieht, aus dem Backofen.

»Oh no, no, no, no«, singt Lena dabei im Takt der Reggaemusik und stellt den Kuchen mit einem Hüftschwung auf den Küchentisch. Dann sieht sie Pia im Türrahmen stehen und zuckt zusammen.

»Piachen! Willst du mich zu Tode erschrecken?«

»Hallo, Lena.«

»Warum bist du schon hier? Es ist doch erst zehn Uhr«, ruft Lena und zieht dabei ihre Augenbrauen fast bis an den Haaransatz hoch. Sie trägt ein türkises Sommerkleid, und ihre dicken dunkelbraunen Haare, um die Pia sie immer beneidet hat, sind locker am Hinterkopf zusammengesteckt.

»Eher elf.«

»Ich wollte dich doch abholen. Nur noch den Kuchen rausnehmen, und schon wäre ich auf dem Weg zur Haltestelle gewesen. Ich schwör's!«

Der Zeiger der Küchenuhr zeigt sechs nach zehn.

»Da scheint noch die Winterzeit eingestellt zu sein«, stellt

Pia nüchtern fest. Lenas Heiterkeit ist mit einem Wisch aus ihrem Gesicht gefegt.

Ich bin in Frieden gekommen, denkt Pia und antwortet: »Aber egal, ich bin ja jetzt hier. Du hast einen Kuchen gebacken, wie ich sehe.«

»Ich hab's versucht. Gar nicht so einfach mit dem Holzofen.«

»Sieht lecker aus. Die verbrannten Stellen können wir ja einfach wegkratzen.«

Lenas Gesicht entspannt sich wieder, sie wirbelt um den Küchentisch und nimmt Pia in die Arme.

»Schön, dass du hier bist«, flüstert Lena ihr ins Ohr und drückt sie fest an sich. Sie riecht nach Kaminfeuer und Backstube, und ihre Umarmung ist so voller Leben. Pia möchte weinen und weiß nicht, wieso.

Wenig später sitzt sie am Esstisch und schaut sich um.

»Ist gemütlich geworden hier drinnen«, ruft sie zu Lena in die Küche. Sie wollte Pia nicht dabeihaben, während sie den Kuchen präpariert. Die mintgrüne Holzwand der Stube wirkt frisch und nimmt dem schweren Kachelofen etwas Gewicht. Pias erster und letzter Besuch auf der Alp war im November, keine zwei Monate, nachdem Lena die Alp gekauft hatte. Damals erschien ihr das Haus dunkel und eng. Die niedrigen Räume waren noch mit den klobigen Möbeln des Vorgängers vollgestopft und hätten sie fast erschlagen.

»Kaffee?«, fragt Lena aus der Küche.

»Ganz viel und ganz stark.«

»Ich hab nur Instantkaffee.«

Oje, denkt Pia. Drei Tage lang Instant-Kaffeebrühe.

»Aber du hattest doch diese italienische Espressokanne?«

»Bei der ist mir der Plastikring durchgebrannt. Und ich trinke doch gar keinen Kaffee.«

Das ist kein Weltuntergang. Allerhöchstens ein leichter Entzug, hoffentlich ohne Kopfschmerzen.

»Soll ich dir dafür noch etwas Zimt und Kardamom reintun?«, fragt Lena.

»Auf keinen Fall. Einfach pur, bitte.«

Auf einem Tablett bringt Lena zwei Stück mit Puderzucker getarnte Apfelkuchen, eine Tasse Kaffee und einen Kräutertee in die Stube. Der Kaffee ist wider Erwarten genießbar, findet Pia, nachdem sie einen Schluck getrunken hat, und der Kuchen schmeckt lecker. Sie macht ihrer Schwester ein Kompliment. Lena strahlt.

»Die Äpfel sind aus meinem Garten, die Eier von Almas Hof.«

»Wer ist denn Alma?«

Den Namen hat sie noch nie gehört.

»Alma ist meine neue Freundin aus dem Dorf«, sagt Lena. »Sie war früher Drogistin und weiß alles über Pflanzen. Ich habe schon so viel von ihr gelernt.«

Pia staunt, obwohl – Lena hatte schon immer einen breit gefächerten Freundeskreis. Jemand mit etwas Lebenserfahrung tut ihr sicher gut.

»Dann bist du nicht einsam hier oben?«

»Warum sollte ich einsam sein?«

»Na, weil du so abgelegen wohnst und ein paar deiner Freundinnen das vielleicht nicht toll finden.«

»Dann waren sie nicht wirklich meine Freundinnen.«

»Wenn du meinst.«

Lena schiebt sich das letzte Stück Apfelkuchen in den Mund. Ihre feinen Gesichtszüge sind mit Sommersprossen übersät, ihre lockigen Haare noch wilder als früher, ihr Blick voller Schalk.

»Ich fühle mich jedenfalls nicht einsam. Zudem sind da ja noch meine Schafe. Komm, ich stell sie dir vor.«

Lena

Lena weiß, dass sich niemand dem Charme der Schwarznasenschafe entziehen kann. Auch Pia nicht. Sie verbringen fast den ganzen Nachmittag im Stall und auf der Winterweide – vollkommen im Bann der wuscheligen Tiere mit ihrem zweifarbigen Fell: schwarze Nase, Ohren, Augenpartie, Ellbogen und Hufe, dazu ein zotteliges weißes Fell und spiralförmige Hörner. Sogar der eigensinnige Bock Karl Ludwig hat seinen anfänglichen Stolz überwunden und sich über die Schnauze streicheln lassen. Pia kämmt Aphrodite, das jüngste und neugierigste der Schafe, während Lena das Heu in der Krippe auffüllt und den Stall ausmistet. Auch im Winter verbringen die Schafe einer robusten Gebirgsrasse die Zeit am liebsten draußen. Das Wollknäuel, das von Pia aus Aphrodite gekämmt wird, legt Lena in eine Holzkiste auf den Estrich. Sie hat in einem ihrer alten Fachbücher gelesen, dass man mit Schafwolle auch isolieren kann.

Als die beiden am frühen Abend in das Haus zurückkehren, bietet Lena ihrer Schwester einen Tee an. Sie sieht, dass Pia in ihrem dünnen Pulli durchgefroren ist. Die frühlingshaften Temperaturen in der Stadt gelten leider nicht für die Alp. Lena heizt den Kachelofen ein und verschwindet in der Küche, wo sie aus verschiedenen Teedosen eine Kräutermischung zusammenstellt. Als sie die Stube betritt, liegt Pia auf der Ofenbank und schläft, den Kopf seitlich auf einem Kirschkernkissen abgelegt. Ihre Wangen sind von Sonne und Kälte gerötet, ihre Gesichtszüge gelöst. Lena betrachtet ihre schlafende Schwester eine Weile, schaut auf ihre aschblonden schulterlangen Haare, die ihr über das Gesicht fallen. Ihr müdes Gesicht. Gut, dass sie etwas Schlaf findet. Lena legt ihre gestrickte Patchworkdecke über sie, damit sie von allen Seiten wohlig eingepackt ist.

»Ich habe selten so unterschiedliche Schwestern gesehen«, pflegte Frau Duttweiler, ihre gemeinsame Grundschullehrerin, bei jeder möglichen Gelegenheit zu sagen. Die ältere Pia war die feingliedrige, hellhaarige mit dem schmalen Gesicht, während Lena selbst schon in der ersten Klasse größer und kräftiger war und mit ihren dunklen, krausen Haaren, der sommersprossigen und braun gebrannten Haut äußerlich nichts mit ihrer Schwester gemeinsam hatte. Pia war bereits damals die Ruhigere von beiden, die mit den guten Noten in den wichtigen Fächern. Und sie, die Träumerin, diejenige, die fantasievolle Geschichten schrieb, die buntesten Zeichnungen malte und die manchmal länger in der Schule bleiben musste, weil sie frech zu der Lehrerin gewesen war.

Wenn sich die beiden stritten, was häufig vorkam«, sagten ihre Eltern meist: »Lasst euch in Ruhe, ihr seid einfach zu verschieden.« Und später: »Ihr werdet jede euren Weg gehen, vergleicht euch nicht miteinander.« Irgendwann fand selbst Pia, dass sie nichts gemeinsam hatten, außer ihren nach Indien ausgewanderten Eltern. Du bist meine Schwester, darum rufe ich dich zurück, besuche dich, helfe dir. Lena weiß nicht, wie oft sie das schon gehört hat: Du bist meine Schwester. Was eigentlich heißt: ein Rest familiäre Verpflichtung. Sie hat nie so gefühlt. Für sie war ihre ältere Schwester immer ein Teil von ihr, vielleicht der etwas überlegtere, aber ganz sicher nicht jemand, mit dem sie nichts gemeinsam hat.

Pia

Kurz nach zehn liegt Pia im Gästebett und kann nicht schlafen. Kein Wunder, hat sie doch den halben Nachmittag auf der Ofenbank vor sich hin gedöst. Da war plötzlich diese tiefe Müdigkeit, herausgekitzelt durch den wohlig warmen Kachelofen. Erst als es draußen schon dunkel war, hat Lena sie geweckt und an den gedeckten Tisch gerufen. Über verkochten Spaghetti Napoli und einer Flasche sizilianischem Rotwein, ihrem Gastgeschenk, kam Lena richtig ins Plaudern. Sie hat in diesem halben Jahr auf der Alp schon mehr erlebt als Pia in den letzten fünf Jahren. Und – typisch Lena – viele kuriose Bekanntschaften gemacht. Diese Alma scheint ein richtiges Original zu sein. Eine Kräuterhexe, die das ganze Tal mit ihren Pflanzen heilt – einige ganz offiziell bei ihren Hausbesuchen, andere heimlich, damit es niemand mitbekommt, denn im Dorf wird viel geredet. Kennengelernt hat sie Alma bei der Donnerstags-Yogastunde, die sie noch bis zu den Sommerferien abends im Mehrzwecksaal des Nachbardorfes gibt und die nach einem anfänglichen Kollektivzögern inzwischen von ganz vielen Dorfbewohnerinnen besucht wird.

Besonders fasziniert ist Pia von Lenas Nachbarn, den Brüdern Grimm, wie Lena sie treffend bezeichnet. Die würde sie gerne mal therapieren und herausfinden, was es mit den verkorksten Bergbauern auf sich hat. Pia hat ihrer Schwester geraten, den dreien konsequent aus dem Weg zu gehen für den Fall, dass die austicken. Schließlich lebt sie ganz alleine hier oben. Doch Lena hat nur laut gelacht mit ihrem rotweinverschmierten Mund. »Die sind harmlos, Schwesterchen«, hat sie geantwortet. Dennoch hat sie ihr versprochen, sich ihnen nicht unnötig zu nähern, es besteht ja auch kein Grund dafür.

Nachdem der Rotwein viel zu schnell alle war, hat Lena eine Flasche Kräuterschnaps aus der Küche geholt – und dann wurden die Gespräche noch ausgelassener. Nach dem dritten Schnaps behauptete Lena ernsthaft, dass es auf der Alp einen Geist gäbe und sie dessen positive Vibes wahrnehme. Wie letzthin, als die Stalltür klemmte und sich am nächsten Morgen wieder öffnen ließ, als ob nichts gewesen wäre. »Eine magische Alp«, hatte Pia nur lachend geantwortet, worauf Lena ihr den kitschigen Altar zeigte, den sie für ihren Hausgeist errichtet hat und auf den sie regelmäßig frische Blumen stellt. Pia fand das irgendwie rührend, wohl auch dank ihres erhöhten Alkoholpegels.

Das niedrige Gästezimmer, in dem Pia liegt, befindet sich direkt unter dem Dachgeschoss. Lass dich nicht von den Siebenschläfern erschrecken, hatte Lena sie gewarnt, als sie mit geputzten Zähnen die steile Holztreppe hochschwankte. Sie musste sich dabei am Geländer festhalten. Noch ist es still im Gebälk, die Siebenschläfer dösen vermutlich noch hinter dem Kachelofen. In Pias Stadtwohnung ist es nie still. Quietschende Straßenbahnen, bremsende Autos, streitende Nachbarn, singende Kinder, fröhliche Grillabende – selbst im Winter dringt die Stadtwelt durch die geschlossenen Fenster in ihre Wohnung. Irgendwie beruhigt sie die Tatsache, dass um sie herum gelebt, geliebt und gelacht wird. Die Nächte auf der Alp sind hingegen gespenstisch ruhig. Ab und zu knackt das Gebälk des Hauses, als ob ihm die Stille ebenfalls unangenehm ist. Vielleicht ist es auch der Hausgeist, der seine Runden dreht?

Im Zimmer unter ihr liegt Lena und schläft sicher schon tief und fest. Seit sie auf der Alp lebt und körperlich arbeitet, geht sie früh schlafen und Pia, mangels Alternativen, heute ebenfalls. Natürlich hätte sie noch lesen können, schließlich besitzt Lena jede Menge uralter Romane und Fachbücher über die Natur und das Leben auf der Alp, die meisten davon sind wohl längst überholt. Aber Pia war zu betrunken.

Wann wird Lena ihr wohl von ihren Plänen erzählen? Pia tappt noch völlig im Dunkeln, worum es dabei geht. Ihre Schwester wirkt entspannt und zufrieden. Ob es diesmal etwas Harmloses ist? So richtig dramatisch scheint die Situation nicht zu sein, sonst hätte sie sich ihr schon längst weinend in die Arme geworfen. Dennoch ist es noch zu früh für eine Entwarnung. Lena hat ein gutes Timing für Überraschungen.

Pia staunt immer wieder, wie unterschiedlich sie beide doch sind. Man könnte annehmen, dass zwei Schwestern, die nur zwei Jahre voneinander trennen und die im selben Umfeld aufgewachsen sind, irgendwelche Gemeinsamkeiten haben. Aber alles, was sie verbindet, ist ihr Nachname. Und eine neue Liebe zu Schwarznasenschafen. Vielleicht war der Besuch auf der Alp gar keine so schlechte Idee.

Lena

So blau wie am nächsten Morgen war der Himmel schon seit Wochen nicht mehr. Lena freut sich, dass Pia hier ist. Nie ist die Alp eindrücklicher, als wenn die Sonne vom Himmel herunterknallt und man wegen einer stechend klaren Fernsicht gar nicht alle Bergspitzen zählen kann. Lena kocht Kaffee und Tee und macht Frühstück. Es gibt selbst gebackenes Brot und Almas Aprikosenkonfitüre. Was für ein Start in den Tag!

»Na, gut geschlafen?«, fragt sie Pia, die wenig später, noch im Trainingsanzug, die Treppe hinunterschlurft und die Stube betritt.

»Geht so, mein Kopf brummt. Vermutlich von diesem Kräuterschnaps, den du mir noch aufgetischt hast.«

Pia setzt sich schwerfällig an den gedeckten Tisch.

»Kaum. Das sind reine Alpenkräuter. Die Einheimischen trinken den, wenn sie erkältet sind«, erklärt ihr Lena.

»War wohl zu viel für mich. Ich bin aus der Übung.«

»Geht ihr nicht mehr so oft aus, du und Ines?«, fragt sie

und schenkt Pia Kaffee ein. Heute hat sie ihn besonders stark gemacht.

»Nein, irgendwie hat sich das verändert. Ines ist zudem voll im Dating-Rausch und hat keine Zeit mehr dafür.«

»Schade.«

Kein Wunder, dass ihre Schwester noch ernster wirkt als sonst. Die ausgelassenen Abende mit Ines haben ihr immer gutgetan. Pia nimmt einen Schluck Kaffee und spuckt ihn fast wieder aus. »Was ist denn das für eine Brühe?«

»Ich – ich habe ihn etwas stärker gemacht. Ich dachte, du magst ihn so.«

»Der ist absolut ungenießbar!«

Lena flüchtet in die Küche und lässt heißes Wasser in den Abwaschtrog laufen, obwohl es noch gar kein schmutziges Geschirr gibt. Wenn Pia so kalt reagiert, tut ihr das weh, und sie weiß nicht, wie sie sich verhalten soll. Wenig später steht ihre Schwester neben ihr am Trog.

»Tut mir leid«, sagt Pia. »Du weißt doch, dass ich morgens vor dem ersten Kaffee zu nichts zu gebrauchen bin. Und mit einem Brummschädel erst recht nicht.«

Lena lässt ihre Hände in das Wasser fallen, die von der Arbeit auf der Alp rauer geworden sind und weniger empfindlich auf das heiße Wasser reagieren. Immerhin die.

Pia seufzt. »Ich wollte dich nicht anfahren. Ich bin irgendwie – schnell genervt in letzter Zeit.«

»Hast du schwierige Patienten?«

»Tja, das ist die Frage: wer hier schwierig ist.«

Da ist wieder Pias trauriger Blick, der aus dem Küchenfenster in die malerische Bergwelt wandert.

»Lass uns frühstücken«, schlägt Lena vor.

»Gerne. Ich mach mir noch schnell einen neuen Kaffee und bin gleich bei dir.«

Nach dem Frühstück wühlen sich Lena und Pia durch den Kräutergarten wie überdimensionale Mäuse. Gekleidet in uralte Overalls, Relikte von Bauer Sepp, lockern sie mit Hacken und Händen die träge Erde auf. Endlich kann Lena Karotten und Feldsalat anpflanzen, Alma hat ihr den Segen gegeben.

»Ich bin froh, dass uns in dem Aufzug niemand sieht«, sagt Pia zufrieden, als sie Pause machen und auf der Wiese alle viere von sich strecken.

»Weit und breit keine Seele.«

Und auch wenn, wäre Lena das ziemlich egal. Es interessiert sie nicht, was irgendwelche Leute von ihr denken. Schon gar nicht ihre seltsamen Nachbarn.

»Habe ich dir gestern spät noch die Episode vom jüngsten Grimm erzählt, als er mich im Garten besucht hat?«, fragt sie. Pia verneint.

»Vor ein paar Tagen stand er plötzlich da. Sonst ist er ziemlich schüchtern, ich hatte jedenfalls noch nie mit ihm zu tun. Neugierig zeigte er auf die Buddhastatue da drüben und fragte, wozu die hier sei. Ich habe ihm erklärt, dass sie eine gute Aura in meinen Garten bringt. Er nickte interessiert und fragte, ob ich das denn nötig habe. Da musste ich lachen, und er lief rot an und trottete einfach davon, mitten im Gespräch. Ich rief ihm nach, fragte nach seinem Namen. Keine Reaktion. Erst als ich meine Frage wiederholt habe, drehte er sich um und stammelte: ›Lorenz.‹ Seither habe ich ihn nicht mehr gesehen.«

Pia schaut Lena mit einem ernsten Blick an. »Ich sage ja, halt dich besser fern von ihm.«

»Ach, ein komischer Kauz ist er sicher, aber kein böser. Er hat liebe Augen.«

»Lena, bitte. Du weißt nicht, wie viele solcher komischen Geschichten ich täglich in meiner Praxis höre. Und leider sind die kauzigen Typen nicht immer so harmlos, wie sie auf den ersten Blick scheinen. Gerade, wenn sie so offensichtlich ein Kindheitstrauma haben.«

Lena greift nach einem Grashalm und schweigt. Warum hat sie Pia bloß diese Episode erzählt? War doch klar, dass die sich wieder unnötig Sorgen macht. Seit Pia vor ihrer Wohnung von einem Patienten belästigt wurde, ist sie noch ängstlicher als früher. Sie hätte die Grimms überhaupt nicht erwähnen sollen.

»Du solltest das Haus nachts besser abschließen.«

Das wird sie ganz bestimmt nicht tun.

»Lust auf eine kleine Wanderung?«, fragt Lena, um das Thema zu wechseln.

»Müssen wir nicht noch das letzte Beet umgraben?«

»Das mache ich, wenn du wieder zu Hause bist. Ich möchte dir gerne noch etwas zeigen.«

Nach dem Mittagessen schnüren sie die Wanderschuhe und schlagen den steilen Bergweg ein, der Richtung Gipfel führt. Doch so weit will Lena nicht. Es liegt noch zu viel Schnee da oben, zudem weiß sie, dass Pia keine begeisterte Wanderin ist. Nach dem kurzen Fußmarsch hinauf zu ihrem

Bergbauernhaus war sie jedenfalls völlig nass geschwitzt. Sie ist einfach nicht mehr so fit wie früher.

Nach kurzer Zeit wechseln sie auf einen versteckten Trampelpfad, der in den Wald hineinführt. Schon von Weitem hören sie den Wildbach rauschen, der aus einer engen Schlucht stürzt, dort vom ebenerdigen Waldboden gezähmt wird und als Bergbach den Weg ins Tal hinunterplätschert. Sein milchiges Wasser ist noch von Altschnee getränkt. Lena überquert ihn hüpfend auf ein paar großen Steinen und reicht ihrer Schwester die Hand. Von hier aus wandern sie den Bach entlang talwärts. Unterwegs entfernt Lena Farne, Spinnennetze und größere Zweige. Vermutlich ist der Pfad ein Wildwechsel, der von Menschen kaum begangen wird. Bei einer moosigen Stelle, umgeben von lichtdurchflutetem Lärchenwald, bleibt sie stehen. Der Bach ist hier zu einem winzigen See gestaut.

»Das ist mein Lieblingsort«, sagt sie. »Ich freue mich schon, wenn ich im Sommer hier baden kann.«

»Ist das Wasser nicht eiskalt?«

Zögerlich setzt sich Pia neben Lena, die auf einem umgefallenen Baumstamm Platz genommen hat.

»Ich komme häufig her und meditiere oder beobachte einfach die Natur um mich herum.«

Sie zeigt auf ein paar röhrenartige Pilze, die vor wenigen Tagen noch nicht hier waren, und muss Pia sogleich versichern, dass sie sie nicht essen wird. Sie kennt ja nicht mal deren Namen.

Für eine Weile beobachten sie die Vögel, die ziemlich zutraulich sind, seitdem Lena im Winter ein paar Vogelfutterknödel an den Sträuchern aufgehängt hat. Einmal hat sie hier sogar einen schlafenden Uhu beobachtet.

»Erinnerst du dich noch an das Futterhaus, das wir als Kinder gebaut haben?«, fragt Lena. »Du hattest das Thema damals in der Schule und warst total begeistert.«

Pias Augen funkeln. »Ich hab sogar davon geträumt, Ornithologin zu werden.«

»Wir wollten die Vögel vor dem kalten Winter retten.« Lena legt den Arm um ihre Schwester. Sie sieht die kleine, große Pia vor sich, mit ihrem selbst gemalten Vogelerkennungsbuch und dem Plan für das Futterhaus. Mit ihrem Vater fuhren sie damals in den Baumarkt und kauften Holz. Zu Hause zeigte er ihnen, wie man sägt.

»Weißt du, warum der Specht hämmert?«, fragt Pia.

»Um Weibchen anzulocken? Würmer aus der Rinde zu ziehen? Weiß der Geier!«, prustet sie los, und Pia lacht mit. Dann lauschen sie für eine Weile schweigend dem Vogelgezwitscher und Gurgeln des Bergbachs. Das ist besser als jede Meditations-App.

»Ich soll dich lieb von Papa und Mama grüßen«, sagt Lena und hofft, dass sie mit dieser Nachricht nicht die Stimmung kaputt macht. Doch Pias Gesichtszüge bleiben unverändert.

»Ihr telefoniert noch regelmäßig? Das freut mich für dich«, antwortet Pia nüchtern, erhebt sich und schlägt den Rückweg ein. Lena bleibt noch ein paar Minuten sitzen, schließt ihre Augen und atmet die würzige Waldluft ein. Vielleicht hätte es noch einen besseren Moment gegeben. Aber eigentlich weiß sie, dass es nie einen guten Moment dafür gibt.

Als sie zurück zur Alp kommt, liegt Pia im Sonnenstuhl im Garten, ihr Gesicht mit einem Halstuch bedeckt. Sie beschließt, dass sie ihre Eltern nicht mehr erwähnt, solange Pia zu Besuch ist.

Pia

»Bist du sicher, dass ich dir nicht helfen kann?«, fragt Pia, die auf der Ofenbank liegt und hört, wie ihre Schwester wild in der Küche hantiert.

»Du bleibst, wo du bist«, ruft Lena zurück.

Sie kann so stur sein, denkt Pia. Kochen ist ihr Ding, und sie hätte Lena gerne beim Zubereiten der Älplermagronen geholfen. Bei Lenas Kochkünsten fürchtet sie zudem, dass die Bratzwiebeln zu Verbrennzwiebeln werden und die Kartoffeln halb roh auf den Tisch kommen. Sobald es nach Verbranntem riecht, wird sie einschreiten.

Es wird Zeit, dass Lena sie in ihre Pläne einweiht. Nach ihrem Streit an Weihnachten war es richtig, sich zunächst mit Samthandschuhen aneinander heranzutasten. Und siehe da: Wider Erwarten haben sie bis jetzt verdächtig harmonische Stunden zusammen verbracht. Doch die Ruhe-vor-dem-Sturm-Phase ist vorbei. Sie will endlich wissen, was ihre Schwester da wieder ausgeheckt hat.

Wenig später sitzen sie zusammen beim Abendessen. Die Älplermagronen schmecken besser als erwartet, und mit dem Essen kommt auch der Appetit.

»Das Leben auf der Alp macht mich hungrig«, sagt Pia, als sie sich einen zweiten Teller nachschöpft.

Lena hat ganz rote Wangen vom heißen Holzherd. »Iss nur, es gibt genug.«

Für Pia ist der Moment der Wahrheit gekommen.

»Sag mir bitte, warum ich hier bin«, platzt es aus ihr heraus. Ihr Körper kribbelt vor Anspannung.

»Wie meinst du das?«

»Die großen Pläne, die vielen Ausrufezeichen, die Smileys.«

Lena verstummt. Vermutlich wollte Pia ihr erst noch ein Glas Schnaps auftischen, bevor sie das Thema anschneidet.

»Versprich mir, dass du mich bis zu Ende anhörst und mir eine echte Chance gibst.«

Lenas Gesicht ist plötzlich sehr ernst, ihre roten Wangen glänzen.

»Versprochen.«

»Magst du vielleicht noch ein Glas Schnaps? Ich habe noch eine offene Flasche.«

»Lena.«

»Okay. Wo soll ich anfangen? Ich habe – die Bank, bei der ich das Darlehen für den Hof habe, sie hat mir ein Ultimatum …«

Geldprobleme. Enttäuschung breitet sich in Pia aus.

»Die haben einfach die Hypothekenzinsen verdreifacht, und jetzt drohen sie mir mit Pfändung, weil ich mit den Zahlungen ein paar Monate in Verzug bin«, fährt Lena fort. Ihre Stimmlage schwankt zwischen empört und verunsichert.

»Du hast mir versprochen, alles Finanzielle mit einer Kundenberaterin zu regeln.«

Einen geschlagenen Nachmittag lang hat sie auf Lena eingeredet, bis diese das Thema »Finanzierung« endlich ernst genommen hat.

»Das habe ich auch, Piachen. Du musst mir glauben. Eine Frau Eisenhut von der Dorfbank. Die war total nett.«

Pia schweigt und sammelt sich. Immerhin haben sie zwei friedliche Tage zusammen verbracht.

»Ich werde dir kein Geld mehr geben. Du bist letztes Jahr dreißig geworden und nicht mehr meine kleine Schwester.«

»Ich will kein Geld von dir«, sagt Lena mit fester Stimme.

»Sondern?«

Das Überraschungsmoment.

»Ich will mit dir zusammenarbeiten. Einen Sommer lang, hier auf der Alp.«

»Das ist nicht dein Ernst!«

»Lass mich doch bitte erst ausreden.«

Lenas Herz pocht so heftig, dass Pia es durch den Pullover auf und ab hüpfen sieht. Sie steht auf, geht von der Stubenwand zum Kachelofen und wieder zurück und ringt dabei nach Worten. Das war schon früher so, denkt Pia. Schon als Kind konnte Lena nicht stillsitzen, wenn es eng für sie wurde.

»Wir führen gemeinsam ein Selbstfindungs-Retreat durch, bei dem sich die Gäste so richtig intensiv spüren. Mit Atemtechniken, viel Yoga, Meditationen, Wanderungen, Workshops … So was käme sicher wahnsinnig gut an. Unsere Gesellschaft ist doch so gestresst, und hier oben ist der perfekte Ort, um zu chillen und sich spirituell zu regenerieren.«

Dass es Lena immer wieder schafft, sie zu überraschen. Sie schüttelt nur ungläubig den Kopf. »Für mich macht das keinen Sinn. Wozu das Ganze?«

»Na, um schnell an Kohle zu kommen. Meine Freundin Penelope führt regelmäßig Yoga-Retreats durch und verdient ganz gut dabei.«

»Nehmen wir mal an, du findest Leute, die bereit sind, viel Geld für so ein Retreat zu bezahlen. Was ich bei der Infrastruktur hier oben allerdings bezweifle. Aber egal. Wozu brauchst du mich dann? Du hast doch diverse Ausbildungen in diesem ganzen Alternativ-Selbstfindungsbereich.«

Lena dreht immer noch ihre Runden in der Stube und weicht dabei Pias Blick aus. »Na, weil du …«, stammelt sie schließlich.

»Weil ich?«

»Du hast so viel Erfahrung als Psychotherapeutin. Wenn es schwierig wird und jemand eine Krise hat, weil irgendein verschüttetes Trauma aufbricht, weißt du, was zu tun ist. Zudem könntest du mir mit dem Programm helfen, du bist doch so super strukturiert. Und, wenn du Lust hast, könntest du auch für alle kochen.«

»Kochen?«

Und noch ein Überraschungsmoment.

»Ja, du kochst doch so gerne und ausgezeichnet. Im Gegensatz zu mir.«

»Aber doch nicht für eine ganze Gruppe auf einem Holzherd in einer winzigen Alpküche.«

»Auch ohne Kochen. Das war doch nur eine Idee. Ich fände es einfach total aufregend, wenn wir das Retreat zusammen durchführen könnten, du und ich.«

»Mensch, Lena, das geht doch nicht. Ich habe einen Job und ein Leben«, erklärt sie so ruhig wie möglich.

»Natürlich, das weiß ich doch. Es soll ja nur für einen Monat sein. Vielleicht könnte dein Kollege in dieser Zeit deine Patienten übernehmen? Dieser Matteo? Der ist doch ganz easy drauf. Und ich dachte, deine Patienten haben vielleicht auch Sommerferien.«

Pias Enttäuschung verwandelt sich in Ärger. Das ist mal wieder so typisch für ihre Schwester. Sie hat einfach keine Ahnung, was Verantwortung bedeutet. Nimmt sie im Ernst an, sie würde ihre Patienten im Stich lassen, um sich in der Zeit um ihre Selbstsuchenden zu kümmern?

»Selbst wenn ich wollte, könnte ich nicht«, stellt sie klar. »Zudem glaube ich nicht, dass das funktioniert, so ein esoterisches Selbstfindungs-Retreat. Das löst doch keine Probleme.«

Jetzt bleibt Lena stehen und schaut sie mit großen Augen an. Pia bekommt kaum Luft in dieser engen Alpstube mit den hohen Erwartungen im Raum.

Sie muss weg von hier. Sofort.

»Ohne mich. Ich kann das nicht.« Ihre Stimme ist fast tonlos.

»Wir können über alles reden. Es ist doch erst eine Idee.«

»Tut mir leid.«

»Es ist nicht nur wegen des Geldes, das musst du mir glauben. Ich möchte dir wieder näherkommen und dachte, wenn wir gemeinsam ein Retreat …«

Pia fühlt sich so müde und schwer. Wie erschlagen.

»Es ist besser, wenn ich gehe«, fällt sie Lena ins Wort und verschwindet aus der Stube nach oben ins Gästezimmer, wo sie innerhalb weniger Minuten ihre Kleider in den Rucksack stopft.

»Danke für alles. Lass uns mal telefonieren, ja?«, ruft sie Lena zum Abschied zu. Ihre Schwester steht am Stubenfenster und schaut hinaus. Bestimmt weint sie. Pia überlegt, ob sie Lena zum Abschied umarmen soll, doch Lena rührt sich nicht vom Fleck. Besser, sie geht, bevor sie das alles zu sehr mitnimmt.

Sie eilt den Weg hinunter zur Straße und erwischt gerade noch das letzte Postauto für heute, das soeben um die Kurve gefahren kommt. Der Fahrer fragt, ob alles in Ordnung sei. Sie nickt nur atemlos und setzt sich auf einen der hinteren Sitze. Bis auf zwei ältere Frauen ist das Postauto leer. Nur langsam beruhigt sich ihr hämmernder Herzschlag, und sie lehnt ihren Kopf an die Fensterscheibe. Auf der anderen Talseite geht die Sonne hinter den Bergspitzen unter, der idyllische Anblick schmerzt sie. Sie weiß, dass sie richtig gehandelt hat, aber nicht, warum es trotzdem so wehtut.

Lena

Lena liegt in Almas Hängematte und starrt Löcher in die Decke. In zwei Zimmerecken haben Spinnen ihre feinen Netze

gewoben. Abstauben gehört nicht zu Almas Lieblingsbe-
schäftigungen. Dafür ist sie sonst die Beste. Neben Lena steht
eine Tasse dampfender Johanniskrauttee auf einem kleinen
Holztisch. Stimmungsaufhellend, laut Alma. Bis jetzt spürt
sie allerdings nichts davon.

Noch macht Alma einen Hausbesuch, sie sollte aber
gleich zurück sein. So lange wartet Lena in ihrem heimeligen
Wohnzimmer zwischen meterhohen exotischen Pflanzen,
die Alma vor vielen Jahren vom Amazonas mitgebracht hat
und seither erfolgreich in ihrer tropisch warmen Stube züch-
tet. Zwischen zwei Holzbalken, die das alte Bauernhaus stüt-
zen, hat Almas Enkel Tobi eine Hängematte gespannt, in der
er sogar schläft, wenn er bei seiner Großmutter übernachtet.
Und jetzt liegt da Lena und schaukelt sanft hin und her. Dabei geht sie gedanklich den gestrigen Abend durch, mit Pias
plötzlichem Abgang. Natürlich ist ihre Schwester eine Skep-
tikerin und nicht leicht für neue Projekte zu begeistern, dennoch hat sie ihre heftige Reaktion erstaunt. Dass sie einfach
Reißaus genommen hat, ist eigentlich nicht Pias Art, sondern
eher ihre eigene Fluchtstrategie, wenn Pia sie mal wieder un-
freiwillig in die therapeutische Mangel nimmt. Die beiden
hatten es doch eigentlich ganz gemütlich zusammen, und sie
hat sich solche Mühe gegeben. Doch Pia wollte sich nicht einmal auf ein Gespräch einlassen. Das tut schon weh.

Alma ist zurück, Lena hört die Tür ins Schloss fallen, und
schon steht Alma mit einer neuen Tasse Tee neben ihr. Dabei
hat sie den anderen noch gar nicht angerührt.

»Na, geht's wieder etwas besser?«, fragt Alma und setzt
sich in den Korbschaukelstuhl.

»Hätte ich das mit dem Kochen bloß nicht gesagt. Pia hat das sicher so verstanden, dass ich sie nur als Haushaltshilfe brauche. Was überhaupt nicht so gemeint war. Als Studentin hat Pia so oft die ganze WG bekocht – und zwar richtig gut und gern.«

»Ach, Leni, mach dir keinen Kopf.«

»Du bist nicht mehr meine kleine Schwester‹, hat sie gesagt.«

»Das hat sie bestimmt nicht so gemeint.«

»Sie hat es aber so gesagt.«

»Ich glaube, das sagt mehr über sie aus als über dich, Liebes.«

»Was soll das denn heißen?«

Alma wiegt sich sanft im Schaukelstuhl. Dabei nestelt sie an ihrem grauen Haarzopf herum, in dem sich Samen verfangen haben. Eigentlich gibt es fast immer irgendwelche Naturreste in Almas Zopf. Kein Wunder, sie ist ja auch die meiste Zeit im Garten.

»Pia hat vermutlich selbst gerade viel um die Ohren«, sagt Alma. »Hast du nicht erwähnt, dass sie Stress bei der Arbeit hat? Sie ist nicht bereit für ein solches Retreat.«

»Aber deshalb muss sie doch nicht gleich abreisen.«

»Das stimmt. Aber du musst ihre Entscheidung dennoch akzeptieren.«

Was würde sie bloß ohne die weise Alma machen? »Du hast ja recht. Dann kommt jetzt Plan B zum Zug.«

»Und der wäre?«

»Die Dorfbank überfallen.«

Alma lacht ihr glucksendes Lachen. Lena wünschte, sie

hätte eine Mutter wie Alma gehabt. Sie will gar nicht wissen, wie geerdet sie dann wohl wäre.

»Wenn du willst, rede ich mal mit Lotta Eisenhut von der Dorfbank. Sie ist mit meinem Sohn zur Schule gegangen, die beiden waren sogar ein Paar im Gymnasium. Vielleicht hilft's ja?«

»Du bist die Beste!«

»Magst du noch einen Johanniskrauttee?«

Alma huscht in die Küche, noch bevor Lena antworten kann.

Pia

Pia verdrückt hastig ein Eiersandwich in der verkürzten Mittagspause. Sie musste die letzte Therapiestunde notfallmäßig überziehen. Ironischerweise ist der Frühling für viele ihrer Patienten eine schwierige Jahreszeit. Gerade weil er so voller Hoffnung, Freude und Leichtigkeit ist, setzt er melancholische oder depressive Menschen damit unter Druck, dasselbe zu fühlen. So auch ihren letzten Patienten, dem die düsteren Wintermonate mit viel Rückzugsmöglichkeit besser entsprechen als die fröhlich zwitschernden Frühlingstage. Pia kann das gut nachvollziehen. Ein grauer Regentag würde heute besser zu ihrer Stimmung passen. Doch draußen flirtet frühsommerliches Wetter mit den Stadtbewohnerinnen. Überall werden luftige Sommerkleidchen und knappe T-Shirts ausgeführt.

Gleich kommt Frau Stoll. Ihre letzte Therapiesitzung ist

bereits drei Wochen her. Pia hat keine Ahnung, worauf sie sich gefasst machen soll. Im Stehen trinkt sie noch einen Espresso und hofft, dass sie sich vor Feierabend noch mit Matteo austauschen kann. Heute ist sein erster Tag nach dem Urlaub, und sie hat am Morgen bereits seinen braunen Teint bewundert – zehn Tage Wanderurlaub an der Algarve. Glücklicherweise gab es letzte Woche keine Probleme mit den Patienten, die sie von ihm übernommen hat.

Um Punkt sechs Uhr entlässt sie Frau Stoll und setzt sich in die Küche. Sie spürt eine tiefe Müdigkeit, obwohl erst Montag und das lange Osterwochenende nur eine Woche her ist. Die Auseinandersetzung mit Lena und ihr absurdes Angebot lassen ihr keine Ruhe. Sie kann sich so maßlos über ihre Schwester ärgern. Lenas Leben plätschert völlig unbekümmert dahin, weil sie darauf spekuliert, dass Pia schon einschreitet, wenn es kritisch wird. Doch dieses Retreat hievt alles auf ein neues Level. Bis dahin bestand ihr Job einzig und allein darin, Lena vor blöden Einfällen zu warnen – meist leider erfolglos – und dann in die Bresche zu springen, wenn das Geld knapp wird. Wie oft hatte sie ihr gesagt, dass der Kauf eines Hauses, sei es noch so bezaubernd und billig, mit Liquidität und Verantwortung verbunden ist. Dass es verdächtig ist, wenn so ein Hof fast gratis verkauft wird, weil ihn ja offensichtlich niemand will. Aber Lena, die spirituelle Optimistin, musste diese einmalige Chance nutzen. Ein Wink des Universums! Und ihre Eltern fanden es auch eine originelle Idee. Natürlich können das zwei Aussteiger in Indien besser beurteilen als sie mit einem Studium in Psychologie und Wirtschaft. Bei diesem Gedanken zieht sich ihr Magen zusammen. Am liebsten würde sie den Kontakt zu Lena ganz abbrechen. Vielleicht passiert das ja gerade. Seit ihrer Abreise hat sie nichts mehr von ihrer Schwester gehört. Kein Anruf, keine Nachricht. Was sehr untypisch ist für Lena, die sich sonst nach jedem Streit immer schnell meldet, um »es wiedergutzumachen«. Zugegeben, ihr Abgang war nicht gerade rühmlich. Eigentlich auch gar nicht ihre Art. Aber geschehen ist geschehen. Sie hat jedenfalls keine Lust, ihre Schwester anzurufen und sich zu entschuldigen. Und vielleicht ist etwas Funkstille ja gerade das Richtige für sie.

Ines lachte nur, als sie ihr von Lenas Retreat-Plänen erzählte. Pia als Köchin und Hüterin eines Selbstfindungscamps auf der Alp ihrer Schwester? Nein, das klingt wirklich nicht nach ihr. Obwohl Ines die Retreat-Idee cool fand und viele Leute kennt, die Interesse an so was haben könnten. Pia atmete nur tief durch und sagte nichts. Klar, Ines hat selbst eine ausgeflippte, leicht esoterisch angehauchte Ader, was sie eigentlich auch sehr an ihr mag. Für Laien ist es oft schwer nachvollziehbar, wie viel Arbeit in Therapien steckt und dass ein paar Wochen meditieren und OM chanten keine neuen Menschen machen. Im Gegenteil, gerade bei der bewussten Auseinandersetzung mit sich selbst kommen Gefühle und Traumata hoch, die oft jahrelang unterdrückt wurden. Immerhin daran hatte ihre Schwester gedacht. Nun soll Pia als therapeutisches Auffangbecken für Lenas emotional gestrandete Selbstsuchende herhalten. Auf so was kann sie in ihrer Freizeit gerne verzichten.

Endlich betritt Matteo die Küche. Er hat noch den Urlaubsschwung und drückt sie lange an sich. Dann essen sie die Puddingtörtchen Pastéis de Belém, eine Spezialität von der Algarve, die er ihr mitgebracht hat. Matteo hat in seinem Urlaub wie immer viel erlebt. Ein Highlight war die spontane Führung in einem Leuchtturm, nachdem er in einer Bar mit dem Turmwächter ins Gespräch gekommen war. Sie liebt es, Matteos Erzählungen zu lauschen. Als er fertig ist, berichtet sie von ihrem Besuch auf der Alp und dem Angebot ihrer Schwester. Nur ihre überstürzte Abreise verschweigt sie.

»Was hältst du von Lenas Angebot?«, fragt sie schließlich. Sie hat erwartet, dass er zumindest verschmitzt grinst, doch sein Gesichtsausdruck bleibt seriös.

»Du scheinst dich schon entschieden zu haben. Oder was willst du von mir hören?«

»Na, dass es Schwachsinn ist und typisch für meine Schwester.«

Matteo schnappt sich das letzte Puddingtörtchen und sagt mit vollem Mund: »Es ist sicher eine außergewöhnliche Idee.«

»Siehst du nicht, wie sie mich instrumentalisieren will? Früher wollte sie nur Geld von mir, ab sofort will sie mich als Komplizin sogar dabeihaben.«

Er zuckt mit den Schultern. »Für mich klingt es eher nach einem Sommerabenteuer.«

Echt jetzt? Warum sind alle auf der Seite ihrer Schwester?

»Ich verstehe, dass du keinen Bock darauf hast«, fügt er an, als er ihren enttäuschten Blick sieht. »Und dann noch mit deiner trubeligen Schwester. Falls du trotzdem so was in der Art machen möchtest, dann hast du meine volle Unterstützung.«

»Was in der Art machen möchte?«

»Na, eine Auszeit nehmen. Pilgern zu gehen oder … »

Pia stockt der Atem. »Ich soll pilgern?«

»Du sollst gar nichts. Ich wollte dir nur anbieten, dass ich gerne ein paar deiner Patientinnen und Patienten übernehme, falls du mal eine Pause brauchst. Auch für länger.«

Nur mit Mühe widersteht sie dem ersten Impuls, sich einen Kaffee rauszulassen. Den fünften für heute.

»Danke«, erwidert sie stattdessen. »Ich mache dann mal Feierabend.«

Matteo seufzt. »Ich wollte dich nicht …«

»Keine Ursache, Matteo. Wirklich.«

Sie holt ihre Handtasche aus dem Therapieraum und verlässt die Praxis. Immerhin sind graue Wolken aufgezogen und haben dem verfrühten Sommertag gezeigt, dass es erst April ist. Auf den letzten Metern zur Haustür bekommt sie noch Platzregen ab, natürlich hat sie keinen Regenschirm dabei. Zu Hause legt sie sich in den feuchten Kleidern ins Bett und zieht die Decke über den Kopf. Am liebsten würde sie den Stecker ziehen für heute.

Pilgern gehen.

Sie bekommt Matteos Worte nicht mehr aus dem Kopf. Meint er das ernst? Wirkt sie so angespannt in letzter Zeit? Er weiß doch haargenau, dass sie mit so was nichts anfangen kann. Dennoch lag keine Ironie in seiner Stimme. Und in Matteos Stimme liegt fast immer eine leichte Ironie.

Sie hat keine Lust auf eine Pilgerreise. Sie wüsste nicht, wozu, geschweige denn, wohin. Am liebsten würde sie sich einfach in ihrem Bett verkriechen, die Fensterläden zumachen und das Leben vorbeirauschen lassen für mindestens eine Woche. Sie bleibt noch eine Weile liegen, dann tauscht sie ihre nassen Kleider gegen eine Trainingshose und ihren Schlabberpulli und schaut zwei Folgen einer britischen Comedyserie, die sie normalerweise zum Lachen bringt. Doch heute ist sie nicht in Stimmung dafür.

Der Hunger zieht sie in die Küche, ihren Lieblingsort in der Wohnung. Die Küche ist lichtdurchflutet und einladend, ihr Herzstück ist die Kochinsel in der Mitte, gesäumt von vielen Schränken. Nichts hasst sie mehr, als in der Küche keinen Platz zu haben – für ihre Kochbücher, ausgewählte Küchengeräte, exklusive Lebensmittel wie Öle oder exotische Gewürze. Die Küche ist völlig überdimensional im Vergleich zur restlichen Wohnung, die aus einem kleinen Schlafzimmer, dem winzigen Bad und dem Wohnraum besteht. Bereits bei der Besichtigung war ihr klar, dass die Architektin eine begeisterte Köchin sein musste, sonst hätte sie die Wohnräume anders geplant.

Auf zwei Bücherregalen hat Pia die besten Kochbücher gesammelt, die es aktuell auf dem Markt gibt. Sie lässt ihren Blick darüber schweifen und überlegt, wonach ihr heute ist. Asiatisch und maximal eine halbe Stunde kochen, ist die Antwort. So entscheidet sie sich für ein nepalesisches Dal Bhat mit roten Linsen, das ist schnell gemacht.

Du könntest kochen für alle, Pia. Das kannst du doch so gut.

Das könnte sie, ja. Wenn sie auf etwas stolz ist, dann auf ihre Kochkünste. Kein Rezept ist ihr zu anspruchsvoll, kein Gewürz, das sie nicht irgendwo in einem versteckten Feinkostladen aufspürt, keine Zubereitungstechnik, die sie nach einem YouTube-Tutorial nicht ruckzuck intus hat. Während ihres Studiums hat sie in einer Vierer-Wohngemeinschaft gelebt, die sie jeden Freitagabend aufwendig bekocht hat, inklusive vieler Freunde und Gäste. Wer kochen kann, isst selten allein, pflegte ihr Dauergast Ines dann jeweils zu sagen. Angeblich eine spanische Redewendung. Jedenfalls hat sie in dieser illustren Runde, wo der billige Rotwein großzügig floss, viele ausufernde philosophische oder pseudophilosophische Gespräche geführt – und noch mehr gelacht.

Sie könnte die alte Truppe mal wieder einladen und bekochen, das hat sie schon so lange nicht mehr gemacht. Anknüpfen an unbeschwerte Zeiten, als die größte Sorge die anstehende Statistikprüfung war. Der Gedanke gefällt ihr, und sie beschließt, ihre ehemalige WG gleich für nächsten Freitagabend einzuladen. Lieber bekocht sie alte Freunde in ihrer Chefköchinnenküche als ein paar verlorene Seelen auf einer esoterischen Alp. Sie greift zum Smartphone und sieht, dass sie eine Nachricht erhalten hat.

Tut mir leid, dass ich dich verärgert habe. Irgendwie finde ich schon eine andere Lösung. Schön, dass du da warst! Tausend Umarmungen, Lena.

Sie starrt auf die Nachricht. Lena sucht nach einer anderen Lösung. Einer, die ohne sie, ihre Psychologietricks, ihr Organisationstalent und ihre Kochkünste auskommt. Sie wartet auf ein Gefühl von Erleichterung, doch es stellt sich nicht ein.

Lena

Wie Furcht einflößend das Betongebäude wirkt, wie unfreundlich geschnitten die langen Fenster sind, und wie kalt die aschgraue Hauswand ist. Eine richtig böse Bank, denkt Lena, die sich schon seit ein paar Minuten vor dem Eingang herumtreibt. Gleich hat sie ihren Termin bei Frau Eisenhut, mit der sie damals den Kaufvertrag für das Bergbauernhaus abgeschlossen hat.

Sie hat sich schon lange nicht mehr so klein gefühlt. Dabei ist sie bestens vorbereitet, ist gemeinsam mit Alma den Vertrag noch mal durchgegangen, hat ihre Bankauszüge sortiert und ihre letzten Lohnabrechnungen – alle bereits ein paar Monate alt – mit einer Heftklammer zusammengeheftet.

»Damit du sie sofort zur Hand hast, Leni.«

Jetzt stecken alle Unterlagen in einer Mappe und Lena selbst in ihrem elegantesten Pullover und ihren saubersten Jeans. Alma wollte ihr eine weiße Bluse leihen, doch sie hat abgelehnt. Sie verkleidet sich für niemanden.

Ganz ruhig, Lena. Das hier ist eine überschaubare Dorfbank mit einer netten Frau Eisenhut und kein Treffen mit dem Wolf der Wall Street. Das Universum meint es gut mit dir. Schließlich war es Schicksal, dass du die Alp gefunden und zu neuem Leben erweckt hast. Also hinein mit dir!

Am dritten Schalter sitzt Frau Eisenhut und lächelt adrett, als sie Lena erblickt. Sie trägt eine hellgelbe Bluse, matten Lippenstift und fügt sich dezent in die unaufgeregte Innenausstattung der Bank ein.

»Frau Wunderlich, bitte folgen Sie mir doch.«

Wenig später sitzt sie mit Frau Eisenhut in einem Sitzungszimmer mit einem schlichten Holzfurnier und pompösen Lederstühlen.

»Möchten Sie einen Kaffee oder etwas Wasser?«, fragt Frau Eisenhut.

»Wasser, gerne.«

Frau Eisenhut schenkt ihr ein Glas Wasser ein.

»Sie kennen Alma Sommer?«

»Ja, genau. Sie ist eine Freundin von mir.«

»Eine nette Frau. Ich kenne ihren Sohn, Ivo. Hat mir im Gymnasium so richtig das Herz gebrochen. Wissen Sie, was er heute so macht?«

»Ich habe ihn noch nicht persönlich kennengelernt. Er arbeitet als Ingenieur im Ausland. Ich glaube, momentan auf einer Anlage in Peru.«

»Tja, Beständigkeit war noch nie sein Ding«, sagt Frau Eisenhut und zieht ihre Lippen spitz zusammen. »Aber deshalb sind wir ja nicht hier. Entschuldigen Sie bitte.«

Lena nimmt einen großen Schluck Wasser gegen ihren trockenen Hals, während Frau Eisenhut ihren Laptop aufklappt und auf den Bildschirm starrt.

»Womit kann ich Ihnen dienlich sein, Frau Wunderlich?«

»Ich möchte wissen, warum Sie die Konditionen für meine Hypothek … Die haben sich …«

Frau Eisenhut studiert ihre Unterlagen, ohne dabei eine Miene zu verziehen.

»Wie ich sehe, sind Sie mit der Bezahlung der Hypothek Ihres Bergbauernhauses massiv im Hintertreffen. Wir haben

Sie schon mehrfach brieflich gemahnt. Gibt es Probleme mit der Adresse, die Sie angegeben haben?«

Lena räuspert sich. »Nein, nein, die Adresse ist korrekt. Es ist nur …«

»Sie haben die Briefe also erhalten? Wir haben ab und an Probleme bei der Zustellung von Einschreiben an abgelegenen Wohnorten. Sie wohnen ja so quasi auf der Alp.«

»Es ist keine Alp, sondern ein Bergbauernhaus. Und ich habe einen Briefkasten im Dorf, den ich regelmäßig leere.«

»Wo drückt dann der Schuh, Frau Wunderlich?«

Jetzt geht es ums Ganze.

»Sie haben die Hypothekenzinsen plötzlich verdreifacht. Damit habe ich nicht gerechnet.«

Frau Eisenhut presst ihre Lippen zusammen, bevor sie antwortet. »Das ist korrekt, ja. Wie Sie dem Kleingedruckten des Vertrags entnommen haben dürften, sind Ihre variablen Hypothekenzinsen der Fluktuation unterworfen. Aufgrund einer angespannten Finanzlage auf dem Weltmarkt sahen wir uns gezwungen, die Hypothekenzinsen leicht zu erhöhen. In Ihrem Fall bezieht sich das allerdings auf wenige Hundert Franken mehr im Monat. Also kein Grund zur Sorge.«

Lenas Puls steigt. Jetzt bloß ruhig bleiben und tief in den Bauchraum atmen.

»Für mich ist das viel Geld. Ich arbeite nur stundenweise als Yogalehrerin und baue mir nebenher eine neue Existenz auf. Vielleicht möchte ich sogar Bergbäuerin werden.«

»Dann schaffen Sie sich doch Nutztiere an. Das gibt landwirtschaftliche Subventionen«, schlägt Frau Eisenhut vor und fummelt an ihrem roségoldenen Fingerring herum.

»Ich habe nur sechs Schwarznasenschafe.«

»Süß.«

»Ich brauche einfach noch etwas Zeit, das ist alles. Leider bin ich darum etwas in …«

»Geldnot«, beendet Frau Eisenhut ihren Satz. »Hören Sie, Frau Wunderlich. Ich habe persönlich viel Verständnis für Ihre Situation. Ich mag putzige Schafe und habe ein Faible für das Alpleben, sonst wäre ich nicht hier. Aber ich leite eine Kleinbank in einem Bergdorf, in dem niemand Geld hat. Und eine Bank ohne Geld, nun ja, das ist keine Bank.«

»Das verstehe ich ja auch total. Aber …«

»Ich gebe Ihnen noch drei Monate. Dann müssen sämtliche Zinsen gedeckt sein, sonst müssen wir Ihr Bergbauernhaus leider verpfänden. Es besteht eine große Nachfrage nach wildromantischen Alphütten als Zweitwohnsitz. Die Städter können gar nicht genug von unserer Bergwelt bekommen.« Bei diesen Worten lässt Frau Eisenhut ihren Blick aus dem Fenster schweifen und bleibt dabei am Alpenpanorama hängen.

Lenas Puls rast. »Aber, ich …« Mehr bringt sie nicht heraus.

»Mein Anlageteam unterstützt Sie gerne mit einem Zielsparplan für die nächsten Monate.«

»Ich habe doch schon alles …«

Frau Eisenhut lächelt sie diplomatisch an. »Wir finden bestimmt eine Lösung. Wir verpfänden wirklich nur ungern. Gerade in unserem Dorf, wo jeder jeden kennt, gibt das immer ein riesiges Geschwätz.« Dann klappt sie ihren Laptop zu und fügt an: »Ich muss Sie jetzt leider verlassen. Ein anderer Kunde wartet bereits im Nebenraum auf mich.«

Lena riecht ihr süßliches Parfüm, als sie an ihr vorbeirauscht.

»Ach, und grüßen Sie mir Ivo, wenn Sie ihn mal sehen«, ruft sie aus dem Flur noch nach.

Eine paar Schocksekunden lang bleibt Lena im viel zu weichem Lederstuhl zurück, in der Hand hält sie immer noch ihre Unterlagen. Nichts davon wollte Frau Eisenhut sehen. Dann erhebt sie sich und trottet hinaus an die frische Luft.

In jeder Faser ihres Körpers wütet das Gespräch von eben nach. Sie versucht, zuversichtlich zu bleiben. Es wird sich schon noch ein Türchen auftun, auch ohne Bank und Pia. Erst mal nach Hause gehen, eine Runde Entspannungs-Yoga einlegen und lange meditieren. Doch sie mag nicht nach Hause wandern. In ihr geliebtes Zuhause, das sie bald zu verlieren droht.

Wie sehr hatte sie es sich gewünscht, dass Pia dieses Retreat mit ihr durchzieht. Sie schafft das einfach nicht alleine. Für ein solches Projekt braucht sie ihre Schwester mit ihrer subtilen Fürsorglichkeit und ihrer Professionalität. Sie fand schon immer, dass ihre Gegensätze bestens miteinander harmonieren. Wie Yin und Yang. Nach den gemeinsamen Tagen hat sich dieses Gefühl noch verstärkt – doch leider nur bei ihr. Pia will ihr nicht helfen – und sie wird das akzeptieren. Sie wird nicht betteln gehen wie bei den anderen vielen Malen, sondern selbst eine Lösung finden, sei es im schlimmsten Fall, dass sie das Haus verkauft und sich irgendwo ein neues

Leben aufbauen muss. Obwohl sie so wahnsinnig gerne bleiben würde.

Und dann ist da noch diese andere Angst. Nämlich jene, dass Pia sich ganz von ihr abwendet und nichts mehr mit ihr zu tun haben will. Das ist eigentlich das schlimmste Szenario von allen.

Lenas Beine schlagen den Weg zur Dorfkneipe, dem Pöstli, ein. Sie war erst zweimal dort und immer in Begleitung von Alma, die sowieso jeden im Dorf kennt. Die Kirchenuhr zeigt erst fünf an, doch das ist ihr egal. Sie betritt das schummrige Lokal unter dem kritischen Blick eines Dorfbewohners, der nicht beim ersten Bier sitzt, und bestellt sich am Tresen einen doppelten Kräuterschnaps.

Pia

Pia legt alle Lebensmittel vor sich auf den Küchentisch. Sie mag es, vor einer aufwendigen Kochsession die Übersicht zu haben und alle Lebensmittel zusammenzulegen, die sie zu einem Gang verarbeitet. Nach längeren Recherchen hat sie sich für ein kompliziertes Ottolenghi-Rezept entschieden, das aus vier Gängen besteht, inklusive eines exotischen Desserts.

Sie hat die Praxis bereits am späten Nachmittag verlassen, um in Ruhe einzukaufen, und zwar auf dem Wochenmarkt, der auf einem von Cafés gesäumten Platz unweit ihrer Wohnung stattfindet. Wie lange sie schon nicht mehr hier war und wie aufregend es ist, an den bunten Marktständen vorbeizuschlendern und das Gemüse zu mustern. Schließlich entscheidet sie sich für den Stand einer jungen Bäuerin, deren Gemüse besonders frisch und liebevoll arrangiert ist. Sie lässt sich sogar auf einen Schwatz mit ihr ein und erfährt dabei, dass ihr biologischer Gemüsehof im Seenland liegt und dass sie ihn gemeinsam mit ihrer Großmutter und ihrer Schwester betreibt. Trotz der schweren Einkaufstaschen begibt sie sich beschwingt auf den Heimweg. In rund drei Stunden sind Tim, Selina und Ines bei ihr, und sie werden alte WG-Zeiten aufleben lassen. Pia hat vorsorglich drei Flaschen teuren Rotwein gekauft, auch wenn ihre Gäste zugesichert haben, sich um das alkoholische Wohl zu kümmern.

Gerade als sie sich ans Zwiebelschneiden für Gang Nummer eins macht, surrt ihr Smartphone.

Ciao Pia, liege mit einer Grippe im Bett. So
sorry!

Na toll. Ausgerechnet Tim, den sie seit Ewigkeiten nicht mehr gesehen und sich auf ein Wiedersehen mit ihm fast am meisten gefreut hat. Wegen ihm hat sie auch für fünf Personen eingekauft statt für vier. Früher hatte er immer einen Riesenkohldampf.

Keine zwei Minuten später meldet sich auch Selina, Tims Freundin. Die beiden sind seit Studentenzeiten ein Paar und aus der WG direkt in die gemeinsame Wohnung gezogen.

Sollen wir ein andermal, Pia? Ich kümmere mich
heute um Tim. Geht ihm echt schlecht.

Das war klar. Selina und Tim, die beiden gab und gibt es nur im Doppelpack. Trotzdem, das hätte ihnen früher einfallen können. Jetzt sitzt sie da vor einem Berg Lebensmittel, viel zu viel für zwei Personen.

Gute Besserung und auf ein baldiges anderes Mal, schreibt sie den beiden zurück.

Und Ines, dass Tim und Selina leider nicht kommen.

Egal, dann halt ein gemütlicher Frauenabend mit Ines. Den gab's auch schon länger nicht mehr. Ines' Date mit ihrem ehemaligen Arbeitskollegen Janis hat sich nämlich – völlig wider Erwarten für sie – als richtiger Volltreffer entpuppt. Die beiden sind seit dem Abend ein Paar und die unabhängige, dauerverknallte Ines im monogamen Romantikmodus. Ihre volle Dating-Agenda hat sie nun einfach in Pärchen-Zeit mit Janis eingetauscht. Was für sie keine Veränderung bedeutet – Ines hat genauso wenig Zeit für sie wie früher.

Ihr Smartphone vibriert, eine Nachricht von Ines.

Liebste Pia, bin noch voll am Arbeiten.
Motzender Kunde, wütender Chef, wird wohl
neun, bis ich bei dir bin. Tut mir voll leid.

In Zeitlupe setzt sich Pia an den Küchentisch und greift nach der Weinflasche. Sie füllt das Glas randvoll und nimmt einen trotzigen Schluck gegen den Frust. Dann korkt der Wein auch noch. Das darf nicht wahr sein! Was ist eigentlich los in ihrem Leben? Warum passieren ihr in letzter Zeit dauernd solche Sachen? Wenn sie ihre Patientin wäre, würde sie ihr raten, ihr Leben gründlich zu überdenken. Ihre Freunde,

Familie, ihre Arbeitskollegen, ihre Arbeit – einfach alles. Doch sie weiß beim besten Willen nicht, was sie falsch gemacht hat.

Ruhig bleiben und nichts überbewerten, Pia. Du hast einen emotionalen Tiefpunkt, dann erscheint dir alles viel tragischer, als es eigentlich ist. Koch dir einfach den Hauptgang, und mach dir alleine einen gemütlichen Abend, bis Ines kommt. Wenn sie überhaupt noch kommt. Lenk dich ein bisschen ab mit Serienschauen.

Doch sie sitzt einfach da, am vollen Küchentisch, und starrt auf den Brokkoli, der direkt vor ihr liegt. Den die Bäuerin heute Morgen geerntet hat und der noch so frisch ist. Nach einer Weile löst sie sich aus ihrer Lethargie und greift nach der zweiten Flasche Wein. Sie kippt den schlechten Wein in die Spüle und füllt das Glas erneut voll, nimmt eine Packung Chips aus dem Schrank und verzieht sich damit auf das Sofa.

In ihr tobt ein Wirbelsturm, und im Epizentrum des Tornados befindet sich Lena. Egal, was Pia macht, ob sie ihr hilft oder nicht, ob sie ihr zuhört oder nicht, ob sie bei ihr ist oder nicht. Irgendetwas löst Lena in ihr aus, und sie kann nichts dagegen tun. Sie fühlt sich verantwortlich, schuldig, verärgert, manchmal auch berührt und begeistert. Tatsache ist: Lena ist ihr nicht egal. Gleichzeitig kann Pia nicht einfach alles stehen und liegen lassen, um ihr zu helfen, sie hat schließlich ihr eigenes Leben. Am liebsten würde sie ganz laut aus dem Fenster hinausbrüllen. Wie der Säugling aus der Nachbarwohnung, der sich den ganzen Kummer aus dem Leib schreit, bis er die Aufmerksamkeit bekommt, die er braucht. Und zwar mit Vorliebe nachts.

Dieses Mal muss sie hart bleiben. Sie kann Lena nicht helfen, weder mit ihrem Geld noch mit ihrer Anwesenheit. Sie muss das Abhängigkeitsverhältnis, in das sich ihre Schwester manövriert hat, beenden. Nur so kann etwas Neues zwischen ihnen entstehen.

Pia schreibt Ines, dass es ihr zu spät wird und sie heute keinen Besuch mehr möchte. Sie füllt die Schale mit Chips nach, schaut unkonzentriert ihre Krimiserie zu Ende und ärgert sich über die unrealistische Auflösung des Falls. Gegen halb zehn ruft Ines an.

»So sorry.« Ines' Stimme klingt müde. »Das war wirklich ein schrecklicher Tag heute. Vierzehn Stunden Arbeit und dann der böse Blick meines Chefs, als ich gegangen bin, obwohl wir noch nicht ganz fertig sind mit dem Kampagnenkonzept. Dabei ist Freitagabend.«

»Keine Ursache.«

»Ich vermisse unsere lustigen Abende, dein leckeres Essen, den Rotwein, der nie ausgeht …«

»Ich auch«, stöhnt Pia.

»Bist du okay? Du klingst traurig.«

»Die Sache mit Lena belastet mich.«

»Ihr Retreat-Angebot?«

»Genau das.«

Sie greift nach den letzten Chips in der Schale – bei Ines darf sie das – Schmatzen während des Telefonierens.

»Ich weiß, dass du das nicht hören willst. Aber ich finde die Idee irgendwie abgefahren«, sagt Ines.

»Mit einer Außenperspektive würde ich das wohl auch sagen. Aber für mich sieht die Sache anders aus.«

»Klar.«

»Lena meint, dass sie es auch ohne mich schafft. Was mich beruhigt, aber auch verunsichert.«

»Ach, das wird schon, Pia.«

Pia seufzt laut. »Weißt du, was mich ärgert? Dass ich mich immer so schuldig fühle.«

»Das brauchst du nicht. Lena packt das schon.«

»Ich bezweifle, dass sie es hinbekommt. Sie übernimmt sich sicher und erwartet dann wieder, dass ich einspringe, wenn's brenzlig wird.«

»Bitte hör auf damit. Du hast keinen Bock auf dieses Retreat, und das verstehe ich auch. Selbst Lena scheint es diesmal zu kapieren. Es bringt also nichts, dir das weiterhin vorzuwerfen.«

»Das ist einfacher gesagt als getan.«

»Jetzt muss ich mal ganz ehrlich sein, Pia. Auf einer Alp ein Selbstfindungs-Retreat durchzuführen, braucht Mut. Nicht dein Ding, was voll okay ist. Falls sich Lena noch Hoffnungen macht, sag ihr ganz klar, dass sie es vergessen soll. Ihr zwei macht mich noch wahnsinnig!«

Aufgelegt. Ines hat tatsächlich aufgelegt. Das hat sie noch nie gemacht, egal, wie müde oder angespannt sie war.

Pia muss raus hier, weg von diesem Telefonat. Schnell schlüpft sie in ihre Joggingschuhe und läuft los. In einem gemächlichen Tempo trabt sie durch ihr Wohnquartier, bei jedem Schritt hämmert der Rotwein in ihrem Kopf. Darin kreisen Ines' Worte wie hungrige Aasgeier.

Allmählich gewöhnt sich ihr Körper ans Laufen, sie wird schneller, der Atem ruhiger, die Gedanken drehen sich langsamer. Als die Straßenlampen angehen, macht sie sich auf den Heimweg. Zu Hause nimmt sie eine heiße Dusche und schreibt Lena eine Nachricht.

Lena

Lena steht auf wackligen Beinen vor dem Pöstli, und der Sternenhimmel über ihr dreht sich im Kreis. Sie kann sich nicht erinnern, wann sie das letzte Mal so dicht war. Dieser verfluchte Kräuterschnaps. Immerhin hat sie in Vreni, der Wirtin mit dem resoluten Kurzhaarschnitt und der rauchigen Stimme, eine neue Freundin gefunden. Zu Beginn wurde sie von Vreni noch kritisch beäugt, doch mit jedem weiteren Schwank aus ihrem Leben hat sie ein Stück ihres Herzens erobert. Insbesondere Episode sechzehn, die letzte in ihrem erfolglosen Leben als Besitzerin eines leeren Bankkontos und Bergbauernhauses, ist bei Vreni auf offene Ohren gestoßen. Vreni ist alleinerziehende Mutter von drei Teenagern und immer kurz davor, die Dorfbank zu überfallen. Auch weil ihr Lotta Eisenhut mit ihrer erhobenen Nase und den vielen Sonderwünschen – laktosefreier Latte macchiato und vegane Nussgipfel – gehörig auf die Nerven geht.

So floss der Kräuterschnaps schneller als der Dorfbach und das auf ihren nüchternen, eh schon verkrampften Magen. Der Rausch ist zwar noch da, aber die kühle Bergluft bringt ein paar Fetzen Verstand zurück in ihr vernebeltes Hirn. Und die sind alles andere als erfreulich.

Zudem breitet sich eine Traurigkeit in ihr aus, die der Alkohol nicht verdrängen kann. Lena friert, und ihr ist schlecht. Ungeschickt kramt sie ihre Jacke aus dem Lederbeutel, wobei ihr Handy auf den Boden plumpst. Sie bückt sich zu schnell für ihren Zustand und fällt fast hin, was ihren Magen erst recht durcheinanderbringt. Äußerlich ist das Handy ganz geblieben. Das Display wird hell – es scheint alles noch zu funktionieren. Nach ein paar Sekunden poppt eine Nachricht auf.

> *Ich bin dabei – unter ein paar Bedingungen. Ruf mich doch an. Kuss, Pia.*

Lena starrt mit einem verschwommenen Blick auf die Nachricht. Ist das der Alkohol? Fantasiert sie? Sie liest die Nachricht wieder und wieder, steckt das Handy in die Tasche und nimmt es dann wieder zur Hand. Doch da steht immer noch:

> *Ich bin dabei – unter ein paar Bedingungen. Ruf mich doch an. Kuss, Pia.*

Der Klotz aus Anspannung, Angst, Trauer und Alkohol löst sich auf. Gleich muss sie sich übergeben. Aber das war ihr noch nie so egal.

Zweiter Teil

Pia

Am Samstagmorgen um neun Uhr ist das Café B. noch am Erwachen. Die ersten Stammgäste haben bereits ihre Einzeltische eingenommen, sind ganz altmodisch in Tageszeitungen vertieft, starren auf ihr Smartphone oder beobachten das Geschehen auf der belebten Straße vor dem Café, der Espresso ist längst ausgetrunken. Die offensichtlich verkaterte Kellnerin ist noch träger als sonst, Bestellungen müssen zur Sicherheit wiederholt werden, mit einer deutlichen und nicht zu lauten Stimme. Pia kann sich keinen besseren Ort vorstellen, um ein Selbstfindungs-Retreat zu organisieren. Neben ihr sitzt die hibbelige Lena, der es gar nicht schnell genug vorwärtsgehen kann. Sie hat sich auf der Alp bereits ausgiebig mit dem Programm auseinandergesetzt, und zwar auf ihre Lena'sche Weise: in einem überquellenden Tagebuch, ergänzt mit vollgekritzelten Malblockblättern, die jetzt vor ihnen ausgebreitet auf dem größten Tisch des Cafés liegen. Pias Job ist es, die Essenz aus all diesen Brainstormings und Gedankenblitzen zu ziehen und sie gemeinsam mit ihrer Schwester in ein achtsamkeitsförderndes, aber nicht zu esoterisches Monatsprogramm zu verwandeln. In einer Stunde wird sich Ines zu ihnen gesellen, mit einem ersten Entwurf der Website, die sie für das Retreat aufgesetzt hat. Dafür hat sie von Lena bereits stimmungsvolle Bilder von der Alp und ihr selbst in »meditativen und inspirierenden« Posen eingefordert.

Nicht lachen, Pia. Du musst in den Groove kommen. Meditierende und inspirierende Posen – von diesen wird sie diesen Sommer noch einige zu sehen bekommen. Sie muss das ernst nehmen, sonst funktioniert das Projekt nicht. Und wer weiß, vielleicht findet sie selbst ja auch ein bisschen Erleuchtung? Bereits am Tag nach ihrer kryptischen Zusage-SMS hat sie lange mit Lena telefoniert und erste Ideen gewälzt. Schnell war beiden klar, dass sich ein so wichtiges Thema nicht telefonisch oder per Mail abhandeln lässt. Sie müssen sich sehen, um »sich gemeinsam in das Retreat einzufühlen«, Zitat Lena.

So beschloss Lena spontan, am Wochenende zu Pia in die Stadt zu fahren. Schließlich soll es im Juli bereits losgehen, zur Sommerferienzeit. Für die Vorbereitung hat sie von Lena schon ein detailliertes Inventar der Alpküche eingefordert. »Ja, du musst jedes Küchengerät zählen und aufschreiben, Lena. Und ja, das ist wirklich nötig.« Nur so kann sie ihre Kochoptionen abschätzen und Rezepte und Einkaufslisten zusammenstellen. Das eine oder andere Küchengerät und Gewürz wird sie sicher mitnehmen. Die Inventarliste ist ihr zu dürftig, und sie hat keine Lust, einen Monat lang unter ihren Möglichkeiten zu kochen.

Der frische Ingwertee, der gefährlich nahe neben Lenas wild gestikulierenden Armen steht, scheint diese richtig aufzuputschen. Lena geht Seite für Seite, Kritzelei für Kritzelei,

Skizze für Skizze durch und erklärt sie ausschweifend. Dabei sitzt sie kerzengerade und ist so Feuer und Flamme, dass das halbe Café B. zu ihnen hinüberschielt. Das war schon immer so, denkt Pia. Wenn sie in ihrem Element ist, nimmt sie jeden Raum für sich ein, ohne irgendetwas Besonderes dafür zu tun.

Sie hat fürs Erste genug gehört und unterbricht den Redeschwall ihrer Schwester. »Da sind viele wertvolle Überlegungen dabei. Wirklich. Ich hatte ja befürchtet, dass wir zu wenig Substanz für dieses Programm haben, aber wie ich sehe, ist das nicht der Fall.«

Lena strahlt über das ganze Gesicht. Ihre lockigen Haare sind noch feucht von der Dusche, ihre Wimperntusche von gestern ist verschmiert. Sie hatte sich seit Ewigkeiten mal wieder geschminkt, verriet sie ihr gestern Abend. Für ihren Besuch in der Stadt, auf den sie sich total gefreut hat.

»Meine erste, sehr pragmatische Frage: Wo sollen die Leute schlafen? Wenn wir vier Gäste aufnehmen, brauchen wir für alle ein Zimmer. Und wir zwei müssen auch noch irgendwo unterkommen. Die Alp ist ja nicht gerade groß.«

»Voll easy. Du schläfst in meinem Zimmer. Zwei Teilnehmende quartieren wir im Gästezimmer ein. Dann habe ich noch ein Zimmer im Dachgeschoss, das ich in den nächsten Wochen ausbauen und mit zwei Betten ausstatten werde. Dort können dann noch mal zwei Leute schlafen. Es gibt keine Einzelzimmer, das ist auch nicht nötig. Wir sind eh den ganzen Tag draußen. Dann spielt es keine Rolle, wenn sich die Gäste nachts ein Zimmer teilen.«

»Na ja, das müssen wir schon klar kommunizieren. Es

wird nicht alle ansprechen. Wir sollten es geschlechterge-trennt anbieten.«

»Wenn du meinst. Du bist da eher die Expertin.«

Bei den Worten zwinkert Lena ihr zu, doch Pia geht nicht auf die flapsige Bemerkung ein.

»Und wo willst du schlafen?«, fragt sie stattdessen.

»Auf der Ofenbank. Ich habe einen Schlafsack, das passt. Und wenn es klar und warm ist, sicher auch draußen in der Hängematte.«

»Ist das nicht zu kalt?«

»Darum der Schlafsack. Ich habe übrigens vor, auch mit den Gästen eine Nacht draußen zu schlafen. Das ist ein krasses Naturerlebnis, das sie voll flashen wird.«

Jetzt muss auch Pia grinsen. Dieses Alp-Retreat wird schon eine ganz besondere Nummer. Es ist wichtig, dass die Gäste wissen, worauf sie sich einlassen. Das wird eine intensive, etwas gewöhnungsbedürftige und hoffentlich inspirierende Zeit – und kein Luxus-Retreat.

»Ich würd das optional anbieten und niemanden dazu zwingen.«

»Ich rate mal, du würdest nicht zu den Freiwilligen gehören, Schwesterherz?«

»Korrekt. Mich bringt zum Schlafen niemand aus meinen vier Wänden.«

Den Apfelkuchen, der seit einer Weile vor ihnen auf dem Tisch steht, haben beide noch gar nicht angerührt. Lena schlürft ihren Ingwertee. Als die Kellnerin mit einem übervollen Serviertablett an ihnen vorbeistapft, schaffen sie es sogar, eine zweite Runde zu bestellen. Pia fällt auf, wie voll das

Café inzwischen geworden ist. Sie nimmt ihren Laptop, öffnet eine Worddatei und schreibt mit fetter Calibri-Schrift den Titel »Programm«.

»Lass uns Tag für Tag einzeln durchgehen und alles festhalten. Obwohl, nein – lass uns zuerst noch die Zielgruppe definieren.«

»Wie meinst du das, Zielgruppe?« Lena machte ein unschuldiges Gesicht, als sie das fragt.

»Wen wir mit diesem Retreat genau ansprechen wollen.«

»Leute, die eine Auszeit brauchen. Reicht das nicht?«, fragt Lena.

»Das ist mir noch zu unspezifisch.«

»Also gut: Zwei Frauen und zwei Männer, die eine Auszeit auf der Alp brauchen und tief in sich hineinspüren wollen. Besser?«

»Die Interessenten sollen ihre Beweggründe beschreiben. Einfach, dass ich einordnen kann, wer sie sind und ob sie zu uns passen. Wir kommunizieren höchstens eine spirituelle Auszeit oder Stress-Prophylaxe auf der Alp oder so was in der Art. Aber nichts im Zusammenhang mit einem therapeutischen Angebot. Das sind zwei ganz unterschiedliche Dinge.«

Lena beißt herzhaft in ihren Apfelkuchen.

»Siehst du, Piachen. Genau darum brauche ich dich. Für diese Feinheiten«, entgegnet sie mit vollem Mund.

»Das ist wichtig. Überhaupt darfst du die Gruppendynamik nicht unterschätzen. Wenn sich fremde Leute auf so engem Raum auf eine spirituelle Sinnsuche begeben, kann das einiges auslösen. Ich werde da ein Auge drauf haben.«

Der dritte Espresso ist im Anmarsch, und Pia beißt ein Stück von ihrem Apfelkuchen ab. »Deiner war besser«, stellt sie fest.

Sie hatte sich vor der Planungsphase mit Lena gefürchtet. Davor, dass sie wieder mit den unmöglichsten Ideen kommt und Pia in die Rolle der chronischen Spielverderberin zwingt. Doch bis jetzt finden sie sich immer irgendwo in der Mitte. Oder, wie Lena sagen würde: »Wir sind voll im Flow!« Seit gestern Abend gab es keine einzige Auseinandersetzung.

Am späten Nachmittag war Lena angereist, stand kurz vor sechs vor ihrer Haustür und klingelte Sturm – fast pünktlich. Ihr kleiner Wanderrucksack war vollgestopft mit wenigen Kleidern, Almas Kräutertee und einem aus Schafwolle gefilzten Schlüsselanhänger als Gastgeschenk. Pia hatte aufwendig für ihre Schwester gekocht, ein neu entdecktes, veganes Eintopfrezept, das ihre Fleisch essenden Freunde wohl verschmäht hätten, Lena schmeckte es dafür umso besser. Dass sie so offen ist für alles, hat durchaus auch Vorzüge. Gegen zehn Uhr wollte Lena unbedingt noch in eine Bar. Dabei war sie unübersehbar müde, gähnte im Zehnminutentakt, weil das eigentlich ihre Schlafenszeit auf der Alp ist. Aber sie wollte so gerne noch etwas Stadtluft schnuppern und abends in einer Bar noch einen Drink nehmen, das verkörperte dieses Gefühl perfekt. Pia war ebenfalls müde von der langen Arbeitswoche. Sie konnte sich nicht daran erinnern, wann sie das letzte Mal so spät noch für einen Drink das Haus verlassen hatte. Das mussten sie ändern.

So stürzten sie sich in die laue Frühlingsnacht und betraten wenige Minuten später die volle Dieci-Bar, in der sie früher häufig noch einen Absacker getrunken hatten. Der imposante Saal mit hohen Spiegeln und dunklen Holzwänden ist mit Konzertplakaten, Plastik-Hirschgeweihen und einer neonfarbigen Bar eingerichtet. Sofort steuerten sie auf die zwei frei werdenden Hocker an der Bar zu. Die Musik der 1990er-Jahre dröhnte laut aus den Boxen neben ihnen und machte das Reden fast unmöglich. Sie wurden bedrängt von Menschenkörpern, die nach Parfüm, Schweiß und Bier rochen und sich gierig an den Tresen drückten, um ihre Bestellung aufzugeben. Pia beobachtete ihre Schwester, wie sie selig auf dem Barhocker saß, in der linken Hand den Mojito, den sie dank des aufmerksamen Barkeepers sofort in den Händen hielt. Keine fünf Minuten später hatte sie ihr Sitznachbar in ein Gespräch verwickelt. Wegen der lauten Musik kam es zu Missverständnissen, und sie kicherten die ganze Zeit.

Du bist mal wieder abgeschweift, Pia.

Dennoch bringt sie der Gedanke auf eine Idee.

»Einen Punkt habe ich noch«, sagt sie mit ernster Stimme. »Keine Affären zwischen und mit den Gästen.«

Lena schaut sie mit ihrem Wunderblick an, den sie immer dann aufsetzt, wenn Pia ein vernünftiges Argument vorbringt, das in vollem Kontrast zu Lenas spiritueller Freie-Liebe-Welt steht. Früher hat das stundenlange Diskussionen nach sich gezogen. Immerhin damit sind sie durch.

»Aber so etwas können wir doch nicht beeinflussen.«

»Doch. Kein Sex und keine Liebeleien, klar kommuniziert für alle. Wir sind ein Selbstfindungs-Retreat und keine Hippiekommune.«

»Und wenn zwei Gäste Gefühle füreinander entwickeln?

Willst du sie dann rausschmeißen?«, fragt Lena und probiert es auf die naiv-unschuldige Tour.

»Das ist unwahrscheinlich. Die Auswahl ist ja sehr beschränkt, und es werden sich kaum zwei Singles gleichermaßen anziehend finden. Sollte der Fall trotzdem eintreten und zu einem Problem werden, dann wäre es wohl am besten, wenn eine der betroffenen Personen abreist.«

»Ist das nicht etwas streng? Es ist doch aufregend, wenn sich zwei Menschen verlieben.«

»Verliebte Menschen machen die dümmsten Sachen, das weißt du doch selbst. Und wir müssen an die Gruppendynamik denken. Ich kann das dann nicht mehr verantworten.«

Lena beißt sich auf die Unterlippe. »Na gut, wenn du meinst.«

Hoffentlich ist ihr klar, dass diese Regel sie miteinschließt. Lenas Anziehung auf Männer könnte zum Problem werden. Dass sie sich dessen gar nicht bewusst ist, macht die Sache nicht einfacher.

»Ich habe auch ein Anliegen, mehr eine Herzensangelegenheit«, sagt Lena. »Ich möchte, dass wir immer ehrlich, offen und wertschätzend miteinander umgehen. Keine bösen Worte gegenüber irgendjemandem. Sollen wir ein Manifest erstellen, das wir am ersten Tag gemeinsam mit den Gästen teilen?«

Hätte jemand Pia vor einem Monat gesagt, dass sie bald ein Manifest für ein Selbstfindungs-Retreat verfassen wird, hätte sie denjenigen für bekloppt erklärt. Doch Lena hat bereits eine neue Seite in ihrem Malblock aufgeschlagen und schreibt in schwungvollen Buchstaben »Manifest« darauf. In dem Moment stürmt Ines an ihren Tisch. Ihr Pagenkopf ist noch verstrubbelt vom Bett, doch ihr Gesichtsausdruck ist hellwach. Lena steht sofort auf und nimmt Ines lange in die Arme. Die beiden haben sich seit einem Jahr nicht mehr gesehen, und auch wenn sie sich nur sporadisch über Pia treffen, besteht doch eine herzliche Verbindung zwischen beiden. Sie sind irgendwie auf dem gleichen Energielevel, denkt Pia.

»Ich habe gehört, dass du schwer verliebt bist«, sagt Lena. Als Ines sich zu ihnen setzt, wackelt der lottrige Tisch.

»Hat das ein Vöglein gezwitschert?« Ines wirft Pia einen schelmischen Blick zu. »Aber es stimmt schon. Frühlingsgefühle total.«

»Das freut mich wahnsinnig«, sagt Lena.

»Und ihr schreibt schon euer Retreat-Manifest?«, fragt Ines. »Wow. Ich brauch erst mal 'ne Kanne Kaffee. Hab gestern noch Überstunden für euch gemacht.«

»Echt? So schön. Wir sind schon sehr weit mit der Planung. Nicht wahr, Pia?«

Der Stolz in Lenas Stimme rührt sie. »Wir kommen gut vorwärts, auf jeden Fall.«

»Keine sexuellen Beziehungen und Liebeleien während des gesamten Retreats?«, liest Ines laut vor und zieht ihre buschigen Augenbrauen hoch. »Aber das könnt ihr doch nicht machen. Ist das nicht der Sinn eines solchen Retreats, dass man sich spürt und gegenseitig näherkommt?«

»Sich selbst spürt«, erklärt Pia. »Ohne Ablenkung durch andere.«

Ines stupst Pia mit dem Ellbogen an. »Wusste ich doch, dass das auf deinem Mist gewachsen ist.«

Die drei lachen so laut, dass die Kellnerin zu ihnen rüberschaut.

»Pia hat schon recht«, sagt Lena schließlich betont seriös. »Das Ziel des Retreats ist eine intensive Selbsterfahrung und mehr Selbstliebe. Ich hoffe einfach, dass es keine magische Anziehung zwischen zwei Personen gibt. Dann nützt eh nix mehr.«

»Ines, möchtest du auch ein Stück Apfelkuchen?«, fragt Pia, um das Thema zu wechseln.

»Erst will ich euch zeigen, was für eine abgefahrene Website ich für euer Retreat gebaut habe.«

Ines zieht ihren Laptop aus der Tasche und klappt ihn auf. Der Bildschirm zeigt eine luftige Webseite mit Bildern von der frühlingshaften Alp, die Lena zeigen – in kunstvollen Yogaposen und tiefenentspannt beim Meditieren. *Du brauchst eine Auszeit? Willkommen auf Lenas Alp*, steht da in schwungvoller Schrift als Titel.

»Ines, du bist echt der Oberhammer!«, sagt Lena und strahlt. Geschmeichelt streicht sich Ines den überlangen Pony aus dem Gesicht. »Das ist mein tägliches Business, meine Lieben. Für euch habe ich mir natürlich besonders viel Mühe gegeben. Ich habe zudem noch ein paar Beiträge für Instagram geplant, damit die Leute auch darüber auf euch aufmerksam werden.«

Pia stockt der Atem. Sie starrt auf die Bilder, liest die knackigen Texte und realisiert, wie alles zum Leben erwacht. Diese anfängliche Hirngespinst-Idee, mit der sie nichts zu tun haben wollte, wird immer realer. Und sie freut sich, ein Teil davon zu sein.

Lena

Lena steht im Dachgeschoss ihres Bergbauernhofs und inspiziert die Kammer. In den nächsten Wochen wird sie diese in ein weiteres Gästezimmer für zwei Retreat-Teilnehmende verwandeln. Es ist erst das dritte oder vierte Mal, dass sie hier oben steht. Die Kammer ist kleiner als in ihrer Erinnerung. Der bauchige, bunt bemalte Bauernschrank braucht viel Platz, mehr als zwei schmale Betten und ein Tischchen passen nicht rein. Dafür ist die Aussicht in das Tal fantastisch, und das dreieckige Fenster, das einen Großteil des Giebels ausfüllt, macht das Zimmer freundlich hell. Vielleicht schafft sie es irgendwann, einen Schwedenofen einzubauen, damit sie den Raum das ganze Jahr über nutzen kann? Ein eigenes Meditationszimmer mit viel Bergenergie. Nice. Für diesen Sommer wird sie allerdings mit dem arbeiten, was hier ist. Und das ist für den Anfang schon mal nicht schlecht.

Mit dem Fichtenholz, das Miguel zu dieser Stunde mit seinem Lieferwagen hochfährt, will sie zwei Bettgestelle und einen Mini-Tisch bauen. Die Wetterprognosen für die nächsten Tage versprechen Sonnenschein, sodass sie sich eine Freiluftwerkstatt einrichten kann. Bauer Sepp war ein richtiger Tüftler und Handwerker. Ein ganzer Kellerraum ist vollgestopft mit rostigen Werkzeugen und Geräten, die auf ein langes Leben zurückblicken. Die eine Holzfräse gleicht einem

Mordinstrument und dürfte die heutigen Sicherheitsauflagen nicht mehr erfüllen. Stundenlang hat Lena die einzelnen Werkzeuge in die Hände genommen, von Spinnweben befreit und sich bei vielen gefragt, wozu sie verwendet werden. Dabei musste sie auch ein paarmal an ihren Vater denken, der früher mit einer Engelsgeduld einfache Holzarbeiten wie ein Mobile oder einen Traumfänger mit ihr gebastelt hat. Das war zwar nur ein Hobby, aber er war ziemlich gut darin. Ob er im Ashram auch Gegenstände für die anderen schreinert? Sie wird ihn das nächste Mal fragen, wenn sie miteinander telefonieren. Ihr Faible für das Handwerkliche hat sie erst hier oben entdeckt. Zum Glück ist Miguel Bauleiter und zeigt ihr heute, wie man mit den Werkzeugen arbeitet. Insbesondere die elektrisch betriebenen Geräte flößen ihr gehörigen Respekt ein.

Sie wirft einen letzten Blick aus dem Dachfenster hinunter in das Tal. Es ist Mai, und der Frühling hält auch auf der Alp Einzug. Die knallgrünen Laubbäume stechen aus dem Nadelwald heraus und bilden einen Kontrast zu den Berggipfeln, die noch von einer Schneeschicht eingehüllt sind. Der Fluss im Talboden ist voller Schmelzwasser und glitzert in der Mittagssonne. Auf der Alpwiese blühen bereits die ersten Arnikas und Feuerlilien. Alma war ganz aufgeregt, als sie ihr diese gezeigt hat. Ob sie sich an dieser Aussicht jemals sattsehen wird?

Sie ist erst wenige Tage zurück von ihrem Besuch bei Pia und immer noch ganz aufgekratzt. Wie sehr sie das Wochenende in der Stadt genossen hat und wie flowig sie mit der Planung vorwärtsgekommen sind. Ihre Schwester hat sich richtig mit der Retreat-Idee angefreundet und scheint das Ganze nicht einfach als Lena-Hilfspaket zu betrachten. Dass sich Pia so für eines ihrer Projekte geöffnet hat, und dann auch noch für ein spirituell angehauchtes, ist einfach Wahnsinn! Als sie auf Pias Laptop Menüs und Einkauflisten für den ganzen Monat entdeckt hat, musste sie lachen. Bereits beim ersten Telefongespräch hatte sie nach einem vollständigen Kücheninventar verlangt. Typisch Pia, die kleine Streberin.

Lena hatte sich gut auf das Treffen vorbereitet und sich vorgenommen, so kompromissbereit wie möglich zu sein. Und siehe da: Sie konnten sich in allen Punkten einigen – ganz ohne Streit. Seit einigen Tagen sind die Website und die Beiträge auf Instagram geschaltet, und es gibt bereits erste Anfragen.

Pias Bedingung war, dass sie die interessierten Personen auf Herz und Psyche prüfen und auswählen darf. Lena war einverstanden, sie vertraut Pia da vollständig. Die nächsten Wochen ist sie sowieso mit den Vorbereitungen im Haus und des Programms beschäftigt. Schließlich wird sie die spirituelle Gastgeberin sein und die meisten Übungen selbst anleiten. Wie aufregend.

Und das Beste: Die leidige Sache mit dem Geldproblem ist vorerst geklärt. Was für eine Riesenerleichterung. Diese Last fiel wie ein Felssturz von ihr ab, und sie fühlt sich endlich wieder leicht und hoffnungsvoll. Gemeinsam mit Pia hat sie die Finanzen durchgerechnet und in einer Excel-Liste ein auf den letzten Franken exakt kalkuliertes Budget erstellt. Um am Retreat teilzunehmen, müssen die Interessenten eine großzügige Anzahlung leisten. Ines hat ihnen empfohlen, den Preis noch mal um dreißig Prozent zu erhöhen, weil die Anzahl der Gäste so stark limitiert ist. Je exklusiver etwas ist, desto größer ist die Bereitschaft, viel Geld dafür zu bezahlen, weiß die Marketingexpertin. Lena ist dankbar, dass sie so viele schlaue Frauen kennt, die ihr zur Seite stehen. Nie hätte sie es gewagt, so viel Geld für ihre Leistungen zu verlangen.

Nach ihrer Rückkehr war sie so beschwingt, dass sie im Dorfladen ein Inserat mit ihrem Angebot als Achtsamkeits-, Meditations- und Yogalehrerin aufgehängt hat. Und es haben sich bereits zwei Frauen aus dem Dorf gemeldet, die an Privatstunden interessiert sind. Sie kann es selbst nicht glauben. Aber irgendwie läuft es gerade wie geschmiert.

Wo Miguel bloß bleibt? Er sollte schon lange hier sein. Sie steigt die enge Treppe vom Dachgeschoss hinunter und schaut auf den Vorplatz. Dort sieht sie Miguel neben seinem Lieferwagen stehen, angeregt in ein Gespräch mit den zwei älteren Grimms vertieft.

Sie ahnt auch schon, was das Problem ist. Die Alp ist nur über eine private Schotterstraße per Auto erreichbar, und diese gehört den Brüdern Grimm. Da sie kein Auto besitzt und immer den Wanderweg nimmt, gab es noch nie Probleme. Doch um die schweren Bretter auf die Alp zu fahren, musste Miguel natürlich über die Privatstraße fahren. Was den Grimms weder entgangen noch genehm zu sein scheint. Sie atmet dreimal tief ein und aus, um sich auszubalancieren. Dann macht sie sich auf den Weg in die Kampfzone. Schon von Weitem sieht sie Miguels rotes Gesicht und seine angespannte Körperhaltung. Die Grimms stehen wie Holzklötze neben ihm, einer mit einer Mistgabel in der Hand. Das sieht gar nicht gut aus. Sie beschleunigt ihren Schritt. Vielleicht kann sie noch irgendetwas retten.

»Da du bist endlich«, ruft Miguel in seinem gebrochenen Deutsch. »Die spinnen, die Bauern!«

Drei frostige Augenpaare sind auf sie gerichtet. Die Unruhestifterin betritt die Arena.

»Gibt es ein Problem?«, fragt sie betont ruhig.

»Da-das ist ist eine Pri-privat-stra-ße«, stammelt der eine Grimm empört.

Alma hatte ihr erzählt, dass der älteste Grimm ein krasser Stotterer ist und früher in der Schule deswegen gehänselt wurde.

»Das weiß ich, und es ist ja auch eine Ausnahme. Ihr seht doch, dass mir Miguel Holz bringt. Wie soll ich das denn sonst auf die Alp kriegen? Zu Fuß über den Wanderweg?«

»Privat-stra-ße!«

Beide Brüder tragen schmutzige Overalls und grüne Gummistiefel. Vermutlich kommen sie gerade aus dem Stall.

»Tut mir leid. Wie gesagt, es ist eine Ausnahme.«

»Kei-ne Aus-nahme! Privat-straße«, wiederholt der eine Grimm und verschränkt seine muskulösen Arme vor der Brust.

»Es tut mir leid, okay? Nächstes Mal gebe ich euch Bescheid.«

»Es gibt kein nächstes Mal«, ruft der andere Grimm und hebt tatsächlich seine Mistgabel in die Höhe. Wie absurd, denkt Lena.

Miguel scheint das weniger komisch zu finden. »Die gehören ins Irrenhaus«, schimpft er. Er ist mindestens einen

Kopf kleiner als die Grimms, aber nie darum verlegen, seine Meinung kundzutun. Normalerweise mag sie das an ihm, doch jetzt ist nicht der Moment dafür. Der ältere Grimm stampft nämlich zu Miguels Lieferwagen und tritt mit seinen Stiefeln dagegen.

Sie erstarrt. Klar weiß sie, dass die Brüder komische Käuze sind. Aber dass es so schlimm um sie steht …

»Es reicht!«, ruft Miguel. Er reißt die Hecktür des Lieferwagens auf, zieht die Bretter heraus und wirft sie auf den Boden. »Hier ist das Holz, Lena! Du musst selbst bauen. Die sind voll psycho.«

Dann setzt er sich hinter das Steuer und startet den Motor. Die Räder spulen auf dem weichen Grasboden, und wenig später verschwindet der Lieferwagen im Wald.

Sie seufzt laut auf. An die Sache ist sie wohl zu optimistisch rangegangen. Wer, wenn nicht Miguel, soll ihr denn jetzt zeigen, wie sie mit einer mörderischen Fräse, drei Packungen verrosteter Nägel und fünf Arten von Schleifpapier zwei Bettgestelle und einen Tisch bauen soll? Ganz sicher nicht die wütenden Grimms.

Trostlos liegen die Bretter in alle Himmelsrichtungen verstreut auf dem Gras. Die Grimms haben ihr bereits den Rücken zugewandt und stapfen zu ihrem Hof zurück. Mit ihren dürren O-Beinen sehen sie aus wie Cowboys, und zwar solche, vor deren Farm ein großes Schild prangt mit den Worten: »Betreten auf eigene Gefahr«.

Ruhig und achtsam bleiben, Lena. Verwandle die Wut in deinem Bauch in Mitgefühl. Denn eigentlich müssen dir diese Typen leidtun. Die haben niemanden, der sie mag. Die mögen sich nicht einmal selbst, so wie die sich aufführen.

Nach dieser Aufregung braucht sie erst mal eine Besinnungspause. Sie kehrt ins Haus zurück, bereitet sich einen Kamillentee zu und legt sich auf die Ofenbank. Mensch, hatte sie sich auf das Wiedersehen mit Miguel gefreut! Gemeinsam wollten sie den heutigen Tag nutzen, um die Betten zu bauen, viel zu reden, Risotto mit viel Rotwein zu genießen und aufregenden Sex zu haben. Da Miguel einen Monat lang auf einer Großbaustelle in Portugal gearbeitet hat, haben sie sich länger nicht gesehen. Wie gerne hätte sie ihm vom Retreat erzählt und mal wieder seine Nähe gespürt. Sie wird ihn morgen anrufen. Aber so schnell wird er sich nicht mehr auf der Alp blicken lassen.

Diese Grimms! Die machen ihr immer öfter das Leben schwer. Auch wenn sie an Schicksal und Karma glaubt, deren Anwesenheit in ihrem Leben kann sie nicht deuten. Der Auftritt von eben war echt grenzwertig. Das wird eine ganz schöne Herausforderung werden, die Retreat-Gäste von den Grimms fernzuhalten. Jedenfalls wird sie diesen Vorfall nicht Pia mitteilen, die würde sich nur unnötig Sorgen machen.

Doch jetzt ist es an der Zeit, sich als Hobby-Schreinerin zu versuchen, auch ohne Miguel. Sie durchstöbert ihr Buchregal nach einem Fachbuch, das Basics für einfache Schreinerarbeiten vermittelt. Tatsächlich wird sie in einem vergilbten Buch aus den 1980er-Jahren mit dem Titel »Abc des Alplebens« fündig. Sie liest die Informationen genau durch, wirft sich dann in ihre Arbeitskleidung und legt los. Erst holt sie die Werkzeuge aus dem Keller, die sich als die richtigen anfühlen, und breitet sie auf ihrem Gartentisch aus. Die Fräse lässt sie unten. An die wagt sie sich nicht, obwohl die ihr sicher viel Handarbeit erspart hätte. Aber ihre Finger sind ihr wichtiger.

Behutsam tastet sie sich an die Arbeit heran, malt erst eine Skizze von dem Bettgestell in ihr Notizbuch und definiert die Maße. Zahlen sind nicht so ihr Ding. Doch wenn sie etwas gelernt hat in den letzten Tagen, dann, dass sie diese künftig ernster nehmen muss. Erst schleift sie die Bretter von Hand. Weil das ewig dauert, wagt sie sich an die Schleifmaschine, die sie dank des Verlängerungskabels auch im Garten bedienen kann. Sie freut sich wie ein Kind, da jetzt alles wesentlich schneller geht. Vor dem Dunkelwerden schafft sie es noch, ein paar Bretter zu zersägen. Ohne Fräse ein größeres Unterfangen, dafür fühlt sie sich sicher mit der Handsäge und mag den Moment, wenn sie durch das Holz bricht. Abends kocht sie sich einen Monsterteller Spaghetti und schläft bei der Abendmeditation auf der Ofenbank sogar ein.

Am nächsten Morgen steht sie wie gewohnt um sechs auf, bereitet sich ein Porridge zu und versorgt die Schafe. Sie freut sich schon darauf, sie den Gästen vorzustellen. Die Tiere strahlen einfach etwas Beruhigendes und Heilsames aus. Dann begibt sie sich in ihre Outdoor-Werkstatt und arbeitet weiter. Zwei Tage später steht sie stolz vor zwei fertigen Bettgestellen und einem Tischchen. Selbst ist die Frau! Triumphierend wirft sie einen Blick rüber zum Hof der Grimms, wohl wissend, dass jeder ihrer Handgriffe unter strenger Beobachtung stand. Der Traktor konnte gar nicht langsam genug an ihr vorbeifahren. Sie sieht, wie einer der Grimms aus dem Haus huscht, dem leichten Gang nach wohl Lorenz. Er starrt rüber, sieht, dass sie ebenfalls in seine Richtung schaut, und verschwindet mit seiner Hacke hinter dem Haus. Seine Bewegungen haben etwas Unbeholfenes, anders als der träge Cowboyschritt seiner Brüder. Unter anderen familiären Umständen wäre er wohl ein ganz normaler Mann mit einem Sozialleben geworden.

Aufhören, Lena.

Sie hat sich fest vorgenommen, so wenig wie möglich an die Grimms zu denken und sich ganz auf die Vorbereitungsarbeiten für das Retreat zu konzentrieren. Am Nachmittag kommen Alma und ihr Enkel Tobi zu Besuch und helfen ihr beim Hochtragen der Möbel in das Dachzimmer. Als Dank dafür will sie noch einen Schokoladenkuchen backen, Tobis Lieblingskuchen.

Pia

Noch eine Woche. Pia kann es fast nicht glauben. In exakt einer Woche startet das Selbstfindungs-Retreat auf Lenas Alp. Wie schnell die Zeit doch vergeht und wie reibungslos sie alles organisiert haben. Kein einziger Streit mit Lena, fast gespenstisch. Heute ist ihr vorletzter Tag in der Praxis. Morgen übergibt sie Matteo ihre Patienten oder schickt sie in eine längere Sommerpause. Etwas wehmütig steht sie an der italienischen Espressomaschine und lässt den siebten Espresso für heute heraus. Bald ist Schluss mit hochwertigem Kaffee.

Darum findet sie zwischen zwei Patienten immer noch Zeit für eine Espressopause. Nie hat er besser geschmeckt.

Doch abgesehen vom Kaffee und einer gesunden Nervosität, was dieses Sommerabenteuer angeht, fühlt sich die Entscheidung immer noch richtig an. Es fiel ihr lange schwer, sich einzugestehen, dass Lena, Matteo und Ines schon ein bisschen recht hatten. Sie war tatsächlich festgefahren in ihrem Alltagstrott – und dabei ziemlich ausgepowert. Normalerweise kann sie ihren Patientinnen und Patienten gegenüber immer eine empathisch-objektive Haltung einnehmen. Wenn ihr das nicht mehr gelingt, ist es höchste Zeit, den eigenen Energietank wieder etwas aufzufüllen. Eine Auszeit auf der Alp ihrer Schwester bringt bestimmt etwas Auflockerung in ihr Leben. Zudem ist sie gespannt darauf, Lena mal in einer ganz neuen Rolle zu erleben. Nicht als ihre chaotische, ausgeflippte Schwester, sondern als verantwortungsvolle spirituelle Begleiterin.

Der Arbeitstag ist zu Ende, gleich kommt Matteo, und sie werden über die Gäste fachsimpeln. Pia war sehr erstaunt, dass zwölf Personen ein ernsthaftes Interesse am Retreat gezeigt haben. Und noch erstaunter, dass das alles ganz normale Menschen auf Sinnsuche sind, keine esoterischen Freaks. Neun von ihnen hat sie in die engere Auswahl genommen und einen Background-Check gemacht. Mit sieben von ihnen hat sie telefoniert, um ihre Motive noch besser zu verstehen. Alle waren, ohne mit der Wimper zu zucken, bereit, den stolzen Preis zu bezahlen. Lena und Ines hatten recht. Es scheint tatsächlich einen Markt für Sinn- und Selbstsuchende zu geben, auch jenseits der brotlosen Lebenskünstler. Das Einzige, was ihr Sorge bereitet, ist die Tatsache, dass alles so geschmeidig läuft. Was normalerweise ein Anzeichen dafür ist, dass etwas Größeres im Busch ist.

Lena hat nur gelacht, als sie ihr das beim letzten Telefonat erzählte. »Pia, du immer mit deinen Sorgen. Manchmal läuft's einfach wie geschmiert. Deshalb musst du doch nicht gleich das Schlimmste annehmen.«

Hätte sie doch nur eine Prise von Lenas Optimismus geerbt. Dieses Gen ging von ihren Eltern leider vollständig an ihre Schwester über. Alle in ihrer Familie haben Vertrauen in höhere Kräfte. Irgendwie kommen sogar ihre Hippie-Eltern seit mehr als zwölf Jahren in ihrem indischen Ashram über die Runden – mit so gut wie nichts. Den Großteil des mittelständischen familiären Vermögens haben sie nämlich aus Karma-Gründen bei ihrem Wegzug zurückgelassen, sprich: bei ihr, Lena und einer Umweltschutzorganisation. Während sie ihren Anteil wohlweislich für ihr Psychologiestudium und einen längeren Sprachaufenthalt in England verwendet hat, verbrauchte Lena ihr Vorerbe mit drei Fernreisen und diversen spirituellen Kursen.

Gerade als sie ihren Espresso ausgetrunken hat, öffnet sich die Tür, und Matteo betritt die Küche.

»Entschuldige, ging etwas länger. Jetzt bin ich aber ganz Ohr.«

Er lässt sich auf den Stuhl plumpsen und faltet seine Hände auf dem Schoß.

»Dann leg ich los. Die erste Teilnehmerin ist Uma, achtundzwanzig, Lifestyle-Influencerin mit vielen Tausend Followern. Sie braucht eine Pause von den sozialen Medien, dafür ist die internetfreie Alp natürlich der ideale Ort. Zudem interessiert sie sich seit Kurzem für spirituelle Themen, weil sie den Eindruck hat festzustecken. Ihr Job ist stressig, sie reist viel und muss sich immer im besten Licht präsentieren. Sie möchte herausfinden, wer der Mensch Uma ohne ihr Influencer-Dasein ist.«

»Interessant. Und sie weiß, auf was sie sich einlässt, so von wegen Komfort?«

»Sie hat volle Kenntnis darüber, dass der Standard auf der Alp einfach ist und dass sie sich ein Zimmer teilen muss. Was kein Problem für sie sei.«

»Bin schon gespannt auf deinen Erfahrungsbericht. Ich habe ja viele Patienten, die ihre sozialen Medien nicht im Griff haben. Wer weiß, vielleicht wirkt so ein kalter Entzug ja Wunder?«

Pia grinst. Genau dasselbe hat sie auch gedacht. Ein psychologisches Experiment, von dem sie Uma natürlich nichts verraten wird. Aber was soll sie machen? Sie ist nun mal Psychologin und analysiert gerne. Darum schätzt sie es auch so, mit Matteo darüber zu reden.

»Dann wäre da noch Peer. Er ist zweiundvierzig, alleinerziehender Vater von vier Kindern und steht laut leicht ironischer Selbstaussage jeden Tag knapp vor dem Nervenzusammenbruch. Seine vier Kinder sind von drei verschiedenen Ex-Partnerinnen, die sich zusammengetan haben, um ihm das Retreat zu ermöglichen. Sie werden in dieser Zeit die Kinderbetreuung übernehmen und selbst beruflich etwas zurückstecken.«

»Ein moderner Vater braucht mal eine Pause.«

»So ist es. Am Telefon hat er ziemlich fertig geklungen, dauernd kreischte eines seiner Kinder im Hintergrund. Nebenberuflich arbeitet er als Autor, sprich abends, wenn die Kinder schlafen. Er sucht Inspiration für ein neues Kinderbuch. Im Alltag fehlen ihm dafür einfach Energie und Muße.«

»Kann ich nachvollziehen. Abgrenzung wird ein Thema für ihn sein«, sagt Matteo und krempelt sein Leinenhemd hoch.

»Der nächste Kandidat ist Silvan, sechsunddreißig«, fährt sie fort. »Er ist ein hohes Tier in einer Bank und war ehrlich gesagt mein Wackelkandidat.«

»Warum?«

Sie zuckt mit den Schultern. »Schwer zu sagen. Er hat eine rührende Motivationsmail geschrieben. Dass er keinen Sinn mehr sehe in seiner Arbeit, erschöpft sei und einen Tapetenwechsel brauche.«

»Das finde ich nachvollziehbar.«

»Schon, ja. Aber ich fürchte, er hat zu hohe Erwartungen. Zudem schien er mir ziemlich ausgebrannt.«

Matteo kneift die Augen zusammen. Sie kennt ihn gut genug, um zu wissen, was er sie gleich fragen wird. »Und warum hast du ihn trotzdem ausgewählt?«

»Irgendetwas an ihm hat mich nicht mehr losgelassen. Vielleicht seine Beharrlichkeit. Er hat gemerkt, dass ich Zweifel hatte, und dennoch nicht lockergelassen. Ich hatte bei niemandem so stark das Gefühl, dass er eine Auszeit braucht, wie bei ihm.«

»Dann wird es interessant, was er aus der Gelegenheit macht.«

Sie nickt. »Er ist diesem Achtsamkeitszeugs gegenüber zwar kritisch eingestellt, will sich aber darauf einlassen. Bei unserem letzten Telefonat hat er mir erzählt, dass er seine Kindheit auf einem abgelegenen Bergbauernhof verbracht habe. Da gäbe es noch Themen aufzuarbeiten. Er glaubt, das Alp-Retreat bietet hier die perfekte Mischung.«

Sie weiß, dass sie nicht die einfachsten Kandidaten ausgewählt hat, sondern solche, die Potenzial für Entwicklung haben.

»Die Letzte in der Gruppe heißt Brigitte, vierundfünfzig, Lehrerin und frisch vom Ehemann getrennt«, fährt sie fort. »Sie lebt mitten in der Stadt und empfindet eine tiefe Sehnsucht nach dem Alpleben. Ihr Ex-Mann war ein Stubenhocker, der sie davon abgehalten hat, Ferien in den Bergen zu verbringen. Das will sie ändern und sich neu orientieren. Alles sei möglich. Sie praktiziert seit Jahrzehnten Yoga und wird meiner Einschätzung nach die wenigsten Schwierigkeiten haben.«

»Hört sich nach einer pflegeleichten Teilnehmerin an. Obwohl man natürlich nie weiß, welcher Ballast noch aus dieser Ehe vorhanden ist.«

»Sie ist jedenfalls total aufgeregt und hat schon vor Wochen gepackt.«

Matteo grinst. »Der kann es gar nicht früh genug losgehen.«

Im Hinterhof winselt ein Hund, den vermutlich jemand beim Eingang angebunden hat, und ihre Gedanken schweifen für einen Moment ab.

»Ich hoffe einfach, alle finden das, was sie suchen«, sagt

sie nach einer Weile. Bei ihren Patienten hat sie klare Ziele vor Augen, die sie gemeinsam mit ihnen erreichen will. Doch wenn es um Selbstfindung, Ausgeglichenheit und einen achtsamen Umgang mit sich selbst geht, ist das nur schwer messbar. Und bedeutet, Zitat Lena, »für jede und jeden etwas anderes«.

»Deine Schwester schafft das! Ich habe sie ja nur einmal erlebt, aber sie strahlt so etwas aus. Irgendwie ist sie die Person, mit der ich stundenlang im Schneidersitz meditieren möchte, bis zur bitteren Selbsterkenntnis.«

»Kann ich dich anrufen, wenn ich mal einen Realitäts-Check brauche?«

»Jederzeit!«

Matteo geht zum Kühlschrank und holt eine Flasche Prosecco heraus. »Eigentlich wollte ich ja noch bis zu deiner Abreise warten, aber ich glaube, jetzt ist der perfekte Moment dafür.«

Pia ist gerührt. Wie beruhigend, dass sie nach ihrer Auszeit wieder zurückkommen kann, zum besten Arbeitskollegen der Welt. Da sie keine Champagnergläser haben, müssen Wassergläser herhalten, was der Feierlichkeit aber keinen Abbruch tut.

»Auf einen tiefschürfenden Sommer, Pia.«

Sie erheben die Gläser und stoßen an.

»Können wir dich als Gastdozent buchen?«, neckt sie ihn und nimmt einen Schluck Prosecco, der wohlig in ihrem Hals kribbelt.

»Ich finde, du hast eine vielversprechende Auswahl getroffen«, sagt Matteo nach einer kurzen Gedankenpause.

»Eine bunte Kombination von Persönlichkeiten, da wird euch bestimmt nicht langweilig.«

»Das war der Plan. Je unterschiedlicher die Gäste, desto geringer ist die Wahrscheinlichkeit, dass sie sich verbünden, denn das kann die Gruppendynamik schnell vergiften.«

Typisch Pia, sie weiß es selbst. Dabei hat sie ihm verschwiegen, dass sie bei der Wahl vor allem auch versucht hat, die Möglichkeit für potenzielle Liebschaften gering zu halten.

Matteo lacht schelmisch. »Die perfekte Strategin.«

»Ich kann es einfach nicht lassen.«

Lieber sauber planen als sich eiskalt überraschen lassen.

»Noch nicht, Pia, noch nicht. Wer weiß, was das Retreat noch mit dir macht?«

»Vielleicht bin ich dann bereit für eine Pilgerreise?«

Als Matteo den Rest des Proseccos verteilt hat, stoßen sie noch einmal an.

Dritter Teil

Lena

Was für ein atmosphärischer Sommertag, denkt Lena, als sie den Tisch für die Gäste im Garten deckt. Die Alpwiese leuchtet in einem hellen Licht, die Bergspitzen sind fast schneefrei, außer den ganz hohen Gipfeln im Norden. In der zubetonierten Stadt brütet die Hitze, doch hier oben auf der Alp weht ein laues Lüftchen.

»Gleich sind sie da!«, ruft sie euphorisch in die Küche. Dort flucht Pia alle paar Minuten, weil es nicht so läuft, wie sie sich das vorstellt. Sie backt Zimtschnecken und braut nebenbei mit der Espressokanne »hochwertigen« Kaffee für die ganze Runde.

»Warum, um alles in der Welt, hast du den Zimt hinter dem Mehl verstaut?«, schimpft sie. Pia ist genau so nervös wie sie, wie beruhigend. Schließlich starten sie gemeinsam in ein Abenteuer mit ungewissem Ausgang. Da dürfen die Nerven etwas blank liegen! Vielleicht ist die Zimtschneckenproduktion zehn Minuten in Verzug, dafür ist der Rest mehr als vorbereitet. Alles andere hätte Pia auch gar nicht durchgehen lassen. Die letzten zwei Tage hat sie Lena richtiggehend herumgescheucht mit unendlich langen To-do- und Einkaufslisten. Dreimal war sie mit ihrem Monster-Rucksack im Dorfladen einkaufen, bis sie endlich alle Lebensmittel für die nächsten Tage auf die Alp geschleppt hatte. Sie hat Pia versprochen, den Einkauf zu übernehmen – und zwar ohne Abstriche an deren reichhaltigen Menüplänen. Die einzige Notlüge, die als Ausrede gelten würde, wäre das beschränkte Sortiment an Lebensmitteln im Dorfladen. Darauf will sie aber wirklich nur im Notfall zurückgreifen und sonst brav den Lastesel spielen.

Lena ist wahnsinnig gespannt auf die Gäste. Pia hat ihr erzählt, wer sie sind und was sie in ihrem Alltag machen, sich dabei aber zurückgehalten. Was voll in Ordnung ist, sie geht am liebsten unvoreingenommen auf die Gäste zu. Einzig, als sie gehört hat, dass einer der Teilnehmer Manager in jener Bank ist, bei der sie ihren Hauskredit hat, zog sich alles in ihr zusammen. Pia meinte, das sei eine wertvolle Erfahrung für sie, um Vorurteile abzubauen. Zudem hat er als Erster die Anzahlung geleistet und sich seinen Platz im Retreat gesichert. Was wiederum sehr für ihn spricht, denn mit genau diesem Betrag konnte sie die Zinsen der letzten Monate decken. Frau Eisenhut wird überrascht die Augenbrauen hochgezogen haben. In einer Dorffiliale geschieht ja nichts unbeobachtet. Vielleicht hat sie sich zur Freude des Tages sogar einen Besuch im Pöstli gegönnt. Vreni hat ihr verraten, dass sich Frau Eisenhut – sie nennt sie nur die Iron Lady – bei erfolgreichen Geschäften mit einem Nussgipfel belohnt und dabei immer fest betont, dass dies eine einmalige Ausnahme sei.

Seit ihrem schicksalhaften Besuch im Pöstli schaut Lena

nach jeder Yogastunde noch auf eine Limonade bei Vreni vorbei. Meist findet diese Zeit für einen Plausch. Seither ist sie immer bestens darüber informiert, was im Dorf so läuft. Sie schätzt Vrenis direkte Art und ihren nicht ganz jugendfreien Humor.

Vor zwanzig Minuten hat das Postauto die Gäste bei der Haltestelle ausgespuckt. Lena hatte darauf bestanden, dass alle Gäste öffentlich anreisen. Auf jeden Fall wollte sie vermeiden, dass jemand aus Versehen die Grimm'sche Privatstraße nutzt und es gleich zu Beginn einen Eklat gibt. Auch Pias Vorschlag, die Gruppe an der Haltestelle abzuholen, hat sie abgelehnt. Dies aber aus spirituellen Gründen. Die Wanderung hoch zur Alp ist der eigentliche Anfang des Retreats, und die müssen sie alleine antreten, wie jede große Reise. Diese wichtige halbe Stunde, in der sie sich mit ihren schweren Rucksäcken zur Alp hochkämpfen. Sollen sie noch mal richtig fluchen, genauso wie Pia in der Küche. Bald ist es vorbei damit.

»Ist der Tisch gedeckt?«, fragt Pia und holt Lena aus ihren Gedanken.

»Alles bereit. Es fehlen nur noch die Zimtschnecken und der Kaffee.«

»Die Blumen sind verteilt?«

»In jedem Zimmer steht ein kleiner Strauß.«

»Gut«, erwidert Pia kurz angebunden. Gerade als sie wieder in die Küche stürmen will, schnappt Lena sie sich und drückt sie fest an sich.

»Ich bin verschwitzt«, sagt Pia erst wenig erfreut, lässt

sich dann aber doch umarmen. Sie fühlt sich steif an und riecht nach Zimt und Schweiß.

»Ich freu mich wie verrückt«, flüstert Lena ihrer Schwester ins Ohr. »Das wird wundervoll, ich spüre es.«

»Hoffen wir es.«

»Danke, dass du da bist, Piachen.«

»Wird schon schiefgehen.« Pia löst sich aus der Umarmung. »Jetzt muss ich mich wieder den Zimtschnecken zuwenden. Ich wette, die sind schon halb verbrannt in deinem Gasofen.«

Wir sind einfach ein super Team, denkt Lena. Dann hört sie bereits Schritte im Garten. Es geht los.

Pia

Silvan ist der Erste. Pia erkennt ihn sofort beim Blick aus dem Küchenfenster. Sie hat ihn damals gegoogelt, und er sieht genauso aus wie auf dem Porträtbild auf der Website von der Bank: kurze blonde Haare, wache Augen, den Anzug eingetauscht gegen teure Outdoorbekleidung. Und er scheint fit zu sein, er ist kaum verschwitzt. Vermutlich ist er Trailrunner oder Rennradfahrer so wie viele Manager. Lena hat ihn so herzlich begrüßt, dass er damit überfordert schien. Irgendwie beruhigt es Pia, dass sie nicht die Einzige ist, die sich noch in das Fühlen-Spüren-Setting einfinden muss.

Der Kaffee ist gleich fertig. So lange hält sie noch die Stellung in der Küche.

In der Ferne sieht sie Peer und Brigitte Richtung Alp wandern, angeregt in ein Gespräch vertieft. Beide haben viel Gepäck dabei, zusätzlich zum Rucksack noch zwei gigantische Taschen unter die Arme geklemmt. Entsprechend kommen sie nur schleppend vorwärts. Ob das wirklich eine schlaue Idee war, die Gäste ohne Begleitung hier hochwandern zu lassen?

Die Espressokanne sprudelt, die Stunde der Wahrheit ist gekommen. Als sie den Garten betritt, sitzt Silvan breitbeinig am Tisch, und Lena erklärt ihm gerade, welche Berge er von hier aus sehen kann, indem sie mit ihrem Finger darauf zeigt. Ihr Gesicht strahlt dabei vor Enthusiasmus. Dafür wirkt Silvan angespannt, genau wie sie scheint er nicht die Lockerheit in Person zu sein. Konzentriert stellt Pia die Kaffeekanne ab.

»Hallo, ich bin Pia. Wir haben telefoniert.«

»Silvan.«

Sein Händedruck ist kräftig.

»Hast du den Weg gut gefunden?«, erkundigt sie sich.

»Null Problemo. Die anderen scheinen mehr Mühe zu haben. Kein Wunder, die haben auch ihren halben Hausrat dabei.«

Sein Grinsen ist heiter-arrogant.

»Am Anfang trägt man noch viel Ballast mit sich herum«, erklärt Lena. »Den werden wir in den nächsten Wochen gemeinsam abwerfen.«

»Und eine Müllhalde hinter dem Alphüttchen einrichten?«

Dieser Silvan ist ganz schön frech, denkt Pia.

»Und, gefällt es dir hier oben?«, fragt sie ihn.

»Was ich bis jetzt gesehen habe – also fast nichts –, sieht

ganz nett aus. Besser als der Hof, auf dem ich aufgewachsen bin. Der lag komplett in einem Schattenloch.«

»Du bist in den Bergen aufgewachsen? Toll«, sagt Lena und füllt Silvans Tasse mit Kaffee.

»Na ja, geht so. Ich will hier oben lernen, die Bergwelt wieder etwas zu romantisieren. Als Sohn einer Bergbauernfamilie musste ich immer auf dem Hof mithelfen. Kühe melken, den Stall fegen, Heuen im Steilhang. Mensch, war ich froh, als ich für das Gymnasium endlich in die Stadt konnte.«

Lena legt ihm mitfühlend die Hand auf die Schulter. »Da kann ich dich beruhigen. Unsere Aktivität wird ganz anderer Natur sein. Zudem liegt meine Alp an einem Südhang, im Sommer scheint hier den ganzen Tag die Sonne.«

Inzwischen haben auch Peer und Brigitte die Alp erreicht. Winkend läuft Lena den beiden entgegen.

»Und was machst du so im normalen Leben?«, fragt Silvan und beißt in eine Zimtschnecke.

Die Frage erstaunt Pia. Sie ist davon ausgegangen, dass er sich ebenfalls über sie informiert hat. Vielleicht ist das auch einfach eine Fangfrage?

»Ich arbeite als Psychotherapeutin. Aber meine Funktion während des Retreats ist eine andere. Ich bleibe mehr im Hintergrund, meine Schwester wird das Retreat leiten.«

»Eine Psychologin? Soso. Das beruhigt mich ja. Wenn ich eine Einzelbetreuung wegen meines Alptraumas brauche, kann ich dann einen Termin bei dir buchen?«

Sie ignoriert die Ironie in seiner Stimme. Das macht sie bei ihren Patienten auch so.

»Warst du deswegen denn schon in Therapie?«

Silvan schweigt und grinst. Er befindet sich noch im Sprücheklopf-Modus. Das dauert wohl noch eine Weile, bis er bereit ist für eine Auseinandersetzung mit sich selbst – spiritueller oder psychologischer Art.

Lena führt Peer und Brigitte leichtfüßig zur Alp, obwohl sie mit deren Taschen schwer beladen ist. Peer atmet hastig. Sein kariertes Wanderhemd ist durchgeschwitzt, seine halblangen Haare, zu einem Zopf gebunden, kleben ihm am Kopf.

»Ich hätte früher mit Rauchen aufhören sollen«, wirft er mit angestrengter Coolness in die Runde. Lena schenkt ihm ihr wärmstes Lächeln. Sogar die sportlich wirkende Brigitte hat einen roten Kopf vom Aufstieg. Aus ihrem prall gefüllten Rucksack lugt eine violette Yogamatte hervor.

»Willkommen auf meiner Alp«, begrüßt Lena die Neuankömmlinge. »Ich freue mich wahnsinnig, dass ihr hier seid. Bitte nehmt Platz, und stärkt euch.«

Nach einer kurzen Vorstellungsrunde sitzen sie zu fünft am Tisch. Für eine Weile herrscht Schweigen. Ob das die Erschöpfung des Aufstiegs ist oder das Eis, das erst noch gebrochen werden muss? Das Ankommen und Zusammentreffen mit den anderen Gästen ist schließlich ein ganz besonderer Moment. So unauffällig wie möglich checken sie sich gegenseitig ab. Ob sie zufrieden sind mit der Auswahl?

Silvan wirkt enttäuscht. Vermutlich hat er auf eine junge, hübsche Sinnsuchende gehofft. So eine wie Uma, die noch nicht hier ist. Pia hat zunehmend das Gefühl, dass Silvan eine Fehlentscheidung war, obwohl sie hier oben noch keine fünf Minuten mit ihm geredet hat. Dafür machen die anderen einen guten Eindruck auf sie. Brigitte wirkt in sich ruhend. Sie trägt ihre dunklen Haare streichholzkurz, hat ein rundliches, weiches Gesicht mit einer jung wirkenden Stupsnase. Als Kontrast zu ihrem natürlichen Aussehen sind ihre Fingernägel knallrot lackiert. Wie lange die Farbe hier oben wohl halten wird? Dem bärtigen Peer sieht man den Kinderbuchautor richtig an. Er ist leicht untersetzt, eine Nickelbrille umrahmt seine braunen Knopfaugen, vorne auf seinem Karohemd klebt noch etwas Braunes – vielleicht Breireste von einem seiner Kinder? Das jüngste ist gerademal ein Jahr alt. Ob er das aushält, einen Monat lang fern von seiner Kinderschar? Bisher scheint er zufrieden zu sein. Dafür ist Silvans Blick unruhig und stechend. Er erinnert Pia an einen Raubvogel auf der Jagd. Ein hektischer Bilderbuchbanker, der wohl noch seine liebe Mühe mit dem ruhigen Alpleben und den meditativen Übungen haben wird. Dass er in der letzten halben Stunde bereits drei Tassen Kaffee getrunken hat, hilft da auch nicht. Es erstaunt sie, dass er auf einem Bergbauernhof aufgewachsen ist, das passt irgendwie nicht zusammen. In dem Moment starrt er sie an, mehrere unangenehme Sekunden lang.

Wo Uma wohl bleibt? Lena scheint denselben Gedanken gehabt zu haben. In dem Moment fragt sie, ob noch eine weitere Person an der Haltestelle ausgestiegen ist.

Brigitte nickt. »Da war noch eine junge Frau auf dem Postauto. Doch sie hatte einen Rollkoffer dabei, darum waren Peer und ich uns nicht sicher, ob sie wirklich zur Gruppe gehört. Sie hing die ganze Zeit am Smartphone, und so sind wir ohne sie hochgewandert.«

Lena wirft ihr einen verunsicherten Blick zu. Pia holt ihr Handy und wählt Umas Nummer, doch niemand geht ran.

»Ich werde sie suchen. Weit kann sie mit ihrem Rollkoffer ja nicht gekommen sein«, sagt Pia. Es kommt ihr gerade gelegen, die schweigsame Kaffeerunde für eine Weile zu verlassen. Die müssen erst noch auftauen.

»Tausend Dank, Piachen«, erwidert Lena.

Piachen. Wirklich, vor allen? Sie zieht im Flur ihre Wanderschuhe an, und schon ist sie unterwegs. Zwischen den Höfen hindurch, auf dem Wanderweg, der mitten über die flauschige Alpwiese führt, die so bunt gefleckt ist, als ob die Natur aus dem Vollen geschöpft hätte. Überall summen Bienen und Mücken. Sie hat sich fest vorgenommen, die Namen der Kräuter und Blumen zu lernen. Ihre Mutter hatte ein Faible für Pflanzen, ihr verwinkeltes Reihenhaus war immer sehr grün. Im Garten zog sie Tomaten, Gurken und Schnittsalat. Als Kind hatte sie das Ämtchen »Pflanzen« und musste diese regelmäßig gießen, im Hochsommer fast täglich. Sie war wenig begeistert davon und hatte den stillen Verdacht, dass ihre Eltern ihr dieses Ämtchen nur deshalb gegeben haben, weil sie lieber drinnen las oder bastelte. Im Gegensatz zu ihrer naturverbundenen Schwester, die am liebsten draußen spielte. Vielleicht auch deshalb, weil sie die Zuverlässigere der beiden war. Lena musste dafür beim Abwaschen helfen, was ihr weniger ausgemacht hätte, aber ein Tausch der Ämtchen war nicht erlaubt. Eigentlich ist sie sich fast sicher, dass das eine pädagogische Maßnahme ihrer Eltern war. Immerhin war ihre Mutter mal Sozialpädagogin. Es ist fast ein Jahr her, dass sie das letzte Mal mit ihren Eltern telefoniert hat. Sie weiß einfach nicht, was sie ihnen erzählen soll, und geht deshalb immer seltener ran, wenn sie anrufen. In den Augen ihrer Eltern führt sie ein angepasstes, langweiliges Allerweltsleben, auch wenn sie das nicht so direkt sagen. Da steht eine Mauer zwischen ihnen, eine durchsichtige vielleicht, aber sie steht da.

Sie ist so in ihre Gedanken versunken, dass sie ganz vergisst, nach Uma Ausschau zu halten. Obwohl: Eine Frau mit einem Rollkoffer ist hier oben nur schwer zu übersehen. Sie schaut auf der offenen Wiese in alle Himmelsrichtungen, doch da stehen nur ein paar friedlich grasende Kühe auf der Weide der Gebrüder Grimm. Sie weiß nicht einmal, wie die Bauern richtig heißen, weil Lena immer nur von »den Grimms« spricht. Heute Abend wird sie Lena nach ihren Namen fragen. Nicht, dass sie diese aus Versehen noch mit ihrem Spitznamen anspricht, sollten sie einmal ihren Weg kreuzen, und das werden sie sicher bald einmal, denn der Nachbarshof ist nur wenige Meter von Lenas Alp entfernt. Früher haben die Höfe bestimmt einer Familie gehört. Bauer Sepp war nicht mit den Grimms verwandt und soll schon Knatsch mit ihnen gehabt haben, was er ihrer Schwester beim Alpverkauf natürlich verschwiegen hat. Das hat Lena erst viel später über Alma erfahren. So läuft das auf dem Dorf. Genau deshalb lebt sie lieber in der Anonymität der Stadt.

Nach der Wiese führt der Wanderweg hinunter in den Wald, eigentlich kann man ihn kaum verfehlen.

»Uma!«, ruft sie laut und kommt sich dabei blöd vor. Keine Reaktion. Sie hätte darauf bestehen sollen, dass Lena die Gäste abholt und gemeinsam mit ihnen auf die Alp wandert. Jetzt ist ein Viertel der Retreat-Besetzung verloren gegangen, ehe die eigentliche Selbstsuche überhaupt begonnen hat.

Sie ruft erneut nach Uma, doch sie erhält wieder keine Antwort, sondern scheucht nur die Waldtiere auf. Ein Eichhörnchen klettert erschrocken einen Baum hoch. Bald ist sie unten an der Postautohaltestelle. Das kann doch nicht sein, dass Uma in der letzten Stunde nicht weitergekommen ist als bis hierher – selbst mit einem Rollkoffer. Sie beschleunigt ihren Schritt auf dem letzten Wegstück, das in engen Kurven hinunterführt. Gleich muss sie da wieder nach oben keuchen, darauf freut sie sich nicht. Obwohl sie sich vorgenommen hat, auf der Alp wieder ihre Kondition aufzubauen. Ihre Joggingrunden haben sich in den letzten Monaten immer mehr verkürzt, und bei ihren Besuchen im Fitnessstudio verbrachte sie doppelt so viel Zeit im Wellnessbereich wie an den Sportgeräten.

In der Ferne sieht sie schon das gelbe Schild der Postautohaltestelle in der Sonne glänzen. Doch da ist weit und breit keine Uma. Ob sie wieder abgereist ist? Ohne sie zu informieren? Sie zückt ihr Handy, vielleicht hat Lena ihr inzwischen ein Update geschickt.

Keine Nachricht. Uma bleibt verschollen.

Wenn das mal kein Fehlstart ist. Hatte sie es doch gewusst: Wenn die Generalprobe so problemlos läuft, bedeutet das nichts Gutes für die Premiere. Das lernt man in jedem Laientheater.

Was jetzt? Sie sucht die Straße mit den Augen ab. Nichts

außer einem lauten Motorrad, das gefährlich schnell an ihr vorbei in die nächste Kurve rast. Es bleibt ihr nichts anderes übrig, als den Rückweg anzutreten. Gemächlich wandert sie das steile Waldstück bergauf, wobei sich ihre Laune durch die Anstrengung zusätzlich verschlechtert.

Unterwegs vibriert ihr Smartphone in der Hosentasche. Eine Nachricht von Lena.

Uma ist aufgetaucht.

Pia seufzt erleichtert. Nach einer langen halben Stunde steht sie endlich verschwitzt auf der Alpwiese und sieht zu Lenas Haus rüber. Dort sitzt die Gruppe eng beieinander am Gartentisch, daneben steht ein verdreckter Rollkoffer. Als sie näher kommt, erkennt sie an den empörten Gesichtern der Gäste, dass Aufregung herrscht. In der Mitte sitzt Uma, mit tränenverschmiertem Gesicht. Lena hält sie in den Armen und redet gemeinsam mit einem väterlich dreinschauenden Peer auf sie ein. Silvan hat sich von der Gruppe distanziert und lehnt mit Blick auf die nächste Bergflanke an der Hausmauer. Die Aufregung war wohl zu viel für ihn. Das erste Mal hegt sie eine gewisse Sympathie für ihn, geht aber schnurstracks zu den anderen.

Am Tisch reden alle wirr durcheinander, und Pia braucht eine Weile, um zu verstehen, was passiert ist. Uma ist nämlich versehentlich an die Grimms geraten. Kaum aus dem Postauto gestiegen, hat sie die Bergwelt völlig vereinnahmt. Alle fünf Meter musste sie anhalten, um sich mit einer Aussicht oder einer besonders entzückenden Blume in Szene zu setzen und dies sogleich auf Instagram und TikTok zu teilen. Ihre letzten Minuten mit Internet, das wollte sie nutzen. Dass man zur Alp hochwandern muss, hatte sie überlesen und daher einen Rollkoffer gepackt. Was aber kein Problem für sie war, sie ist ja topfit und hat den Koffer einfach getragen. Oben auf der Alpwiese sah sie die grasenden Kühe vor den putzigen Bergbauernhöfen und war außer sich vor Freude. Sie wanderte rüber zur Alp – leider zum falschen Haus – und landete in den Fängen der Grimms. Diese haben sie erst mit ihrem Blick vernichtet und sie nachher zum Teufel gejagt. Sie solle sofort ihr Land verlassen, sonst würden sie ihr Beine machen. Sogar mit einer Mistgabel haben sie ihr gedroht. Panisch sprintete sie, so gut es mit dem Rollkoffer ging, Richtung Wald zurück, wo Lena sie entdeckte und sofort zu ihr rannte.

Die Grimms haben Uma wahnsinnig zugesetzt. Sie zittert immer noch am ganzen Körper, ihr langer blonder Pferdeschwanz wackelt dabei. »Dass es an einem so schönen Ort so böse Menschen gibt«, seufzt sie immer wieder. Lena sucht nach beschwichtigenden Worten und erklärt mehrfach, dass die Grimms einfach verbittert sind, aber keine bösen Menschen. Sie muss Uma versprechen, sie während des gesamten Retreats von den Bergbauern fernzuhalten. Es braucht noch eine Weile, bis sich die Aufregung gelegt hat und auch Uma sich mit Kaffee und einer halben Zimtschnecke stärken kann.

»Geht's endlich los?«, fragt Silvan irgendwann und schwingt seinen Rucksack über die Schulter. Lena nickt und schlägt den Gästen vor, ihnen die Alp und ihre Zimmer zu zeigen. Sie hilft Peer und Brigitte mit deren Taschen. Silvan bietet Uma an, ihren Rollkoffer für sie zu tragen, doch die lehnt dankend ab. Sie stemme sonst täglich Hanteln, da sei so ein Rollkoffer ein Pappenstiel für sie. Die ist stärker, als sie wirkt, denkt Pia.

So trottet die voll beladene Karawane ins Haus, alle brav in einer Reihe hinter Lena her.

Lena

»Und hier ist die Stube«, erklärt Lena, als sie aus dem dunklen Flur den ersten Raum betreten. »Mein absoluter Lieblingsraum im Haus.«

Die Gäste sehen sich schweigend um. Klar braucht es oft eine Weile, bis in einer frisch zusammengewürfelten Gruppe ein bisschen Stimmung aufkommt. Das Verhalten irritiert sie dennoch. Mensch, Leute, ihr habt das Privileg, euch einen Monat lang nur mit euch und euren Träumen zu beschäftigen. Warum sieht sie überall nur lange, schweigende Gesichter? Nur als sie die verschollene Uma zur Alp zurückgebracht hatte, kamen die Gäste für einen Moment miteinander ins Plaudern. Die Empörung über die Grimms war riesig. Klar, der Zeitpunkt war schlecht gleich zu Beginn. Am schwierigsten war es für sie, ihre Wut auf die Grimms vor der Gruppe zu überspielen. Aber genau das ist sie inzwischen, wahnsinnig wütend!

Ihre Gäste stehen verloren in der Stube herum, nur Silvan hat sich auf die Ofenbank gelegt und scherzt: »Etwas hart, aber ich nehme das Bett.«

Die anderen lachen. Sie ist froh, dass etwas Leichtigkeit in die schwerfällige Runde kommt.

»Nix da, das ist mein Bett«, antwortet sie. »Du kriegst ein richtiges, sonst tut dir bald der Rücken weh.«

»Das ist nicht dein Ernst?«, fragt Uma und starrt sie mit ihren Kulleraugen so an, als ob sie auf einem Misthaufen schlafen würde.

»Wir haben wenig Platz auf der Alp. Ich werde hier schlafen oder draußen in der Hängematte. Das habe ich schon oft gemacht.«

»Voll abgefahren«, schwärmt Uma.

Brigitte tappt über den knarrenden Holzboden und lässt ihren Blick hinunter ins Tal schweifen. Lena meint, Tränen der Rührung auf ihren Wangen zu sehen. Vielleicht bildet sie sich das auch nur ein. Dafür scheint Peer gedanklich woanders zu sein. Er starrt lange auf den Kachelofen und brummt dann: »Gut, dass meine Kinder nicht hier sind. So ein Kachelofen wäre der perfekte Spielplatz für sie. Ich höre sie schon streiten, wer zuerst über die Ofenbank rennen darf.«

»Wie viele Kinder hast du denn?«, fragt Silvan.

»Vier. Zwei Mädchen und zwei Jungen zwischen eins und acht.«

»Kein Wunder, dass du da mal eine Pause brauchst«, neckt ihn Silvan – diesmal lacht niemand mit.

Lena führt die Gruppe in die angrenzende Küche. Wenn alle drin sind, bleibt kaum noch Platz übrig.

»So wollt ihr kochen?«?« Uma zeigt auf den schweren Holzherd mit dem geschwungenen Rohr, das den Rauch nach draußen führt.

»Oh ja. Wir haben auch einen Gaskocher, wenn es mal schnell gehen muss.«

Uma schüttelt den Kopf. »Wahnsinn. Ich wusste nicht, dass es so was noch gibt in der Schweiz.«

Lena sieht, wie sich Silvan eine Bemerkung verkneift, und ist froh darüber.

»Ich musste mich auch erst daran gewöhnen, aber jetzt macht es Spaß«, erklärt sie betont enthusiastisch. In dem Moment kommt Pia mit dem Geschirr in die Küche, und Peer weicht in die Stube aus.

»Falls ihr zwischendurch mal einen Tee oder Kaffee braucht, dürft ihr euch einfach bedienen. Für heißes Wasser bitte den Gaskocher benutzen«, fährt Lena fort.

»Kannst du mir zeigen, wie das geht?«, fragt Uma. »Ich kenne mich mit so was nicht aus und will nicht die ganze Alp abfackeln.«

»Kein Problem«, antwortet Lena, öffnet den Gaskocher, entzündet die Flamme und stellt ihn wieder aus. Dann lässt sie Uma den Vorgang wiederholen. Brigitte und Silvan gesellen sich zwischenzeitlich zu Peer in die Stube. Sie hört die drei tuscheln und lachen.

Der nächste Stopp ist das ausgebaute Bad im Flur, das mit anerkennenden Blicken gewürdigt wird.

»Reicht das heiße Wasser zum Duschen?«, will Brigitte wissen und zeigt auf den kleinen Boiler in der Ecke. Zielsicher hat sie die Achillesferse des Bades getroffen.

»Also für vier heiße Duschen hintereinander reicht das Wasser nicht. Ich schlage einen Zwei-Tages-Rhythmus mit zwei Abend- und zwei Morgenduschern vor.«

Ihr Vorschlag stößt – den Gesichtsausdrücken nach zu schließen – auf keine große Begeisterung. Sie ergänzt: »Also Wasser gibt es genug, kalt duschen könnt ihr jederzeit. Ich habe sogar eine eigene Quelle hinter dem Haus. Natürlich dürft ihr euch auch am Brunnen draußen erfrischen. Das mache ich voll gerne.«

Warum gaffen die Gäste sie so verstört an? Sie wussten doch, worauf sie sich einlassen. Das ist kein Boutiquehotel.

»Es grenzt an ein Wunder, dass sich in einem Bergbauernhaus dieser Größe ein WC und Bad direkt im Haus befindet«, fügt sie an. Da hatten sich doch einige etwas mehr Komfort erhofft. Obwohl das sehr explizit so auf der Website stand – Pia sei Dank.

»Stimmt«, sagt Silvan, plötzlich ernsthaft. »Ich bin auf einem größeren Bergbauernhof mit fünf Geschwistern aufgewachsen. Wir hatten nur eine mickrige Dusche und Toilette, beide außerhalb des Hauses.«

Uma wirft Silvan einen mitleidigen Blick zu, dem er sofort ausweicht.

»Wir sind einfach verwöhnt«, seufzt Brigitte. »Das wird uns guttun, unsere Ansprüche runterzufahren und mit dem einfachen Leben zufrieden zu sein.«

Für ein paar lange Sekunden füllt eine nachdenkliche Stille den Raum. Sind sie echt enttäuscht wegen etwas so Banalem? Das kann ja heiter werden.

»Es braucht nicht viel zum Glücklichsein, das kann ich euch verraten«, wirft Lena in die Runde und führt dann die Gruppe hoch in das Gästezimmer im ersten Stock, in dem die Frauen schlafen. Die Schlafkammer ist gemütlich geworden mit den rot-weiß karierten Bettbezügen und den Spitzengardinen. Rustikal, aber nicht spießig. In einer Ecke steht ein alter Schreibtisch, an dem Bauer Sepp wohl seine Buchhaltung gemacht hatte. Sie fand in seinen Schubladen mit der Schreibmaschine getippte Dokumente, die zurück bis in die Sechzigerjahre datiert sind.

»Klein, aber herzig«, sagt Uma und stellt ihren Koffer neben das Bett am Fenster. Brigitte nickt nur und legt ihren Rucksack auf das andere Bett. Die Bettenverteilung scheint ohne Worte und unkompliziert stattgefunden zu haben. Immerhin.

»Ist das nicht Hahnenfuß?«, fragt Brigitte mit Blick auf den Strauß Bergblumen, der auf dem Nachttisch steht.

»Hahnenfuß, Alpenglöcklein und Gänseblümchen. Alle von der Wiese vor dem Haus«, sagt Lena stolz.

Brigitte runzelt die Stirn. »Sind die nicht geschützt?«

Lena überhört die Frage und führt stattdessen Peer und Silvan über die steile Treppe hinauf ins Dachgeschoss. Die beiden betreten gespannt das Schlafzimmer und sehen sich um. Die Kammer ist deutlich kleiner als das andere Gästezimmer. Dafür macht das Dachgiebelfenster das wieder wett – und ihre selbst gezimmerten Betten mit dem Tisch. Alles in allem ein atmosphärischer Raum mit viel Feng-Shui-Energie.

»Und hier sollen wir beide schlafen?«, fragt Silvan, nachdem sein rastloser Blick den ganzen Raum auseinandergenommen hat.

»Wie du siehst, stehen hier zwei Betten. Das ist eine Alp,

wir haben wenig Platz. Zudem werden wir sowieso den ganzen Tag draußen sein. Also keine Sorge.«

Beide schweigen, wobei eine gewisse Enttäuschung nicht zu übersehen ist. Peers umherwandernden Augen nach zu urteilen, sucht er Platz für sein überdimensionales Gepäck.

Lena öffnet den Bauernschrank. »Hier habt ihr genug Stauraum.« Kaum ausgesprochen, fragt sie sich, ob das wirklich stimmt. Silvans Rucksack ist nicht das Problem, aber Peers Taschen und sein Monsterrucksack … Doch das sollen sie selbst ausmachen, sie ist schließlich nicht ihre Mutter.

»Wir sehen uns in einer Stunde im Garten für eine Kennenlernrunde und erste Yogastunde. Zieht euch bitte bequeme Kleider an, und nehmt eure Matten und das Notizheft mit«, sagt sie noch, überlässt die beiden ihrem Schicksal und hüpft hinunter in die Küche zu Pia, die gerade das Geschirr spült.

»Und?«, fragt Lena. »Erster Eindruck?«

»Die haben noch Startschwierigkeiten.«

»Oh ja, die müssen sich erst noch etwas eingrooven. Einen Monat lang einfaches Alpleben, viel Selbstfindung und ein geteiltes Schlafzimmer. Das sind sie sicher nicht gewohnt.«

Lena beginnt mit dem Abtrocknen. Ihre Schwester macht sich schon wieder Sorgen, ihre Körperhaltung ist angespannt. Natürlich hat auch sie gehofft, dass es sofort zwischen den Gästen funkt und eine gewisse Verbundenheit und Leichtigkeit aufkommt. Aber so etwas kann man nicht erzwingen. Und wenn sie sich anschaut, wie bunt zusammengewürfelt die Gruppe ist, ist das nicht weiter erstaunlich. Pia hat vier sehr unterschiedliche Persönlichkeiten ausgewählt, und sie ist schon gespannt, wie sie sich entwickeln werden. Die Situation erinnert sie an ihr Extrem-Survivaltraining in der Wüste Gobi mit den zu knapp berechneten Wasser- und Essensvorräten. Sie hat die anderen Teilnehmerinnen und Teilnehmer gleichzeitig geliebt und gehasst. Noch heute hat sie mit Lucy, einer Amerikanerin aus der Gruppe, losen Kontakt. Im Vergleich zu zehn Tagen Wüste Gobi mit hundert Litern Wasser für sechs Leute ist ihr Alpen-Retreat ja ein richtiges Zuckerschlecken.

»Ich mach noch eine halbe Stunde Pause, bevor es losgeht«, sagt sie zu Pia, als sie mit dem Abtrocknen fertig ist. Ohne deren Reaktion abzuwarten, verschwindet sie in den Garten und legt sich in die Hängematte, die sie zwischen den Lärchen aufgehängt hat. Hier wird sie sicher die eine oder andere Nacht verbringen, direkt unter dem Sternenhimmel. Der Wind weht kühle Luft von der schattigen Felsflanke hinüber, und die Wiesenbewohner surren um sie herum. Sie könnte stundenlang einfach so daliegen und sich von der Bergwelt energetisieren lassen.

Plötzlich rüttelt es an ihrer Hängematte. Sie schaut in Pias verärgertes Gesicht.

»Hier bist du! Die sitzen alle da und warten auf ihren Guru.«

Ist sie während ihrer Bergmeditation tatsächlich eingenickt? Oje, das hätte ihr nicht passieren dürfen. Sofort stürmen sie um das Haus, in den anderen Teil des Gartens, wo die Gruppe schon im Schneidersitz auf ihren Yogamatten sitzt und sie fordernd anschaut.

»Ich bin gleich bei euch«, ruft sie ihnen zu und rast ins Haus. Getuschel im Rücken. Sie hört noch, wie Pia sie vertröstet. Hastig holt sie ihre Matte und Klangschale hinter der Ofenbank hervor und setzt sich wenig später mit klopfendem Herzen vor die Gruppe in den Lotussitz. Dann startet sie mit einer angeleiteten Meditation. Die Gäste schließen die Augen, und Lena führt sie mit achtsamen Worten durch die nächsten Minuten. Pia hat sich entfernt, sie lehnt an der Holzwand des Hauses und lässt sich von der Abendsonne wärmen. Die Gruppe wirkt unruhig. Silvan kämpft mit einem aufdringlichen Insekt und blinzelt. Uma atmet tief ein und aus, ihr zuckender Mund verrät allerdings eine gewisse Nervosität. Brigitte wirkt sehr konzentriert, sie möchte es wohl richtig machen. Aus eigener Erfahrung weiß sie, wie schnell man sich verkrampft, wenn man seinen Geist zu aktiv beruhigen will. Für einige wird es die erste Meditation ihres Lebens sein.

»Und, wie fühlt ihr euch?«, fragt Lena, nachdem sie die Meditation mit der Klangschale beendet hat.

Uma zögert einen Moment. »Ehrlich gesagt fand ich's schwierig. Ich sah mich so dasitzen und dachte, das gäbe ein super meditatives Bild für Insta. Dann habe ich mich für diesen Gedanken geschämt.«

»Das brauchst du nicht. Wir versuchen, offen für alle Gefühle zu sein und nichts zu verurteilen. Danke, dass du so ehrlich bist und diese Erfahrung mit uns teilst, liebe Uma«, antwortet sie. Für eine Weile herrscht Stille. Nur das Summen der Insekten und Vogelgezwitscher.

»Vielleicht können wir beim nächsten Mal nicht in der

Abenddämmerung meditieren, wenn Mückenplage herrscht?«, sagt Silvan. »Sorry, aber ich kann mich nicht konzentrieren, wenn ich von allen Seiten her attackiert werde.«

»Beim Meditieren lässt sich der Geist sehr gerne ablenken, und ein paar lästige Mücken kommen da natürlich gelegen«, erklärt Lena. »Das Ziel ist es, dem keine Bedeutung beizumessen, sondern die Aufmerksamkeit wieder liebevoll zurück zu dir und deinem Atem zu bringen.«

Silvan löchert sie mit seinem forschen Blick.

»Wenn ich dann mal erleuchtet bin und die beißenden Stiche mental ausschalten kann, gerne. Vorher wird das aber nichts«, kontert er. Dieser Silvan ist noch ein ganzes Stück harte Arbeit. Sie ignoriert die Bemerkung und fährt mit dem Programm fort. »Gerne möchte ich euch noch etwas besser kennenlernen. Was hat euch dazu bewogen, an meinem Retreat teilzunehmen? Bitte schreibt eure Gedanken nieder in euer Selbstfindungsreisebuch.«

Brigitte und Uma zücken ihre verzierten Notizbücher, während Peer und Silvan einfache Schulhefte zur Hand nehmen. Nach zehn Minuten bittet sie die Gruppe, außerdem aufzuschreiben, was sie sich von diesem Retreat erhofft. Während Peer und Brigitte schnell in den Schreibfluss finden, stockt es diesmal bei Uma und Silvan.

»Muss ich das nachher mit den anderen teilen?«, fragt Silvan, seine selbstsichere Art hat ihn für einen Moment verlassen. Er presst seine Lippen so fest zusammen, dass sie nicht mit seinem Kiefer tauschen möchte.

»Du darfst so viel von dir preisgeben, wie du möchtest.« Ihre Antwort scheint ihn zu beruhigen, und auch Uma schreibt ein, zwei Sätze auf. Pia sitzt nach wie vor in Hörweite an der Hauswand und wirft ihr mit zugekniffenen Augen einen strengen Blick zu. Nach wenigen Minuten wirkt die Gruppe bereits unkonzentriert. Silvan nimmt Kontakt zu Uma auf und flüstert ihr etwas zu, sie lacht. Lena beendet daher die Übung mit der Einladung, sich einander vorzustellen, und geht gleich mit gutem Beispiel voran.

»Wie ihr wisst, bin ich Lena, eure Gastgeberin, ausgebildete Yogalehrerin und Achtsamkeitstrainerin. Ich begrüße euch von ganzem Herzen auf meiner Alp. Meiner Meinung nach gibt es keinen besseren Ort für Entspannung und Selbstfindung. Ich hatte hier oben schon so krasse Einsichten und hoffe, dass es euch ähnlich ergehen mag. Spürt ihr die positiven Vibes auch? Ich habe sogar einen Alpgeist.«

Umas Gesicht versteinert sich. »Die Alp ist verhext?«

»Nur ein lieber Hausgeist, der mir manchmal unter die Arme greift. Keine Sorge.«

»Was macht der denn so?«, fragt Silvan.

»Ich spüre das einfach, mehr energetisch.«

Bloß nicht zu esoterisch werden, kommt ihr in den Sinn. Die sind schon kritisch genug, da erwähnt sie den Altar, den sie für ihn errichtet hat, besser nicht.

»Jetzt seid ihr dran.«

Beklemmende Stille.

»Peer, möchtest du den Anfang machen?«, fragt sie schließlich.

»Na gut. Ich bin alleinerziehender Vater von vier wunderbaren Kindern – hauptberuflich. Nebenbei schreibe ich Kinderbücher. Allerdings ist mein letztes Buch bereits fünf Jahre her. Mir fehlen momentan einfach die Zeit und die Muße dafür.«

»Und wovon lebst du?«, will Silvan wissen.

»Von Alimenten und der Unterstützung meiner Ex-Partnerinnen, die gute Jobs haben. Ich genieße das sehr, den ganzen Tag für meine Kinder da sein zu können und sie aufwachsen zu sehen. Gleichzeitig komme ich im Alltagschaos einfach zu kurz.« Nach einer Pause fügt er murmelnd an: »Manchmal habe ich das Gefühl, dass alle um mich herum glücklich sind, nur ich nicht.«

Lena lächelt ihn an. »Wie möchtest du die Alp wieder verlassen?«

»Als ein zufriedener Peer, der die Idee für eine neues Kinderbuch im Kopf hat und der auch mal Nein sagen kann.«

Bei diesen Worten löst sich die Anspannung von seinem Gesicht.

»Danke, dass du deine Wünsche mit uns teilst, lieber Peer. Wer möchte fortfahren?«

Uma ergreift das Wort. »Ich bin erfolgreiche Lifestyle-Influencerin und Travel-Bloggerin. Eigentlich liebe ich meinen Job total. Aber manchmal wird mir alles zu viel. Permanent online sein, mich immer inszenieren zu müssen, so was halt. Dazu kommt das ständige Beurteilt-Werden. Irgendwie stecke ich das nicht mehr so leicht weg. Daher gönne ich mir eine digitale Pause mit spirituellen Inputs. Auch, um emotional abzuhärten und die Dinge nicht mehr so persönlich zu nehmen.«

Bei diesen Worten wirkt Uma sehr ernsthaft, fast traurig.

Silvan runzelt die Stirn. »Ich dachte, wir sind hier, um weicher zu werden und nicht härter.«

»Ihr habt alle unterschiedliche Gründe, warum ihr an dem Retreat teilnehmt. Hauptsache, ihr lasst euch auf diese Entdeckungsreise ein. Ich bin mir sicher, Uma, dass du gestärkt nach Hause reisen darfst. Silvan, möchtest du gleich fortfahren?«

Silvan reckt seinen Rücken in die Höhe. »Jep! In meinem richtigen Leben bin ich Kadermitarbeiter in einer Bank, fast auf der Geschäftsleitungsebene. Ich arbeite viel, zu viel, wie meine Ex-Freundinnen finden. Ich bin auf dieser Hippie-Alp gelandet, um mich mal wieder richtig zu entspannen, mit dem ganzen Eso-Klimbim, der dazugehört. Mein Leben ist crazy stressig. Für die vier Wochen Auszeit wurde ich fast gefeuert.«

»Du Armer«, platzt es aus Peer heraus. Silvan bestraft die Bemerkung mit einem vernichtenden Blick in seine Richtung und fährt fort: »Ich muss mich noch in diese spirituelle Selbstfindungswelt einleben. Sorry schon mal, falls ich mich ungeschickt anstelle. Aber alle relaxten Frauen in meinem Umfeld haben mir versichert, dass dieser Achtsamkeitskram echt was bringt. Darum bin ich hier und willig zu lernen.«

Macht einen auf cooler Frauenheld, denkt Lena, dabei weiß sie von Pia, dass er ziemlich ausgebrannt ist. Eine Information, die er nicht mit der Gruppe teilen möchte – oder noch nicht.

»Danke dir, Silvan. Ich hoffe, du findest auf meiner Alp das, was du brauchst.«

Sie versucht, auch den Personen, die ihr nicht auf Anhieb

sympathisch sind, Empathie entgegenzubringen. In diese Kategorie fällt Silvan.

Brigitte ist die Letzte in der Runde und strahlt Lena richtig an. »Ich bin Brigitte, Grundschullehrerin, Mutter und glückliche Singlefrau nach vierundzwanzig Jahren Ehe. Ich mache schon seit einiger Zeit Hatha-Yoga bei meiner lieben Yogalehrerin Trudi und möchte hier oben meine Praxis noch weiter vertiefen. Zudem liebe ich die Berge. Weil Walter die Alpen so einengend fand, haben wir unsere Ferien bis auf eine Ausnahme immer an der Ostsee verbracht. Doch jetzt bin ich frisch getrennt, meine Töchter sind erwachsen, und ich kann tun und lassen, was ich will. Für mich ist das die ideale Gelegenheit, um meinen Kompass neu auszurichten. Ich träume davon, meinen Job an den Nagel zu hängen und auf eine lange Fernreise zu gehen. Jetzt, da ich frei bin.«

»Vielen Dank, Brigitte. Ich freue mich riesig auf die kommenden Wochen mit euch. Es ist mir wichtig, dass die Atmosphäre vertrauensvoll ist und ihr eure Gefühle und Eindrücke jederzeit teilen könnt. Was auf der Hippie-Alp passiert, bleibt auf der Hippie-Alp«, sagt Lena augenzwinkernd. »Dann lasst uns vor dem Abendessen noch eine ruhige Yin-Yoga-Session einlegen.«

Pia

Pia liegt in Lenas hartem Bett und wälzt sich hin und her. Bei jedem Knacken im Gebälk schreckt sie auf, dabei ist es nur jemand auf dem Weg zur Toilette. Sie spürt die Anwesenheit von Peer, Uma, Silvan und Brigitte im Haus, die eine ganz andere Dynamik auf die Alp bringen. Leider ist das Retreat nicht nach Plan gestartet. Dass Uma bei den Grimms gelandet ist, wäre vermeidbar gewesen. Und dann musste sie Lena vor der ersten Meditation auch noch im ganzen Haus und Garten suchen, was nicht gerade zur Hebung ihrer und der allgemeinen Stimmung beigetragen hat.

Über sich hört sie Schritte, die aus dem Dachzimmer Richtung Bad tappen. Es ist immer noch recht unruhig im Haus, obwohl es bereits so spät ist. Sie hört ein Aufjaulen, die Person muss sich im Dunkeln irgendwo angeschlagen haben. Ob sie nachsehen soll? Doch schon ist es wieder still.

Sie hatte gehofft, dass sich spätestens beim Abendessen die Stimmung aufhellt. An ihrem Dreigängemenü mit buntem Blattsalat, Linsen-Erbsen-Eintopf und Mandel-Schoko-Küchlein lag es jedenfalls nicht, das wurde mehrfach gelobt. Ausnahmsweise gab es sogar ein Glas Wein, um gemeinsam auf das Retreat anzustoßen. Es war ein lauer Sommerabend in den Bergen, äußerlich hat alles gepasst, und trotzdem war die Atmosphäre angespannt. Alle haben einen Rucksack an persönlichen Themen mitgebracht, und jetzt steht das Gepäck da und möchte ausgepackt werden.

Als Lena nach dem Essen das Manifest vorgestellt hat, sah sie Augenrollen und lange Gesichter. Silvan kritisierte vor allem den Punkt »keine Liebesbeziehungen und sexuelle Handlungen«. Er könne da aber für nichts garantieren, meinte er nur grinsend. Uma bemängelte die halbe Stunde Smartphone-Nutzung täglich, und zwar ohne Internet, obwohl sie das im Vorfeld bereits wusste. Peer sicherte sich erneut ab, ob wenigstens das normale Telefon für Notfälle zur Verfügung stehe – er habe das seinen Kindern versprochen. Und Brigitte brachte die Duschdiskussion noch mal auf, ohne Erfolg. Niemand wollte sich beteiligen.

Allmählich realisieren die Gäste, worauf sie sich da eingelassen haben. Ein Monat ist eine lange Zeit, und diese auf sich selbst konzentriert zu verbringen in einer Welt, in der permanente Ablenkung die Norm ist, wird nicht einfach. Auch Pia hat Respekt davor, was diese Auszeit auf Lenas Alp noch so ans Tageslicht bringt. Die Sorgen der anderen analysiert sie problemlos und erkennt schnell, welche Hilfestellung es braucht. Bei ihr selbst sieht das allerdings etwas anders aus.

Ob Lena schon schläft? Sie hatten sich nicht mehr ausgetauscht, nachdem die Gäste auf ihre Zimmer verschwunden sind. Lena war ebenfalls müde, sie hat sich auf der Ofenbank eingerichtet und mit einer Umarmung verabschiedet.

»Das wird schon gut«, hat sie ihr dabei ins Ohr geflüstert.

Die beengten Platzverhältnisse belasten sie jetzt schon. Für übermorgen ist zudem eine Wetterverschlechterung angesagt, was das Retreat noch kuschliger machen dürfte.

Entspann dich mal, wäre Lenas Antwort auf ihre Sorgen – und sie hätte recht.

Wie hat Mark Twain so treffend gesagt? »Ich hatte mein ganzes Leben viele Probleme und Sorgen. Die meisten von ihnen sind aber niemals eingetreten.«

Sie erwacht, weil der Wecker um halb sieben klingelt. Ein sicheres Zeichen dafür, dass sie irgendwann doch noch eingeschlafen ist. An der Bergkette auf der gegenüberliegenden Talseite hängt noch Morgenrot. Schlaftrunken wandelt sie in die Küche, um das Frühstück zu richten. Heute gibt es Porridge und Pancakes mit frischen Früchten. Lena schläft noch auf der Ofenbank, ihr Gesichtsausdruck ist tiefenentspannt. Bald startet die Morgenmeditation, spätestens eine Viertelstunde vorher wird Pia sie wecken. In der Küche heizt sie erst den Holzofen an. Allmählich hat sie den Dreh raus, und innerhalb weniger Minuten verwandelt sich der Zündwürfel in ein loderndes Feuer. Die Wärme breitet sich schnell in der Küche aus. Trotz Hochsommer ist es morgens noch kalt auf der Alp, die ersten Sonnenstrahlen kriechen erst spät über die Bergspitzen.

Zuerst bereitet sie den Teig für die Pancakes zu. Da sie oft keinen Strom haben, hat Lena ihr davon abgeraten, ihren Mixer mitzubringen. Sie spürt den Zimtschneckenteig immer noch in den Oberarmen. Als sie die Haferflocken für das Porridge aufkocht, hört sie ein Räuspern hinter sich. Silvan steht in der Küchentür.

»Gibt's schon Kaffee?«, fragt er. Seine verstrubbelten Haare verraten, dass er ziemlich direkt aus dem Bett kommt.

»In zehn Minuten. Ich mache erst das Porridge.«

Plötzlich ist sie hellwach.

»Oka-ay«, entgegnet er, sichtlich unzufrieden mit der Antwort.

Als er ihren Blick sieht, meint er besänftigend: »Will dich nicht stressen. Ich bin einfach völlig unbrauchbar vor dem ersten Kaffee und möchte das meinen Mitsinnsuchenden ersparen. Ich hab den Eindruck, dass die mich nicht sonderlich mögen.«

»Das glaube ich nicht. Ihr lernt euch doch gerade erst kennen.«

»Sprach die Psychologin.«

Pia hält inne. »Wie meinst du das?«

»Ach, nix. Hat sich einfach nach so einer Standardantwort angehört.«

Wenn sie eines nicht leiden kann, dann das, wenn ihre wohlwollenden Worte als therapeutische Routine abgetan werden.

»Weißt du was?«, erwidert sie. »Ich bin morgens vor meinem ersten Kaffee auch nicht in Bestform. Ich gebe dir Bescheid, wenn er fertig ist.«

Er schaut sie irritiert an. Wie ein Kind, das frech war und dem es leidtut.

»Zu Befehl!«, antwortet er dann und marschiert aus der Küche.

»Bis später, Silvan.«

»Bis später, Piaaachen.«

Dieser Silvan. Fast wäre ihr das Porridge angebrannt, der Holzherd ist sehr heiß und schwer berechenbar. Jetzt braucht sie dringend einen starken Espresso. Sie füllt die Maschine mit dem Kaffeepulver ihrer Lieblingsrösterei aus der Stadt. Schmeckt zwar nicht genauso aromatisch wie zu Hause mit der Kolbenmaschine, aber immer noch besser als Instantkaffee.

»Morgen.«

Neben ihr steht Uma, wie aus dem Ei gepellt frisiert und geschminkt, in engen Leggins und einem bauchfreien Sporttop.

»Auch schon wach?« fragt Pia.

»Klar, ich war schon eine Runde joggen auf der Alp-wiese.«

»Und jetzt bist du hungrig?«

»Darum bin ich hier. Wäre es möglich, dass ich vegan essen kann? Mach ich seit Kurzem und fühle mich seither viel energetischer.«

Ich brauche dringend einen Kaffee, denkt Pia. Ultra dringend.

»Ich weiß nicht, ob das für die nächsten Tage möglich ist. Wir haben schon eingekauft, mehrheitlich vegetarisch, und die Küche ist so klein, dass es schwierig ist, verschiedene Varianten zu kochen.«

Uma schaut sie eindringlich an. Sie hat sehr lange Wimpern, gekonnt geschminkt, blaue Puppenaugen und diesen gewissen Augenaufschlag. Damit kriegt sie wohl fast alles.

»Versteh ich total«, antwortet Uma. »Ich will auch keine Umstände machen und so. Nur, wenn's möglich ist. Sonst faste ich einfach.«

»Nein, nein. Irgendwie krieg ich das schon hin. Lass mich mal überlegen.«

Uma ist schon so dünn. Wenn die einen Monat lang fastet, kommt da nichts Gutes heraus. Dafür will Pia nicht die Verantwortung übernehmen.

»Du bist so flexibel, das schätze ich sehr.« Uma drückt sie kurz an sich, und schon ist sie wieder aus der Küche verschwunden, genauso still, wie sie hereingekommen ist.

Was für ein Morgen! Immerhin sprudelt die Espressokanne, und Pia kann sich ihren ersten Espresso genehmigen.

Den hat sie sich verdient. Gleich wird sie Silvan rufen, aber ein paar Minuten Kaffeezeit alleine will sie sich noch gönnen. Die Morgenstimmung draußen ist irgendwie mystisch. Die Gipfel sind noch von Dunstwolken verhangen, und doch liegt etwas sehr Klares in der Luft, wie nach einem Regenschauer.

»He, Piachen. Schon voll in Fahrt?«, fragt Lena, die auch den Weg in die Küche gefunden hat. Pia war so auf den Kaffee fixiert, dass sie Lena nicht hat kommen hören. Gähnend streckt Lena ihre Arme in die Höhe, sodass ihre Fingerspitzen die niedrige Decke berühren.

»Frühstück ist fast fertig. Während der Morgenmeditation bereite ich die Pancakes zu«, sagt Pia.

»Du darfst gerne auch teilnehmen.« Lena zwinkert ihr zu. »Auch wenn sich das Frühstück dann etwas nach hinten verschiebt.«

»Ein andermal vielleicht. Heute bin ich nicht in Stimmung.«

Eigentlich möchte Pia sich bei den Gruppenaktivitäten ausklinken. Sie braucht etwas Zeit für sich, schließlich soll das hier ja auch für sie eine Auszeit sein.

»Wie du meinst«, antwortet Lena und füllt getrocknete Bergkräuter in ein Tee-Ei. Jeden Morgen stellt sie sich ihren aufputschenden Morgentee zusammen. Pia hat den auch mal probiert, aber bei ihr hat er nicht wirklich gewirkt. Sie ist wohl zu sehr koffeinabhängig.

»Heute wird ein guter Tag, ich sag's dir. Jetzt sind alle angekommen, und wir können richtig loslegen.«

Auf Lenas Gesicht liegt ein so gelöstes Lächeln, als ob keine Zweifel daran bestehen.

Lena

Lena sitzt mit der Gruppe bei der Morgenmeditation im taufrischen Garten vor der Alp. Die ersten Sonnenstrahlen werfen ein warmes Licht auf die Gesichter der Meditierenden.

»Spüre die heilende Energie der Berge, die uns umgeben. Sie stehen schon seit Jahrtausenden da, und du darfst dich jederzeit mit ihrer Kraft verbinden. Öffne dein Herz für den heutigen Tag. Lass die unendliche Liebe des Universums in dich hineinfließen. Stell dir einen hellen Lichtstrahl vor, der dich durchdringt und wärmt.«

Lena fühlt die Wärme in sich, während sie die Meditation anleitet. Als sie ihre Augen öffnet, sieht sie, dass Peer und Silvan sie kritisch anschauen.

»Mir ist das zu viel Esoterik und Herzöffnung«, sagt Silvan. »Ich verkrampfe mich, wenn ich so was höre.«

Peer nickt. »Können wir nicht einfach atmen und still sein? Das ist schon schwierig genug.«

»Ich habe Mühe, mir diesen Lichtstrahl vorzustellen«, erzählt Brigitte. Ihre Stirn ist dabei voller Runzeln. »Woher kommt dieser Lichtstrahl? Von oben oder von den Bergen? Steht der symbolisch für die metaphysische Kraft der Alpen?«

Lena atmet tief durch und versucht, sich mit ihrem Herzchakra zu verbinden. Schließlich antwortet sie: »Es geht einfach darum, dass du dich auf die Worte und Bilder einlässt und beobachtest, was sie in dir auslösen. Ohne zu erklären und zu bewerten.«

»Muss ich dafür an etwas Bestimmtes glauben? Ich bin überzeugter Atheist. Vielleicht klappt es deshalb nicht?«, fragt Silvan mit ernster Miene.

»Du brauchst an nichts zu glauben. Du darfst einfach hier sein, im Moment. Völlig präsent. Dein Herz öffnen für die Liebe und pure Schönheit, die dich umgibt.«

Ihre Antwort scheint Silvan erst recht zu erzürnen. »Diese ganze Herzöffnung und so – das ist doch Quatsch. Ich sehne mich einfach nach mehr Ruhe im Kopf. Dafür brauche ich keine Lichtströme und offenen Herzen.«

»Die Naturkulisse ist wirklich einmalig hier oben«, seufzt Peer und kratzt sich am Bart. »Aber ich fühle das nicht so intensiv, wie ich sollte. Diese Verbundenheit, von der du sprichst.«

»Können wir uns nicht einfach aufs Yoga konzentrieren?«, fragt Brigitte. »Ich habe gelesen, dass Meditieren auch viel Frust auslösen kann. Weil Sachen hochkommen können, auf die man nicht wirklich gefasst ist.«

Lena hört ihren Gästen geduldig zu und versichert ihnen, dass sie das total nachvollziehen kann. »Ich selbst habe Jahre gebraucht, um all das zu lernen. Erst mal die westliche Vorstellung abzulegen, beim Meditieren gleich den direkten Weg zur Erleuchtung einzuschlagen. Und vor allem, den Druck rauszunehmen, dass immer alles so funktionieren muss, wie unser kritischer Verstand das möchte.«

Silvans kalter Blick trifft sie, als sie das mit dem kritischen

Verstand sagt, fast so, als ob sie ihn persönlich angegriffen hätte.

Sie schlägt vor, die Erfahrung etwas sacken zu lassen und erst mal zu frühstücken. Das lässt sich die Gruppe nicht zweimal sagen. Der Anblick der frischen Heidelbeer-Pancakes und des veganen Bananen-Porridge, liebevoll auf dem Stubentisch angerichtet, hebt die Stimmung sofort. Uma schöpft eine große Portion Porridge und erzählt, wie tief sie geschlafen hat. Erst habe sie die krasse Stille irritiert, sie wohnt zu Hause in einem Studio direkt neben einer stark befahrenen Straße. Doch dann träumte sie von einer verwunschenen Villa, in der sie als alte Frau mit langen weißen Haaren und vielen Hunden und Katzen lebt. Ob das ein zukunftsweisender Traum war? Sie habe ihn jedenfalls mal in ihrem Selbstfindungsreisetagebuch notiert. Dafür wurde Brigitte von einem Albtraum heimgesucht, in dem sie als wilde Jägerin ihren Noch-Ehemann aus der Höhle getrieben hat. Ob das ebenfalls etwas zu bedeuten hat? Lena erklärt, dass die Alp auf einer Granitgesteinmasse liegt, was energetische Auswirkungen auf die Träume und den Schlaf haben kann. Sie selbst hat in den ersten Tagen auf der Alp die verrücktesten Sachen geträumt.

Peer isst in sich gekehrt einen Pancake und sagt kein Wort.

»Vermisst du deine Kinder?«, fragt sie ihn, doch er schüttelt nur den Kopf. »Nein, es nervt mich einfach, dass die Meditation nicht geklappt hat.

»Das ist völlig normal beim ersten Mal. Wirklich«, erklärt

Lena erneut. »Versuche einfach liebevoll anzunehmen, was heute möglich ist.«

Silvan, der bereits die dritte Tasse Kaffee intus hat, verdreht nur die Augen. »Das reicht mir einfach nicht. Es muss doch einen Weg geben, eine Anleitung. So 'n Wischiwaschi macht mich aggressiv.«

Lena legt zwei Pancakes auf ihren Teller, sie braucht ebenfalls eine Stärkung. Die schwere Stimmung erdrückt sie fast. Am liebsten würde sie bei allen Gästen den Denkknopf aus- und den Herzknopf anschalten. Wenn das nur so einfach wäre.

»Es ist alles eine Frage des Sich-darauf-Einlassens«, hört sie sich sagen. »Wir werden das in den nächsten Wochen gemeinsam üben. Versucht einfach, präsent zu sein und das Leben zu genießen.«

Die sind so verkopft, denkt sie, während sie die Runde mustert, Pia eingeschlossen. Spontan stellt sie das Programm für heute Nachmittag um.

Nach dem Frühstück ergreift sie das Wort: »Wer möchte heute Morgen warm duschen? Es gibt, wie gesagt, warmes Wasser für zwei Personen.«

Silvan hebt die Hand in die Höhe wie ein fleißiger Schuljunge.

»Ich bin voll verschwitzt und würde auch nicht Nein sagen«, sagt Peer.

Brigitte zuckt mit den Schultern. »Ich kann sonst auch abends duschen, ich will mich nicht aufdrängen. Es würden ja alle am liebsten jetzt duschen«, ergänzt sie in einem Nebensatz an Silvan gerichtet.

»Macht das bitte untereinander aus«, unterbricht Lena die Diskussion, bevor es endgültig zum Streit kommt. »Wir treffen uns wieder um zehn vor dem Eingang. Dann stelle ich euch zunächst meine Schwarznasenschafe vor. Anschließend steht ein dynamischer Hatha Flow auf dem Programm. Nach dem Mittag habe ich eine Gruppenübung vorbereitet, die verrate ich euch aber erst später.«

Silvan düst sofort Richtung Dusche ab. Brigittes Gesichtsausdruck nach zu schließen, ist sie unzufrieden mit dem Ausgang der Duschdiskussion. Nicht Lenas Problem. Die Gäste sollen lernen, ihre Bedürfnisse einzubringen und fair auszudiskutieren. Als sie den Tisch abräumt, bleibt Peer immer noch gedankenversunken sitzen, mit einer halb vollen Kaffeetasse in der Hand.

In der Küche beginnt sie mit dem Abwasch. Wenig später stößt Pia zu ihr und schließt die Tür hinter ihnen. Kein gutes Zeichen.

»Allmählich mach ich mir Sorgen«, flüstert Pia ihr zu, obwohl sich die Gäste nicht in Hörweite befinden. »Wenn das so weitergeht, kippt die Stimmung noch ganz. Warum hast du das Programm umgestellt?«

Bitte nicht auch noch Diskussionen mit Pia. Die Gruppe ist schon anstrengend genug.

»Ich spüre, dass sie etwas anderes brauchen. Heute Nachmittag dürfen sie sich mit der Frage auseinandersetzen, was Freude für sie bedeutet, und zwar gemeinsam als Gruppe. Damit scheinen sie ihre liebe Mühe zu haben.«

In Zeitlupe taucht sie Glas um Glas in das Wasser, während Pia die Lebensmittel verräumt. Die Schranktüren quietschen jedes Mal, weil Pia sie so heftig öffnet und wieder schließt.

»Ich fürchte, dass du sie mit dem Thema überforderst.«

Ruhig bleiben, Lena. Einfach ein paarmal tief ein- und ausatmen. Den schwierigen Moment annehmen. Klare Grenzen setzen.

»Lass mich bitte machen. Ich leite dieses Retreat, schon vergessen?«

»Ich hoffe, du nimmst das ernst genug. Stell dir vor, die reisen verfrüht ab, weil sie nicht das bekommen, was sie erwartet haben. Es steht viel auf dem Spiel für dich.«

»Jetzt hör schon auf«, erwidert Lena, impulsiver, als sie eigentlich möchte. Pias Angst, getarnt unter dem Deckmantel der Fürsorglichkeit, treibt sie fast in den Wahnsinn. Sie dreht sich um und sieht Pia eindringlich an. »Ich verlasse mich da voll auf meine Intuition. Nur weil sich die Gruppe noch etwas schwertut, bedeutet das nicht, dass das Retreat nicht funktioniert. Im Gegenteil, jede Herausforderung ist auch eine Wachstumschance. Und deshalb sind sie schließlich hier.«

»Ich spüre einfach, dass sie unzufrieden sind.« Pia zieht ihre berühmte Sorgenfalte.

»Diese Unzufriedenheit hat doch mehr mit ihnen zu tun. Dieses Kritische und Verurteilende. Dahinter steckt viel Angst und Lieblosigkeit.«

»Ich will einfach nicht, dass sie abreisen.«

»Sie werden nicht abreisen. Gib ihnen einfach noch etwas Zeit. Das Retreat konnte doch noch gar nicht seine volle Wirkung entfalten. Kein Wunder, dass sie noch so gestresst und im Nörgelmodus sind.«

Sie lässt Pia in der Küche zurück. Jetzt muss sie erst noch etwas Kraft tanken, bevor sie mit dem Programm fortfährt. Daher zieht sie ihre Turnschuhe an und macht sich auf den Weg nach draußen, vorbei am Bad, in dem Silvan duscht. Im Gang steht Peer bereits mit einem Frotteetuch über die Schulter geworfen in der Hoffnung, dass noch warmes Wasser für ihn übrig bleibt. Lena läuft zur Weide mit den Schafen, krault Aphrodite hinter den Ohren und schaut nach, ob im Stall alles in Ordnung ist. Im Sommer sind die Tiere am liebsten den ganzen Tag draußen. Ihr Lieblingsplatz ist die schattige Mulde unter dem knorrigen Apfelbaum, die sie vor der Sommerhitze schützt. Lustigerweise liegen sie dort eng aneinandergekuschelt. Die Zeit bei den Schafen lässt Lena die anstrengenden Stunden mit der Gruppe für eine Weile vergessen. Mögen die chilligen Vibes der Alp irgendwann auch auf ihre Gäste abfärben!

Pia

Pia hat sich spontan entschieden, an der Yogastunde teilzunehmen. Sie möchte der Gruppe näherkommen und herausfinden, wie groß die Unzufriedenheit über das Retreat wirklich ist. Falls sich die Situation bis heute Abend nicht bessert, werden sie das Gespräch mit einigen Gästen suchen müssen – insbesondere mit Silvan. Momentan sind alle bei den Schafen. Das gibt ihr Zeit, sich auf die Stunde einzustimmen. Sie hat schon ewig kein Yoga mehr gemacht, das letzte Mal vor rund vier Jahren in einem Strandhotel auf Ibiza, auf Drängen von Ines. Die wollte unbedingt zum Frühyoga, obwohl sie abends bis spät in einer Bar süffige Margeritas geschlürft hatten. Sie erinnert sich noch bildhaft an die energiegeladene Yogalehrerin mit den zottigen Dreadlocks, die kein Erbarmen mit den verkaterten Hotelgästen hatte. Sie war die Schlechteste in der Runde gewesen und hatte zu alledem noch einen Brummschädel.

Hoffentlich blamiert sie sich nicht gleich. Was für ein blöder Gedanke. Darum geht es nun wirklich nicht beim Yoga oder in diesem Retreat. Dennoch rutscht sie schnell in dieses leistungsorientierte Denkmuster. Das ist wirklich tief in uns drin, da gibt sie Lena recht. Sie hat vorhin überreagiert und muss aufhören, Lenas Entscheidungen so kritisch zu hinterfragen.

Sie streckt auf der Matte alle viere von sich und beobachtet den blassen Himmel, über den sich feine Wolkenbänder ziehen. Hoffentlich liegt der Wetterbericht falsch, und das angesagte Unwetter fällt milder aus als angekündigt. Die Gruppe im derzeitigen Gemütszustand, eingepfercht in der engen Hütte – das sind wenig erheiternde Aussichten. Immerhin scheint der Besuch bei den Schafen anzukommen, die Yogastunde hätte schon lange anfangen sollen.

Plötzlich steht Silvan vor ihr.

»Na, schon tiefenentspannt?«, fragt er.

Sie fühlt sich ertappt, ohne zu wissen, warum.

»So locker, wie man vor dem Yoga sein kann. Aber es tut gut, einfach mal dazuliegen und nichts zu tun.«

»Jep, das will ich auch noch lernen. Irgendwie ja schon verrückt, wie schwer mir das fällt. Ich fühl mich beim Faulenzen immer etwas schuldig.«

»Das sagen viele meiner Patienten.« Sofort beißt sie sich auf die Zunge, das wollte sie nicht sagen.

»Du scheinst mit dem Abschalten auch noch deine Mühe zu haben«, entgegnet er trocken und legt sich auf eine ausgerollte Yogamatte neben ihr.

»Das ist auch nicht meine Aufgabe hier.« Sie hätte besser nichts gesagt, aber irgendwie kann sie die Aussage nicht so stehen lassen. Nicht bei Silvan.

»Was wäre denn deine Aufgabe? Zu kochen und zu kontrollieren, dass nichts schiefläuft?«

Jetzt grinst er wieder, sie spürt es, ohne zu ihm rüberzuschauen. In ihr verkrampft sich alles.

»Wie kommst du darauf, dass ich Lena kontrollieren will?«

Sie hat sich bis dahin völlig zurückgehalten. Es gibt keinen Grund für ihn, das zu sagen.

»Ach, so was sehe ich einfach.«

Sie schweigt.

»Weißt du, woran ich das sehe?«, fährt er fort.

»Ich nehme an, dass du mir das gleich verraten wirst.«

»Ich bin selbst auch so. Voll der Kontrollfreak. Frag meine zweiunddreißig Angestellten.«

Angeber. Der tut doch nur so, als ob er sich ändern möchte. Sie kennt dieses Muster. Hoffentlich kommen die anderen bald zum Yoga. Irgendwie löst dieser Silvan ein beklemmendes Gefühl in ihr aus.

»Sorry, wollte nicht arrogant wirken«, sagt er nach einer Pause. »Ich möchte wirklich gelassener werden. Sonst gibt das einen Herzinfarkt mit fünfzig, und darauf habe ich keinen Bock.«

Bestimmt erwartet er eine nette Antwort, aber sie möchte ihn nicht in seinem Tun bestärken. Er ist nicht ihr Patient, sondern ein Selbstsuchender unter den Fittichen ihrer Schwester. Heißt, nicht ihre Baustelle.

»Du sagst gar nichts. Hab ich dich verärgert?«

»Wie hat es dir bei den Schafen gefallen?«, fragt sie, um das Thema zu wechseln.

»Die sind schon cool, diese Schwarznasenschafe. Auf jeden Fall charmanter als die bulligen Fleischschafe, die wir auf dem Hof hatten.«

Sie erinnert sich an Silvans Kindheitstrauma. Die Psychologin in ihr hätte gerne nachgefragt, aber sie muss sich distanzieren. Ihre Schwester hat bestimmt mehr Geduld mit ihm. Endlich hört sie die Stimmen der anderen. Lenas strahlendem Gesicht nach zu schließen, war die Mission »Schafe« ein voller Erfolg. Wurde ja auch Zeit, dass sie mal einen Treffer landen.

Uma zeigt stolz ein Wollknäuel, das sie aus einem der Tiere gekämmt hat. »Die sind ja so sweet.«

»Schade, dass meine Kinder sie nicht sehen können. Die hätte ich nicht mehr von den Schafen wegbekommen«, schwärmt Peer.

Das erste Mal spürt sie eine gewisse Leichtigkeit in der Gruppe. Lena hat die Matten für die Yogastunde etwas weiter weg vom Haus auf einem Stück gemähter Wiese ausgelegt.

Eine hohe Buche spendet Schatten. Auf ein Tischchen daneben hat sie eine Karaffe Rosmarinwasser mit fünf Gläsern gestellt. Sie hat offenbar nicht mit Pias Teilnahme gerechnet.

Lena beginnt die Yogastunde mit einem Sonnengruß. Gemeinsam gehen sie die einzelnen Asanas durch, bis alle die Abfolge kennen. Dann lässt sie alle den Sonnengruß im eigenen Atemrhythmus wiederholen. Pia versucht, sich auf sich und ihren Körper zu konzentrieren. In der Hüfte fühlt sie sich steif, vor allem bei den Vorwärtsbeugen. Im herabschauenden Hund, der Lieblingspose aller Yogalehrerinnen, warum auch immer, schielt sie zu Silvan. Mit einer gewissen Befriedigung stellt sie fest, dass sein Hund weit von einem Dreieck entfernt ist. Er kämpft noch mehr mit der Asana als sie selbst.

»Konzentriere dich ganz auf dich selbst, schau nicht nach links oder rechts. Das ist kein Wettbewerb.«

Bei diesen Worten bestraft sie Lena mit einem autoritären Blick, den sie so gar nicht von ihrer Schwester kennt. Jetzt ist Pia aus dem Sonnengruß gefallen und weiß nicht mehr, welches die nächste Asana ist. Bei Brigitte wäre das Brett angesagt. Diese anstrengende Pose, bei der sie mit gestreckten Armen ihren ganzen Körper in die Länge zieht, mag sie gar nicht. Nach zwanzig Minuten Sonnengruß sind laut Lena alle aufgewärmt – oder schon ziemlich fertig. Peer hechelt hinter ihr und trinkt alle paar Minuten Wasser, um sich eine kurze Pause zu ermogeln.

Bei jeder Asana erklärt Lena, wofür diese gut ist und wie sie dazu atmen sollen. Für den Baum stehen sie auf einem Bein und legen das andere angewinkelt daran. Eine wacklige

Angelegenheit. Der Gleichgewichtssinn sei je nach Tagesverfassung sehr unterschiedlich, beruhigt sie Lena. Und wieder heißt es annehmen, was ist. Sich mental mit dem Boden verwurzeln. Um Pia herum wackeln ein paar Bäume so gefährlich, also ob ein Sturm über sie fegen würde. Silvan schafft es nur für ein paar Sekunden, die Pose zu halten, und sie weiß jetzt auch, warum Peer sich ganz hinten eingerichtet hat. Die einzige Person, die ihn sieht, ist die liebevolle Lehrerin Lena, die alle paar Minuten sagt, wie toll sie das alle machen. Motivation und Lob – das sind offenbar wichtige Punkte in der Yogaausbildung.

Als sie endlich in ein paar sitzende Asanas übergehen, ist Gefahr im Verzug, und zwar in Form eines Traktors, der in ihre Richtung knattert. Irritiert schaut sie zu Lena. Wie sie die Lage wohl einschätzt? Ihrem angespannten Gesicht nach gibt es keinen Grund zur Entwarnung. Der Traktor führt zudem einen runden Wagen mit sich, den sie eindeutig als Jauchewagen identifiziert. In dem Moment fährt er so nahe wie nur möglich an ihrem Yogaplatz vorbei und versprüht einen stinkenden Jauchestrahl. Was für eine surreale Situation.

Silvan lacht laut auf, während die anderen ihre Matten packen, um sich in Sicherheit zu bringen. Allen voran Uma, die wie ein Pfeil Richtung Haus schießt. Der Traktor macht keine Anstalten aufzuhören, im Gegenteil. Meter für Meter wird der Acker mit Jauche besprüht, und zwar immer nur knapp um den Yogaplatz herum. Pia rollt schnell ihre Matte zusammen, die ein paar Jauchespritzer abbekommen hat, und ergreift ebenfalls die Flucht. Brigitte und Peer versichern sich beim Laufen gegenseitig, wie ekelhaft das doch ist.

»So sind die Bauern halt«, ruft ihnen Silvan zu. »Die scheren sich einen Dreck um Yogis.«

Nachdem Pia am Gartensitzplatz angekommen ist, schaut sie zurück und sieht, dass Lena wie erstarrt dasteht und den Traktor anglotzt. Ob sie mit den Grimms reden will? Es sieht nicht danach aus, als ob die Brüder ihre Jauchemission frühzeitig beenden wollen.

Silvan schnuppert an seiner Matte. »Die riecht nach meiner Kindheit. Bis jetzt hat das jedenfalls nicht geklappt mit der Auflösung des Bergbauerntraumas.«

»Ich hol uns was zu trinken. Ihr habt sicher Durst«, sagt Pia zu der Gruppe. Zudem ist sie froh, für einen Moment verschwinden zu können. Sie hofft, dass Lena bald ein paar besänftigende Worte an die Gäste richtet. Doch ihre Schwester steht immer noch wie angewurzelt auf dem Yogaplatz, als sie ins Haus geht.

In der Küche lässt sie sich Zeit, um den kalten Pfefferminztee, der eigentlich fürs Mittagessen geplant war, in einen Glaskrug zu füllen. Hoffentlich erwacht Lena bald aus ihrer Schockstarre und gesellt sich zur Gruppe. Die Grimms scheinen sie ganz schön auf dem Kieker zu haben.

Sie holt ein paar Kekse aus der Dose und bringt alles hinaus in den Garten. Lena ist immer noch nicht zurück.

»Das haben die absichtlich gemacht!«, ruft Uma erregt. »Die hassen uns. Dabei haben wir ihnen nichts getan. Ist das einfach, weil wir nicht von hier sind? Sind das Fremdenhasser?«

»Nehmt es bitte nicht persönlich«, versucht Pia, sie zu beschwichtigen.

»Wollt ihr nicht das Gespräch mit ihnen suchen?«, fragt Brigitte. »Das ist ja kein Umgang.«

Silvan winkt nur ab. »Ach, das nützt doch nix. Hinterhältige Bergbauern kann man nicht erziehen. Bei denen ist Hopfen und Malz verloren.«

Inzwischen ist Lena zurück und setzt sich zu den anderen an den Tisch. Alle Blicke sind auf sie gerichtet, doch sie schaut nur auf ihre Zehen, die sie in das Gras bohrt. »Tut mir leid. Ich weiß nicht, warum sie das tun.«

»Das ist Mobbing«, schnaubt Peer. Sein Gesicht ist rot vor Anstrengung oder Empörung oder beidem.

Angespannte Ruhe macht sich breit. Die Blicke sind auf den Grimmhof gerichtet, wo der rote Traktor in dem Moment vor der Scheune abgestellt wird. Wenig später springt einer der Brüder aus der Traktorkabine und verschwindet im Haus.

Dann erhebt sich Uma, seufzt und sagt: »Ich geh jetzt duschen, und zwar mit heißem Wasser. Wehe, ihr habt alles aufgebraucht!« Ohne eine Antwort abzuwarten, stolziert sie ins Haus.

»Wenn die Vorstellung vorbei ist, verschwinde ich in die Hängematte. Gibt's am Nachmittag noch eine Einlage?«, fragt Silvan.

Lena räuspert sich. »Um eins gibt's Mittagessen. Dann werde ich euch verraten, was am Nachmittag auf dem Programm steht. Was echt Schönes, das dürft ihr mir glauben.«

Als sie nur noch zu zweit am Tisch sitzen, fragt sie Lena, ob alles klar sei.

»Ich bin einfach fassungslos«, sagt Lena. »Das war ihre

zweite fiese Tat in zwei Tagen. Ich will nicht wissen, was da sonst noch kommt.«

»Soll ich mal mit den Grimms reden? Denkst du, das würde helfen?«

»Keine Ahnung. Ich brauche erst mal eine Pause, um diesen Vorfall zu verdauen. Bin pünktlich zum Mittagessen zurück«, erwidert Lena – und schon ist sie weg.

Lena

In Lenas Kopf wirbeln die Gedanken durcheinander. Diese blöden Grimms. Sie hat deren Mätzchen so was von satt. Gerade jetzt, wo die Gruppe allmählich ankommt, ziehen sie so eine Nummer ab.

Bloß nicht zu sehr aufregen. Das sind die gar nicht wert.

Sie erreicht den Wald und steuert auf eine knorrige Buche zu, die sie ein paar Minuten mit geschlossenen Augen umarmt. Die Gruppe und die Grimms zerren an ihren Nerven, und die Vorstellung, dass es so mühsam weitergehen könnte, ist wenig prickelnd. Dennoch wird sie an den Übungen festhalten.

Geduld, Lena. Es kommen wieder friedlichere Zeiten. Deine Gäste werden die Vorzüge deines Retreats schon noch spüren.

Sie setzt sich mit dem Rücken gegen den Baum und saugt für eine Weile die Kraft des Bergwalds auf, der vor Harmonie nur so strotzt.

Beim Mittagessen sind die Grimms Gesprächsthema

Nummer eins. Lena hält sich in der Diskussion bewusst zurück, während Pia ab und zu ein paar besänftigende Worte findet. Interessant, wie schnell sie in die Rolle der Schlichterin schlüpft. Am Nachmittag ruft sie die Gruppe mit ihren Selbstfindungsreisetagebüchern in den Garten, wo sie die Stühle kreisförmig aufgestellt hat.

»Heute beschäftigen wir uns mit dem Thema *Freude*«, erklärt sie. »Denn Freude ist der Schlüssel zur Liebe und bedeutet für jede und jeden von euch etwas anderes. Fühlt tief in euch hinein: Was bringt euer Herz zum Singen? Wofür brennt ihr? Nehmt euch dafür eine Stunde Zeit, und macht Notizen. Ihr könnt euch frei auf der Alp bewegen. Dann tauscht ihr euch in der Gruppe aus und erstellt gemeinsam eine Hitliste der freudvollsten Dinge. Schreibt diese bitte auf das Plakat hier. Gegen fünf treffen wir uns wieder, und ihr stellt Pia und mir eure Hitliste vor. Alles klar?«

»Was ist mit Rauschmitteln?«, fragt Silvan mit schelmischem Grinsen. »Die machen ja auch happy, sind aber wohl nicht die spirituelle Lösung für unsere Probleme. Oder siehst du das anders?«

Seine spitzfindige Frage erstaunt sie nicht. »Ihr dürft in der Gruppe diskutieren, ob ihr Rauschmittel auf eure Hitliste nehmen wollt.«

Brigitte runzelt die Stirn. »Das kann ich nicht unterstützen. Wer nur berauscht Freude empfindet, tut mir leid.«

»Was ist mit Alkohol?«, hakt Peer nach. »So ein Glas Wein oder Bier finde ich schon ziemlich freudvoll.«

Sie erinnert die Gruppe noch mal daran, dass sie sich in einem ersten Schritt individuell mit der Frage auseinandersetzen sollen, ohne sich gegenseitig zu beeinflussen, und überlässt die Gäste sich selbst.

Wo Pia wohl steckt? Eigentlich hat sie mit einem Kontrollbesuch gerechnet. Doch Pia ist nicht erschienen. Auch gut, vier kritische Zuhörer reichen.

In der Küche hört sie Geklimper, dort bereitet Pia gerade das Dessert für das Abendessen zu. Irgendeine Creme, zwei Gläser Mangopüree stehen herum.

Als Pia sie sieht, fragt sie: »Und, war ihnen der Auftrag klar?«

»Yeah«, antwortet sie knapp und wahrheitsgemäß.

»Vegan zu kochen, ist echt nicht ohne«, seufzt Pia. »Das hätte Uma wirklich im Vorhinein anmelden können.«

»Wäre sicher einfacher gewesen. Beim nächsten Einkauf checke ich ab, was der Dorfladen so hergibt. Außer Hafermilch wohl nicht viel.«

»Hm.« Pia ist offensichtlich nicht zufrieden mit der Antwort. Das kann sie auch nicht ändern.

»Kann ich was helfen?«

»Nein, danke.«

»Wie du meinst. Aber mach auch mal eine Pause, Pia. Die Gruppe ist beschäftigt, wir treffen uns erst um fünf wieder. Leg dich draußen in den Liegestuhl, und entspann dich. Es sind schließlich deine Ferien.«

Dieser Blick. Irgendwie findet sie heute nicht die richtigen Worte. Hoffentlich färbt die Freudehitliste auch etwas auf ihre Schwester ab.

Lena schnappt sich einen Roman und peilt damit die Hängematte an, diesen für sie so freudvollen Ort. Weil sie beim Lesen oft einnickt, stellt sie vorsichtshalber den Handy-wecker. Der Verschlaf-Patzer von gestern darf sich auf keinen Fall wiederholen.

Sie erwacht erst wieder, als der Wecker klingelt. Sofort macht sie sich auf den Weg zum Gartensitzplatz, bereits wahnsinnig gespannt auf die Hitliste. Ob sie sich einigen konnten oder langwierige Diskussionen geführt haben? Der Garten ist menschenleer. Nur Peterli, der getigerte Kater der Grimms, streunt umher. Er miaut Lena so lange an, bis sie ihn hochhebt und streichelt. Weil er so knochig ist, gibt sie ihm manchmal heimlich Milch hinter dem Haus, die er immer ganz gierig aufschleckt. Vermutlich lebt er nur von den wenigen Mäusen, die er fängt. Ob er überhaupt einen Namen hat? Er sieht irgendwie aus wie ein Peterli.

Es ist Punkt fünf, und von der Gruppe und dem Plakat fehlt jede Spur. Pia kommt aus dem Haus.

»Wo bleiben die denn?«, fragt sie.

»Keine Ahnung. Geben wir ihnen noch ein paar Minuten.«

»Bist du sicher, dass du fünf Uhr gesagt hast?«

»Hundertprozentig.«

Geräuschvoll lässt sich Pia auf den Stuhl fallen, als ob sie einen besonders harten Arbeitstag hinter sich hätte. So sitzen sie eine Weile da und starren Löcher in den milchigen Himmel.

»Die haben wohl die Zeit vergessen«, sagt Lena nach einer gefühlten Ewigkeit. »Ich werde sie suchen.«

»Tu das, ich warte hier.«

Wo könnten sie bloß sein? Vielleicht bei den Schafen? Sie

eilt zur Weide, erkennt aber schon von Weitem nur die dösenden Schafe. Um eine bessere Sicht auf die Alp zu haben, steigt sie die steile Wiese hoch. Wieder niemand. Ob sie im Wäldchen hinter der Alp sind? Am Waldrand gibt es neben dem Wanderweg eine Bank, vielleicht sitzen sie ja dort, in eine hitzige Diskussion vertieft? Sie sprintet los, und tatsächlich findet sie auf der Bank das leere Plakat und die Buntstifte, aber weit und breit keine Sinnsuchenden. Falls sie sich im Wald verstecken, wird sie nicht nach ihnen suchen. Das ist ihr zu kindisch. Mit dem zusammengerollten Plakat unter dem Arm stampft sie zurück zur Alp. Wut steigt in ihr hoch. Erst dieser Jauchefeldzug der Grimms, und jetzt sind ihre Gäste ausgebüxt.

Pia sitzt immer noch alleine im Stuhlkreis.

»Die sind abgehauen. Das Plakat lag oben am Waldrand. Von der Gruppe fehlt jede Spur. Ich finde das überhaupt nicht lustig.« Tränen kullern ihre Wangen hinunter. Die Wut hat sich in Trauer aufgelöst. Wie konnte das bloß passieren? Wie konnte ihr die Gruppe so entgleiten? Pia drückt sie mit ihrer leicht distanzierten Art an sich. Die Umarmung tut ihr dennoch gut.

»Könnten sie im Haus sein?«

»Das hätte ich in der Küche gehört«, sagt Pia. »Es war mal jemand auf Toilette, aber das war vor rund einer Stunde. Komm, wir rufen sie einfach an. Vielleicht haben sie ja Empfang. Warte hier, ich hole nur schnell mein Handy.« Wenige Sekunden später ist Pia im Haus verschwunden.

Lena setzt sich auf einen Stuhl und wischt sich die Tränen aus dem Gesicht. Dass Wut und Trauer bei ihr so nahe beisammen sind. Sie wäre lieber einfach nur wütend. Wie trostlos, so ein Stuhlkreis ohne Menschen. Noch trostloser ist nur ein Retreat ohne Gäste.

Endlich kommt Pia zurück und wählt als Erstes Umas Nummer. Es klingelt, doch niemand nimmt ab. Dann probiert sie es bei Silvan. Auch hier klingelt es ins Leere. Bei Brigitte kommt sofort der Anrufbeantworter, genauso bei Peer.

»Das sieht mir nach einem abgekarteten Spiel aus«, sagt Pia und presst ihre Lippen zusammen.

Lena spürt, wie ihr Herz zu rasen beginnt. »Glaubst du, dass die Grimms ihre Finger im Spiel haben?«

»Dass sie die Gruppe entführt haben und im Stall festhalten? Eher unwahrscheinlich. Guck, da kommen sie gerade mit dem Traktor.«

Die Antwort ihrer Schwester beruhigt sie. Sie starrt rüber zur Schotterstraße, wo der rote Traktor Richtung Grimmhof knattert. Ob sie das entlastet?

»Die hatten wohl einfach keinen Bock auf die Übung und sind geflüchtet. Wohin führt dieser Weg?« Pia zeigt auf den Wanderweg, der sich über die Alpwiese den Berg hinaufschlängelt.

»Nach vielen Stunden auf das Schwarzhorn. Ich kann mir aber nicht vorstellen, dass sie auf den Berg gewandert sind. Sie haben leichte Sommerschuhe getragen und überhaupt.«

»Dann bleibt uns wohl nichts anderes übrig, als auf sie zu warten. Aber weißt du was? Lass uns die Wartezeit etwas versüßen.« Pia holt die Mangocreme aus der Küche. »Die Nachspeise ist bei diesem Verhalten sowieso gestrichen.«

Sie löffeln die Creme direkt aus der Schüssel. Wie früher

im Strandurlaub das Pistazieneis, ihr gemeinsames Lieblingsaroma, aus dem großen Kübel.

»Du glaubst nicht, dass ihnen etwas zugestoßen sein könnte?«, fragt Lena, nachdem sie die halbe Schüssel leer gegessen haben und immer noch weit und breit niemand zu sehen ist.

»Unwahrscheinlich, so als ganze Gruppe. Vor allem hätten sie uns dann sicher informiert.«

Stimmt auch wieder. Sie ist ja eigentlich nicht ängstlich. Aber wenn sie so emotional ist, brennen die sorgenvollen Gedanken mit ihr durch.

»Zum Glück bist du hier«, seufzt sie und lächelt Pia an. So hat sie sich den Einstieg in das Retreat nicht vorgestellt.

»Die tauchen schon wieder auf. Und dann werde ich ihnen erst mal was erzählen.«

»Übrigens: Leckere Creme.«

»Danke. Willst du die vegane Version auch noch probieren?«

Auf Pias Gesicht liegt ein trotziges Grinsen.

»Her damit!«

Pia hat ja so was von recht. Wer einfach so ausreißt, kriegt keine Nachspeise – auch nicht Uma. Dass sich die Gruppe so schwer damit tut, sich mit den schönen Dingen des Lebens zu befassen. Irgendwie leben sie schon in einer seltsamen Welt. Pia bringt die kleine Schüssel mit der veganen Mangocreme in den Garten. Sie schmeckt genauso gut, und sie verschlingen auch diese.

Lenas Handy klingelt. Sie zuckt zusammen und starrt auf das Display. Alma. Ob sie ihre Not gespürt hat?

»Leni, Liebes«, hört sie Almas Stimme am Telefon, im Hintergrund surrt ihr Garten. »Jetzt hat mich gerade Vreni angerufen. Im Pöstli lässt sich eine Gruppe Fremder mit Schnaps volllaufen. Dein Name sei ein paarmal gefallen. Da hat es bei Vreni geklingelt, du hast ihr ja vom Retreat erzählt. Vermisst du die? Sie hatte deine Nummer nicht, darum hat sie mich angerufen.«

»Mensch, bin ich froh, dass du dich meldest. Die Gruppe gehört tatsächlich zu mir. Die sind einfach abgehauen, als sie sich damit beschäftigen sollten, was ihnen Freude bereitet.«

Alma lacht. »Tja, deine Gäste scheinen noch an ihren weltlichen Freuden zu hängen.«

»Sie sind noch ein gutes Stück Arbeit«, gibt sie zu. »Es war ein schwieriger Start. Aber wir kriegen das hin. Jetzt wissen wir ja wenigstens schon mal, wo sie sind. Herzlichen Dank.«

Pia schaut sie erwartungsvoll an.

»Sie sind im Pöstli und betrinken sich.«

»Das darf nicht wahr sein!«, ruft Pia. Und sie haben sich schon Sorgen gemacht, ob ihnen etwas zugestoßen ist oder die Grimms am Werk waren!

Lena ist zu erleichtert, um wütend zu sein. »Ich hole sie zurück.«

»Nein, lass mich das machen. Ich übernehme gerne den Bad Cop«, sagt Pia bestimmt.

»Aber wäre es nicht besser, wir suchen erst das Gespräch mit ihnen? Finden heraus, was sie dazu bewegt hat, vor der Übung zu fliehen?«

»Später. Die brauchen erst mal ein paar klare Worte.«

Vermutlich hat Pia recht, denkt Lena, sie wäre wohl zu

verständnisvoll. Sie begleitet ihre Schwester nach draußen, um ihr den direkten Weg ins Dorf zu zeigen. Mit der Leichtigkeit einer Gämse spurtet Pia los. So bewegt sich nur eine Frau mit einer klaren Mission.

Pia

Jetzt sind sie zu weit gegangen, denkt Pia im Looping, als sie den Wanderweg hinunterrennt. Sich bereits am zweiten Tag eine solche Aktion zu erlauben! Was fällt denen eigentlich ein? Das hätte sie sich nie getraut. Auch wenn Lena für das Programm verantwortlich ist, fühlt sie sich von der Gruppe genauso verraten. Schließlich hat sie die Gäste ausgewählt, die Vorgespräche geführt und abgetastet, ob dieses Retreat das Richtige für sie ist. Alle wollten unbedingt dabei sein, wollten sich einlassen auf das einfache, spirituell angehauchte Alpleben. Und dann gehen sie gleich auf die Barrikaden, wenn ihnen eine Übung nicht passt. Sie hegt auch schon einen Verdacht, wer die Gruppe dazu angestiftet hat. Mit Silvan wird sie noch ein Hühnchen rupfen. Der muss nicht meinen, dass er mit seiner destruktiven Art Unfrieden stiften kann. Sie hätte ihn zu Hause lassen sollen. Warum hat sie nicht auf ihr Bauchgefühl gehört?

Durch die Baumkronen erkennt sie schon die ersten Häuser des Dorfes. Höchste Zeit, sich auf das anstehende Krisengespräch einzustimmen. Sie will bestimmt und klar, aber nicht demotivierend wirken. Gar nicht so einfach, wenn sie so in Rage ist.

Der Wanderweg mündet direkt in den Dorfkern. Pia war noch nie zuvor hier. Auch wenn ihre Gedanken woanders sind, erkennt sie, wie hübsch das Dorf ist, seine sonnengegerbten Holzhäuser mit wagemutig angebrachten Balkonen. Sie möchte noch mal herkommen, wenn sie besser gestimmt ist. Laut Lena ist das Pöstli das einzige Restaurant im Dorf und nicht zu übersehen, und tatsächlich steht sie wenig später vor dem urigen Gebäude mit dem opulenten Messingschild »Zur Post«. Die Hausfassade könnte mal wieder einen Anstrich vertragen. Eine richtige Dorfkneipe ist das. Sie tritt ein und braucht einen Moment, bis sich ihre Augen von der grellen Nachmittagssonne an das schummrige Licht der niedrigen Wirtsstube gewöhnt haben. Silvan, Brigitte und Peer sitzen an dem einzigen runden Tisch, dem Stammtisch, vor ihnen steht eine leere Flasche Kräuterschnaps. Drei betrunken-heitere Augenpaare glotzen sie an.

»Piachen«, lallt Silvan. »Wir haben uns schon gefragt, ob Lena kommt oder du. Ich habe auf dich getippt. Das ist ja eher ein Fall fürs Management.«

Die Runde grölt ausgelassen. Als die Wirtin Pia entdeckt, kommt sie zu ihr rüber. Sie sieht streng aus, und Pia kann sich kaum vorstellen, dass Lena mit ihr befreundet ist.

»Kannst du *denen* sagen, sie sollen den Stammtisch räumen? Es gibt genug freie Tische«, faucht sie Pia mit rauchiger Stimme an. Als ob sie die Mutter einer ungezogenen Kinderschar wäre.

»Zu Befehl«, sagt Silvan, als Vreni bereits wieder Richtung Tresen verschwunden ist.

»Es reicht!«, ruft Pia. »Was fällt euch eigentlich ein? Einfach zu verschwinden und euch hier zu betrinken!«

»Wir tun etwas, das uns Freude macht. War das nicht der Auftrag?«, fragt Silvan und grinst sie mit glasigem Blick an.

»Ihr wisst genau, dass das nicht die Aufgabe war.«

Immerhin: Auf Brigittes und Peers Gesicht sieht sie ein wenig Reue aufkommen.

»Wir sind irgendwie nicht weitergekommen, und dann ...«, murmelt Brigitte. »Mir ist schlecht.«

Peer fummelt an seinem Dutt herum und brummt: »Das ist einfach etwas viel für uns.«

»Und anstatt das Gespräch zu suchen, verdrückt ihr euch in die Dorfkneipe und betrinkt euch? Wir haben uns Sorgen gemacht.«

»Tut mir leid.« Brigittes Gesicht wird immer bleicher. »Ich glaube, ich muss mich übergeben.« Auf wackligen Beinen hastet sie Richtung Toilette.

Nur Silvan grinst immer noch vor sich hin und hängt lässig in seinem Stuhl. »Entspann dich mal, Piachen. Ist doch alles halb so schlimm.«

»Mit dir will ich heute noch unter vier Augen sprechen«, stellt Pia klar.

»Kann das warten, bis ich wieder nüchtern bin? Sonst habe ich Angst vor dir.«

»Nein, jetzt. Komm bitte mit mir nach draußen.«

Im Stechschritt verlässt sie das Pöstli und wartet vor dem Eingang. Sie will das ohne Peers Anwesenheit klären. Wenn er nicht kommt, schmeißt sie ihn aus dem Retreat. Doch wenig später schwankt Silvan hinaus.

»Bitte nicht zu hart sein«, wimmert er theatralisch.

»Was ist eigentlich dein Problem, Silvan? Warum bist du hier, wenn du eh null Bock hast, an dir zu arbeiten?«

Sie sieht, wie es in Silvans betrunkenem Kopf arbeitet. Er sucht nach Worten.

»Ich will das schon. Aber ich will auch Spaß haben. Und ich dachte, das sei der Zweck dieser Übung. Freude erleben. Wir hatten es jedenfalls richtig lustig, bis du kamst.«

»Brigitte ist auf dem Klo am Kotzen, sehr lustig. Wo steckt eigentlich Uma?«

»Hm, die war anfangs auch dabei. Dann hat sie gemerkt, dass es Internetempfang gibt. Sie ist irgendwo draußen, um etwas zu sharen oder zu posten. Keine Ahnung.«

»War es deine Idee, ins Pöstli zu fliehen?«

»Nun ja. Wir kamen bei der Hitliste nicht weiter und steckten in Endlosdiskussionen fest. Irgendwann habe ich gesagt, dass ich verdammt gerne ein kaltes Bier oder gleich was Hochprozentiges hätte. Den anderen ging es genauso. Als Bergbauernsohn weiß ich natürlich, dass es in fast jedem Kaff eine Kneipe gibt. So sind wir freudig losgezogen. Darum, ja: Schuldig in allen Punkten der Anklage, Piachen.«

Pia räuspert sich. »Hör zu, Silvan. Du hast genau zwei Optionen: Entweder du siehst ein, dass dieses Retreat nichts für dich ist, und packst deine Sachen und fährst nach Hause. Oder du bleibst und versprichst mir, dass du wirklich hier sein willst, um an dir und deinem arroganten Verhalten zu arbeiten.«

Silvan schaut sie ernst an, schweigt und überlegt. Die Botschaft scheint trotz seiner Betrunkenheit angekommen zu sein. Das mit dem »arrogant« hätte sie nicht sagen sollen. Das war nicht die therapeutische Pia, sondern die wütende.

»Ich bleibe«, flüstert er schließlich und schaut dabei auf den Boden.

»Gut«, erwidert sie, wieder gefasst. »Und nenn mich nie wieder Piachen. Das steht dir nicht zu.«

Mit diesen Worten wendet sie sich von ihm ab und betritt das Pöstli. Brigitte sitzt leidend am Tisch, auf ihre Ellbogen gestützt, Peer redet auf sie ein.

»Das war im wahrsten Sinne des Wortes eine Schnapsidee«, sagt er nur, als Pia sich zu ihnen gesellt. »Tut mir leid.«

»Ich fühl mich elend«, stöhnt Brigitte. »Ich trinke sonst kaum, und dieser Kräuterschnaps war so süffig.«

»Wird das Konsequenzen haben?«, fragt Peer und kratzt sich am Bart. Als Vater hätte er seine Kinder für eine solche Tat sicher bestraft. Den Gedanken hatte sie noch nicht, aber die Idee gefällt ihr. Jetzt kommt Silvan zurück und setzt sich an den Tisch, die Schnapsgläser schiebt er weit von sich weg.

»Wir werden morgen eine lange Bergwanderung unternehmen«, antwortet sie. »Da habt ihr genügend Zeit, euer Tun zu reflektieren. Wandern eignet sich wunderbar dazu, wieder einen klaren Kopf zu bekommen.«

Hat sie das wirklich gerade gesagt? Hoffentlich hat Lena nichts dagegen, das Programm umzustellen.

»Ich weiß nicht, ob ich das mit meinem Brummschädel schaffe«, jammert Brigitte, die an Pias Blick aber schnell erkennt, dass es keine Ausreden gibt. Morgen wird gewandert und Sühne für den heutigen Tag betrieben. Egal, in welcher Verfassung sie sind.

»Das schaffen wir schon«, sagt Silvan zu Brigitte.

»Lass mich in Ruhe«, zischt sie zurück.

Silvan wankt zum Tresen, um die Rechnung zu bezahlen. Der gefallene Held. Fast tut er ihr leid.

»Ich geh Uma suchen«, sagt Pia. »Wir treffen uns in zehn Minuten vor dem Pöstli, bereit zum Abmarsch. Alles klar?«

Schweigsames Nicken. Die betrunkene Uma und ihr Smartphone sind bei dem guten Internetempfang im Dorf bestimmt nicht weit gekommen. Tatsächlich findet sie Uma kurze Zeit später vor der Kapelle auf einer Bank sitzend – mit Blick aufs Handy.

»Pia!«, ruft Uma ihr freudig entgegen. »Kommst du uns abholen?«

»So kann man es auch sehen.«

»Bist du sauer?« Uma hat so eine unschuldige Art, Pia kann ihr gar nicht böse sein.

»Sagen wir mal: nicht gerade amüsiert.«

»Ich hatte nur ein Glas Schnaps, aber das spüre ich total. Die anderen konnten gar nicht mehr aufhören. Da bin ich gegangen. Ich wollte das gar nicht.«

»Du wolltest lieber ins Internet.«

Dieser ertappte Blick. Auf ihrem TikTok-Kanal läuft gerade ein Video, in dem sie sich inszeniert locker auf der Alpwiese rekelt.

»Das Leben ist so schwer«, seufzt Uma.

»Ich weiß.«

Sie ist sich allerdings nicht sicher, ob es wirklich das Leben ist, das schwer ist, oder die Menschen, die sich das Leben schwer machen. Eigentlich ist ihre Mission geglückt, denkt sie, als sie mit der Gruppe wenig später zur Alp hochwandert. Silvan hat seine Lektion gelernt und bleibt, ebenso Peer und Brigitte. Uma wird noch ein Weilchen brauchen, bis sie ihre Internetabhängigkeit überwunden hat. Dennoch fühlt Pia sich niedergeschlagen und müde.

Auf der Alp bereitet sie ein einfaches Abendessen zu, das die Gäste ohne viele Worte einnehmen. Kaum sind die Teller leer, verschwinden sie auf ihre Zimmer. Allen voran Brigitte, der immer noch schlecht ist. Lena hat sich zurückgezogen. Vermutlich hat sie keine Lust, der Gruppe heute noch unter die Augen zu treten. Nach dem Essen findet Pia sie dösend in der Hängematte. Erfreulicherweise ist ihre Schwester nicht verärgert über die spontane Planänderung. Im Gegenteil, sie kennt eine anstrengende Wanderroute, die zu dem Anlass passen würde.

»Was für ein Tag«, sagt Lena nur, und Pia nickt. Zeit, dass er zu Ende geht.

Lena

Lena liegt in ihren Schlafsack gekuschelt in der Hängematte und starrt in den tiefblauen Himmel, an dem immer mehr Sterne erscheinen. Die Ruhe der Nacht ist wohltuend. Sie ist Pia dankbar dafür, dass sie die Situation so professionell gemeistert und ihr eine Verschnaufpause gegönnt hat. Doch wie soll sie morgen der Gruppe gegenübertreten? Soll sie zu der verweigerten Übung und dem Ausriss Stellung nehmen? Zum Glück kann sie noch eine Nacht darüber schlafen.

Wenn sie das nur auch so souverän könnte wie Pia: Einfach mal den Takt vorgeben. Klare Grenzen setzen. Normalerweise fällt es ihr leicht, ihre Meinung zu vertreten, auch wenn sie damit aneckt. Doch wenn sie in ihrer neuen Rolle so exponiert vor der Gruppe steht, fühlt sie sich schnell ohnmächtig. Wie heute Morgen, als die Grimms neben ihrer Yogastunde ihre Jauche verteilt haben. Da wollte sie eigentlich sagen: Hört mal, Jungs, das geht echt zu weit. Aber stattdessen stand sie nur wie versteinert da.

Diese Grimms. Irgendwie hat sie das Verlangen, denen mal so richtig die Meinung zu sagen. Sie zwängt sich aus dem Schlafsack, schlüpft in ihre Sandalen und huscht ums Haus. Wie spät es wohl ist? Sie ist noch nicht müde. Auf der anderen Talseite steigt der Halbmond auf. Drüben bei den Grimms brennt noch Licht, vermutlich in der Küche. In diesem Moment geht es aus, und wenig später öffnet sich die Haustür. Ein wendiger Schatten tritt hinaus und verschwindet hinter dem Hof. Dem Gang nach könnte es Lorenz sein. Was der da wohl treibt, so mitten in der Nacht? Wenn sie bei einem der Grimms Gehör findet, dann bei ihm. Er scheint noch nicht ganz so verbittert zu sein wie seine älteren Brüder. Vielleicht gibt es einen Funken Hoffnung, und er hört ihr zu?

Ihr Kopf sagt: blöde Idee, ihr Herz: Es ist einen Versuch wert.

Auf Zehenspitzen trippelt sie zum Hof der Grimms, folgt dem Weg des Schattens hinter das Haus und kommt sich dabei wie eine Einbrecherin vor, aber eine mit einer freundlichen Absicht. Dennoch klopft ihr Herz wie wild, als sie um die Ecke schielt. Die Rückseite des Grimmhofs ist eingepackt mit buschigen Sträuchern und einem sperrigen Felsblock. Sie versucht, die angsteinflößenden Szenarien in ihrem Kopf zu vertreiben. Die Grimms sind zwar verkorkst, aber nicht bösartig.

Kurz überlegt sie, ob sie umkehren soll. Sie hat hier nichts verloren und schon gar nicht um diese Uhrzeit. Es ist offensichtlich nicht der richtige Zeitpunkt, um ein klärendes Gespräch mit einem brummigen Bergbauern zu führen. Doch sie hat sich entschieden. Es gibt keinen Weg zurück.

Sie springt zum nächsten Busch. Der Mond ist inzwischen so hoch aufgestiegen, dass er die ganze Alp beleuchtet. Vor ihr liegt ein wunderbarer Garten mit Blumen und Kräuterbeeten, symmetrisch um drei aufgeschüttete Hügel angelegt und durch kunstvolle Kieswege und Steinplatten verbunden. In der Mitte steht ein verspielter Springbrunnen, bei dem das Wasser über zwei Stufen plätschert. Sie kommt aus dem Staunen nicht mehr heraus. Von vorne wirkt der Grimmhof wenig einladend. Dass sich hinter diesem Haus ein solcher Zen-Garten versteckt: Damit hätte sie nie im Leben gerechnet.

Dann entdeckt sie Lorenz. Er kniet auf einem Beet, ihr den Rücken zugewandt, und pflanzt etwas. Sie schleicht in seine Richtung. Als er sie hört, schreckt er auf und starrt sie an. Sein Mund ist aufgerissen, doch er bringt keinen Ton heraus.

»Entschuldige meinen Überfall«, sagt sie schnell. »Chilliger Garten. Ist das dein Werk?«

Er nickt.

»Hör zu, Lorenz. Ich bin hier, um Frieden zu schließen. Du und deine Brüder haben offensichtlich etwas gegen mich. Doch wenn ich das hier sehe, denke ich mir: Das kann doch nicht sein, dass jemand mit einem so harmonischen Garten Gefallen an einer blöden Nachbarschaftsfehde findet.«

Sie lächelt ihn an. Er sitzt da wie ein überraschtes Reh und wirkt so unschuldig, ganz anders als seine beiden Brüder. Dass ihr das erst jetzt auffällt.

»Ist es dir unangenehm, dass ich hier bin?«, fragt sie. »Soll ich gehen?«

Keine Antwort.

»Ich wäre euch jedenfalls total dankbar, wenn ihr mich und meine Gäste ab sofort in Ruhe lasst. Und entschuldige noch mal meinen Besuch. Kommt nicht wieder vor.«

Mit diesen Worten schlägt sie den Rückweg ein. Sie spürt Lorenz' Blick noch lange in ihrem Rücken. Inzwischen ist es richtig Nacht geworden. Höchste Zeit zu schlafen. Schließlich brechen sie morgen früh auf.

Pia

Um acht ist Abmarsch. So hat es Pia entschieden, und daran halten sich alle. Bis auf Uma, die mit nur einem Schnaps glimpflich davonkam, kämpfen alle Gäste mit einem Kater. Brigitte ist kreidebleich, sie musste sich in der Nacht mehrfach übergeben. Auf der hellhörigen Alp gibt es keine Geheimnisse. Lena setzte sich erst spät zu der Gruppe an den Frühstückstisch. Sie schlug vor, am Abend über die gestrigen

Vorfälle zu sprechen. So haben sie auf der heutigen Wanderung noch etwas Zeit, ihre Gedanken zu sortieren. Die Gruppe stimmte nickend zu.

Silvan steht als Erster bereit, ein paar Minuten vor acht. Nervös tritt er von einem Bein aufs andere. Er hat tiefe Augenringe und geht Pia offensichtlich aus dem Weg. Was ihr gerade recht ist nach dem gestrigen Abend. Immerhin ist er hier und scheint ihre Warnung ernst zu nehmen.

»Wir wandern heute zu einer verlassenen Alp hoch, mit traumhafter Aussicht in ein völlig unberührtes Seitental. Dort machen wir eine längere Mittagsrast. Die ganze Wanderung dauert rund vier Stunden. Wir sollten gegen drei Uhr wieder zurück sein«, erklärt Lena der pünktlich versammelten Gruppe.

Diese Wanderung wird sicher eine Herausforderung für einige, aber Pia will nicht intervenieren. Rache ist süß.

Alle tragen Wanderschuhe und Outdoorbekleidung, Uma und Silvan sind perfekt ausgerüstet mit einer teuren Marke. Das malerische Sommerwetter der letzten Tage hat nachgelassen, und Schäfchenwolken bedecken schon die Hälfte des Himmels. Gegen Abend soll es heftig regnen, daher der frühe Abmarsch. Erst hat Pia gezögert, ob sie bei diesen Prognosen wirklich auf eine Wandertour aufbrechen sollen. Doch Lena meinte, die Voraussagen stimmen, und sie wären am späten Nachmittag ja zurück – also lange vor dem Gewitter.

Wortlos trottet die Gruppe los, ihrer Führerin nach. Silvan und Uma wandern direkt hinter Lena, gefolgt von Brigitte, dann kommt Peer. Pia bildet das Schlusslicht, so hat sie die Gruppe immer im Blick. Der erste Anstieg ist steil und Lenas Schritt schnell. Peer und Brigitte fallen bald zurück, noch haben sie aber Sichtkontakt mit der Wanderleiterin an der Spitze. Pia ist froh, dass sie hinter dem gemütlichen Peer wandert, so bleibt ihr genügend Zeit, um sich umzusehen und die Bergwelt zu bestaunen. Es liegt noch Tau auf der blühenden Wiese, alles ist am Erwachen, inklusive sie selbst. Sie schlagen den Wanderweg ein, der Richtung Schwarzhorn führt. Über ihnen streckt sich eine Bergflanke in die Höhe. Wenn sie an den klaffenden Abhang schaut, fragt sie sich, wie sie da hochkommen sollen. Doch wenig später nimmt die schroffe Felswand sanftere Züge an, und sie erkennt im Geröllfeld einen Pfad, der in engen Serpentinen zu einem Pass hochführt. Ob das der Weg ist? Hoffentlich nicht, sie ist nicht schwindelfrei.

Lena, Silvan und Uma gewinnen immer mehr Abstand zu ihnen, während Brigitte sich irgendwo im Mittelfeld einwandert. Hoffentlich dreht sich Lena bald um und wartet auf sie. Gleich kommt eine scharfe Kurve, dann sind sie aus dem Blickfeld verschwunden.

»Geht's noch, oder sollen wir kurz rasten?«, fragt sie Peer.

Sie sind sicher schon eine Stunde unterwegs, und sie spürt, dass er eine Pause braucht. Sein Gang wird immer schwerfälliger, und er atmet viel zu schnell.

»Und was ist mit den anderen?«, fragt er und schnappt nach Luft.

»Die warten bestimmt bald auf uns.«

Sie rasten und trinken Wasser. Peers Kopf ist tomatenrot und sein kariertes Wanderhemd völlig durchgeschwitzt. Im

Stehen würgt er einen Powerriegel runter. Ihr tut die Pause auch gut, ihr Atem beruhigt sich wieder. Ob sie Lena anrufen soll? Nein, sie gibt ihr noch einen Moment.

Die Fernsicht wird mit jedem Schritt beeindruckender. Sie lassen ihren Blick über das weite Tal schweifen, das sich vor ihnen ausbreitet. Im Dunst erkennt Pia sogar die Stadt, in der sie lebt. Wie es der verliebten Ines wohl geht? Ob Matteo mit ihren Patienten klarkommt?

»Sollen wir weiter?«, fragt sie Peer nach einer Weile, der zwar gestärkter wirkt, aber immer noch einen roten Kopf hat. Er nickt nur. Die anderen werden bestimmt bald auf sie warten, die brauchen doch sicher auch mal eine Pause. Dann kann sie Lena auch gleich einschärfen, dass sie für den Rest der Wanderung das Tempo reduzieren soll, damit alle zusammenbleiben. Schließlich kennt sie nicht einmal die genaue Route.

Der Weg verschmälert sich und verlässt die Alpwiesen und lichten Wälder, sie überschreiten die Baumgrenze. Kurvenreich umwandern sie Felsbrocken und abschüssige Grashänge. Immer noch keine Gruppe in Sicht, auch nach einer weiteren halben Stunde nicht. Peers Schritttempo wird gemächlicher, er bräuchte eine längere Pause. Überhaupt kommt ihr diese Wanderung immer mehr wie eine Fehlentscheidung vor. In ihrem Tempo dauert sie locker doppelt so lange. Ob Peer überhaupt fit genug dafür ist? Sie müssen abkürzen, sonst wird diese Bergtour zu einem Kreuzzug.

Sie holt ihr Handy aus dem Rucksack. Kein Empfang. Mist. Peer hat nichts gemerkt und trottet weiter. Bald sind sie zwei Stunden unterwegs, und Lena hat nirgends gewartet.

Wie kann sie nur? Ist sie so in ihrem Film, dass sie gar nicht merkt, dass ein Teil der Gruppe fehlt? Und zwar der Teil, der sich hier oben nicht auskennt.

Plötzlich bleibt Peer stehen, dreht sich um und schaut sie verzweifelt an.

»Lass uns die anderen anrufen! Ich kann nicht mehr. Tut mir leid!«

»Das verstehe ich. Ich habe es schon versucht. Wir haben leider keinen Empfang.«

»Oh.«

Sie sieht die Enttäuschung in seinem müden Gesicht.

»Keine Ahnung, was in Lena gefahren ist.«

Peer keucht nur und schweigt.

»Sollen wir umkehren?«, schlägt sie stattdessen vor. »Oder wir wandern ganz langsam weiter, bis zu dieser Alp für die Mittagsrast? Dort warten sie bestimmt auf uns.«

Nach bald zwei Stunden eine schlechte Ausrede. Darauf wird sie Lena ansprechen. So ein Verhalten geht gar nicht.

»Lass uns weiterwandern«, stöhnt Peer und zieht seinen Wanderrucksack wieder auf. »Hoffen wir, dass sie uns nicht ganz vergessen haben.«

Lena

Seit Lena auf der Alp lebt und sich so viel bewegt, ist das Wandern für sie eine Leichtigkeit. Da kann es noch so steil bergauf gehen, sie fühlt sich stark und geerdet. Zudem ist der laue Sommermorgen die perfekte Zeit für einen anstrengenden Aufstieg. Silvan ist ebenfalls in einer ausgezeichneten Verfassung. Sie hört ihn hinter sich marschieren, mit einem ruhigen Atem. Auch Uma ist ihnen dicht auf den Fersen. Als Lifestyle-Influencerin zählt sie natürlich zu der fitten Sorte. Dann folgt Brigitte, die ein Stück hinter ihnen wandert. Peer und Pia bilden das Schlusslicht. Lena ist froh, dass Pia sich seiner annimmt und ihn nicht zu sehr unter Druck setzt. Er scheint tatsächlich nicht so gut in Form zu sein.

Das Gute ist, dass man sich auf dem Weg nicht verirren kann, bis zur Alp gibt es keine Verzweigung. Darum kann jeder in seinem eigenen Tempo wandern, ganz ohne Stress. Oben wird sie auf alle warten, und sie werden eine längere Mittagsrast einlegen.

Als sie die Gruppe heute Morgen verkatert und mit reuigen Blicken am Frühstückstisch hat sitzen sehen, löste sich ihr Bedürfnis nach sofortiger Klärung in Luft auf. Am Abend, nach einer erfüllenden Wanderung, ist die Stimmung bestimmt besser, um den Gästen auf den Zahn zu fühlen. So wie sie Pia kennt, hat sie gestern ziemlich klare Worte gefunden. Hoffentlich hat sie die Gäste nicht zu sehr eingeschüchtert.

Wie verbindend Wandern ist, auch wenn sie kein einziges Wort miteinander sprechen. Es reicht schon, gemeinsam in der Natur unterwegs zu sein, die Energie der mächtigen Bergwelt in sich aufzusaugen und sich dabei demütig klein zu fühlen. Warum hat sie sich den Einstieg in das Retreat eigentlich einfacher vorgestellt? Es ist nicht leicht, mit der Ruhe der Alp und den Meditationen zurechtzukommen. Die Gäste sind direkt aus ihrem stressigen Alltag angereist, da braucht es eine Weile, um den hektischen Geist ein paar Gänge runterzufahren. Sich dem Flow hinzugeben, anstatt einfach stur auf Widerstand zu stellen, und die hohen Ansprüche an sich selbst über Bord zu werfen. Sogar eine Auszeit muss etwas bringen, ansonsten ist sie wertlos. Wie absurd. Einfach im Moment zu sein, ist beides, sowohl kinderleicht als auch krass schwierig.

»Lena«, ruft Uma von hinten. »Können wir kurz eine Pause machen? Ich habe Durst.«

»Natürlich. Bin ich euch zu schnell?«, fragt sie.

»Na ja, für die Leistungsgruppe war das Tempo okay«, antwortet Silvan, sein Gesicht glänzt vor Schweiß. »Aber den Rest haben wir wohl abgehängt.«

»Brigitte ist sicher auch bald hier. Lasst uns auf sie warten«, schlägt Uma vor, setzt sich auf einen Felsblock am Wegrand und holt ihre Wasserflasche aus dem Rucksack.

»Tut mir leid. Ich war irgendwie voll in meinem Element. Und da ich euch hinter mir gehört habe, bin ich davon ausgegangen, dass es passt.«

Silvan schnauft laut. »Hat's auch. Das waren drei Workouts in einem.«

»Mindestens«, sagt Uma. »Wir sind schon seit zwei Stunden unterwegs – ohne Pause.«

Erst jetzt merkt Lena, wie erschöpft die beiden sind. Sie hat die Wanderung unterschätzt. Ob sie zu anstrengend ist, insbesondere für den unsportlichen Peer? Vielleicht muss sie den Rückweg noch etwas kürzen.

»In wenigen Minuten sind wir oben beim Rastplatz. Dort gibt's noch einen kleinen Gipfel zu erklimmen, aber nur für die, die noch Lust und Power haben. Von der Alp da oben führt ein toller Panoramaweg zurück zu mir. Schafft ihr das noch?«

Uma trinkt Wasser, ihre Flasche ist schon halb leer. Silvan verschlingt den Müsliriegel.

»Sonst können wir auch denselben Weg wieder zurückwandern«, ergänzt Lena, da keine Reaktion kommt.

»Nein, das wäre schade«, sagt Silvan. »Ich will auf jeden Fall auf den Gipfel.«

Uma nickt. »Ich auch, das gibt sicher coole Fotos da oben. Obwohl ich die leider nicht teilen kann.«

»Kommst du klar, so ohne Internet?«, fragt Lena.

»Es ist schon hart«, seufzt Uma. »Gerade, weil ich von so vielen Dream-Locations umgeben bin, die total ankommen würden. Wandern und so Natursachen sind ja total in.«

»Fotos kannst du ja trotzdem machen«, entgegnet Silvan.

»Ja, das schon. Aber ich teile sonst nur Aktuelles mit meiner Community. Und die wissen ja, dass ich gerade auf einer einsamen Alp bin und ein digitales Detox mache.«

»Ich hoffe, du kannst es genießen, auch ohne dass deine Follower dabei sind«, sagt Lena und hofft, nicht altklug zu klingen. Es ist nicht lange her, da wäre sie ohne High-Speed-Internet verrückt geworden. Da ist wieder Umas schwermütiger Blick, der gar nicht zu ihren babyblauen Augen passt. Sie kämpft wohl mit der fehlenden Bestätigung von außen. Sich selbst zu genügen, ist gar nicht so einfach.

»Und du, Silvan? Vermisst du das Internet?«

»Jep, aber mehr die News und so. Ich bin nicht so der Social-Media-Typ, höchstens mal auf Instagram. Aber nicht zu wissen, was da draußen in der Welt so abgeht, das stresst mich. Ich informiere mich sonst mehrmals täglich über das Weltgeschehen.«

Die permanente News-Berieselung kann einen ganz schön auf Trab halten, denkt Lena. Die vermisst sie überhaupt nicht.

»Da ist sie ja!« Uma zeigt auf Brigitte, die in diesem Moment um die Kurve wandert. Erschöpft lässt sie sich neben Uma auf den Felsklotz plumpsen.

»Mensch, war das anstrengend«, japst sie nur.

»Oje, da habe ich euch ja richtig was zugemutet! Tut mir leid. Gleich sind wir oben und machen eine längere Mittagsrast, versprochen.«

»Bist du sicher, dass das Gewitter erst gegen Abend kommt?«, fragt Brigitte mit Blick in den dicht mit Wolken verhangenen Himmel. Der fällt Lena erst jetzt auf. Dennoch kein Grund zur Sorge. Es ist absolut normal, dass im Hochsommer die Quellwolken den Himmel bereits vor dem Mittag einnehmen. Nach einer Verschnaufpause für Brigitte drängt Silvan zum Aufbruch.

»Was ist mit Peer und Pia?«, will Brigitte wissen.

»Ach, die sind einfach gemütlicher unterwegs als wir«, sagt Lena. »Die stresst das doch nur, wenn wir unterwegs auf sie warten. Lasst uns zur Alp hochwandern und schon mal die Mittagspause starten. Wenn Pia und Peer aufgeholt haben, entscheiden wir gemeinsam, wie es weitergeht.«

»Willst du sie nicht wenigstens anrufen?«, fragt Uma.

»Das würde ich gerne, leider gibt's hier oben keinen Handyempfang. Aber Pia kennt die Route, ich habe sie ihr heute Morgen auf der Karte gezeigt. Von daher, kein Problem.«

Damit nehmen sie den letzten Anstieg in Angriff.

Pia

Im Schneckentempo quält sich Peer den Hang hoch, dicht gefolgt von Pia. Nach jeder Kurve bleibt er stehen, hechelt nach frischer Luft und trinkt einen Schluck Wasser. Und Pia fragt sich: Wie lange noch? Lena hat ihr am Morgen auf einer alten Wanderkarte rudimentär die Route gezeigt. Sie hat nur halb hingehört, weil sie davon ausgegangen ist, dass sie einfach hinter Lena herwandern kann. Jetzt ist sie mutterseelenallein mit Peer unterwegs, ohne zu wissen, wie lange der noch auf seinen Beinen stehen, geschweige denn wandern kann. Ob sie umkehren sollen? Aber wenn die anderen oben warten und sie nicht erscheinen, was dann? Warum haben sie sich nicht besser abgesprochen?

Sie erinnert sich an einen Rastplatz auf einer Alp, wo sie Mittag machen wollen. Wie weit es wohl noch bis dahin ist? Sie sind schon mehr als drei Stunden unterwegs, und nach jeder Kurve öffnet sich wieder eine neue Kurve. Zudem wird das Gelände immer anspruchsvoller. Der schmale Bergweg führt durch Geröllhalden, an denen bedrohlich tiefe Abhänge kleben. Bisher gab es noch keine Stelle, vor der sie sich ernsthaft gefürchtet hat. Sie sind so langsam unterwegs, dass sie behutsam einen Fuß vor den anderen setzen kann. Solange Peer sich noch irgendwie fortbewegt, muss sie nichts entscheiden.

Es ist fast ein Uhr, als sie die Alp doch noch erreichen. Fast fünf Stunden lang waren sie unterwegs, die längsten fünf Stunden ihres Lebens. Minuten später wäre sie umgekehrt. Es war die letzte, verzweifelte Kurve, hinter der sich endlich die Alp vor ihnen ausbreitete. Eigentlich ein idyllischer Fleck Erde, unerwartet grün mitten in der rauen Bergwelt, auf der eine verlotterte Holzhütte mit Schindeldach steht. Uma, Silvan und Brigitte liegen dösend im hohen Gras. Dafür läuft ihnen Lena entgegen: »Da seid ihr ja endlich!«

Pia muss sich zusammenreißen, um – mit einem völlig fertigen Peer im Schlepptau – nicht die Beherrschung zu verlieren. »Warum habt ihr nicht auf uns gewartet?«

»Ach, es ist doch viel entspannter, wenn alle im eigenen Tempo wandern können.«

Lenas naive Bemerkung straft Pia mit einem bösen Blick. Das können sie mal unter sich klären, wenn sie nicht mehr so sauer ist. Peer lässt sich erschöpft in die Wiese plumpsen.

»Tut mir leid, ich habe das ein bisschen überschätzt mit der Wanderung«, gibt Lena zu.

»Oh ja. Ich bin dafür, dass wir möglichst bald umkehren. Das Wetter macht mir Sorgen.«

Die Schäfchenwolken türmen sich beängstigend schnell zu bauchigen Gewitterwolken auf.

»Uma und Silvan möchten aber noch auf den Gipfel«, sagt Lena.

»Das ist mir egal. Für Peer ist das zu viel. Der braucht erst mal eine längere Pause. Und für den Abstieg brauchen wir auch noch Zeit.«

»In zwei Stunden sind wir wieder unten – maximal. Geht ja alles bergab.«

Jetzt muss sie doch mal Tacheles reden. »Wir haben fünf Stunden bis hier hoch gebraucht. Ich glaube kaum, dass wir so schnell wieder unten sind. Und ich will auf gar keinen Fall in dieses Gewitter kommen.«

»Das will niemand. Mach erst mal Pause, und iss was. Dein Picknick ist übrigens vorzüglich, es wurde von allen gelobt.«

Stimmt, Essen! Sie ist so erschöpft, dass sie gar nicht gemerkt hat, wie hungrig sie ist. Pia setzt sich zu Peer in die Wiese, zieht ihre Wanderschuhe aus und entdeckt zwei Blasen an ihren Fersen. Am liebsten würde sie sich einfach hinlegen und eine Runde schlafen. Peer isst hastig sein Hummus-Sandwich und den Rest des Picknicks. In dem Moment kommen Uma und Silvan zu ihnen rüber.

»Na, habt ihr es auch noch geschafft?«, fragt Silvan betont empathisch. Peer ignoriert die Bemerkung und dreht den Kopf auf die andere Seite.

»Wann wandern wir weiter?«, fragt Uma. »Das Gewitter lässt nicht mehr lange auf sich warten.«

»Ich geh heute nirgendwo mehr hin!«, ruft Peer aus der Wiese. »Sonst könnt ihr mich tragen.«

Silvan wird langsam ungeduldig. »Wir chillen schon seit zwei Stunden. Ich möchte lieber weiterwandern.«

»Nur über meine Leiche!«, schnaubt Peer.

»Vorschlag«, sagt Lena. »Ihr zwei bleibt hier und ruht

euch aus, während ich mit den anderen noch schnell den Gipfel besteige. Der ist easy peasy, wir sind in maximal einer halben Stunde oben und in knapp einer Stunde zurück. Nachher wandern wir sofort zurück.«

»Mir wäre es lieber, wir bleiben zusammen und schlagen in einer halben Stunde gemeinsam den Rückweg ein«, stellt Pia klar. Spannungsgeladenes Schweigen. Eigentlich will Pia eine Auseinandersetzung mit Lena vor der Gruppe vermeiden.

»Ich bin mit Lenas Vorschlag einverstanden«, sagt Silvan. »Ihr habt Zeit zum Erholen, und wir kriegen unseren Gipfel. Voll win-win.«

Das beklemmende Gefühl, alleine mit dem fix und fertigen Peer unterwegs zu sein, braucht Pia kein zweites Mal. »Ich möchte nicht, dass sich die Gruppe wieder trennt.«

Silvan und Uma machen enttäuschte Gesichter, was sie nachvollziehen kann.

»Geht nur«, ruft Peer aus der Wiese. »Ich brauche mindestens noch eine Stunde Pause. Vorher mache ich keinen Schritt.«

Jetzt sind alle Blicke auf Pia gerichtet. »Na gut, aber beeilt euch. Auf dem Rückweg bleiben wir zusammen.«

»Versprochen. Ich werde das Schlusslicht bilden«, sagt Lena, sichtlich erleichtert. »Okay, dann vertrödeln wir keine Zeit mehr. Seid ihr bereit?«

Lena wirft ihren Rucksack über die Schultern. Die Anstrengung des Aufstiegs sieht man ihr überhaupt nicht an. Sie ist echt fit, denkt Pia neidisch. Schon sind die drei im Stechschritt unterwegs. Brigitte zieht es nicht auf den Gipfel, und Pia ist froh, nicht mehr alleine mit Peer zu sein. Zu dritt liegen sie faul in der Wiese. Peers Atem wird ruhiger. Gut, dass er sich nach den Strapazen erholen kann. Es ist nicht lustig, wenn man das schwächste Glied einer Gruppe ist. Brigitte summt ein Lied vor sich hin und schaut in den Himmel. Plötzlich hören sie Peer laut schnarchen.

Brigitte lacht. »Zum Glück habe ich mich von meinem Mann getrennt.«

»Hat er so geschnarcht?«, fragt Pia.

»Ja, und das war nicht seine einzige schlechte Eigenschaft.«

»Dann war die Trennung eine Erleichterung für dich?«

»Sehr. Er hatte natürlich auch gute Seiten, aber irgendwie hat's einfach nicht mehr gepasst. Ich brauche jemanden, der mit mir die Welt bereisen will. Walter war mehr ein Mann für das gemütliche Zuhause. Das vermisse ich manchmal, dieses Nestwärme-Gefühl.«

»Kann ich nachvollziehen. Ich lebe alleine und wünsche mir manchmal, dass da jemand ist, wenn ich nach Hause komme. Jemand, der fragt: Wie war dein Tag, und was sollen wir heute Abend essen, und hast du Lust, nachher noch einen Film zu schauen? So jemand.«

»Dafür war Walter perfekt. Er hat die Welt nicht mehr verstanden, als ich ihm gesagt habe, dass ich mich von ihm trennen will. Weil doch immer alles so harmonisch war.«

»Und warum hast du ihn verlassen?«

»Irgendwann mit fünfzig habe ich mich immer häufiger gefragt, was ich noch erreichen will im Leben. Die Kinder sind ausgeflogen, da waren nur noch Walter und ich und meine Sehnsucht, noch mal neu zu beginnen.«

»Und wie fühlt sich das neue Leben an?«

Brigitte seufzt wohlig. »Klasse. Mal auf nichts und niemanden Rücksicht nehmen zu müssen.«

Lena

Das ist ja noch mal glimpflich ausgegangen, denkt Lena beim Aufstieg. Es tut ihr leid, dass Peer so fertig ist. Sie hätte unterwegs mal warten müssen und an die Bedürfnisse der Gruppe denken sollen. Was klar ihr Job wäre als Leiterin und so. Ach Lena, was für eine doofe Aktion. Sie ist doch eigentlich ein feinfühliger, aufmerksamer Mensch. Aber manchmal vergisst sie sich einfach oder denkt schlichtweg nicht so weit. Im Gegensatz zu Pia merkt sie meist erst zu spät, wenn sie zu unbekümmert an eine Sache rangegangen ist. Immerhin ist sie mit Uma und Silvan mehr als flott unterwegs, und da Peer sowieso noch eine längere Pause braucht …

Das Schwarzhorn ist ihr Lieblings-Wandergipfel. Sein Aufstieg vom Tal her ist lang und der Berg wenig bekannt, noch sind sie keiner Menschenseele begegnet. Die Aussicht vom Gipfel entschädigt für den kurvenreichen Aufstieg durch das Geröllfeld. Jedes Mal entdeckt sie wieder irgendwo eine markante Bergspitze, eine abgelegene Hütte oder einen aufregenden Pfad. Als sie den Gipfel erreicht haben, kommen ihre Gäste gar nicht mehr aus dem Fotografieren und Filmen heraus. Uma posiert gekonnt in alle Himmelsrichtungen, und Silvan hält alles auf ihrem Smartphone fest.

»Machst du noch ein Bild von uns beiden?«, fragt Silvan und schmiegt sich an Uma. Ob da was läuft zwischen den beiden? Er wäre vermutlich nicht abgeneigt, aber Uma steht wohl eher nicht so auf einen geschniegelten Silvan. Wer weiß, vielleicht entwickelt sich doch noch eine Sommerromanze zwischen den beiden? Lena würde das voll herzig finden, trotz der Verbotsklausel von Pia.

Der Blick zur dunklen Westwetterfront holt sie schnell wieder in die Realität zurück.

»Wir müssen«, sagt sie. Uma und Silvan folgen ihr, ohne zu murren. Kaum haben sie mit dem Abstieg begonnen, spürt sie bereits den ersten Regentropfen auf ihrem Arm. Es ist eigentlich noch viel zu früh für das Gewitter. Hoffentlich sind die Regentropfen erst harmlose Vorboten.

Beim Rastplatz stehen die anderen schon zum Abmarsch bereit. Pias gelbe Regenjacke leuchtet von Weitem.

»Das hat aber lange gedauert«, begrüßt sie Pia, obwohl sie den Weg fast gerannt sind. Das leichte Nieseln hat sich innerhalb weniger Minuten in einen fiesen Regen verwandelt, den der plötzlich aufgekommene Wind heftig gegen sie peitscht.

»Was machen wir jetzt?«, fragt Uma und zwinkert mit ihren Kulleraugen. »Ich hab nicht mal einen Regenschutz dabei.«

»Ich auch nicht.« Brigittes Stimme überschlägt sich fast. »Am Morgen war der Himmel doch noch strahlend blau. Ich habe nicht damit gerechnet, dass wir in ein Gewitter kommen.«

Das wusste niemand, denkt Lena und beißt sich auf die Lippen. Sonst waren die Wetterprognosen immer verlässlich. Verloren steht die Gruppe beisammen wie eine Schafherde ohne Hirtin. Wer einen Regenschutz oder eine Jacke dabeihat, zieht sich diese zügig über. In der Ferne rollen die ersten Donner gegen die schroffen Felswände der Berge.

»Was hab ich gesagt? Wir hätten sofort umdrehen sollen«, faucht Pia ihr ins Ohr.

»Wir könnten uns in der Alphütte da drüben unterstellen. Ich guck mal, ob wir reinkommen.«

»Bei den Prognosen hätten wir niemals loswandern dürfen.«

Anstatt zu antworten, eilt Lena zu der Hütte. Ein Blitz schlägt in einen Felsvorsprung unter dem Schwarzhorn ein, begleitet von einem krachenden Donner, der sich bedrohlich schnell über der Alp ausbreitet. Beeindruckend, wie sich dieser beschauliche Flecken Erde innerhalb weniger Minuten in eine dramatische Filmszene verwandelt hat.

Gewitter üben schon lange eine Faszination auf Lena aus. Sie erinnert sich an eine Bergwanderung vor vielen Jahren mit Paul, einem Ex-Freund, während der sie in ein heftiges Unwetter geraten sind – völlig unvorbereitet. Sie befanden sich auf einer Alpwiese, die von engen Felszacken umgeben war. Besonders in Erinnerung blieb ihr eine Kuhherde, die sich am tiefsten Punkt in einer Mulde versammelt hatte. Später lernte sie, dass dort die Wahrscheinlichkeit für einen Blitzeinschlag am geringsten ist. Die Kühe wussten das instinktiv, was ihr imponierte. Sie fanden schließlich noch einen Felsvorsprung, der ihnen behelfsmäßig Schutz bot. Paul zitterte vor Angst, während sie wie elektrisiert war von der Urgewalt des Gewitters, den zuckenden Blitzen und bebenden Donnerschlägen. Bis heute kann sie diese euphorischen Gefühle nicht richtig einordnen. Auch jetzt empfindet sie keine eigentliche Angst. Sie ist sich aber sehr wohl bewusst, dass sie handeln muss, denn die Gefahr ist real. Und sie ist nicht alleine unterwegs.

Die Hütte wirkt geheimnisvoll mit den dunklen Holzwänden, dem krummen Kamin und dem zerfallenen, vermutlich nicht ganz dichten Schindeldach. Ein vergessener Ort. Eine Alp, die kaum genutzt wird, vermutlich, weil der Aufstieg zu lang und zu anstrengend ist. Sie erreicht die Tür und drückt die Falle herunter – verriegelt. Sofort pirscht sie die zwei winzigen Fenster an, die mit Läden verrammelt sind, und zieht daran. Nichts rührt sich, die haben die Besitzer ordentlich dicht gemacht. Lena rennt um das Haus herum und probiert es bei den anderen Fensterläden, erfolglos. Immerhin gibt es ein winziges Vordach. Aber dort ist zu wenig Platz für die ganze Gruppe, und der Schutz ist nur dürftig.

Nicht aufgeben, Lena. Gleich sind die anderen hier, und die Hoffnung ist groß. Du musst dir etwas einfallen lassen. Ein versteckter Schlüssel. Wenn unterschiedliche Leute die Alp nutzen, gibt es bestimmt irgendwo einen Schlüssel. Doch wo?

Die Gruppe rennt durch die Regenwand. Pia hält ihren Regenschutz über Uma und Brigitte, die eng aneinandergeschmiegt auf sie zustürmen. Zuvorderst läuft Silvan, wie immer, Peer ist erneut das Schlusslicht, immerhin hat er sich inzwischen einen Regenschutz übergestülpt. Sie braucht diesen Schlüssel, sonst reißt ihr die Meute den Kopf ab. Es gibt einen Schlüssel irgendwo, sie fühlt es. Ein besonderes Versteck wird hier oben ja nicht benötigt. Die wenigen Wanderer, die es bis hierher schaffen, räumen sicher keine Alphütte aus. Auf der rechten Seite der Tür ragt ein Brett heraus, das etwas länger ist. Da würde sie den Schlüssel verstecken. Mit zwei Schritten erreicht sie die Stelle und greift hinein.

»Ist sie offen?«, ruft ihr Silvan durch den tosenden Regen entgegen. Pia, Uma und Brigitte erreichen die Hütte fast gleichzeitig. In Brigittes Gesicht steht das blanke Entsetzen. Weint Uma, oder sind das Regentropfen in ihrem Gesicht?

Silvan drückt die Türklinke hinunter, aber die Hütte öffnet sich nicht. »Verdammt, da kommen wir nicht rein.«

»Doch, ich habe den Schlüssel!« Euphorisch hält ihn Lena in die Höhe. Ihr Instinkt hat sie nicht im Stich gelassen. Ein Griff, und sie hat etwas Kleines, Metallenes gefühlt. Sie steckt den Schlüssel in das Schloss, ein Knarren, dann öffnet sich die Tür ruckartig, und ein Spalt Licht fällt in die dunkle Hütte. Sofort drängen alle hinein. Jemand findet den Lichtschalter, und eine Glühbirne, die bedrohlich an einem Draht baumelt, erhellt das Innere. Peer stürmt als Letzter hinein und schüttelt sich wie ein nasser Hund.

Die Hütte ist zweckmäßig eingerichtet: eine Küche mit einem rostigen Gasherd und einem Vorratsschrank mit zerbrochener Glasscheibe, daneben eine Eckbank mit einem Tisch, der mit einer gepunkteten Plastikfolie überzogen ist, die so abgenutzt ist, dass die Holzplatte darunter hervorschaut. Auf dem Tisch stehen zwei blaue Emailtassen, an denen noch Kaffeereste kleben. Auf der linken Seite führt eine

Tür in eine Schlafkammer mit Kajütenbetten, auf denen unordentlich gefaltete Wolldecken liegen.

Jetzt wütet das Gewitter direkt über ihnen. Ein Blitz schlägt so nahe ein, dass der Boden bebt. Gütiges Universum, zum Glück habe ich den Schlüssel gefunden, denkt Lena. Sie will sich gar nicht vorstellen, wie das sonst ausgegangen wäre.

»Setzt euch doch«, sagt sie zur Gruppe. »Wenn der Gasofen funktioniert, mach ich Tee.«

Mit bleichen Gesichtern setzen sich Brigitte, Uma und Peer auf die Eckbank, die unter ihrem Gewicht ächzt. Nur Silvan steht da wie angewurzelt. So angsterfüllt hat sie ihn noch nie erlebt.

Immerhin strömt Gas aus dem Herd, und es gibt Streichhölzer. Unter der Spüle findet sie einen verbeulten Topf. Heißer Tee wird die Gruppe hoffentlich beruhigen.

»Was, wenn ein Blitz einschlägt?«, fragt Peer.

»Die Hütte steht hier schon seit Hunderten von Jahren. Uns geschieht schon nichts.« Ihre Worte wirken wenig besänftigend. Der Donner, der in diesem Moment über die Hütte rollt, hilft da auch nicht. Laut prasselt der Regen auf das Schindeldach. Immerhin ist es dicht, sonst hätte sich längst ein See gebildet. Da ihr auf die Schnelle keine beruhigenden Worte einfallen, macht sie sich auf die Suche nach Teebeuteln. Im Küchenschrank findet sie eine angebrochene Schachtel mit Kamillentee, der bereits vor drei Jahren abgelaufen ist. Egal, Kamillentee passt wunderbar.

»Was nun?«, fragt Pia, die sich von hinten an sie angepirscht hat. »Die Gruppe ist total aufgebracht.«

»Wir warten, bis das Gewitter vorübergezogen ist, und dann machen wir uns auf den Rückweg. Alles halb so wild.«

»Bleibt uns ja keine andere Wahl. Bitte versprich mir, dass der Rest des Retreats weniger dramatisch verläuft. Sonst sind unsere Gäste nachher gestresster als am Anfang.«

»Kein Drama mehr ab morgen. Versprochen.«

Lena atmet tief durch und wendet sich der Gruppe zu. »Wer möchte einen Kamillentee?«

Ohne eine Antwort abzuwarten, füllt sie heißes Wasser in die Tassen. Inzwischen hat sich Silvan wieder etwas gefangen und zu den anderen gesetzt.

Nach der ersten Erleichterung, den Schlüssel gefunden zu haben, plagen sie jetzt Gewissensbisse. Sie hätte besser planen müssen. Mehr auf die Gruppe, deren Bedürfnisse und die Kondition der einzelnen Gäste eingehen sollen. Wie oft hat sie das in ihren Ausbildungen und Seminaren gehört? Und jetzt hat sie es gleich am dritten Tag vermasselt. Vorhin hat sie einen Fensterladen geöffnet, um hinauszuschauen, und dabei festgestellt, dass die Hütte immer noch in dichte Wolkenfetzen gehüllt ist.

»Wir sitzen schon fast zwei Stunden fest«, wirft Uma irgendwann vorwurfsvoll in die schweigende Runde.

Lena antwortet nicht. Was soll sie schon sagen? Es scheint fast so, als ob es sich eingeregnet hat hier oben.

Pia

»Scheiße, jetzt schneit es auch noch!«, ruft Silvan plötzlich.

Sofort sind alle Blicke auf das Fenster gerichtet, gegen dessen Scheibe matschig-weißer Schneeregen klatscht. Für einen Moment herrscht Schockstarre, dann stöhnt Peer: »Ich will hier weg«, und erhebt sich so ruckartig von der Sitzbank, dass er fast den Tisch umstößt. In Pia zieht sich alles zusammen.

Wortlos nimmt Lena ihre Jacke und schlüpft in ihre Wanderschuhe. Sie verlässt die Hütte und kommt wenig später mit Schneeflocken im Haar und einer Ladung Brennholz zurück. Die Gruppe schaut ihr dabei zu, wie sie im Schwedenofen ein Feuer entfacht. Das Holz ist feucht und raucht, dennoch zischt bald eine Flamme im Ofen.

»Wir werden wohl noch eine Weile hierbleiben«, sagt Lena dann an die Gruppe gewandt. »Je nachdem, ob der Schnee schmilzt oder liegen bleibt. Ich glaube, es ist nur Matsch, der gleich wieder weg ist.«

»Müssen wir hier oben schlafen?«, fragt Uma.

»Schauen wir, wie sich das Wetter entwickelt. Ich hoffe, wir können heute noch absteigen. Es gibt in der Hütte nämlich nur vier Betten und zwei Büchsen Ravioli.«

Peer stürzt zum Küchenschrank, um sich selbst davon zu überzeugen. Mit enttäuschtem Gesicht kehrt er zurück.

Mach bitte, dass wir nicht über Nacht bleiben müssen, denkt Pia. Sie will keinen Kampf um Betten führen und spürt die Anstrengung der letzten Tage in jeder Faser ihres Körpers. Der Blick aus dem Fenster stimmt allerdings wenig optimistisch. Inzwischen tanzen da kristallförmige Schneeflocken, die auf jedem Weihnachtsmarkt für Begeisterung gesorgt hätten. Ob es irgendwo noch einen Schrank mit

Vorräten gibt? Zwei kleine Dosen Ravioli auf sechs Personen verteilt, das klingt nach hungrigen Bäuchen und wird die Stimmung nicht heben. Sie schaut in der Schlafkammer nach, die nach Schweiß und abgestandener Luft riecht. Nichts. Immerhin findet sie noch zwei Wolldecken, sodass es für jeden eine gibt.

Die Zeit verstreicht nur schleppend, während sich draußen eine zarte Schneedecke bildet. Unmöglich, dass sie heute noch absteigen, denkt Pia. Auf den schmalen Wanderpfaden wäre das ein heikles Unterfangen. Lena scheint die Lage genauso einzuschätzen.

»Also, Leute, wie ihr gemerkt habt, schneit es immer noch. Heißt, wir werden heute nicht mehr absteigen. Ich bin aber zuversichtlich, dass wir das morgen hinkriegen. Der Schnee schmilzt im Sommer immer ganz schnell.«

Acht empörte Augenpaare glotzen Lena an.

»Was ist mit der Bergrettung?«, fragt Peer, die Verzweiflung ist ihm ins Gesicht geschrieben.

»Die Helikopter fliegen nicht bei dem Wetter, wir sitzen mitten in einer Schneewolke fest. Zudem befinden wir uns nicht in Lebensgefahr«, erklärt sie.

»Ich will das aber nicht.« Uma kämpft mit den Tränen. »Ich habe Angst, schon seit Stunden. Ich will nicht sterben hier oben.«

»Niemand stirbt. Wir verbringen hier nur die Nacht in einer warmen Hütte mit Wolldecken.«

»Und wenn das Wetter so bleibt die nächsten Tage? Und wir nichts mehr zu essen haben?«, fragt Uma.

»Das Wetter bleibt nicht so.«

Silvan fährt sich energisch durch die Haare. »Heute Morgen hast du noch behauptet, das Gewitter komme erst am Abend. Und jetzt sitzen wir hier fest, weil wir dir vertraut haben.«

Lenas Mundwinkel zucken, sie sucht nach Worten. »Mensch, Leute, das kann ich auch nicht ändern. Tut mir leid. Jetzt müssen wir einfach das Beste aus der aktuellen Situation machen.«

Die Gruppe vernichtet Lena mit ihren Blicken. Doch Silvan reicht das noch nicht, er ruft: »Für mich war's das mit dem Retreat. Ich bin hergekommen, um mich zu erholen, und nicht, um noch gestresster zu werden. Aber genauso fühle ich mich: müde und gestresst. Die Wanderung war ja ganz nett, aber das hier ist einfach grobe Fehlplanung.«

»Ich habe auch genug«, stöhnt Brigitte und drückt ihre Handflächen auf das Gesicht. »Mir ist immer noch schlecht von gestern, und ich bin ganz durcheinander.«

Oje. Zeit für Pia zu intervenieren. »Ich verstehe euch. Die Situation ist herausfordernd. Versuchen wir, uns die Nacht so erträglich wie möglich zu machen. Wie es mit dem Retreat weitergeht, besprechen wir in Ruhe, wenn wir zurück sind.«

Silvans gereizter Blick bohrt sich wie ein Laserstrahl durch sie hindurch, als er sagt: »Das sind meine hart verdienten Ferien. Ich habe keinen Bock auf solche Experimente. Hat ja einiges gekostet, dieser Spaß.«

»Ich könnte für meine Kinder da sein, stattdessen riskiere ich mein Leben in einem Selbstfindungs-Retreat«, meldet sich Peer und schüttelt den Kopf, und Uma fügt an: »Bis jetzt habe ich weder Inspiration noch Erholung gefunden. Ich komme hier null runter, sondern fühle mich traumatisiert.«

Macht kein solches Drama, möchte Pia sagen. Aber sie muss die Sorgen der Gäste ernst nehmen.

»Lasst uns morgen nach Hause fahren und die schreckliche Zeit hier oben vergessen«, fährt Peer fort.

»Mein Rucksack ist mental schon gepackt«, sagt Silvan. »Und ich will mein Geld zurück. Für so was hier zahl ich keinen Franken. In Alphütten einzubrechen, kostet euch ja auch nichts.«

Brigittes Wimperntusche ist verschmiert, und ihre kurzen Haare stehen in alle Richtungen ab. »Ich habe mich so darauf gefreut, Zeit in den Bergen zu verbringen und mich selbst besser kennenzulernen. Und jetzt? Bin ich ein Häufchen Elend.«

Allmählich wird's richtig kritisch. Pia will auf keinen Fall, dass die Gäste morgen abreisen – mit vielen schlechten Erinnerungen im Gepäck.

»Lasst uns bitte nichts überstürzen. Ich erwärme erst mal die Ravioli, und dann verteilen wir die Betten.« Mit diesen Worten stellt sie sich an den Gasherd, wo Lena – aus ihrer Erstarrung gelöst – ihr flink einen Topf reicht. In der Besteckschublade finden sie einen verrosteten Dosenöffner, und wenig später blubbern die Ravioli auf der Gasflamme.

Beim Kochen muss sie an ihre Großmutter Frieda denken, die im Keller ihres alten Hauses immer eine riesige Menge an Dosenkonserven gehortet hat – ein Relikt aus ihrer Jugend, als das Essen oft knapp war. Frieda hasste es zu kochen und ernährte sich im Alter mehrheitlich von Dosen-

und Fertigessen. Ein Akt der Rebellion, da sie als Mädchen und später als Mutter und Ehefrau eine ganze Mannschaft zu bekochen hatte. Lena und sie haben sich einmal einen Spaß daraus gemacht, die Konservendosen nach ihrem Ablaufdatum zu durchforsten. Eine Büchse entsprach Lenas Geburtsjahrgang! Frieda hatte nur gelacht und gemeint, dass sie sich nicht so haben sollen, und tatsächlich hatten sie nie eine Magenverstimmung davongetragen, wenn sie bei ihrer Großmutter gegessen haben – was während der Schulzeit häufig der Fall war. Bis Frieda vor drei Jahren starb, hat Pia sie regelmäßig im Altersheim besucht. Damals war sie schon ziemlich verwirrt und erkundigte sich bei jedem Besuch mehrmals nach Pias Mutter. Sie wollte nicht wahrhaben oder konnte sich nicht mehr daran erinnern, dass ihre Tochter nach Indien ausgewandert war und sich nur sporadisch per Telefon meldete. Ein Verlust, an dem sie beide zu knabbern hatten. Pia hat schon lange nicht mehr an ihre kauzige Großmutter gedacht. Seltsam, dass das gerade jetzt passiert, wo sie in einer eingeschneiten Alphütte feststeckt und abgelaufene Ravioli für ihre verstimmten Gäste kocht.

Sie versucht, die Ravioli so fair wie möglich auf sechs Personen zu verteilen. Viel gibt es nicht. Ob Uma verzichtet, weil sie mit Fleisch gefüllt sind? Doch sie sagt nichts, vermutlich ist sie zu hungrig.

Wortlos werden die Ravioli verdrückt, und nur das Klappern des Bestecks auf den Tellern ist zu hören. Lena und sie selbst essen im Stehen.

»Ich habe immer noch Hunger«, sagt Peer, kaum dass er seinen letzten Raviolo verschlungen hat.

»Du siehst doch, dass es nichts mehr gibt«, erwidert Silvan.

Peer tötet ihn fast mit seinem Blick. »Trotzdem habe ich noch Hunger.«

»Du kannst von mir noch was haben«, bietet Uma an, »ich esse normalerweise kein solches Trash Food mit Fleisch.«

Das lässt sich Peer nicht zweimal sagen.

»Ich gebe sonst auch gerne noch was ab«, sagt Lena.

Betretenes Schweigen. Jetzt übertreiben sie aber. Dennoch, es darf nicht eskalieren. Nicht jetzt, nicht hier. Immerhin schneit es weniger stark als vorhin, es ist eher ein Schneeregen, der leise auf das Dach klopft.

»Ich möchte mich hinlegen«, sagt Uma in die stille Runde.

Silvan schaut auf die Uhr. »Es ist erst halb acht. Ich kann um die Zeit unmöglich schon schlafen.«

»Vielleicht gibt's irgendwo Jasskarten?« schlägt Pia vor. »Dann könnten wir noch eine Runde spielen. Was meint ihr?«

Silvan schüttelt nur den Kopf.

»Ich bin froh, wenn ich mal nicht spielen muss«, antwortet Peer.

Da haben sich klare Fronten gebildet, denkt Pia. Doch auch dieser Tag wird einmal ein Ende haben, und wenn es so weitergeht, ist das Retreat zu Ende, bevor es richtig begonnen hat. Was machen sie bloß, wenn die Gäste abreisen und ihr Geld zurückverlangen? Falls sie das Retreat abbrechen müssen, wird das Lena sehr treffen – sie sieht die Verzweiflung hinter deren Gereiztheit.

Uma erhebt sich, in ihre Wolldecke gehüllt. »Ich fühl

mich eklig, so verschwitzt und ohne Zähne putzen und so. Geht mir am besten aus dem Weg.«

Als Uma schon fast in der Schlafkammer verschwunden ist, wendet Lena sich an die Gruppe. »Leute, ich weiß, dass ihr sauer seid und dass sich euer Groll gegen mich richtet. Falls ihr mir etwas zu sagen habt, sagt es mir bitte ins Gesicht. Ich kann mit dieser passiv-aggressiven Art nichts anfangen.«

Findet Lena wirklich, dass jetzt der Moment ist, um das auszudiskutieren? Pia könnte sie anschreien vor Wut. Doch wenn sie sich einmischt, stellt sie sich vor der Gruppe gegen ihre Schwester. Bevor sie reagieren kann, fährt Lena fort: »Ich gebe zu, die Wanderung habe ich völlig unterschätzt. Und das mit dem Unwetter, ja, da hätte ich kritischer sein sollen. Ansonsten haben die Prognosen für meine Alp immer gestimmt, aber wir sind hier höher in den Bergen. Darum gehen das Gewitter und diese Nacht hier oben voll auf meine Kappe, und das tut mir furchtbar leid, das müsst ihr mir glauben. Ich habe mir auch einen anderen Start für dieses Retreat gewünscht. Aber dann büxt ihr gleich ins Pöstli aus, nur weil euch eine Übung nicht passt. Solche Aktivitäten gehören zu einem Selbstfindungsprogramm. Daher verstehe ich nicht, warum ihr so enttäuscht seid und gleich ans Abbrechen denkt.«

Schweigen. Uma bleibt im Türrahmen stehen und starrt sie an. Typisch, Lena, denkt Pia. Irgendwann geht sie auf Konfrontationskurs, auch wenn der Zeitpunkt nicht ungünstiger sein könnte.

Silvan verschränkt die Arme vor der Brust. »Das mit dem

Gewitter ist nicht einfach ein kleiner Patzer, sondern grob fahrlässig. Wir hätten sterben können.«

»Wenn ich könnte, würde ich es rückgängig machen. Darum bitte ich euch, mir zu vergeben.«

»Unsinn«, meldet sich Silvan. »Es geht nicht um Vergebung, sondern darum, ob wir dir noch vertrauen.«

Uma steht wie ein Häufchen Elend da und wimmert: »Ich will einfach nur nach Hause.«

»Ihr könnt mir also nicht verzeihen?«, fragt Lena erneut, diesmal in einem bettelnden Tonfall.

Das wird ja immer schlimmer, denkt Pia und sagt: »Wir können morgen darüber reden, wenn wir wieder …«

Doch Lena fällt ihr energisch ins Wort. »Ich will aber jetzt darüber reden, sonst zieht uns diese toxische Energie total runter. Euch belastet das doch auch.«

»Gut, ich vergebe dir. Kann ich endlich schlafen gehen?«, fragt Uma.

»Du musst es wirklich ernst meinen. Sonst gilt es nicht.«

»Ich meine es ernst. Wir machen alle mal Fehler. Ich vergebe dir«, sagt Uma mit ruhiger Stimme.

»Danke.«

Lena drückt die steife Uma kurz an sich, und schon ist diese in der Schlafkammer verschwunden.

»Ich habe keine Lust auf diesen Scheiß!«, ruft Silvan. »Ich werde morgen abreisen, egal, ob euch das passt oder nicht.«

»Warum seid ihr gestern ins Pöstli abgehauen, du und die anderen?«, will Lena wissen.

»Weil wir keinen Bock auf die blöde Eso-Übung hatten.«

»Oder weil sie euch schwergefallen ist und ihr eine Ablenkung gesucht habt?«

»Na und? Ich kann tun und lassen, was ich will. Es sind schließlich meine Ferien.«

»Warum hast du dich überhaupt für dieses Retreat angemeldet?«

Silvans Gesichtszüge verkrampfen sich. »Jetzt kommst du auch noch damit. Gestern hat mich Pia ins Verhör genommen und heute du. Ihr könnt mich mal!«

»Ich will nur wissen, was du bei mir suchst.«

»Stress und Streit jedenfalls nicht und erst recht keine improvisierte Nacht in einer eingeschneiten Alphütte. Den Scheiß hatte ich als Kind genug.«

Silvan stampft in die Schlafkammer, der einzige Fluchtweg, und knallt die Tür hinter sich zu. Pias Magen verkrampft sich. Eine solche Reaktion wollte sie um alles in der Welt vermeiden. Ob sie das morgen wieder geradebiegen kann? Kaum.

»Ich habe keine Nerven für so was«, sagt Brigitte, den Tränen nahe. »Das mit dem Pöstli war eine blöde Idee, das gebe ich ja zu. Ich habe immer noch Kopfschmerzen vom Schnaps und bin müde von der Wanderung. Mir ist nicht nach vergeben und diskutieren.« Sie nimmt einen Schluck Tee und starrt vor sich auf den Tisch.

»Tut mir leid«, sagt Lena. »Ich dachte, es hilft, wenn wir Dinge klären, anstatt den Ärger runterzuschlucken. Mir geht das jedenfalls so. Aber es war klar der falsche Moment.«

»Tja, Timing ist nicht so die Stärke dieses Retreats«, brummt Peer.

»Lasst uns morgen weiterreden«, schlägt Pia vor und versucht zu retten, was noch zu retten ist.

Peer und Brigitte nicken, zu müde für weitere Diskussionen. Eine Toilettenpause später haben sich die beiden ebenfalls in die Schlafkammer zurückgezogen.

»Ich wollte das nicht«, sagt Lena, kaum dass sie zu zweit sind. Die Hütte ist bestimmt hellhörig, und wenn Pia etwas nicht braucht, dann, dass die anderen ihren Streit mitkriegen.

»Lass uns ein Nachtlager einrichten«, antwortet sie nur.

»Du kannst die Bank nehmen, ich leg mich auf den Boden«, bietet Lena an.

Die Bank ist schmal und hart, daher kann Pia nur mit aufgestellten Beinen auf dem Rücken daliegen. Immerhin friert sie nicht. Lena hat sich auf dem Boden in ihre Wolldecke eingewickelt, Pia hört sie nur wenige Minuten später schlafen. Da ist jemand an harte Unterlagen gewöhnt, ganz im Gegensatz zu ihr. Das wird eine lange Nacht, und sie versucht, das Gedankensorgenkarussell sich nicht zu sehr drehen zu lassen. Bei Silvan ist es wohl zu spät, der wird abreisen. Auch wenn sie ihn nicht mag, bedauert sie doch, dass es so weit gekommen ist.

Irgendwann schläft Pia ein und wacht erst mitten in der Nacht wieder auf, weil ihre volle Blase drückt. Mist, jetzt muss sie doch noch raus. Die Stille in der Hütte ist fast gespenstisch, seit das Feuer im Kamin erloschen ist. Sie huscht hinaus in die eisige Nacht. Die Wolken haben sich inzwischen verzogen und geben einen sternenklaren Nachthimmel mit Halbmond frei, der die winterlich bepuderte Bergwelt erleuchtet. Wenig später rennt sie vom WC wieder zur Hütte zurück, öffnet die Tür und zuckt zusammen. Silvan kniet vor dem Kamin und macht Feuer. Er starrt sie erst an, dann fährt er fort, als ob nichts wäre.

»Kann ich helfen?«, fragt sie.

»Nee, geht schon.«

Sie legt sich zurück auf die Sitzbank, dreht und wendet sich, um eine einigermaßen bequeme Position zu finden. Erfolglos. Die Bank fühlt sich noch härter an als vorher. Das war's wohl mit Schlaf für diese Nacht. Silvan hantiert noch eine Weile am Kamin herum, bis er das Holz zum Brennen gebracht hat. Gar nicht so einfach nur mit einem Feuerzeug, Zeitung und grobem Holz, das weiß sie inzwischen.

»Danke«, flüstert sie, als er an ihr vorbei in Richtung Kammer schreitet. Er bleibt abrupt stehen und schaut zu ihr hinunter. Da ist wieder dieser harte Blick, der sie richtiggehend durchbohrt, doch die Wut ist einer Traurigkeit gewichen.

»Es nervt mich, dass aus dem Retreat nichts geworden ist. Ich bräuchte echt eine Auszeit. Mir geht's nicht wirklich gut«, sagt er leise.

»Dann geh nicht.«

»Irgendwie ist das nichts für mich.«

»Gib uns noch mal eine Chance. Das waren erst drei Tage. Ich verspreche dir: Ab morgen gibt's nur noch Selbstfindung light.«

Er lächelt. »Ich bin einfach nicht der Typ für solchen spirituellen Hokuspokus. Zudem holt mich meine Vergangenheit ein.«

»Wie meinst du das?«

»Es kommen Erinnerungen hoch. Ich habe die wildesten Albträume aus meiner Kindheit.«

»Stell dich ihnen«, sagt Pia. »Sonst verfolgen sie dich unbewusst weiter.«

»Ich weiß nicht.« Er zuckt mit den Schultern. »Mit diesen Wischiwaschi-Gefühlen komm ich nicht klar. Willst du noch ein paar Stunden in meinem Bett schlafen? Sieht nicht gerade bequem aus, die Bank.«

»Danke für das Angebot, aber passt schon. Ist ja schon bald Morgen.«

»Jep, stimmt auch wieder. Dann noch eine gute Restnacht.«

Und schon ist er in der Schlafkammer verschwunden. Für eine Weile beobachtet Pia im flackernden Kaminlicht ihre Schwester, die zusammenkauert auf dem Boden liegt und schläft, als ob sie auf einer bequemen Matratze liegen würde. Dann ertappt sich Pia dabei, wie sie an Silvan denkt. Der sie nervt und berührt, aber nie kaltlässt.

Lena

Lena erwacht früh, weil ihr alles wehtut und sie friert. Auch wenn sie sich doppelt in die Wolldecke gewickelt hat, war die Kälte des Holzbodens stärker. Sie streckt ihre starren Glieder und fühlt sich wie eine alte Frau in einem schlecht beheizten Haus in Sibirien. Immerhin ist noch Glut im Kachelofen, jemand muss in der Nacht Holz nachgelegt haben. Sie stakst zum Kamin rüber und wirft die letzten drei Scheite in den

Ofen. Erst dann sieht sie Pia eingefaltet auf der Sitzbank liegen, die in dieser Position tatsächlich zu schlafen scheint.

Es hat aufgehört zu schneien, und der Himmel ist stahlblau. Was für ein Kontrast zum gestrigen Unwetter. Auf der Alpwiese liegt zwar noch eine feine Schicht Schnee, aber die dürfte mit den ersten Sonnenstrahlen schmelzen. Jedenfalls können sie problemlos zurückwandern. Liebe höhere Kräfte allerseits, danke dafür.

Das beschwingte Gefühl wird allerdings schnell von einem schlechten verdrängt: Die Erinnerung an die Auseinandersetzung mit Silvan. Der war echt sauer, und sie kann ihn sogar verstehen. Auch die anderen Gäste haben von Abreise gesprochen. Wenn die tatsächlich das Retreat abbrechen und ihr Geld zurückwollen, dann ist sie wieder auf Feld eins – oder noch weiter zurückgeworfen. Nicht nur, weil sie einen großen Anteil des Geldes bereits der Bank überwiesen und einen kleineren in Lebensmittel und Bettsachen investiert hat, sondern vor allem, weil dieses Retreat ein Traum von ihr war. Wenn dieser bereits nach drei Tagen platzt, dann hat sie es wohl einfach nicht drauf. Das tut verdammt weh! Klar, es ist nicht das erste Mal, dass sie ein Projekt vergeigt, aber dieses Mal wäre es besonders hart, auch weil Pia ein Teil davon ist. *Doch es besteht noch Hoffnung, Lena.* Gestern war Weltuntergangsstimmung, aber heute, heute wird sie bei diesem Krisengespräch noch mal alles geben. Wer weiß, vielleicht kann sie sogar den abtrünnigen Silvan noch umstimmen?

Der Kachelofen wird langsam warm, und sie streckt ihren

Körper so nahe wie möglich an ihn heran, ohne sich dabei zu verbrennen. Nur ihre Füße sind immer noch taub vor Kälte.

Pia rekelt sich und gähnt auf der Eckbank.

»Die Sonne scheint, der Schnee ist fast weg. Wir können heute ohne Probleme runterwandern«, teilt sie ihrer Schwester mit. Pia lächelt mit einem zerknitterten Gesicht zurück. Zum Aufwärmen gesellt sie sich zu ihr an den Ofen.

»Ich habe gestern Nacht noch ein kurzes Gespräch mit Silvan geführt«, erzählt sie. »Er war am Einfeuern, als ich vom Klo zurückkam. Ich glaube, er überlegt es sich noch mal.«

»Echt? Das wäre super.«

»Hoffen wir, dass die Stimmung heute besser ist.«

»Tut mir leid wegen gestern.«

Pia schweigt. So einfach macht sie es ihr nicht. »Wegen dem Krisengespräch später: Es ist wohl besser, wenn ich die Moderation übernehme«, fügt sie nach einer Gedankenpause an.

Lena schluckt leer. »Wenn ich zumindest mitdiskutieren darf.«

»Ich denke, ich kann das noch zum Guten wenden.«

Pia ist überraschend fröhlich nach dem gestrigen Tag und der unbequemen Nacht. Gerade als Lena ihre Rolle im Krisengespräch noch mal thematisieren will, poltert es im Schlafzimmer, und Peer streckt seinen Kopf aus der Tür. Außer sich über die guten Neuigkeiten, weckt er kurzerhand seine noch schlafenden Mitstreiter – entgegen Lenas Hinweis, dass es erst halb sieben ist. Er habe Hunger, meint er nur.

Die Eckbank, denkt Lena plötzlich. Vielleicht gibt's dadrin noch irgendwelche Essensreserven? Daran haben sie gestern nicht gedacht. Sie klappt den schweren Holzdeckel auf und findet tatsächlich eine Packung Schokokekse, die genau am heutigen Tag ablaufen. Wenn das mal kein Zeichen ist!

Die Freude über die Kekse ist riesig. Lena verteilt sie fair unter allen, vier pro Person. Weil es nicht aufgeht, nimmt sie selbst nur zwei.

»Noch nie haben diese trockenen Dinger besser geschmeckt«, schwelgt Peer und lässt sich jeden Keks genüsslich auf der Zunge zergehen.

Das kleine Zuckerhoch bringt Leben in die Hütte. Alle verspüren das dringende Bedürfnis, möglichst rasch abzusteigen. Keine Viertelstunde später ist Abmarsch. Wortlos stapfen sie über die Wiese, die wieder mehr grün als weiß ist. Pia übernimmt die Führung, allerdings in einem gemächlichen Tempo, gefolgt von Silvan und Uma. Brigitte ist wieder im Mittelfeld, und Peer wandert als Letzter. Lena folgt der Gruppe wenige Minuten später, nachdem sie den Boden gefegt, die Wolldecken zusammengelegt und den Schlüssel versteckt hat. Hintereinander trotten sie durch die einsame Bergwelt, die reingewaschen vom gestrigen Unwetter noch eindrücklicher ist. Der Rest der Gruppe nimmt das wohl nicht so intensiv wahr, sondern freut sich mehr auf das Ziel. Allmählich rumort es auch in Lenas Magen.

Nach zwei Stunden auf dem Wanderweg sehen sie hinter einer Kurve ihre Alp. Sie fühlt die Erleichterung der Gruppe, die, mit der Alp im Visier, noch schneller läuft. Am Ziel angekommen, tischt Pia auf, was gerade da ist. Nüsse, Brot,

Käse, Karotten, Schokolade. Gleichzeitig kocht sie Wasser für Spaghetti. Die Gäste stürzen sich richtig auf die nahrhaften Snacks, nur Uma beißt in eine Karotte. Als kleine Wiedergutmachung möchte Lena ihrer Schwester in der Küche helfen, doch Pia lehnt ab. So setzt Lena sich stattdessen zur Gruppe an den Stubentisch und weicht Silvans Blick aus.

Wieder gestärkt und dem Abenteuer entkommen, steigt die Gesprächsbereitschaft. Sogar Scherze werden gemacht. Als Pia später die Spaghetti auftischt, hat die Mehrheit keinen Hunger mehr, nimmt sich aber dennoch eine Portion. Lena selbst hat sich bis dahin zurückgehalten, damit die Gäste ganz sicher genug abbekommen. Jetzt greift aber auch sie zu. Tut das gut, wieder einen vollen Magen zu haben.

Inzwischen ist die Stimmung so ausgelassen wie noch nie. Das heitere Gequatsche geht in eine lockere Diskussion über, wer zuerst heiß duschen darf. Nachdem alle ihre persönlichen Argumente vorgetragen haben, beschließen sie, dass niemand gewinnt, sondern alle nur ganz kurz duschen, damit das Wasser für die ganze Gruppe reicht. Silvan opfert sich sogar auf und will als Letzter duschen.

Wer weiß, vielleicht ist ihr Retreat-Abenteuer ja doch noch nicht zu Ende? Momentan kann sie nur noch darauf vertrauen, dass es das Schicksal gut mit ihr meint und sie genügend Karma gesammelt hat. Auf jeden Fall wird sie den Gästen beim Krisengespräch ein paar der anstehenden Workshops schmackhaft machen, um sie so zum Bleiben zu motivieren.

Als sie mit dem Abwasch fertig ist, wäscht sie sich am Brunnen, zieht frische Kleider an und legt sich für eine Weile in die Hängematte. Eine kurze Pause vor der Stunde der Wahrheit hat sie sich verdient.

Pia

Wie friedlich alles ist, denkt Pia, als sie auf einer Decke in der Wiese liegt. Nach dem Schneesturm gestern herrscht eitel Sonnenschein, ein wunderbarer Sommertag in den Bergen. Bis jetzt hat sie vor sich hin gedöst, doch langsam wird sie nervös, wenn sie an das bevorstehende Krisengespräch denkt. Noch ist niemand mit gepacktem Rucksack vorbeigekommen, was sie mal als gutes Zeichen deutet.

Eine Stunde später sitzt sie mit der versammelten Gruppe am Gartentisch. Die Stimmung ist nach wie vor locker, die Gäste haben den freien Nachmittag zu nutzen gewusst. Erstaunlich, wie sehr man alltägliche Dinge wie eine heiße Dusche, frische Kleider und Sonne auf der Haut nach einem solchen Erlebnis wieder zu schätzen weiß. Nach dem frühen Mittagessen haben alle wieder Appetit und greifen zu. Sie hat ein Hummus und ein orientalisches Taboulé zubereitet. Sogar frisches Fladenbrot hat sie noch schnell gebacken.

»Ich würde die Runde jetzt gern eröffnen«, beginnt Pia. »Wie ist eure Befindlichkeit? Wir sind uns einig, dass wir den Rest des Retreats ruhig und konfliktfrei gestalten wollen. Solche Momente wie gestern wird es keine mehr geben.«

»Wir hoffen natürlich, dass ihr bleibt«, fügt Lena an. »Es stehen noch viele schöne Aktivitäten auf dem Programm. Gerne gebe ich euch eine kleine Vorschau auf die Workshops und Aktivitäten der nächsten Tage, und ihr werdet schnell sehen ...«

»Lena, jetzt nicht«, fällt Pia ihr ins Wort. »Jetzt sollen erst unsere Gäste das Wort haben.«

Stille. Ob sie sich untereinander abgesprochen haben oder ob jeder selbst antwortet? Gestern wirkte alles ziemlich eingeschworen. Krampfhaftes Schweigen, nur das Besteck klappert.

»Bitte teilt uns mit, was ihr auf dem Herzen habt. Nur so können wir auf eure Anliegen eingehen«, wiederholt sie. Die Gäste weichen ihrem Blick aus. Warum sagt niemand etwas?

»Gestern Abend war ich mir sicher, dass ich abreise«, rückt Silvan nach einer Weile heraus. »Aber heute sieht die Sache schon wieder anders aus. Vielleicht gebe ich euch noch eine Chance. Unter ein paar Bedingungen.«

»Geht mir ähnlich«, sagt Peer mit vollem Mund. »Ich war hungrig und wütend. Am liebsten wäre ich mit dem Helikopter direkt nach Hause geflogen. Für mich wäre eine Bedingung, dass ich nicht mehr wandern muss. Davon habe ich echt genug.«

Pia muss sich ein Lachen verkneifen. »Alles klar, keine weiteren Wanderungen für Peer.«

»Ich will mich bei gewissen Übungen ausklinken – wenn sie mir zu esomäßig sind oder nicht meinem Weltbild entsprechen«, sagt Silvan.

»Auch das ist möglich«, erwidert Pia, bevor Lena intervenieren kann.

»Und ich möchte konsequent veganes Essen«, meint Uma. »Und einmal die Woche runter ins Dorf, damit ich Internet habe. Sorry, aber ich pack das sonst nicht. Es steht einfach zu viel auf dem Spiel für mich, mit meinem Job und so.«

»Einverstanden. Das mit dem veganen Essen sollte klappen, wir werden morgen sowieso einkaufen gehen. Und einmal die Woche gibt's einen Internet-Ausflug ins Dorf für alle, die Bock darauf haben.«

Sie lächelt die Gäste an, dankbar für die pflegeleichten Wünsche.

»Und wie sieht's bei dir aus?«, fragt Pia die nachdenklich wirkende Brigitte, die sich als Einzige noch nicht geäußert hat.

Brigitte seufzt tief. »Ich stelle plötzlich alles infrage. Mein ganzes Leben.«

»Aber warum das denn?«, fragt Uma.

»Ach, wenn ich das wüsste. Aber wenn ihr alle bleibt, bleibe ich auch. Unter der Bedingung, dass ich nie wieder einen Kräuterschnaps trinken muss.«

Vorsichtiges Gelächter. War das wirklich gerade so einfach? Pia hatte sich auf ellenlange Diskussionen eingestellt, doch anscheinend sind alle gewillt, dem Retreat noch eine Chance zu geben.

»Es freut mich, dass ihr alle bleibt«, sagt sie und verbirgt nicht, wie erleichtert sie ist.

»Mich ebenfalls. Sehr sogar«, sagt Lena endlich. »Ich hoffe, dass ihr euch trotz des schwierigen Starts noch auf die kommenden Erfahrungen einlassen könnt.«

Nachdem alle aufgegessen haben, verteilen sich die Gäste auf der Alp. Es weht ein angenehmer Abendwind, als sie das Geschirr in die Küche tragen.

Pia ist richtig beschwingt. »Das ging ja noch mal glimpflich aus.«

»Yeah, die hast du überzeugt«, erwidert Lena.

»Sag nicht, dass du sauer bist. Du kannst froh sein, dass sie bleiben.«

»Bin ich auch.«

»Warum bist du dann eingeschnappt?«

»Ich bin nicht eingeschnappt.«

»Du klingst aber so.«

»Ich bin total erleichtert.«

Lena wendet sich dem Abwaschtrog zu und lässt Wasser einlaufen. So kann sie geschickt Pias Blick ausweichen.

»Wo ist denn das Problem?«, hakt Pia nach. Lenas Reaktion verärgert sie.

»Es gibt kein Problem.«

»Lena!«

»Mensch, Pia, lass mich doch. Die Gäste sind happy, du bist happy und ich auch.«

»Sicher?«

»Ja.«

»Hätte ich dich bei ihren Bedingungen mehr einbeziehen sollen?«

»Das Gespräch ist durch. Sie bleiben. Ende der Diskussion.«

Klarer Fall: Lena fühlt sich übergangen. Wenn sie ehrlich ist, hätte Pia sie schon etwas mehr in die Diskussion einbeziehen können. Sie war einfach froh, dass die Gäste bleiben, und hat deshalb alles durchgewinkt. Alles andere ist schließlich zweitrangig. Das sollte Lena eigentlich genauso sehen.

»Wenn du meinst. Dann lass ich dich mal. Danke für den Abwasch.«

Mit diesen Worten lässt sie Lena in der Küche zurück.

Lena

Lena kann seit Stunden nicht schlafen. Da ist wieder diese Unruhe in ihr, ein Kribbeln im ganzen Körper. Sie kennt dieses innere Getriebensein, das immer dann besonders stark ist, wenn sie feststeckt. Für gewöhnlich ist das der Moment, in dem sie ihre Siebensachen packt und loszieht, weit weg von allem, das sie festhält. Sich in ein Abenteuer stürzt, eine waghalsige Reise unternimmt, einen neuen Job sucht oder eine Affäre beginnt.

Es hilft ihr, draußen unter dem weiten Sternenhimmel zu schlafen, immerhin der engt sie nicht ein. Denn diesmal ist Davonlaufen keine Option. Sie muss da durch und sich wiederfinden, in ihrer Rolle als Leiterin eines Retreats, in der sie niemand richtig ernst zu nehmen scheint.

Pia hat die Führung übernommen, wie sie das gerne und sehr professionell macht. Klar ist sie total froh, dass alle bleiben. Aber wahrscheinlich wären sie auch geblieben, wenn sie das Gespräch geleitet hätte. Sie wäre ähnlich diplomatisch vorgegangen wie Pia. Sie kann das doch auch.

Morgen wird sie vor die Gruppe treten und ihr Vertrauen zurückgewinnen. Leider hat sie keinen Schimmer, wie sie das anstellen soll. Ein Retreat zu leiten, ist schon eine ganz andere Nummer, als eine Yogastunde oder Meditation anzuweisen. Dass sich die Teilnehmenden den Übungen einfach widersetzen, ist ihr noch nie passiert. Natürlich gibt es immer einige, die engagierter sind als andere, das schon. Aber dass gleich die ganze Gruppe auf die Barrikaden geht, ist schon heftig. Eigentlich hat sie doch einen guten Draht zu Menschen und kommt leicht mit ihnen in Kontakt. Aber bei den Retreat-Gästen fällt ihr das schwer. Vermutlich liegt es daran, dass Pia sie ausgewählt hat. Sie hätte sich für andere Typen entschieden, die mehr zu ihr passen. Nicht alles so rationale Kopfmenschen, sondern spontane, gefühlsbetonte Personen, die sich auf das Unbekannte einlassen können und nicht immer alles hinterfragen.

Beim Krisengespräch hat Pia der Gruppe jetzt auch noch den Freischein ausgestellt, nicht an den Übungen teilnehmen zu müssen, wenn sie keinen Bock drauf haben. Das macht die Sache nicht einfacher. Sie weiß aus Erfahrung, dass es oft die herausfordernden Aufgaben sind, die einen weiterbringen. Jene, die schmerzhafte, tief liegende Emotionen freisetzen oder einen zwingen, aus der Komfortzone auszubrechen. Der Weg zum persönlichen Wachstum führt nun mal nicht über die Autobahn, sondern über die serpentinenreiche und unebene Bergstraße. Natürlich ist sie verunsichert im Hinblick auf das Programm der nächsten Tage. Morgen wird sie ganz einfach mit etwas Yoga und ein paar Entspannungsübungen einsteigen. Die Gäste wollen bleiben, das ist das Allerwichtigste.

Sie starrt den sichelförmigen Mond an, der langsam über den Nachthimmel wandert. Wie spät es wohl ist? Vermutlich schon nach Mitternacht. Im Haus brennt schon lange kein

Licht mehr. Normalerweise kann sie überall schnell einschlafen, außer wenn ihre Gedanken sich im Kreis drehen. Es ist das erste Mal, seit sie auf der Alp ist, dass sie diese innere Unruhe so stark spürt. Eigentlich dachte sie, das Thema sei abgeschlossen. Sie, die ewig Suchende, die es nie irgendwo länger als ein paar Monate aushielt, sei endlich angekommen.

Ihre Freundinnen und Freunde waren überrascht gewesen, als sie ihnen mitgeteilt hatte, dass sie ganz alleine in ein abgelegenes Bergbauernhaus ziehen will – mit der Option, Bäuerin zu werden. »Wir geben dir ein paar Wochen«, hatten sie lachend erwidert. Aus den paar Wochen ist ein Dreivierteljahr geworden, dafür wurde der Kontakt zu ihren Bekannten immer lockerer. Wenn sie ehrlich ist, pflegt sie kaum tiefe, längere Freundschaften, auch wegen ihres unsteten Lebenswandels. Sie lernt schnell Leute kennen, verbringt eine kurze, intensive Zeit mit ihnen und verliert sie dann aus den Augen, wenn es sie weiterzieht. Vielleicht ist Pia auch deshalb so wichtig für sie.

Eine Woche nach ihrem achtzehnten Geburtstag hatten ihre Eltern ihnen feierlich eröffnet, dass sie ihre Zelte in der Schweiz abbrechen, um in einen Ashram nach Indien zu ziehen. Zur Gemeinschaft gehört auch eine einfache Dorfschule, an der sie unterrichten wollen. Ihre Mutter hatte sich schon länger für spirituelle Themen interessiert und kam über ein Seminar in Kontakt mit einem Guru, in dessen Ashram sie letztendlich gezogen sind. Ihr Vater war damals nach einer Umstrukturierung in der Firma arbeitslos und ziemlich verzweifelt, weil er auf seine Bewerbungen nur Absagen erhielt. So hatten ihre Eltern entschieden, ihrem Leben eine Wendung oder, wie ihre Mutter sagte, endlich einen Sinn zu geben. Lena hat noch Pias entsetzten Blick vor Augen, als ihre Mutter ihnen das mitgeteilt hat. Dem Leben endlich einen Sinn geben! Als ob das Erziehen ihrer Töchter keine sinnerfüllende Aufgabe für sie war. Zudem arbeitete sie als Sozialpädagogin, hatte einen kleinen, aber engen Freundeskreis und eine beste Freundin, für die das alles auch sehr unerwartet kam.

Ihre Eltern verkauften erst ihr Zuhause, das Reihenhaus in der Sonnenhainstraße, in dem sie aufgewachsen war. Knappe zwei Monate später wanderten sie endgültig aus – mit einem One-Way-Ticket nach Kerala. Sie war damals noch in der Lehre zur Grafikerin und wurde kurzerhand in einer Wohngemeinschaft in der Stadt einquartiert, im selben Haus, in dem Pia seit Beginn ihres Studiums wohnte. Dann waren die Eltern weg, und zwar richtig. Und entgegen allen Prognosen blieben sie es auch.

Am Anfang rief ihre Mutter noch einmal die Woche an. Die Verbindung über das Festnetz war schlecht und abgehackt, sie verstanden sich kaum. Lena fühlte sich damals völlig verloren, aus dem Nest geworfen, ohne wirklich flügge zu sein. Lange verschwieg sie ihren Eltern, dass sie ihre Lehre kurz nach deren Abreise abgebrochen hatte. Sie kiffte damals viel, verpeilte alles, bis ihre an und für sich verständnisvolle Chefin die Nase voll hatte und sie vor ein Ultimatum stellte. Mit dem Druck konnte sie nicht umgehen, kündigte in einer impulsiven Tat den Lehrvertrag, und das war's. Von da an hing sie nur noch in der WG ab, kiffte noch mehr, und alles wurde nur noch schlimmer. Was Pia natürlich nicht entging, und es folgten lange Streitgespräche. Keine leichte Zeit für sie beide. Lena fiel in ein tiefes schwarzes Loch, bis Pia sie bei sich einquartierte und neben dem Studium fast eins zu eins betreute. Schließlich schaffte Lena es nach ein paar Monaten, wieder Fuß in ihrem Leben zu fassen. Sie zog in eine neue WG in einem anderen Stadtquartier und begann, in einem alternativ geführten Café zu arbeiten, was ihr Spaß machte. Nach einem Jahr hatte sie das Gefühl, wieder sie selbst zu sein. Auch wenn sie heute die fürsorgliche Art ihrer Schwester manchmal nervt, ist sie ihr doch unendlich dankbar dafür, dass sie immer für sie da ist.

Für Pia waren ihre Eltern schuld an der Misere. Ihr Leben als Achtzehnjährige alleine meistern zu müssen, war schon eine krasse Ansage. Zudem überforderte sie die Summe Geld, die ihre Eltern ihnen aus Karmagründen überlassen hatten, als eine Art vorerbliche Zuwendung. Lena erinnert sich an ein Telefonat mit ihren Eltern, als sie bei Pia wohnte und kaum die Wohnung verließ, weil sie sich vor allem fürchtete. Wie laut und verzweifelt Pia in den Hörer fluchte, dass sie verantwortungslose Egoisten seien, denen das Wohl indischer Kinder wichtiger sei als das ihrer Tochter und, etwas leiser, dass sie doch auch nicht wisse, was sie tun soll. Sie lag zusammengekauert auf dem Sofa in der Stube, die Tür zu Pias Zimmer war geschlossen, aber sie hörte alles. Als Pia zurückkam, hatte sie die Tränen weggewischt. Sie setzte sich zu ihr aufs Sofa und streichelte ihr über den Kopf, wie früher, als sie ein kleines Mädchen war und ihre Mutter ihr manchmal abends den Kopf kraulte, wenn sie nicht einschlafen konnte.

Noch heute zieht sich alles in ihr zusammen, wenn sie

daran denkt. An das Jahr nach dem Auszug ihrer Eltern, an die vielen schmerzvollen Momente. Es zerfraß Pia, dass ihre Eltern nicht mehr Gefühl zeigten, sie nicht besuchen kamen, dass sie sich so problemlos eingelebt hatten in diesem Ashram. Manchmal ließ Pia ihrer Wut freien Lauf, vor allem in den ersten Jahren, bis sie den Kontakt zu ihnen fast ganz abbrach. Aber es brodelte weiter in ihr, bis heute, auch wenn sie nie über ihre Eltern sprechen. Lena selbst schmerzte der Abgang natürlich genauso, dennoch respektierte sie die Wahl ihrer Eltern. Schließlich leiteten diese jetzt eine Schule mit Kindern von Unberührbaren mit wenig Bildungschancen, die auf sie zählten. Und auf der anderen Seite war da sie, ihre erwachsene Tochter, die Geld, eine Wohnung und eine Ausbildung hatte, der es an nichts fehlte. Sie schämte sich dafür, dass es ihr so schlecht ging, und sie verstand es, dass ihre Eltern nicht ihretwegen zurückkommen wollten.

Sie war es nicht wert.

Um diese Überzeugung loszuwerden, hat sie später lange Zeit mit einer Therapeutin gearbeitet. Dennoch überkommt es sie manchmal noch in schwierigen Situationen. Dann, wenn sie am liebsten davonlaufen würde, spürt sie, dass immer noch ein Stachel des Gefühls der Wertlosigkeit in ihr steckt. Inzwischen telefoniert sie regelmäßig mit ihren Eltern. Auch wenn es keine enge Beziehung ist, sind sie doch Teil ihres Lebens, und das ist gut so. Ihr Angebot, sie in Indien zu besuchen, hat sie bis jetzt immer ausgeschlagen. Irgendwann wird sie sich stark genug dafür fühlen.

Eine Sternschnuppe bringt sie in die Gegenwart zurück. Müdigkeit lässt ihre Beine und Arme schwer werden, und wenige Minuten später ist sie eingeschlafen. Sie erwacht unsanft, weil sich ihre Hängematte bewegt, öffnet die Augen und starrt in die schwarze Nacht. Hat ein Tier sie gestreift? Ist sie im Traum erschrocken und hat sich zum Schaukeln gebracht? Als sie ihren Kopf zur Seite dreht, zuckt sie zusammen. Neben ihr steht eine schemenhafte Gestalt. Sie möchte schreien, aber bringt keinen Ton heraus.

»Keine Angst, ich bin's«, flüstert die Silhouette. Die Stimme kommt ihr bekannt vor, aber sie braucht eine Weile, um sie zu verorten.

Lorenz.

»Was machst du denn hier?«

»Ich will dir nur etwas sagen.«

»Hast du sie noch alle? Ich wäre fast gestorben vor Angst.«

»Tut mir leid.«

Er kommt ein paar Schritte näher und kniet auf den Boden, sodass sie auf Augenhöhe sind. Es ist Lorenz, entspann dich. Der Typ hat einen Zen-Garten, der tut dir nichts. Doch ihr Körper befindet sich immer noch in Angststarre.

»So was tut man nicht, einer Frau mitten in der Nacht aufzulauern.«

»Das wollte ich nicht. Dich so erschrecken.«

In dem Moment, als sie etwas entgegnen will, fällt ihr ein, dass er das vielleicht tatsächlich nicht weiß. Zudem hat sie ihn ja auch am späten Abend besucht. Sie setzt sich in der Hängematte auf und lässt die Füße ins Gras fallen. Ein bisschen Bodenhaftung kann nicht schaden. Der Mond ist hinter einem Berg verschwunden, und die Nacht ist düster. Dennoch spürt sie, dass sein Blick auf sie gerichtet ist.

»Ich möchte dir etwas sagen.« Seine tiefe Stimme hört sich samtig an und zittert leicht. Bei ihrem Besuch brachte er kein Wort heraus und war genauso überrumpelt wie sie gerade. Wer weiß, vielleicht macht er ihr ja ein Friedensangebot?

»Meine Brüder wollen, dass du weggehst. Du gehörst nicht zu uns. Du verstehst nichts vom Bergleben.«

Und wie falsch sie mit ihrer Vermutung lag.

»Charmant. Und das wolltest du mir mitteilen?«, erwidert sie.

»Sie ärgern sich über dich. Dass du unsere Straße benutzt. Noch mehr Leute auf die Alp bringst. Wir mögen es ruhig. Das ist keine Touristenalp, sagen sie.«

Touristenalp? Habt ihr sie noch alle?

»Die Kühe mögen das auch nicht. Wenn so viel Betrieb herrscht. Das macht sie nervös.«

Zwischen seinen kurzen Sätzen lässt er eine Gedankenpause. Er scheint sich vorbereitet zu haben.

»Du willst mir also sagen, dass ich verschwinden soll?«

Er schweigt. Klar wusste sie, dass die Grimms sie gerne los wären. Aber dass Lorenz ihr eine solche Ansage macht, mit hirnrissigen Kuhargumenten, erstaunt sie doch.

»Nein«, sagt er leise.

»Was soll das heißen?«

»Meine Brüder wollen das, ja.«

»Ich dachte, ihr drei seid eine Einheit.«

»Ja. Nein. Nicht immer.«

»Was willst du eigentlich? Ich verstehe nur Bahnhof.«

»Ich helfe dir manchmal«, nuschelt er.

»Schön wär's. Das Gegenteil ist der Fall. Ihr beschimpft meine Gäste und versprüht Jauche direkt neben meiner Yogastunde. Unter helfen verstehe ich etwas anderes.«

»Das waren die anderen.«

»Mir egal, wer's war. Könnt ihr es nicht einfach sein lassen? Es sieht vielleicht nicht so aus, aber mit meinen Gästen verdiene ich mir meinen Lebensunterhalt. Euer asoziales Verhalten vergrault sie!«

Er zuckt mit den Schultern. »Das waren meine Brüder. Da kann ich nichts tun. Aber ich helfe dir manchmal.«

»Blödsinn, das wüsste ich doch.«

»Ich mache es so, dass du es nicht merkst.«

»Ach ja? Nenn mir ein Beispiel.«

Er schweigt, sucht nach den richtigen Worten. »Letzten Winter, als der Strom ausgefallen ist, zum Beispiel. Ich habe gesehen, wie du im Dunkeln saßt und überall Kerzen angezündet hast. Da bin ich nachts rüber und hab den Sicherungskasten repariert. Wir haben dieselbe Stromversorgung, ich kenne die Probleme.«

Sie erinnert sich noch genau an den Abend. Ewig lange hat sie nur mit einer schwachen Taschenlampe ausgerüstet versucht, die Sicherung wieder reinzukriegen. Ohne Erfolg. Und am nächsten Morgen hat plötzlich alles wieder einwandfrei funktioniert.

»Die Stalltür, die letzthin geklemmt hat«, fährt er fort. »Du hast sie mit dem Hammer falsch verkeilt. Ich habe es in der Nacht geflickt. Oder die Bretter für die Betten, die du krumm zugeschnitten hast. Die habe ich nachts bei uns in der Holzwerkstatt ausgebessert. Das Bett wäre sonst sehr schief geworden. Manchmal gieße ich deine Pflanzen, vor allem die Setzlinge. Letzte Nacht konnte ich fast nicht schlafen, weil ihr von der Wanderung nicht zurückgekommen seid. Ich wollte euch am liebsten suchen gehen, aber das hätten meine Brüder gemerkt. Wir haben den ganzen Tag geheut.«

Sie weiß nicht, ob sie gerührt oder verängstigt sein soll. Da scheint jemand ganz schön Big-Brother-mäßig unterwegs zu sein.

»Das heißt, du beobachtest mich die ganze Zeit?«, will sie wissen.

»Nur, wenn ich sehe, dass es ein Problem gibt.«

»Du steigst nachts in mein Haus ein?«

»Um dir zu helfen.«

»Schon. Aber zu hättest ja auch kurz klingeln können. Zum Glück habe ich tief geschlafen.«

»Du hast die Tür nicht verriegelt.«

Ihr Herz beginnt zu rasen. Was, wenn ihre Schwester recht hatte und die Brüder gar nicht so harmlos sind, wie sie auf den ersten Blick wirken?

»Ich wollte dir nur helfen, ich schwöre es.«

»Aber warum denn? Wenn deine Brüder das rausfinden, kriegst du Probleme.«

Sie hört, wie er hastig atmet.

»Sie dürfen es nicht wissen.«

»Ich wäre froh, wenn du aufhörst damit. Auch wenn es nett gemeint war. Ich bestimme immer noch selbst, wen ich in mein Haus lasse.«

Er nickt verlegen, erhebt sich, und schon ist er in der Dunkelheit verschwunden. Sie muss das alles erst mal sacken lassen. Allem Anschein nach hat sie keinen lieben Hausgeist, sondern einfach einen überaufmerksamen Nachbarn, der ihr manchmal hilft. Aus Motiven, die ihr nicht klar sind. Wo sie da bloß wieder reingeraten ist.

Vierter Teil

Pia

Pia streckt verschlafen ihren Kopf aus dem Schlafzimmer-
fenster. Es ist halb sieben, und sie ist gerade aufgestanden,
um das Frühstück vorzubereiten. Seit dem Gewitter herrscht
angenehmes Bergwetter, während das Flachland in der Hitze
brütet. Ines hat ihr Bilder aus dem Büro geschickt, wie sie
dort am Ventilator klebt, in nicht ganz bürotauglichen Kleidern. Doch hier auf der Alp gibt es T-Shirt-Tage mit einer frischen Brise und kühle Nächte mit Morgentau in der Wiese.
Genauso, wie sie den Sommer mag.

Die Gruppe ist in den letzten Tagen so richtig im Retreat-
Leben angekommen. Lena hat das Programm stark vereinfacht: Am Morgen findet ein kraftvoller Hatha-Flow und am
Nachmittag ein ruhigeres Yin-Yoga statt, immer gefolgt von
einer halbstündigen Meditation, an der Silvan und Peer nur
etwa jedes zweite Mal teilnehmen. Den Rest des Tages verbringen die Gäste höchst individuell. Brigitte liest Bücher
über spirituelles Wachstum. Mit einem Notizbuch in der
Hand dreht Peer seine Runden auf der Alp, um Inspiration
für sein Kinderbuch zu finden. Silvan ist sehr darum bemüht,
sich zu entspannen. Dazu legt er sich mit seiner Yogamatte

auf die Wiese, seufzt dabei tief, hält es aber nie lange an einem Ort aus. Uma joggt jeden Morgen, liest auf ihrem E-Reader und verbringt viel Zeit bei den Schafen, die sie ausgiebig kämmt.

Eigentlich wären noch viel mehr Selbst- und Sinnfindungsübungen geplant gewesen. Doch es war sicher richtig, diese Woche eher sportlich als gefühlsbetont zu gestalten. Den Gästen scheint es zu gefallen, bis jetzt hat sich niemand beschwert. Und das will bei der Gruppe etwas heißen. Ihrem Empfinden nach wäre es allerdings Zeit für ein kompakteres Programm mit frischen Impulsen. Leider ist ihre Beziehung zu Lena seit dem Krisengespräch immer noch frostig, heißt, auf das Wesentliche reduziert. Ein klärender Austausch wäre überfällig. Gleichzeitig merkt Pia, dass sie ihr die Wander-Unwetter-Aktion noch nicht ganz verziehen hat.

Während Lena die letzten Tage oft angespannt wirkte, spürt Pia bei sich dafür eine positive Veränderung. Am Anfang drehten sich ihre Gedanken noch um ihren Alltag, ihre Patienten oder das Gelingen des Retreats. Inzwischen fühlt sie sich aber ziemlich ausgeglichen. Beim Kochen blüht sie richtig auf, trotz der bescheidenen Möglichkeiten der Alpküche. Selbst die Vegan-Challenge von Uma meistert sie problemlos, nachdem sie die Rezepte noch mal angepasst hat. Gestern war wieder Einkaufstag, und Lena hat bis auf Koriander und Mandelmilch tatsächlich alles im Dorfladen gefunden.

Ihre liebste Zeit hier oben ist der frühe Morgen, wenn sie einen Kaffee für sich kocht und in Ruhe den Tag beginnt. Sie weiß, wie wichtig solche Rituale sind, und arbeitet auch mit ihren Patientinnen daran. Dennoch fiel es ihr bis dahin schwer, diese Rituale in ihren eigenen Alltag zu integrieren. Umso erfreulicher, wie einfach es hier ist. Gestern Morgen gesellte sich spontan Silvan zu ihr in die Küche, und anders als beim ersten Mal durfte er dieses Mal zum Kaffee bleiben. Sie unterhielten sich über die vergangenen Tage, und er erzählte ihr, dass er nach wie vor Mühe habe abzuschalten. Das Kopfkino zeige immer noch einen schnell geschnittenen Actionfilm im Bankmilieu. Sie bot ihm an, darüber zu reden, woraufhin er nur dankend nickte, ihr aber zu verstehen gab, dass er das Angebot nicht oder noch nicht annehmen möchte. Wer weiß, vielleicht kommt er heute ja auch auf einen Kaffee vorbei? Sie hat auf jeden Fall genug gemacht. Doch Silvan erscheint erst später zum Frühstück, offensichtlich schlecht gelaunt.

»Peer hat mit seinem Schnarchen die halbe Hütte zersägt. Ich habe kaum geschlafen letzte Nacht.«

Peer sitzt mit hängenden Schultern am Tisch und isst sein großzügig mit Konfitüre bestrichenes Brot.

»Das kommt manchmal vor, vor allem, wenn das Bett hart ist. Ich kann da ja auch nichts dafür.«

»Wie wäre es, wenn wir heute Nacht draußen übernachten?«, schlägt Lena vor. »Ich schlafe ja schon seit einer Woche in der Hängematte hinterm Haus. Wenn ihr mir Gesellschaft leisten möchtet, nur zu. Ist ein intensives Erlebnis.«

Silvan verzieht sein Gesicht. »Nicht so meins. Aber ich überlege es mir.«

Dafür ist Brigitte, die gerade noch ganz in sich gekehrt war, plötzlich euphorisch. »Ich bin dabei. Das habe ich seit den Campingferien mit unseren Kindern nicht mehr gemacht.«

Uma und Peer brauchen noch Bedenkzeit. Silvan macht Peer unnötigerweise darauf aufmerksam, dass er in dem Fall lieber in Ruhe drinnen schlafen würde. Zwischen den beiden gibt's Spannungen, denkt Pia. Überhaupt wirkt Silvan meist sehr gereizt. Vielleicht sollte sie heute mal das Gespräch mit ihm suchen? Bevor sich seine Laune noch weiter verschlechtert.

Meditationsgedanken Silvan

Atem, wo bist du? Warum gelingt mir das nicht, dir länger als ein paar Sekunden zu folgen? Mund, Hals, Brustkorb, Bauch, und spätestens nach drei Atemzügen bin ich wieder weg. Mensch, hab ich viel für dieses Retreat bezahlt. Genau für solchen Kram. Bewusst atmen, meditieren, Yoga, ganz viel Natur und Entspannung. Endlich mal wegkommen, aus der Stadt, vom Job, Handy und Laptop, der immer nach noch mehr Arbeit schreit. Und jetzt klappt's nicht. Obwohl ich schon eine Woche hier bin und mindestens eine Entspannungsphase weiter sein müsste. Warum dauert das so lange? Verrückt, dass die Wanderung mit Notfall-Übernachtung bis dahin der erholsamste Teil war. Nicht körperlich, aber immerhin war ich gedanklich mit dem Überleben beschäftigt. Sogar mit fünf Schnäpsen intus komm ich nicht runter. War aber auch ein Scheißstress vor meiner Abreise. Irgendwas krabbelt an meinem Bein, ein schwarzes Insekt mit überdimensionalen Flügeln. Am liebsten würde ich es totschlagen, aber Lena meint, wir sollen für zwanzig Minuten ganz still sitzen und uns von nichts ablenken lassen. Den Fokus einfach wieder auf den Atem lenken, hahaha … Das liegt wohl daran, dass ich zu wenig belastbar bin. Nicht geeignet für den Job. Zu viel Verantwortung. Diese verdammten Deppen. Typisch mein Chef. Seit vier Jahren rackere ich mich ab, arbeite täglich zwölf Stunden. Hole die Kohle rein, selbst wenn ich dabei unbürokratisch vorgehen muss. Und warum tu ich das alles? Damit ich weiterkomme, den Topjob kriege, der frei wurde, weil sie Klaus gefeuert haben. Und dann sagen die vom Assessment-Center doch im Ernst, ich sei nur bedingt für den Job geeignet. Wasser auf die Mühlen meines Chefs! Für den bin ich ja eh zu impulsiv, zu wenig kontrolliert, klar! Kein Stück Granit wie er, immer hart am Lächeln, immer am Arschkriechen einen Stock höher. Da ist man mal krank, hat 'nen schlechten Tag oder bringt nicht konstant die maximale Leistung, und schon ist man ein labiler Psycho, der ungeeignet ist für den überfälligen nächsten Karriereschritt. Der ganze Scheiß formuliert im besten HR-Gesülze, voller gespielter Wertschätzung … Das ist drei Wochen her, ich sollte längst darüber hinweg sein. Einen Plan haben für die Zukunft. Ich brauch einen neuen Job, schließlich kann ich nach der Schmach nicht bleiben. Wäre sowieso Zeit für einen Wechsel, so rein karrieretechnisch. Sonst heißt es noch, ich sei zu wenig dynamisch. Aber irgendwie nagt das alles an mir. Ich könnte mir die Haare ausreißen vor Ärger. Alles umsonst, die ganzen letzten Jahre. All der Stress, die Überstunden, die Entlassungen. Ich hätte auch eine ruhige Kugel schieben können, hätte mehr Zeit für Beziehungen gehabt. Überhaupt mal wieder eine richtige Beziehung und nicht nur so oberflächliches Sex- und Wochenendausflugzeug. Ich wäre besser für vier Wochen ans Meer gefahren. Kindheitstrauma und Stress mit Bergromantik auflösen, schön wär's. Die Alp ist ja idyllisch gelegen und alles, aber halt auch erdrückend. Wenn ich mich nicht bewege, bekomme ich Herzrasen. Tief in mir drin rumort es ... Dann habe ich gestern Nacht auch noch von meinem Vater geträumt. Wie er mit seinen dreckigen Stiefeln aus dem Stall in die Küche kommt, morgens nach dem Melken. Wo meine Mutter schon das Frühstück gerichtet hat und die ganze Familie auf ihn wartet. Altes Brot, das Vater im milchigen Kaffee auflöst, damit es überhaupt genießbar ist. Ich esse das trockene Brot mit der immer gleichen Erdbeermarmelade, bei der ich heute Brechreiz kriege; spüre sogar, wie die Brotkrumen in meinem Hals kratzen. Nach dem Essen schlurft mein Vater hinaus. Mutter nimmt den Handbesen und putzt den Dreck von Vaters Stiefeln weg. Wie sie das früher dreimal täglich gemacht hat. Niemand durfte Vater sagen, dass er seine Stiefel im Haus doch einfach ausziehen soll. Im Traum stampft er im Zeitlupentempo aus der plötzlich riesigen Küche, und unter seinen Stiefeln kommen halbe Mistberge raus. Alles stinkt bestialisch, Mutter weint, und ich wache auf ... Peer schnarcht genau wie mein Vater. Ich liege die halbe Nacht wach und ärgere mich. Über Peer, Vater und Mutter, meinen Chef, die Tussi aus dem Assessment-Center, eigentlich über fast alles. Am meisten über mich selbst. Ich Depp habe noch jahrelang versucht, meinen Eltern zu imponieren, mit meinem geilen Job, der blitzblanken Loftwohnung, den Markenklamotten, nix Kleiderbörse. Dass ich jetzt alles habe, was sie sich nie leisten konnten. Wo Mutter früher immer gesagt hat: »Das brauchen wir hier oben nicht. Das brauchen wir hier oben nicht!« Wie egal es ihnen war, dass ich so schnell Karriere gemacht habe. Sie haben nur gesehen, dass ich keine Zeit mehr hatte, ihnen beim Heuen zu helfen oder einzuspringen, wenn Vater krank war. Dass ich ein Leben führen wollte, das nichts mit ihrem zu tun hat. Die können nicht nachvollziehen, wie gut ich mich fühle, wenn ich morgens, die Haare noch feucht von der Regendusche, im frischen, noch bügelsteifen Hemd die Bank betrete, in der es genau nach nichts riecht, außer nach Putzmitteln und Geld. Immerhin haben sie mich gelehrt, was hartes Schaffen heißt. Wenn du ein Bergbauernsohn bist, musst du halt mehr dafür tun, um es zu etwas zu bringen. Da liegt das Geld nicht einfach auf dem fetten Familienkonto, du musst die Eigentumswohnung im angesagten Stadtviertel schon selbst abbezahlen. Dein Onkel ist auch nicht im Vorstand der Bank und kann ein gutes Wort für dich einlegen, sondern höchstens im Vorsitz der lokalen Alpgenossenschaft.

»Zurück zum Atem kommen, falls eure Gedanken abgeschweift sind«, sagt Lena. Einatmen, ausatmen, einatmen, ausatmen … Neben mir sitzt Pia, die mir angeboten hat zu reden. Manchmal schaut sie mich mit ihren krassen Katzenaugen so an, als ob sie einen Psycho-Scanner hat. Irgendwie sieht sie in mich rein. Aber ich will nicht über meine Vergangenheit reden, geschweige denn über meine Nichtbeförderung. Die weiß aus dem Vorgespräch schon zu viel über mich. Da war ich zu redselig, weil ich sie von mir überzeugen musste … Vielleicht suche ich mir nach meiner Rückkehr einen alten Mann als Seelenklempner. Einen, vor dem ich nichts verbergen muss. Bei Pia funktioniert das nicht. Die löst ein Gefühl in mir aus, das ich nicht beschreiben kann. Darum muss ich mein Alptrauma selbst verarbeiten. Lieber quatsche ich ein bisschen mit Uma, die ist ja nett, aber ein bisschen naiv, wie man in dem Alter halt ist. Logischerweise auch sehr mit sich selbst beschäftigt, zudem ist sie mir zu hübsch. Der erzähl ich natürlich auch nix. Der Sex mit ihr am ersten Abend in dem winzigen Bad war irgendwie aufregend, vor allem auch weil verboten. Dennoch eine einmalige Sache. Ich habe echt anderes im Kopf … Wie lange diese Meditation noch dauert? Mein Rücken schmerzt, vermutlich vom harten Bett. Die verrückte Lena hat vorgeschlagen, dass wir heute draußen schlafen. Ich weiß nicht, wie das gehen soll, so ohne Schlafsack und Isomatte. Vermutlich weiß sie es selbst noch nicht. Sie ist ja ganz cool, lebt voll meditativ im Moment. Aber ohne Pia, die den Laden schmeißt, würde sie wohl nicht funktionieren. Halt so eine richtige Esofrau. Hat beim Meditieren die tiefsten Erkenntnisse, ist aber dafür im richtigen Leben nicht so fit … Da bin ich dann doch lieber der Pragmatiker, der etwas auf die Reihe kriegt. Vielleicht ist dieses Retreat deshalb so hart für mich? Ich hätte nach Sardinien reisen sollen, in dieses teure Hotel, in dem ich vor zehn Jahren mal war mit – wie hieß sie schon wieder? Egal. Die Lage direkt am Meer mit diesen kitschigen Sonnenuntergängen, daran denk ich manchmal noch. Auch wenn ich nach der Evaluation meiner Ex-Freundinnen ja kein Romantiker bin. Die Weite des Meeres wäre wohl das bessere Mittel gegen die Klaustrophobie meines Lebens. Bergwände vor der Nase helfen da nicht. Ob ich abreisen soll? Obwohl, so alleine in einem Hotel neben all den glücklichen Paaren und Familien, das würde mich wohl frustrieren ... Noch ein letzter tiefer Atemzug, dann ist die Meditation beendet. Vielleicht fragt Lena nachher, wie wir uns dabei gefühlt haben. Ich wünschte, es gäbe eine Pille, die für ein paar Stunden die Gedanken stoppt. Das wäre doch mal 'ne Erfindung. In die würde ich sofort investieren.

Pia

Als Silvan nach der Meditation seine Matte einrollt, schnappt ihn Pia sich.

»Lust auf einen Kaffee und ein bisschen quatschen?«, fragt sie, als sie ihm zur Alp folgt, seinem schnellen Schritt nur mit Mühe folgend.

»Kommt drauf an, worum es geht.« Silvan scheint immer noch genauso schlecht gelaunt zu sein wie am Morgen.

»Nur ein bisschen reden«, sagt sie, fast entschuldigend. Die Peer-Diskussion wird sie heute wohl besser nicht führen.

»Ganz ohne Hintergedanken?« Er bleibt abrupt stehen, sodass sie fast in ihn hineinläuft.

»Ja, einfach quatschen. Nur wenn du Lust hast.«

»Unter den Umständen ja, einfach nur kurz.«

Nach dem nächtlichen Gespräch in der Hütte und dem morgendlichen in der Küche hatte sie eigentlich den Eindruck, dass sie einen Zugang zueinander gefunden haben. Entweder war das eine falsche Einschätzung – oder er hat einfach einen schlechten Tag. In der Küche setzt sie Kaffee auf, während er unruhig mit einem Löffel an seiner leeren Tasse rumklopft, was sie fast wahnsinnig macht. Eigentlich ist Kaffee genau das Falsche für ihn. Er hatte beim Frühstück sicher schon seine drei, vier Tassen. Am liebsten hätte sie ihm einen beruhigenden Tee angeboten, aber das wäre in seiner aktuellen Verfassung wohl eher kontraproduktiv. Wenig später sitzen sie gemeinsam am Tisch. Viel zu schnell verrührt er den Zucker in der Tasse, sodass Kaffee über den Rand schwappt.

»Scheiße«, brummt er.

»Macht doch nix.«

»Klar macht's nix, aber es nervt doch. Ich bin irgendwie gereizt heute. Darum habe ich schon vermutet, dass du ein psychologisches Gespräch mit mir führen willst. Obwohl ich Nein gesagt habe.«

»Stell dir vor, ich trinke mit vielen Leuten Kaffee und quatsche ein bisschen, einfach so, ganz freundschaftlich.«

Seine milchig-blauen Augen haben sie im Visier, sein Körper ist angespannt. Irgendwie tut er ihr fast leid.

»Wir können es auch sein lassen, wenn du keinen Bock hast«, sagt Pia. »Mir ist die Lust gerade vergangen.«

»Sorry. Scheißtag heute, hab kaum geschlafen und überhaupt. Ich dachte, dass das einfacher wird mit dem Runterkommen und Peace-Finden. Vielleicht sollte ich mit mir selbst eine Hasch-Friedenspfeife rauchen? Jetzt ist schon fast eine Woche vergangen, und nix ist passiert …«

Er geht rüber zum Kachelofen und klopft mit der Hand auf die Kacheln. »Ich muss wohl erst ein paar Dinge für mich klären, dann fällt mir das Entspannen sicher leichter.«

Als sie ihn so dastehen sieht in seiner zu weiten Jogginghose, fragt sie sich, ob er abgenommen hat. Er war schon von Anfang an schlank, aber inzwischen ist er richtig schlaksig.

»Von dir kann ich das ja nicht lernen«, fährt er fort. »Distanz zum Job zu gewinnen, meine ich. Du bist auch ganz in deinem Element.«

Von Pias guter Laune ist mittlerweile nicht mehr viel übrig. Dabei ist ihr der Kaffee richtig gut gelungen.

»Was willst du mir damit sagen?«, fragt sie, obwohl sie jetzt schon weiß, dass sie seine Antwort verletzen wird.

»Na, du lässt deine Schwester ein bisschen das Meditieren und Yoga anleiten, aber wenn's schwierig wird, mischst du dich sofort ein.«

Seinen Rücken an den Ofen gelehnt, glotzt er sie an, mal grinsend, dann wieder leicht angepisst.

»Das denkst du also von mir? Dass ich ein Kontrollfreak bin, der nicht abschalten kann?«

»Leicht übertrieben formuliert, aber in die Richtung geht's schon. Komm schon, etwas Selbstreflexion, Frau Psychologin. Ich kann auch ein kontrollierender Arsch sein, aber immerhin steh ich dazu.«

»Dann hast du deine Selbsterkenntnis ja schon gewonnen.«

Sie muss dringend weg von hier und verdrückt sich in die Küche. Dort räumt sie im Kühlschrank irgendwelche Esswaren um, nur damit sie etwas zu tun hat. Endlich hört sie, wie er die Stube verlässt.

Lena

Lenas Hände gleiten schwungvoll über Umas feingliedrigen Rücken. Sie fühlt die vielen verspannten Muskeln an Umas Nacken. Der Lavendelduft des Massageöls aus Almas Produktion hat eine zusätzlich beruhigende Wirkung. Wie sie es liebt, Leute zu massieren. Die Verschmelzung der Energien, wenn sie Verspannungen löst und Wärme und Geschmeidigkeit erzeugt. Hinter dem Haus hat Lena im Schatten der Lärchen eine Matte für Umas Massage ausgebreitet. Die summenden Bienen und zirpenden Grillen bieten die beste Geräuschkulisse, die sie sich vorstellen kann.

Nach der heutigen Meditation hat sie der Gruppe spontan eine halbstündige Rückenmassage angeboten. Sie ist nach wie vor verunsichert, was sie den Gästen alles zumuten kann. Für allzu viel Selbsterfahrung scheinen sie nicht offen zu sein, außer beim Yoga. Dort sind alle konzentriert dabei, allerdings mit einem größeren Fokus auf eine präzise Ausführung der Asanas als auf den Atem oder mentale Aspekte. Sie erinnert sich an eine Yogalehrerin aus ihrer Ausbildung, die zu sagen pflegte: »Yoga ist keine Gymnastik.« Ihr ist das egal, solange sie sich Mühe geben.

Leider sind die Meditationen immer noch ein Krampf. Manchmal tun ihr ihre Gäste fast ein wenig leid dabei. Dennoch ziehen sie es täglich durch, mit oder ohne Silvan und

Peer. Längerfristig werden sie sicher gute Erfahrungen dabei machen. Bei ihr hat es auch ein paar Wochen gedauert, bis sie gelassener wurde.

Wie lange massiert sie Uma jetzt schon? Sie hat das Zeitgefühl verloren und verlangsamt ihre Bewegungen.

»Nicht aufhören«, bettelt Uma.

»Okay, dann mach ich noch ein bisschen weiter.«

Es freut sie, dass ihre Massage so gut ankommt.

»Ist es normal, dass ich mich beim Meditieren manchmal so leer fühle?«, fragt Uma.

»Alles ist möglich beim Meditieren. Es gibt kein Richtig oder Falsch.«

»Ich habe zwar viele Gedanken, aber ich spüre nichts dabei.«

»Eigentlich geht es nur darum, ganz bei dir selbst zu sein. Deine Gedanken sollen nicht die Kontrolle übernehmen. Du nimmst sie wahr, lässt sie dann aber weiterziehen. Wie Wolken am Himmel.«

»Da sind aber viele Wolken an meinem Himmel.«

»Völlig normal, vor allem am Anfang. Bei mir kommt es inzwischen ganz auf den Tag an. Ich habe fast wolkenfreie Tage und dann wieder solche, an denen der Himmel dicht verhangen ist. Aber das Meditieren hilft mir. Einfach den Moment annehmen.«

Uma stöhnt leise. Ihre Nackenmuskulatur verkrampft sich unter Lenas Händen.

»Dauernd heißt es, man soll sich annehmen und lieben, wie man ist. Aber die Wahrheit ist doch: Es interessiert sich niemand für die Uma, die Selbstzweifel hat, die am Morgen nach einer schlaflosen Nacht am Frühstückstisch sitzt, mit abgrundtiefen Augenringen, und die absolut lustlos ist. Jeder Makel, jeder Fehler wird gesehen und angeprangert. Ich habe sogar mal einen Motivations-Coach angeheuert, aber der hat mir auch nichts gebracht. Der Tenor ist immer gleich: Du musst positiv sein und dir ein dickeres Fell zulegen. Aber so einfach ist das nicht.«

»Was gefällt dir denn an deiner Arbeit? Überwiegen die guten Seiten?«

»Eigentlich schon. Ich reise viel, werde immer eingeladen, lerne spannende Menschen kennen und bekomme alle möglichen Fitnessgeräte und so zum Testen. Dafür ist jedes Detail in Verträgen geregelt, wie viele Beiträge und solche Sachen, und die Kunden haben natürlich auch ihre Ansprüche. Ursprünglich hat mir das Kreative an Social Media mal gefallen, aber inzwischen kreisen meine Gedanken nur noch darum, wie ich am besten ankomme.«

»Und wenn du mehr von der echten Uma zeigst? Die halt auch mal Zweifel und einen schlechten Tag hat, die nicht immer perfekt aussieht?«

Uma seufzt tief. »Schwierig. Die gibt's ja schon, diese Art von Influencern, die auch über ihre Probleme schreiben und sich ungeschminkt zeigen und so. Ist halt ein Risiko, und ich laufe Gefahr, meine Follower zu verlieren, wenn ich mein Brand ändere.«

Lena kippt noch ein paar Tropfen Lavendelöl aus der Flasche und verreibt sie in den Händen. So schnell wird diese Massage nicht zu Ende sein. »Vielleicht klappt es ja, und die echte Uma findet auch ihre Anhängerschaft?«, fragt sie dann.

»Wäre sicher weniger stressig für dich, wenn du mehr du selbst sein kannst.«

»Das hört sich immer alles so einfach an, und darum bin ich ja auch hier und möchte daran arbeiten. Längerfristig brauche ich eine Veränderung. Ich bin seit Wochen angespannt und oft traurig. Ich hatte Anfang zwanzig schon mal so 'ne schwere Phase. Weißt du, am Gymnasium war ich immer voll der Star. Das klingt vielleicht arrogant und so, aber so meine ich das gar nicht. Ich war einfach total beliebt, alle Mädels wollten meine Besties sein, und ich konnte mir aussuchen, mit welchen Jungs ich rummachen oder auf Partys gehen wollte. Als ich dann für mein Studium nach New York gegangen bin, war ich so was von angesagt, alle haben mich darum beneidet. Doch dort war ich plötzlich einfach eine unter vielen. Niemand hat mir Beachtung geschenkt. Da saß ich dann immer öfter alleine in meinem schäbigen Zehn-Quadratmeter-Studio in Brooklyn und habe mich total lonely gefühlt.«

»Das muss hart für dich gewesen sein«, sagt Lena. Sie versteht immer besser, warum Uma so leidet ohne ihre digitale Fangemeinde.

»Oh ja. Nur auf Instagram und YouTube war ich nach wie vor gefragt, und je mehr Bestätigung ich dort bekommen habe, desto mehr habe ich gepostet. Irgendwann war Social Media wichtiger als mein Studium. Nach einem heftigen Streit mit meinen Eltern habe ich mein Studium hingeschmissen, bin zurückgekehrt und habe nur noch auf das Influencen gesetzt. Da war ich schnell erfolgreich, und die Sponsoren haben mir förmlich die Türen eingerannt.«

Eigentlich schon spannend, denkt Lena. Wie sehr wir uns alle selbst genügen wollen und wie stark wir doch vom Wohlwollen anderer Menschen abhängig sind. Selbst sie, die sich gerne unabhängig gibt. »Ich weiß, wie das ist, wenn man sich so verloren fühlt. Mir ging es so, als meine Eltern nach Indien ausgewandert sind. Ich weiß nicht, wie ich das ohne Pia geschafft hätte.«

»Da beneide ich dich echt drum. Ich hätte auch gerne so eine ältere Schwester, die immer für mich da ist. Meine letzte Krise hatte ich bei der Trennung von meinem Freund, mit dem ich zwei Jahre lang zusammen war. Er meinte, ich könne ihm zu wenig geben und sei ihm zu oberflächlich. Während unserer gesamten Beziehung hat er nicht einmal ein Wort in diese Richtung verloren. Zudem war er derjenige, der seine ganze Freizeit beim Fußball verbracht hat. Er trainierte viel, und am Wochenende war er bei Spielen. Und dann so was.«

»Das tut mir leid.«

»Klar interessiere ich mich für Kleider, Make-up, Frisuren und so was. Aber das ist doch nicht mein Lebensinhalt. Ich lese zum Beispiel total gerne und interessiere mich durchaus für das Weltgeschehen. Aber als Frau wirst du immer gleich in dieses Schema ›hübsches Püppchen‹ gesteckt.« Uma schnaubt leise. »Darf ich dich mal was Persönliches fragen? Warum lebst du hier oben in den Bergen, ganz alleine?«

Lena überlegt kurz, bevor sie antwortet. »Ich habe in meinem Leben schon viel gemacht, bin gereist, habe gejobbt und bin im Jahresrhythmus umgezogen, einfach, weil ich es nirgendwo länger ausgehalten habe. Irgendwann habe ich gemerkt, dass mir die Berge eine gewisse Ruhe geben. Und weil ich mit dreißig so richtig müde war von meinem bisherigen Leben, bin ich hergezogen.«

»Gefällt dir das Leben hier oben? Fühlst du dich nie einsam?«

Wie oft sie das schon gefragt worden ist. Sie lächelt vor sich hin. »Ich habe mich schnell eingelebt und neue Bekannte gefunden. Die Einheimischen sind zwar etwas eigen, aber ganz herzlich. Dann sind da noch meine alten Freundinnen, die mich manchmal besuchen oder ich sie.«

Und ab und zu habe ich eine Affäre, wie mit Miguel. Der hat nach dem Grimm-Vorfall nicht mehr auf ihre Nachrichten und Anrufe reagiert. Ehrlich gesagt hat sie ihn schon abgehakt, und aktuell hat sie mit dem Retreat sowieso keine Zeit für ihn.

»Für mich wäre das zu hardcore, so ganz ohne meine Freunde und Internet. Ich habe hier so viel Zeit zum Nachdenken, und da stellen sich mir halt viele Fragen, auch ganz grundsätzliche.«

»Das ist völlig normal. Lass sie einfach mal wirken, und ziehe keine voreiligen Schlüsse. In drei Wochen hast du noch mehr Abstand gewonnen und kannst bessere Entscheidungen treffen.«

»Danke. Das werde ich.«

Sie streicht Umas Rücken aus und sagt: »Jetzt muss ich die Massage beenden. Meine Finger fallen fast ab.«

Uma lacht.

»Tausend Dank, liebe Lena. Das war sehr erholsam.«

Pia

Pia geht lustlos das Rezept für das heutige Abendessen durch. Sie hat den ganzen Nachmittag in der Küche verbracht, unnötig Lebensmittel umgeräumt und einen Kuchenteig angerührt, der gerade im Ofen ist und eigentlich erst für morgen geplant gewesen war. Dazwischen hat sie eine große Kanne Kaffee getrunken, obwohl sie sich vorgenommen hatte, nur noch morgens Kaffee zu trinken. Doch das kurze Gespräch mit Silvan hat sie aufgewühlt. Am meisten ärgert sie, dass er diese Macht über sie hat. Er provoziert sie nur, und sie fühlt sich dennoch angegriffen. Dabei weiß der Typ nichts über sie und ihre Beziehung zu Lena.

Als sie die Karotten für den Salat reibt, steigt ihr ein verbrannter Geruch in die Nase. Der Kuchen! Den hat sie völlig vergessen. Schnell öffnet sie die Backofentür, und heiße Luft strömt ihr entgegen. Die Kruste ist angebrannt. Mist. Normalerweise hat sie das mit der Wanduhr voll im Griff, aber dieser blöde Silvan hat sie abgelenkt.

»Was riecht denn hier so verbrannt?«, fragt Lena und steckt ihren Kopf durch die Tür.

»Sag jetzt bitte nichts« faucht Pia sie an und greift nach dem Topflappen, um den Kuchen aus dem Ofen zu nehmen. Sie erinnert sich an den verkohlten Apfelkuchen, den Lena ihr beim letzten Besuch aufgetischt hat. Da hat sie auch keinen Aufstand gemacht.

»Voll easy, mir passiert das dauernd«, sagt Lena lachend.

»Mir aber nicht. Dieser doofe Holzofen ist schuld.«

»Ach, halb so schlimm. Wir schneiden die verbrannte

Kruste einfach ab und schmieren was drüber. Ich habe sogar noch irgendwo eine Schokoladenglasur.«

»Es ist aber kein Schokoladenkuchen.«

»Das ist ja das Praktische an der Schokoladenglasur. Die passt immer.«

Lena ist richtig gut gelaunt, das erste Mal seit Tagen.

»Wenn du meinst.« Eine bessere Lösung fällt ihr auch nicht ein, und wegwerfen ist keine Option.

»Soll ich dir helfen?«, fragt Lena.

»Nee, passt schon.«

»Ich würde dir aber gerne helfen. Ist doch keine große Sache.«

Zielsicher greift Lena im Vorratsschrank hinter eine Packung Roggenkörner, wo sich tatsächlich eine Fertigschokoladenglasur versteckt hat.

»Ich möchte lieber alleine sein«, erwidert Pia.

»Ist was passiert?«

»Alles in Ordnung.«

»Wenn du meinst.« Lena zuckt mit den Schultern. »Übrigens habe ich vorhin Uma massiert und mich gut mit ihr unterhalten. Sie hat sich mir geöffnet und ihre verletzliche Seite gezeigt.«

»Worüber habt ihr denn geredet?«

»Hm, ist das nicht vertraulich?«, fragt Lena mit ihrem Unschuldsblick. Das hat Pia noch gar nicht bedacht, obwohl die Frage natürlich berechtigt ist. Sie ist davon ausgegangen, dass sie sich über die Gäste austauschen – wie bis dahin auch.

»Keine Ahnung. Du kannst auch Nein sagen«, antwortet Pia und merkt, wie gereizt sie klingt.

»Ich fand's erfüllend, dass sie sich an mich gewandt hat.«

»Warum soll sie sich nicht an dich wenden? Du bist schließlich ihre Begleiterin hier oben.«

»Ja, eigentlich schon.«

»Warum eigentlich?«

Sie schaut Lena direkt ins Gesicht und bemerkt, dass ihre Fröhlichkeit Risse bekommt.

»Na ja, weil du inoffiziell die Leitung des Retreats übernommen hast.«

»Schwachsinn.«

»Mensch, Pia, das kannst du doch nicht abstreiten. Du hast die Gruppe aus dem Pöstli geholt, warst nach dem Jauchevorfall gleich da, warst die Vernünftige auf der Wanderung, hast das Krisengespräch geführt ...«

»Das war Zufall.« Sie betrachtet den verbrannten Kuchen. Wenn sie immer alles im Griff hätte, wäre das ja wohl nicht passiert.

»Ich krieg das manchmal nicht so schnell auf die Reihe wie du«, erklärt Lena und zieht einen kindlichen Schmollmund, den Pia gerade überhaupt nicht erträgt.

»Hör auf damit. Ich bin kein Kontrollfreak. Das ist einfach nicht wahr.«

»Das habe ich auch nicht gesagt. Aber du springst halt sofort ein, wenn's schwierig wird.«

Warum muss Lena auch noch damit kommen? Merkt sie nicht, dass jetzt nicht der Moment dafür ist?

»Was soll ich denn bitte sonst tun? Mich in der Küche verstecken?«

»Das erwarte ich doch gar nicht.«

»Ohne mich wären die Gäste schon lange abgereist«, stellt Pia klar. »Wie wäre es mit etwas Dankbarkeit«?

Lena zieht ihre Augenbrauen zusammen.

»Das wissen wir doch gar nicht. Weil du mir gar nicht die Chance gegeben hast, die Sache zu klären.«

»Doch, aber der Zeitpunkt war schlecht. Abends eingeschneit auf der Hütte, alle hundemüde und nur mit vier Ravioli im Magen, das ist doch nicht der Rahmen für ein klärendes Gespräch. Und dann noch deine Bitte um Vergebung.«

Lena nimmt ihr die Packung Schokoladenglasur aus den Händen, um sie in einem Topf auf dem Herd zu schmelzen. Pia interveniert nicht. Soll Lena doch gleich den ganzen Kuchen fertig machen, ihr doch egal.

»Ich war zu impulsiv, das stimmt. Weil ich dieses toxische Klima einfach nicht mehr ertragen habe.«

»Das musst du aber manchmal. Schwierige Situationen aushalten und nicht gleich reinpreschen.«

»Da gebe ich dir recht, daran werde ich arbeiten. Aber das Krisengespräch wäre meine Chance gewesen, um ihr Vertrauen zurückzugewinnen.«

»Warum hast du denn nicht mehr gesagt?«, schnaubt Pia sie an.

»Weil du mir ins Wort gefallen bist. Und du zu jedem Vorschlag sofort Ja gesagt hast, bevor ich mich überhaupt äußern konnte.«

Jetzt dreht sich Lena vom Herd weg und steht breitbeinig vor ihr.

»Weil ich ja immer alles kontrollieren muss.« Pia ärgert

sich über ihren eigenen Tonfall. Eingeschnappt, würde ihre Mutter sagen.

»Ich meine ja nur, dass nicht immer alles nur an mir liegt. Dass du mir auch Raum geben musst. Ich muss noch viel lernen.«

»Ein Retreat ist aber kein Übungsort für so was. Es steht zu viel auf dem Spiel, gerade für dich. Das müsste dir doch klar sein.«

Beide schweigen eisig, nur das laute Ticken der Wanduhr ist zu hören.

Meditationsgedanken Peer

Wie lange zwanzig Minuten sind. Das ist schon krass, wie sich beim Meditieren Minuten wie Stunden anfühlen. Die Abendmeditationen sind besonders hart. Heute wäre ich nach dem Yoga am liebsten abgerauscht. Aber Silvan ist dageblieben, und dann fällt es negativ auf, wenn nur ich mich vom Acker mache. Lena wirkt heute ziemlich angespannt. Vielleicht hat sie Zoff mit ihrer Schwester? Die sind sich nicht immer einig. Ich bin froh, dass Pia da ist, und kochen kann sie auch. Lena wirkt manchmal verloren neben ihr, die ewige kleine Schwester. So ähnlich, wie ich mich neben meinen Ex-Partnerinnen fühle. Neben so selbstbewussten Leuten geht man als sensibler, unsicherer Mensch schnell unter. Die haben immer so handfeste Argumente und Ansagen. Warum ziehen mich solche Frauen immer noch an, nach all den Jahren? Dabei bräuchte ich eine Frau, die mir in einer Beziehung

Raum gibt. Bei der es auch mal um mich und meine Bedürfnisse geht. Doch ehe ich mich versehe, verliebe ich mich wieder in so eine Pasquale, Francesca oder Anita, und aus ist es mit meiner Eigenständigkeit. Die sehen in mir den Vater, der sich liebevoll um die Kinder kümmert und dafür auch beruflich zurücksteckt. Der ideale Papa für ihren Nachwuchs – und den Erhalt ihrer Karriere. Eigentlich wollte ich doch nur zwei Kinder, aber mit jeder neuen Partnerin kommt wieder ein Wunschkind dazu. Doch bei mir bleiben wollen sie dann doch nicht. Zu laut, zu anstrengend, zu schlaflos, zu monoton ist mein Alltag mit der Kinderschar. Ich sollte nicht jammern, schließlich bin ich Vater von vier wunderbaren Kindern, und die gäbe es ohne diese Frauen nicht. Vielleicht fällt mir das Meditieren auch darum so schwer, weil mir in dieser Stille immer auffällt, wie sehr ich meine Brut vermisse …

»Noch fünf Minuten«, sagt Lena. »Versuch, dich noch mal auf den Atem zu konzentrieren.« Mensch, tun mir die Beine weh vom Schneidersitz. Und mein armer Rundrücken, den ich so lange strecken muss. Am liebsten würde ich aufspringen und rübergehen zum Abendessen. Aber fünf Minuten schaff ich noch … Ob es den Kleinen gut geht ohne ihren Vater? Meine Ex-Freundinnen sind ja starke Frauen mit Traumkarrieren, aber die aufmerksamsten Mütter sind sie nicht. Vor allem um Dario und Ambra mache ich mir Sorgen. Francesca wollte vier Tage auf Geschäftsreise und die Kinder bei ihrer schrecklichen Mutter lassen. Ob sie das aushalten? Warum habe ich bloß immer ein schlechtes Gewissen? Momentan, weil ich hier bin, zu Hause, weil ich ihnen manchmal nicht gerecht werde. Da können mir die anderen Mütter schon sagen, dass das allen so geht, aber es macht mich doch fertig. Wenn sie streiten und rumlärmen, habe ich immer weniger Geduld mit ihnen. Warum müssen Kinder nur so laut sein? In Kombination mit den kurzen Nächten, weil die jüngeren beiden ja noch nicht durchschlafen, macht mich das fertig … Mensch, habe ich diese Pause hier oben gebraucht. Einfach mal weg von allem. Yoga ist zwar anstrengend, und ich habe immer noch Muskelkater. Dennoch spüre ich, wie sich mein Körper beweglicher anfühlt. Klar, neben einer Uma sehe ich alt aus. Aber man soll sich ja nicht mit den anderen vergleichen, sondern sich auf sich selbst konzentrieren. Dennoch beruhigt es mich, dass Silvan auch keine bessere Figur macht als ich, obwohl er schlank und durchtrainiert ist. Der hat steife Glieder – so als Kadermensch hat man natürlich lange Bürotage –, während ich mit den Kindern viel auf Achse bin. Eigentlich will ich hier oben ja ein paar Kilo abnehmen, aber ohne dafür hungern zu müssen. Zu Hause schaffe ich das nicht mit den vielen Süßigkeiten und Zwischenmahlzeiten. Wenn die Kinder dauernd am Futtern sind, kann ich nicht widerstehen. Und so eine kleine Freude zwischendurch brauche ich schließlich auch … Für solche Silvan-Typen bin ich der Loser ohne Karriere und daher ohne Lebensinhalt. Wenn der mal eine Woche mit mir tauschen würde, wäre er ganz schön überrascht. Aber ja, es fehlen halt das Prestige, der fette Lohn und das schicke Büro. Mir tun solche Silvans ja leid. Hetzen durch ihr ganzes Leben und freuen sich auf die Pensionierung in Saus und Braus, wenn sie die dann noch erleben. Wie mein Vater, bei dem eine Woche vor der Pensionierung ein aggressiver Tumor entdeckt wurde. Drei Mo-

nate später war er tot … Da muss mir niemand sagen, dass das der Sinn des Lebens ist. Meine Kinder sind zwar anstrengend und laut, aber ich liebe sie über alles, und sie geben mir sehr viel. Vor allem dieses Im-Moment-Sein, von dem Lena viel spricht, das fällt mir mit den Kleinen leicht. Die nehmen mich sofort in Beschlag mit ihrer Präsenz. Typen wie Silvan verstehen das nicht. Bei denen geht es nur ums Gewinnen, ums Stark-Sein. Manchmal geht er mir auf die Nerven mit seinem Getue. Aber ich suche keinen Streit, darum weiche ich ihm aus. Der braucht das doch einfach, dieses Gefühl des Überlegen-Seins. Ab und zu kann er ja auch ganz nett sein …
Die Gedanken beobachten wie Wolken, die am Himmel vorüberziehen. Wie kann eine so leichte Übung so schwierig sein? Einfach dasitzen, sich auf seinen Atem konzentrieren und dabei an nichts denken. Kinderleicht, würde man meinen. Einatmen, die Luft im Brust- und Bauchbereich spüren, dann langsam wieder ausatmen. Warten, bis Ruhe und Inspiration einkehren … Bei jeder Meditation hoffe ich, dass mir endlich die zündende Idee für mein Buch kommt. Ich habe gelesen, dass Leute beim Meditieren Eingebungen hatten, die ihr Leben veränderten. Doch bis jetzt hat die Muse ihren Weg noch nicht zu mir gefunden. Obwohl ich versuche, mein Oberstübchen so empfänglich wie möglich zu machen. Konzentrier dich, Peer. Einatmen, ausatmen. Einatmen, ausatmen … Ich werde nicht ohne eine Idee für ein Buch nach Hause fahren. Das habe ich mir geschworen. Ich brauche wieder ein Projekt, eine Geschichte und Bilder, die ich zu Hause verarbeiten kann. Etwas nur für mich. Und ja, wieder etwas Erfolg und Bestätigung. Dass mir mal wieder jemand

auf die Schultern klopft und sagt: Wow, tolle Arbeit, Peer. Du hast es echt drauf. Das hört man als Vater ja nie ... Manchmal scheint mir, als ob meine Kinder alle kreative Energie aus mir heraussaugen. Mir kommen einfach keine neuen Ideen. Dabei setze ich mich spätabends doch regelmäßig mit einem Glas Wein an meinen Arbeitstisch und brainstorme wie verrückt. Ich kann kaum mehr einen Buchladen betreten, weil ich mich über all die witzigen Kinderbücher ärgere, die ich hätte schreiben können ... Noch eine Minute. Einatmen, ausatmen. Geduld, Peer. Das wird schon noch. Eine Tiergeschichte, die auf einer Alp spielt. Ich mache mir ja täglich Notizen und Skizzen meiner Impressionen, aber alles langweilt mich. Das Einzige, was mich interessiert, sind diese Grimms. Diese drei archaischen Brüder, die völlig isoliert hier oben leben und offensichtlich einen Schaden davongetragen haben. Ich will gar nicht wissen, was die für Leichen im Keller haben, im wahrsten Sinne des Wortes. Das würde hier oben niemand merken. Ich muss Lena fragen, ob sie mehr über die Brüder weiß. Einfach aus Neugier ... Ob ich die Idee mit den Schwarznasenschafen auf Entdeckungsreise weiterverfolgen soll? Die Schafe sind ziemlich süß, die kämen grafisch stark rüber. Warum brauchen Kinderbücher immer noch eine pädagogisch wertvolle Botschaft? Mir ist nicht danach. Vielleicht fasziniert mich der Grimmhof genau deshalb? Weil er so düster wirkt mit seiner trostlosen abgeblätterten Hausfront? Nichts und niemand ist da einladend ... Endlich. Der Gong der Klangschale. Ich darf meine Beine wieder strecken. Mein rechter Fuß ist eingeschlafen. Jetzt fährt ein Grimm mit einem Anhänger am Traktor vorbei. Ich will ja gar nicht wissen, was die da wieder transportieren.

Lena

»Na, habe ich euch zu viel versprochen?«, fragt Lena in die Runde. Neben ihr liegen Peer und Brigitte in Decken gekuschelt auf ihren Matratzen, die sie vorhin gemeinsam rausgetragen haben. Der Sternenhimmel über ihnen dringt immer klarer durch die schwarze Nacht.

Peer seufzt zufrieden. »Ob wir Sternschnuppen sehen?«

»Eigentlich so simpel, und doch macht man es nie«, sagt Brigitte.

Silvan, Uma und Pia haben entschieden, ganz langweilig drinnen zu schlafen. Silvan, weil er letzte Nacht so schlecht gepennt habe. Eigentlich wollte Lena nach der Auseinandersetzung auf der Hütte noch das Gespräch mit ihm suchen, aber er hat das wohl schon abgehakt. Er verhält sich ihr gegenüber jedenfalls wie immer. Uma fürchtet sich vor tierischen Besuchern im Schlaf. Und Pia, weil – na ja. Das ist nicht so ihr Ding, zudem brauchen sie beide etwas Abstand voneinander. Das war wieder so ein typischer Streit vorhin, und wie immer liegt alle Schuld nur bei ihr. Ihre Schwester war schon so aufgebracht wegen des verbrannten Kuchens, dabei kann das doch jedem mal passieren. Aber nicht Pia, die kriegt dann gleich die Krise.

Lena liebt die Dunkelheit der Nacht. Der Tag bekommt Scheuklappen, und es gibt nur die Weite des Himmels über

ihr. Im Wald verstummen die Singvögel nach ihrem Abend-
konzert und überlassen die Bühne ein paar Käuzen. Vorhin
hat ein Fuchs gejault, und Peer hat erschrocken gefragt, was
das für ein Tier sei.

»Hättet ihr Angst, wenn ihr hier alleine schlafen müss-
tet?«, fragt sie aus spontaner Neugier.

»Ich habe als Kind oft mit meiner Schwester draußen im
Garten geschlafen, allerdings in einem Zelt«, erzählt Brigitte.
»Aber unser Haus stand abgelegen, und zu einer Seite hin war
Wald. Gefürchtet haben wir uns vor allem vor den Schauer-
geschichten, die wir uns erzählt haben.«

»Also, ich hätte Schiss«, gesteht Peer. »Bin ja voll der Stadt-
mensch und konsumiere Natur nur in wohldosierten Men-
gen tagsüber. Für meine Kinder wäre es wohl das kleinere
Problem. Also vorausgesetzt, dass sie zusammen wären. Alleine hätten sie sicher Angst vor Räubern und Waldmons-
tern.«

»Ja, in dem Alter hat man noch eine blühende Fantasie.«
Brigitte schmunzelt. »Dennoch staune ich oft, wie mutig Kinder sind. Vielleicht, weil sie die reale Bedrohung von Situationen noch nicht einschätzen können?«

»Was wäre denn eine reale Bedrohung, wenn ihr draußen
schlaft oder nachts durch einen Wald lauft?«, fragt Lena.

Brigitte zieht ihren Schlafsack ganz zu und meint nach
einer kurzen Gedankenpause: »Bei mir ist das eher eine dif-
fuse Angst. Als Frau fürchte ich mich vor einem Vergewal-
tiger, der meinen Weg kreuzt. Aber ich weiß auch, dass die
nicht nachts im Wald rumlungern.«

»Es ist schon absurd«, sagt Peer. »In der Stadt fühle ich

mich sicher, auch nachts. Obwohl, statistisch gesehen, die Gefahr, Opfer eines Verbrechens zu werden, da viel größer ist. Aber wenn ich nachts alleine durch einen Wald gehen müsste, würde ich in die Hose pinkeln vor Angst. Ich glaube, dass die Dunkelheit im Menschen eine Urangst auslöst.«

»Das sehe ich auch so«, fügt Brigitte an. »Das ist irgendwie tief in uns drin.«

»Was unsere Ängste so mit uns anstellen«, sagt Lena. »Für mich sind Enge und Festgefahrensein wesentlich schwerer zu ertragen als der nächtliche Wald.«

Brigitte räuspert sich. »Ich verstehe, was du meinst, Lena. Mir wurde in letzter Zeit bewusst, wie sehr ich mich in meiner Komfortzone eingerichtet habe. Darum bin ich hier: Um Anteile meiner wilden Jugend wiederzubeleben. Damals war ich draufgängerisch. Ach, ich brauche dringend eine Veränderung. Vielleicht hänge ich meinen Job an den Nagel und gehe auf Weltreise oder mache sonst was Verrücktes. Das Leben ist so kurz.«

»Das finde ich mutig von dir«, sagt Peer.

»Glaube mir, es fällt mir nicht leicht. Meine Ferien in der Wüste von Marokko waren das erste Mal, dass ich alleine verreist bin.«

»Und, wie war es?« fragt Peer.

»Es war fantastisch«, schwärmt Brigitte. Allerdings hört es sich etwas aufgesetzt an.

»Toll finde ich ja, dass man Mutig-Sein trainieren kann. Zum Beispiel, indem ihr die Nacht unter freiem Sternenhimmel verbringt, obwohl im Wald nebenan ein hungriges Wolfsrudel lebt.«

»Das ist nicht wahr!«, ruft Peer und sitzt plötzlich kerzengerade da. Brigitte lacht, und Lena hofft, dass er ihr den Scherz nicht übel nimmt.

»Nein, keine Angst. Die hätten mich sonst schon lange in meiner Hängematte angeknabbert«, beruhigt sie ihn. »Dafür grasen am Morgen manchmal Gämsen auf der Wiese. Die tun aber nichts.«

Peer kuschelt sich in seine Decke und atmet tief aus. »Vielleicht wären das ja Protagonistinnen für mein Kinderbuch? Ich habe solche Lust zu schreiben. Mein letztes Kinderbuch war ein ziemlicher Erfolg.«

Das hat er schon mindestens dreimal erzählt. Er macht sich da einen ganz schönen Druck.

»Soll die Geschichte auf einer Alp spielen?«, fragt Lena.

»Das wäre der Plan. Aber bis jetzt fehlt mir die zündende Idee. Ich will nicht, dass es so eine langweilige Geschichte wird. Bei den meisten Kinderbüchern bekomme ich die Krise, wenn ich die meinen Kindern vorlese.«

Es knackt laut im Busch hinter ihnen, und Peer zuckt zusammen.

»Soll ich euch etwas gestehen?«, fragt Peer und fährt gleich fort: »Ich fürchte mich ja vor den Brüdern Grimm. Stellt euch vor, die fallen mit ihren Mistgabeln über uns her!«

Lena muss laut lachen. »Die sind doch völlig harmlos.«

»Unsinn. Die haben ein dunkles Geheimnis, da bin ich mir sicher.«

Sie überlegt, ob sie ihnen von Lorenz' verstecktem Zen-Garten und den freakigen Hilfsaktionen erzählen soll. Nein, das wäre zu viel für sie.

»Die hatten sicher eine schwierige Kindheit, sonst wird man nicht so. Weißt du mehr, Lena?«, fragt Brigitte. Natürlich weiß sie mehr, sie hat Alma ja selbst über sie ausgefragt. Aber das so brühwarm weiterzuerzählen … irgendwie fühlt sich das nicht richtig an. Mit dem frühen Tod der Mutter und dem alkoholkranken Vater hatten die Brüder keinen einfachen Start ins Leben. Und die Arbeit als Bergbauern mit wenig Kontakt zur Außenwelt hat sie natürlich geprägt – nicht unbedingt zu ihrem Besten.

»Ach, ich weiß nicht viel über sie. Das abgeschiedene Leben macht halt kauzig«, antwortet sie.

»Ihre verhärmten Gesichter und dieser verächtliche Blick. Ich würde so gerne in ihre Köpfe schauen, in ihr Haus, ihren Keller …«, fährt Peer genüsslich fort.

Lena stutzt. »Ihren Keller?«

»Ich könnte wetten, dass die da eine Leiche versteckt haben.«

»Blödsinn, Peer!«

»Vielleicht mehr im metaphorischen Sinn und in meiner Fantasie. Aber die haben eine dunkle Seele, das spüre ich.«

»Du könntest recht haben, mit denen stimmt was nicht«, erwidert Brigitte mit ernster Stimme. »Aber vielleicht reden wir ein andermal darüber und nicht jetzt, wo wir ungeschützt draußen schlafen? Sonst krieg ich kein Auge zu.«

»Ihr steigert euch da in was rein«, sagt Lena. Verteidigt sie gerade die Grimms?

»Möglich. Ich bin Kinderbuchautor, schon vergessen? Ich habe eine lebhafte Fantasie.«

Lena muss an Lorenz und seine Beichte denken. Sie kann

das Ganze immer noch nicht richtig einordnen. Ob die Rührung über seine Hilfsbereitschaft stärker wiegt oder die Wut über seine offensichtliche Grenzüberschreitung. Seit dem Gespräch hat sie ihn nur einmal aus der Ferne gesehen. Er scheint sich ihre Worte zu Herzen genommen zu haben. Ihr heimlicher Helfer, der sich nicht aufdrängen will und sich mit seinen Taten sogar gegen seine Brüder auflehnt. Was ihm bestimmt nicht leichtgefallen ist. Und was tut sie? Sie sagt ihm, dass er damit aufhören soll.

Wenig später wünschen sie sich gegenseitig eine Gute Nacht. Doch Lena kann nicht schlafen, Lorenz geht ihr nicht mehr aus dem Kopf. Dass ausgerechnet Peers Horrorfantasien diese Gefühle in ihr auslösen. Die Nacht ist sternenklar und die Wahrscheinlichkeit, dass er in seinem Zen-Garten arbeitet, groß. Sie hat das Bedürfnis, mit ihm zu reden. Bald hört sie ein sanftes Schnarchen, Peer schläft. Weil sie sicher sein möchte, dass Brigitte nichts von ihrem nächtlichen Ausflug mitkriegt, bleibt sie noch eine Weile liegen, bevor sie leise unter ihrer Decke hervorschlüpft und sich auf den Weg zum Hof der Grimms macht. Ihr Herz klopft wie wild, als sie den Busch erreicht, von dem aus sie freie Sicht auf den Garten hat. Lorenz kniet in einem Beet, in der Hand hält er eine Hacke. Sie beobachtet ihn eine Weile, seine eleganten, fast meditativen Bewegungen. Wie ein Zen-Mönch, der, absolut in sich ruhend, seiner Arbeit nachgeht. Sie hat Hemmungen, ihn aus diesem tranceartigen Zustand zu reißen. Doch sie kann nicht anders.

»Hallo, Lorenz.«

Er zuckt zusammen und fixiert sie mit seinen Augen wie ein aufgescheuchtes Reh.

»Was machst du da?«, fragt sie ihn, um das Eis zu brechen. Schweigend starrt er sie an. Er ist keine Plaudertasche, so viel steht schon mal fest.

»Ich habe nachgedacht«, fährt sie fort. »Mir kam das erst seltsam vor, dass du nachts in mein Haus gestiegen bist, um meinen Stromkasten zu reparieren. Aber irgendwie finde ich es auch voll nett, dass du mir geholfen hast, so ganz heimlich. Ich habe ja fest an einen Alpgeist geglaubt.«

Im Nachtlicht erkennt sie ein Lächeln, das über sein Gesicht huscht.

»Also ich würde mich freuen, wenn du mir mal wieder hilfst. Aber lieber erst dann, wenn meine Gäste wieder abgereist sind. Sonst gibt's Probleme. Deine Brüder haben nicht den besten Ruf bei uns.«

Ob er sie und ihren Humor versteht?

»Du bist mir also nicht böse?«, fragt er nach einer Weile. Sie betrachtet ihn von der Seite, sein schmaler, muskulöser Oberkörper, seine lockigen Haare, die Adlernase. Er verströmt eine aufregende Unschuld, die sie anzieht. Irgendwie hat er es geschafft, neben seinen verbitterten Brüdern eine gewisse Sensibilität zu wahren. Am liebsten würde sie ihn umarmen.

»Nein, ich bin dir dankbar für deine Hilfe. Wer weiß, sonst hätte ich wohl bis heute keinen Strom.«

Er legt die Hacke auf die Erde und faltet seine Hände ineinander. »Was machen deine Gäste hier oben eigentlich?«

»Runterkommen vom stressigen Alltag. Sich finden und spüren und solche Sachen.«

»Ich dachte, die Leute fahren dafür ans Meer.«

»Das tun viele auch. Aber das ruhige Bergleben bekommt den gestressten Leuten auch gut. Viel Raum und Zeit, um über das Leben nachzudenken.«

»Ich habe noch nie meditiert.«

»Das würde man bei einem Zen-Gärtner gar nicht annehmen.«

Wie gerne sie ihn lächeln sieht. Ob er schon mal mit einer Frau zusammen war? Oder wenigstens eine geküsst hat?

»Hat Buddha deinem Garten geholfen?«, fragt er. Sie versteht erst nicht, bis ihr ihre erste Begegnung in den Sinn kommt. Damals, als er sie gefragt hat, wofür sie eine Buddha-Figur in ihrem Garten platziert hat.

»Ich würde sagen, seine gute Aura ist bei den Pflanzen angekommen. In Kombination mit einem aufmerksamen Alpgeist, der manchmal nachtränkt, wenn ich zu nachlässig bin.«

Lena, du flirtest ja richtig. Ob er errötet? Leider kann sie das im fahlen Mondlicht nicht erkennen.

»Kannst du mir zeigen, wie man meditiert? Ich habe zwar ein Buch über Zen-Gärten gelesen, aber das stand nicht drin.«

»Klar. Es ist ganz einfach. Setz dich mal im Schneidersitz hin, und schau mich an.«

Er zieht seine Schuhe aus und setzt sich wie angewiesen in den Schneidersitz.

»Nun schließt du deine Augen und atmest bewusst ein

und aus. Versuche, deine Aufmerksamkeit auf deinen Atem zu lenken.«

Sie beobachtet seine ruhigen Atemzüge.

»Wenn Gedanken auftauchen, lass sie ziehen. Komm wieder zurück zum Atmen. Das ist alles.«

Wie beruhigend, ihm beim Meditieren zuzuschauen. Sein gelöstes Gesicht, der regelmäßige Atem und seine kerzengerade Haltung, die kein Büromensch mit einer geschwächten Rückenmuskulatur so lange halten könnte. Für einen Moment schließt sie ebenfalls ihre Augen und genießt einfach seine Präsenz, bevor sie ihn wieder aus der Meditation zurückholt.

»Und, wie war's?«

Er zuckt mit den Schultern. »Ich habe mich einfach auf den Atem konzentriert.«

»Und, ist es dir schwergefallen?«

»Nein, wieso?«

Was für eine Antwort. Umwerfend. Das abgeschiedene Leben ohne Stress hat durchaus seine Vorzüge.

»Siehst du, deshalb sind die Leute aus der Stadt bei mir auf der Alp. Weil sie zu viel denken und zu wenig bei sich sind.«

Lorenz nickt nachdenklich.

»Es gibt natürlich auch anspruchsvollere Meditationstechniken. Die zeige ich dir gerne ein andermal.«

Es ist schon spät, und sie fürchtet, dass Peer oder Brigitte aufwachen könnten und sie nicht da ist. Sie hat in den letzten Tagen schon für ausreichend Furore gesorgt, heute Nacht wird sie ihre Rolle als Beschützerin vor bösen Tieren oder Nachbarn ernst nehmen. Wenn die wüssten, dass sie soeben mit einem Grimm meditiert hat, würden sie ganz schön staunen.

»Eine letzte Übung habe ich noch für dich, Lorenz. Dann muss ich los. Schließ noch mal deine Augen, und zähle bis hundert. Du musst mir versprechen, dass du auf keinen Fall vorher deine Augen öffnest. Sonst funktioniert die Meditation nicht.«

Sein Gesicht ist konzentrierter, weil er innerlich zählt. Sie kniet sich vor ihn nieder und küsst ihn sanft auf den Mund. Seine Lippen zucken erst, doch er lässt seine Augen geschlossen und zählt weiter. Dann küsst sie ihn noch mal, diesmal öffnet er seinen Mund. Seine Lippen schmecken nach Salz und Rosmarin. Leichtfüßig rennt sie zum Nachtlager zurück.

Pia

Ein Schweigetag! Das ist wieder typisch für Lena, denkt Pia. Sie hat beim Frühstück eine Idee und bringt sie gleich ein. Der Punkt stand jedenfalls nicht im Programm. Lena wirkt aufgedreht heute Morgen. Vielleicht wegen der Nacht unter dem Sternenhimmel mit Brigitte und Peer? Bis auf eine Schneckenattacke in den frühen Morgenstunden scheint die Übernachtung ein voller Erfolg gewesen zu sein. Peer erzählt beim Frühstück von einem blutrünstigen Albtraum, in dem es um Äxte und garstige Bergbauern ging, als wäre es ein trashiger Western. Ob seine Fantasie da ein bisschen nachgeholfen hat? Auch Brigittes Wangen glänzen rosig. Sie habe sich nachts nicht getraut, unter der sicheren Bettdecke hervorzukriechen, um auf die Toilette zu gehen. Vielleicht haben Peers brutale Traumfantasien ihre Tentakel ja bis zu ihr hinüberge-streckt? Pia kann das nachvollziehen, sie hätte sich ebenfalls vor einer nächtlichen Grimm-Attacke gefürchtet. Die Brüder haben Lena und die Gruppe ganz schön im Visier und sicher mitbekommen, dass sie draußen geschlafen haben. Schließ-lich haben sie am Abend die Decken und Matratzen rausge-schleppt und hinter das Haus gebracht.

Pia hat eine unruhige Nacht verbracht, aber aus anderen Gründen. Die Bemerkungen von Silvan und Lena haben ei-nen wunden Punkt bei ihr getroffen, und sie hat sich im Rhythmus ihrer Gedanken herumgewälzt. In den frühen Morgenstunden hat sie den Entschluss gefasst, sich ab sofort zurückzuhalten. Selbst dann, wenn die Stimmung kippen sollte und die Gäste verfrüht abreisen wollen. Sie kann Kon-trolle abgeben, das weiß sie. Silvan wird sie zudem aus dem Weg gehen, seine launische Art belastet sie nur unnötig. Sie ist ihm nichts schuldig – außer drei Mahlzeiten am Tag.

Und heute sollen sie sogar schweigen.

»Ihr dürft natürlich Nein sagen«, fährt Lena fort. Als sie vorhin den Vorschlag in die Frühstücksrunde geworfen hat, herrschte ein anfängliches Zögern.

»Aber ich kann euch diese Erfahrung wirklich ans Herz legen. Ich habe mal zwei Wochen schweigend in einem bud-dhistischen Kloster im Himalaja verbracht. Das war nur über einen mörderischen achtstündigen Fußweg erreichbar und lag direkt neben einer tiefen Schlucht. Ein unglaublich at-mosphärischer Ort. Die ersten paar Stunden Schweigen wa-ren noch gewöhnungsbedürftig, doch dann war es der helle

Wahnsinn. In der Abgeschiedenheit und Stille der Berge fand ich so schnell Zugang zu meinen Gefühlen. Damals kam ich auch zur Erkenntnis, dass ich mehr Ruhe in meinem Leben brauche und vielleicht in die Schweizer Alpen ziehen möchte. Und ratet mal, wo ich ein halbes Jahr später gelandet bin?«

Sie grinst breit.

»Was wären denn die genauen Bedingungen?«, will Silvan wissen.

»Ab sofort spricht niemand ein Wort mehr, bis zur Nachtruhe. Auch während der Mahlzeiten. Die Yogastunden werde ich schweigend anleiten. Und am Nachmittag habt ihr sowieso frei. Na, seid ihr dabei?«

Uma räuspert sich. »Könnte ich am Nachmittag trotzdem ins Dorf? Ich brauche dringend Internet. Ich spreche da auch mit keiner Menschenseele.«

»So ein Schweigetag bedeutet halt auch, auf digitale Kommunikation zu verzichten. Sonst wirkt er nicht richtig.«

Seufzend willigt Uma dennoch ein. »Dann werde ich halt Zeit bei den Schafen verbringen. Wenn das erlaubt ist.«

Lena nickt und dankt ihr für ihr Entgegenkommen.

Für Pia stellt ein Schweigetag keine große Herausforderung dar. Sie hat heute sowieso das Bedürfnis, sich zurückzuziehen. Nach dem Abwasch verdrückt sie sich mit einem Pflanzenbuch aus Lenas Bücherregal auf ihr Zimmer. Sie legt sich auf das Bett und blättert durch das dicke, offensichtlich gelesene Buch, dessen Seiten vom Regen gewellt sind. Die grellen Blumen-Illustrationen sind vom Stil her veraltet, der Inhalt packt sie dennoch, vor allem die Wirkung der Pflanzen. Bald ist Almas Heilpflanzentag, da kann sie sicher noch einiges lernen. Sie sieht sich schon als Kräuterfee Tinkturen brauen und muss sogleich über sich selbst lachen. Dieses Alpleben fördert ganz neue Seiten in ihr zutage.

Um ein paar Pflanzen zu bestimmen, nimmt sie das Buch, verlässt das Haus und geht auf die Wiese. Sie schaut zum Vorplatz, auf dem die Yoga- und Meditationseinheiten stattfinden. Die Gäste sind gerade dabei, ihre Matten einzurollen. Ob alle durchhalten werden, einen Tag lang nichts zu sagen? Uma braucht dringend Internet. Ob sie die Erfahrungen des Retreats auf ihren Kanälen teilen möchte? Sie wirkt von Tag zu Tag unruhiger. Der kalte Entzug macht ihr zu schaffen. Auch Silvan scheinen die vielen Meditationen zu überfordern. Er müsste vermutlich – stopp, Pia. Nicht dein Problem. Warum wandern deine Gedanken immer so schnell zu den anderen? Sind das einfach die Symptome deiner Berufskrankheit, oder gehst du da wirklich zu weit?

Als Ablenkmaßnahme beschließt sie, so viele Pflanzen wie möglich zu bestimmen. Tatsächlich gelingt es ihr, mehr als zehn Blumen und Kräuter zu benennen. Bei drei Kräutern schwankt sie zwischen zwei Pflanzenarten, die sich ähnlich sind. Kein Wunder bei den schlechten Illustrationen. Heute würde man einfach eine App herunterladen. Dennoch macht es ihr Spaß, aufmerksam über die Wiese zu schlendern. Sie nimmt die Pflanzen mit ganz anderen Augen wahr. Ihre Blütenform, der Kelch, die Farbnuancen und sogar die Stängel, denen sie bis jetzt noch nie Beachtung geschenkt hat. Sie wählt drei Blüten aus, die laut Pflanzenbuch genießbar sind, und nimmt sie mit in die Küche, um den Salat damit zu dekorieren.

Beim stillen Essen im Garten sind alle in ihre Gedanken versunken. Ihr fällt auf, dass Brigitte schmatzt und Silvan sein Wasserglas zu laut auf den Tisch stellt. Immerhin bieten die Naturgeräusche der Alp eine beruhigende Kulisse für dieses Experiment. Die nonverbale Kommunikation klappt gut: Durch Blickkontakt und Nicken werden Teller gefüllt und Wasser nachgeschenkt. Dank der stillen Yoga- und Meditationsstunde sind die Gäste schon damit vertraut und achtsamer als sonst. Vielleicht ist dieser Schweigetag gar keine so schlechte Idee? Sie empfindet es fast als befreiend, mal einen Tag lang keine Gespräche zu führen – und sich nicht mit anderen auseinandersetzen zu müssen.

Einmal lässt Silvan seinen Blick so lange auf ihr ruhen, dass es ihr durch und durch geht. Sie hat sich absichtlich an das andere Ende des Tisches gesetzt, dennoch nimmt sie seine Spannung wahr. Aus ihrem Therapiealltag weiß sie, dass es Personen gibt, von denen sie sich schlecht distanzieren kann. Es gelingt ihr nicht, rational zu begründen, warum das so ist. Lena würde von »Energien« sprechen, doch das ist ihr zu esoterisch. Wäre Silvan ein potenzieller Patient, hätte sie ihn nach dem ersten Gespräch abgelehnt mit der Begründung, dass seine Diagnose nicht zu ihren Qualifikationen passt. Dieses erste Bauchgefühl hat sie nur einmal ignoriert und bitter dafür bezahlt.

Den freien Nachmittag will sie für einen Spaziergang nutzen und zu Lenas Lieblingsplatz am Bach wandern. Sie packt ihren Rucksack, schnürt die Wanderschuhe und läuft los. Bei der Schafweide entdeckt sie Uma, die eines der Schafe kämmt. Wie bauschig die Schafe sind, seit Uma so viel Zeit bei ihnen verbringt. Wer hätte gedacht, dass eine Lifestyle-Influencerin eine solche Freude an sechs Schafen haben könnte? Plötzlich spürt Pia große Lust, mit Matteo zu reden. Vielleicht sollte sie ihn in den nächsten Tagen einmal anrufen und ihm ein Update zum Retreat geben? Er ist bestimmt neugierig, zudem hilft ihr seine analytische, ruhige Art, selbst Distanz zu gewinnen. Ines hat ihr gestern eine SMS geschickt. Früher hätte sie sofort geantwortet, aber seit sie auf der Alp ist, schaut sie kaum auf ihr Smartphone. Ohne Internet bekommt sie eh nicht mit, was in der Welt alles geschieht, und ist erstaunt, wie wenig ihr das fehlt.

Sie zweigt vom Wanderweg ab, schlägt den Trampelpfad ein und folgt dem Rauschen des Bachs. Bei ihrer Ankunft staunt sie: Durch das fehlende Schmelzwasser im Frühling hat der Bach an Wildheit verloren und mäandert gemächlich durch sein ausgewaschenes Steinbett. Das Wasser ist so klar, dass sie auf dem Grund jeden Kieselstein sieht. Sie folgt dem Weg und erreicht Lenas Lieblingsstelle. Der Bach ist hier durch einen Felsen gestaut. Quer über den kleinen See ist ein Baumstamm gefallen, der nach einer Mutprobe schreit. Wenn das Wasser nicht so eiskalt wäre, würde sie sofort hineinspringen. Sie legt sich mit der Decke auf den weichen Waldboden, beobachtet die in den Himmel ragenden Baumkronen und fällt sogleich in einen Mittagsschlaf. Als sie wieder zu sich kommt, hat sie komplett das Zeitgefühl verloren. Plötzlich merkt sie, dass jemand neben ihr liegt. Sie dreht sich zur Seite und starrt auf einen Hinterkopf mit kurzen blonden Haaren: Silvan liegt stinkfrech neben ihr auf der Decke und döst vor sich hin.

»Was machst du hier?«, fragt sie ihn.

Langsam dreht er sich zu ihr um, mit einem Lächeln auf dem Gesicht. Er hält seinen Zeigefinger vor den Mund, um sie an den Schweigetag zu erinnern. Das hat sie im Affekt tatsächlich vergessen. Unter den Umständen findet sie ihre Frage aber mehr als berechtigt. Er antwortet nicht, sondern legt sich auf den Rücken und schließt seine Augen. Na toll! So viel zum Thema »Distanz zu ihm gewinnen«. Sie hört ihn leise und gleichmäßig atmen. Warum ist er ihr gefolgt? Zufällig hat er sie sicher nicht gefunden, dafür ist der Trampelpfad zu versteckt. Eigentlich wieder so eine typische provokative Silvan-Geste. Sie kann so nicht liegen bleiben, gleichzeitig schafft sie es nicht, ihn davonzujagen. Sie könnte ihre Füße baden, um wieder einen klaren Kopf zu bekommen. Das Wasser ist noch kälter als erwartet und belebt sie sofort. Sie watet so weit hinein, bis ihre Shorts fast nass werden. Als sich ihre Beine wie Eiszapfen anfühlen, kehrt sie an das Ufer zurück. Aus der Ferne erkennt sie, dass Silvan nicht mehr da ist, ihre Decke liegt zerknittert auf dem Waldboden. Sie müsste erleichtert sein, doch sie ist enttäuscht. Warum bringt der Typ sie bloß so durcheinander? Sie steht doch nicht auf solche eingebildeten Typen. In dem Moment, als sie sich auf die Decke legen will, hört sie ihn schreien. Erst jetzt sieht sie ihn. Er balanciert auf dem Baumstamm über den Bach und verliert gerade das Gleichgewicht. Wie in Zeitlupe plumpst er ins Wasser. Atemlos verfolgt sie die Szene und ist erleichtert, als sein Kopf schnell wieder aus dem Wasser schaut.

»Scheiße, ist das kalt«, ruft er zu ihr rüber, grinst dann aber tapfer. Nach dem ersten Schock scheint er sogar Gefallen an seinem unfreiwilligen Bad zu finden. Er macht ein paar hastige Schwimmzüge zum Ufer und johlt dabei ausgelassen. Wieder an Land, reißt er sich seine triefenden Hosen und das T-Shirt vom Leib. Nur seine Boxershorts behält er an. Seine Lippen zittern.

»Eigentlich wollte ich dich beeindrucken mit meiner Akrobatikeinlage – und dann so was.«

Aha, heute ist er also wieder auf Charmekurs.

»Bis zu deinem Sturz habe ich das überhaupt nicht mitbekommen«, entgegnet sie.

»Umso schlimmer. Gibt's 'ne Möglichkeit, mich an deiner Decke abzutrocknen?«

Nein, hart bleiben, Pia. Der muss nicht meinen ... Sie schüttelt den Kopf.

»Verstehe. Wenigstens einen Zipfel?«

Sein Bettelblick lässt sie einknicken, wortlos reicht sie ihm die Decke. Er wickelt sich darin ein und gibt dabei wohlige Geräusche von sich.

»Vielen Dank, liebe Pia. Du rettest gerade mein Leben.«

»Immerhin hast du jetzt wieder einen kühlen Kopf.«

»Stimmt. Für einen Hitzkopf wie mich gar nicht schlecht. Vielleicht solltet ihr das in euer Programm aufnehmen?«

»Als Balance-Übung, um die Ungeschickten zu bestrafen?«

»He, ich bin nicht ungeschickt. Das ist gar nicht so einfach. Versuch du es doch mal«, fordert er sie auf.

Sie hat als Kind eine Zeit lang Kunstturnen gemacht und würde das wohl ohne Probleme hinkriegen.

»Auf keinen Fall. Obwohl ich es könnte. Ich habe einen guten Gleichgewichtssinn.«

»Dann hast du ja nix zu befürchten.«

»Ich will nicht. Das ist alles.«

»Ach komm! Den Schweigetag haben wir schon vermasselt, aber diese Herausforderung kannst du noch gewinnen.«

»Ich brauche dir nichts zu beweisen.«

Er nickt nur und setzt sich, noch in die Decke gewickelt, auf einen Wurzelstock.

»Ich verstehe, dass du Schiss hast«, fährt er fort. »Ich war auch überzeugt davon, dass ich das hinkriege. Sind ja nur fünf Meter, und der Holzstamm ist ganz ordentlich.«

»Ich habe keine Angst.« Doch genau das hat sie. Angst, ins kalte Wasser zu fallen. Angst, sich vor ihm zu blamieren. Immer diese Scheißangst.

»Ich mach's«, sagt sie, bevor sie es sich anders überlegen kann. Sie kriegt kaum Luft vor Aufregung, als sie auf die dicke Baumwurzel steigt. Hier ist der Stamm noch so breit, dass sie die Füße nebeneinanderstellen kann. Sie spürt die feinen Rillen der Rinde, die ihr zusätzlichen Halt geben. Nach einem Meter erreicht sie das Bachbett. Ab hier ist der Stamm nur noch so breit wie ihr Oberschenkel. Du packst das, sagt sie leise zu sich. Das ist nur eine mentale Herausforderung, weil der Stamm über dem Wasser liegt. Vorsichtig setzt sie einen Fuß vor den anderen und kommt in Silvans Blickfeld.

»So weit bin ich auch gekommen!«, ruft er lachend herüber. Vor ihr liegt die Schlüsselstelle, direkt über dem Wasserbecken. Hier verzweigt sich der Baum in zwei Stämme. Der eine fällt direkt ins Wasser ab, der andere reckt sich schlangenförmig hinüber an das andere Ufer – ihr Weg. Das sieht von oben wesentlich schwieriger aus als von der Seite. Sie muss die Angst in den Griff bekommen, die sich in ihr eingenistet hat und permanent ruft: Was für eine hirnrissige Idee. Was willst du dir und ihm damit beweisen? Bei dir wird es nicht so glimpflich ausgehen, wenn du ins Wasser fällst.

»Aufhören«, sagt sie laut zu sich.

»Nein, bitte nicht!«, ruft er ihr zu, weil er nicht mitbekommen hat, dass sie mit ihrem inneren Schweinehund spricht. Sie geht weiter, bleibt nach jedem Minischritt kurz stehen, um ihr Gleichgewicht zu stabilisieren. Du packst das, es sind nur noch zwei Meter.

»Du hast mich schon überholt!«

Nicht ablenken lassen. Ruhig atmen und nicht nach unten schauen. Noch einen halben Meter, das Ufer ist schon fast in Reichweite. Ihr fällt ein Stein vom Herzen, als sie wieder festen Boden unter den Füßen hat. Sie hat es geschafft, und es war gar nicht mal so schwierig.

Er applaudiert. »Souverän, Pia. Gratuliere. Und jetzt wieder zurück. Erst dann bekommst du die Goldmedaille.«

Sie schluckt. Ob ihr der Rückweg auch so leicht gelingt? Das hat sie irgendwie ausgeblendet.

»Warte, ich komme dir entgegen.« Silvan springt zum Anfang des Stammes und balanciert bis zur Mitte, einmal gefährlich schwankend.

»Nicht so schnell, kein Wunder, dass du ins Wasser fällst.«

»No risk, no fun!«

So kann man das auch sehen.

»Rettest du mich dieses Mal, wenn ich reinplumpse?«, ruft er ihr zu.

»Ich werde dir meine Rettungsboje zuwerfen.«

»Dann kann mir ja nix passieren.«

Sekunden später gerät er erneut ins Schwanken und fällt an der genau selben Stelle wieder ins Wasser. Dieser Depp! Auch dieses Mal taucht sein Kopf schnell aus dem Wasser auf, und er ruft theatralisch: »Hilfe, bitte rette mich, Pamela. Ich ertrinke!«

Jetzt muss sie Wort halten und den gefallenen Silvan irgendwie retten. Sie greift nach einem dicken Ast, der neben ihr am Boden liegt. Ist zwar nur eine Geste, aber vielleicht kann sie ihn damit symbolisch hochziehen.

»Ich komme!« Sie tappt nach vorne. An der Unfallstelle bleibt sie stehen und lässt den Ast ins Wasser gleiten. Gar nicht so einfach, dabei das Gleichgewicht nicht zu verlieren.

»Hier, meine Boje. Gleich sind wir am Sandstrand von Malibu«, ruft sie ihm entgegen. Bevor sie »Aber nicht daran ziehen« sagen kann, hat er mit voller Kraft nach dem Ast gegriffen. Ich falle, denkt sie noch. Feinen Nadelstichen gleich bohrt sich das Eiswasser in ihre Haut. Für einen Moment verschlägt es ihr den Atem. Doch das Becken ist nicht tief, sie ertastet den Boden unter ihren Füßen. Alles gut, Pia, es kann dir nix passieren. Sie beginnt zu schwimmen, doch ihre nassen Kleider verlangsamen jede Bewegung. Vor ihr der grinsende Silvan.

»Du Idiot!«, schnaubt sie ihn an.

»Aber ohne deine Boje gehe ich doch unter«, neckt er und lässt seinen Kopf dramatisch nach hinten fallen. Das schreit nach Rache. Sie schwimmt zu ihm rüber und drückt seinen Kopf unter Wasser. Wie früher im Schwimmbad mit Lena, bis eine von beiden geheult hat, meistens sie.

Er schnappt nach Luft. »Du wolltest mich doch retten und mir nicht den Gnadenstoß geben.«

»Du bist nicht mehr zu retten.«

»Das lass ich mir von dir nicht sagen«, antwortet er und versucht, ihren Kopf ebenfalls unter Wasser zu drücken. Doch sie reagiert schnell, krault an den Rand und watet ans Ufer. Sie hört ihn dicht hinter sich schnaufen, rutscht auf einem glitschigen Stein aus und fällt zurück ins knietiefe Wasser.

»Das war die Rache für vorhin«, ruft er, hält ihr aber sofort die Hand hin. »Lass uns Frieden schließen. Ich habe ja doch keine Chance gegen dich. Zudem bin ich auf deine Decke angewiesen.«

»Die brauche ich selbst.«

»Wer zuerst dort ist, gewinnt.«

Schon prescht er an ihr vorbei. Sie folgt ihm, doch seine Schritte sind länger. Er erreicht die Decke vor ihr und schmeißt sich drauf. Was nun? Die nassen Shorts und das T-Shirt hängen schwer an ihrem Körper. Sie zieht sie aus und stellt erleichtert fest, dass sie heute hübsche Unterwäsche trägt, nicht die bequemen Schlüpfer. Der schwarze BH passt sogar zum Slip. Das schafft sie fast nie. Sie legt sich neben ihn auf das nasse Tuch.

»Ganz schön freizügig, Frau Psychologin«, sagt er, und sie errötet. Stimmt eigentlich, aber er liegt schließlich auch in seinen Boxershorts neben ihr.

»Ich bin immer offen für neue Therapieformen.«

»Interessant.«

Sie spürt seinen Oberarm an ihrem, die feinen Härchen berühren ihre Haut. Was mache ich hier bloß? Liege halb nackt neben einem Gast, mit dem ich gerade geflirtet habe. Dabei mag ich ihn doch gar nicht oder nur teilweise. Entspann dich. Es ist ja nichts passiert. Wir haben nur Spaß, das ist alles. Spaß ist nicht verboten. In ihrem Bauch kribbelt es. Dieses Mal ist es nicht diese unangenehme Angespanntheit, die sie in seiner Nähe spürt. Es liegt etwas in der Luft, und das zerreißt sie fast. Noch kann sie so tun, als ob es einfach ein ausgelassener Nachmittag war. Vielleicht sieht er es ja genauso?

»Was wir hier machen, ist … »

»Psst«, unterbricht er sie. Er dreht sich zu ihr um und legt seinen Finger sanft auf ihre Lippen. Sie spürt immer noch den Adrenalinrausch. Sein Gesicht ist nah an ihrem. Verführerisch nah. Sie drückt ihre Lippen auf seinen Mund. Seine sind schmal und fühlen sich erst hart an. Er öffnet seine Augen und schaut sie erstaunt an. Hat sie seine Geste falsch gedeutet? Doch dann lächelt er und küsst sie zurück. Sie bekommt eine richtige Gänsehaut, als er sie fest an sich drückt. Seine Glieder sind anfangs noch kalt und starr vom eisigen Bad, werden aber schnell wärmer und weicher. Seine Bewegungen sind sanft und intensiv, für ein paar Sekunden denkt sie an Henrik, der einen ähnlichen Körperbau hatte, sich aber viel härter anfühlte. Doch schon ist sie wieder bei Silvan, seinem glänzenden Gesicht, den zärtlichen Händen, der fragt, ob das so geht für sie, und sich für den harten Boden entschuldigt. Irgendwann müssen beide lachen, das wird wohl nix mehr, aber schön war es irgendwie trotzdem. Sie legt ihren Kopf auf seine Brust und hört sein Herz immer noch schnell schlagen.

Dann wird die wohlige Geborgenheit gestört durch ihren Kopf, der wieder das Denken aufnimmt. Die ersten Analysen sind alles andere als erheiternd. Kaum lässt du dich gehen, passiert so etwas. Niemand darf davon erfahren, schon gar nicht Lena. Sonst haut sie dir die Enthaltsamkeitsklausel mit voller Wucht um die Ohren.

Er küsst sie auf den Scheitel und streichelt über ihren Oberarm. Eigentlich ist der Moment einfach gerade viel zu schön für klärende Worte.

»Heute bist du eine krasse Regelbrecherin«, flüstert er ihr ins Ohr.

Sie seufzt.

»Alles klar bei dir?«

Ob er spürt, dass sie nicht mehr so gelassen ist wie vorher?

»Vielleicht können wir das für uns behalten?«, fragt sie.

»Puh, das fällt mir schwer. Am liebsten würde ich das morgen in der Gruppe diskutieren. Schließlich ist ja sogar das Management betroffen.«

Sie lacht erleichtert und sagt: »Dann werde ich wohl in den Ausstand treten wegen Befangenheit.«

»Hoffentlich gefährdet das nicht deine Karriere im Selbstfindungsgeschäft. So was kann echt danebengehen, ich sag's dir.«

Ob er aus Erfahrung spricht? Sie schätzt ihn als ziemlichen Draufgänger ein. Also definitiv niemand, für den sie Gefühle entwickeln sollte.

»Dann kehren wir es einfach unter den Teppich und zahlen eine Wiedergutmachung. Einverstanden?«

»Aha, so eine bist du also.«

»Ich habe in der Retreat-Branche noch eine vielversprechende Zukunft vor mir. Wenn du sie nicht zerstörst.«

»Das würde ich nie tun. Höchstens diese geheime Information im Notfall für meine Zwecke nutzen.«

»Der eiskalte Banker wieder.«

»Tja, das sitzt tief in mir drin«, neckt er und ergänzt ernsthaft: »Übrigens wurde ich vor einem Monat befördert. Darum bin ich auch so durch den Wind, ich muss das alles noch verdauen. Ist ein großer Karriereschritt, der mir bevorsteht. Ich werde sogar eine persönliche Assistentin haben.«

Hoffentlich ist das nicht zu viel für ihn, denkt Pia. Aber er freut sich ja offensichtlich auf die neue Aufgabe.

»Gratuliere. Dafür hast du sicher hart gearbeitet.«

»Wenn du wüsstest. Ich habe meine Seele dafür verkauft.«

»Die kannst du mit deinem fetten Lohn ja dann wieder zurückkaufen.«

»Du bist ganz schön schlagfertig. Das hätte ich dir gar nicht zugetraut.«

»Tja, du kennst mich ja auch nicht.«

»Noch nicht.«

Ihre Hände sind ganz feucht. Noch nicht? Soll das heißen …?

Sie bleiben noch eine Weile liegen, dann beginnt Pia zu frieren, und sie machen sich auf den Rückweg. Wortlos wandern sie zurück, Pia geht voraus. Bevor sie den Waldrand erreichen, dreht sie sich zu ihm um und sagt: »Ist vielleicht etwas auffällig, wenn wir gemeinsam mit nassen Kleidern zurückkommen.«

Er lächelt. Alles an ihm ist ruhig, selbst sein Blick ist sanft. »Ich lass dich vorgehen. Viel Erfolg bei der Mission Inkognito.«

Einen Moment lang stehen sie da und schauen sich an. Niemand rührt sich. Dann läuft Pia los, mit leichten Schritten Richtung Alp. In der Ferne sieht sie Lena in der Wiese liegen und dösen. Peer sitzt auf der Anhöhe und starrt zum Hof der Grimms rüber. Ohne jemandem zu begegnen, verdrückt sie sich auf ihr Zimmer. Als sie ihre Kleider wechselt, klopft ihr Herz immer noch wie verrückt.

Lena

Eigentlich ganz angenehm, diese Stille beim Abendessen, denkt Lena. Es freut sie, dass sich die Gruppe so mühelos auf den Schweigetag einlassen konnte. Die Yogastunde am Morgen war richtig erholsam, so ohne Zwischenfragen. Selbst bei der Meditation waren die Gäste bei sich – so wirkte es jedenfalls. Ganz anders als in der ersten Woche, als sie ihnen regelrecht ansah, wie ihre Gedanken in der Weltgeschichte herumwanderten. Nach diesem erfolgreichen Tag kann sie das Programm für die nächsten Tage getrost intensivieren.

Sie hat den Nachmittag im Garten verbracht – gemeinsam mit Brigitte, die irgendwann neben ihr stand und mit Gesten andeutete, dass sie helfen möchte. Das musste sie Lena nicht zweimal mitteilen. Alma hat ihr ins Gewissen geredet, wie wichtig Jäten ist. Nach den regnerischen, warmen Tagen sind die Pflanzen regelrecht hochgeschossen, leider auch das Unkraut. Wortlos reichte sie Brigitte ein paar Handschuhe und zeigte auf den Giersch und die Disteln, die gejätet werden müssen. Ihr wäre das alles ja ziemlich egal, aber nächste Woche kommt Alma für den Heilpflanzenkurs, da soll der Garten Eindruck machen.

Die Hände wieder einmal in die Erde zu stecken, tut gut. Auch wenn sie sich zum Jäten jeweils überwinden muss. Dafür konnte sie letzte Woche die ersten Kohlrabis und Karotten ernten. Wie häufig Lorenz sie wohl nachts getränkt hat? Sie hat es einige Male vergessen oder nicht für nötig befunden. Die Erde war am Morgen immer feucht, vom Tau, wie sie angenommen hat. Wenn sie ehrlich ist, hat sie dem keine Bedeutung beigemessen. Nicht einmal ihren gutmütigen Hausgeist hat sie verdächtigt. Lorenz.

Sie hat ihn einfach geküsst, aus einem Impuls heraus – und sich dann vom Acker gemacht. Ob sie zu weit gegangen ist? Er scheint noch ziemlich jungfräulich zu sein. Sie weiß selbst nicht, was in sie gefahren ist. Eigentlich wollte sie sich nur mit ihm unterhalten, sich für seine Hilfe bedanken und dann – dann fand sie ihn einfach unwiderstehlich, so sexy unbefangen. Da konnte sie nicht anders. Sie wird heute

Abend mit ihm reden, hoffentlich muss sie keine Schadensbegrenzung betreiben.

Wie laut die Essensgeräusche sind, wenn niemand spricht. Das Klappern der Gabeln, die Pias Gemüsequiche vom Teller kratzen. Ihr gegenüber sitzt Uma, mit einem lässigen Lächeln und funkelnden Augen. Sie ist heute kaum geschminkt und sieht super aus. Das wird sie ihr morgen noch sagen. Die natürliche Uma gefällt ihr nämlich viel besser als die Durchgestylte, die ihr Gesicht hinter einer Make-up-Schicht versteckt und ihre Augen barbiehaft betont. Vom Garten aus hat sie gesehen, dass sie sich lange bei den Schafen aufgehalten und sie richtig rausgeputzt hat. Peer wirkt sehr konzentriert, seine Stirn ist dann immer leicht gekräuselt. Ob er das Schweigen aushält? Hoffentlich hat er bald eine Idee für sein nächstes Kinderbuch. Sie hat da noch ein paar Kreativitätstechniken auf Lager, bevor er ganz verzweifelt.

Der Schweigetag und die Arbeit im Garten haben bei Brigitte etwas ausgelöst. Einmal hatte Lena den Eindruck, dass sie geweint hat. Sie wollte schon zu ihr gehen, aber Brigitte hat sich die Tränen sofort aus dem Gesicht gewischt und ein Stewardessenlächeln aufgesetzt. Die Frage, wie sie ihr künftiges Leben gestalten soll – als Singlefrau im besten Alter und in einer Multioptionsgesellschaft lebend –, wirbelt sie auf. Auch wenn sie nach außen die Gefasste mimt.

Dafür wirkt Silvan heute gelöst, fast selig lächelt er vor sich hin. Seine sonst nervösen Bewegungen sind bedächtig, ganz leger isst er die Gemüsequiche. Vielleicht hatte er heute ja einen Durchbruch? Sie wünscht es ihm, denn seine kritische, dauergestresste Art ist anstrengend. Irgendwie findet sie keinen Draht zu ihm. Auch wenn sie sich bemüht, da prallen Mars und Saturn aufeinander. Sie ist in dieser Beziehung nicht wie Pia, die es immer allen recht machen will, sogar den Silvans. Da schaltet sich ihr Therapeutinnenknopf an: Je schwieriger der Fall, desto interessanter. Obwohl, vielleicht gefällt ihr Silvan ja sogar ein bisschen? Pia mag ja grundsolide Männer, die strukturiert im Arbeitsleben stehen. Ihr letzter Freund war Buchhalter oder so. Ein schöner Langweiler. Das hat Pia dann auch irgendwann eingesehen und ihm nach einem halben Jahr Beziehung den Laufpass gegeben. Lena hat ihn zwar nur einmal gesehen, bei einem Abendessen zu dritt, das äußerst schleppend verlief, weil gemeinsame Gesprächsthemen und die Chemie gefehlt haben. Bei allem, was sie, damals in einer wilden Phase, erzählte, hat er nur die Augenbrauen zusammengezogen und gefragt: »Was, echt?«

Mensch, das ist aber auch schon mindestens drei Jahre her, vielleicht sogar vier. Ob er Pias letzter Freund war? Erzählt hat sie ihr jedenfalls von keinem anderen Mann in ihrem Leben. Seit sie dieser komische Patient gestalkt hat, ist sie noch verschlossener. Dabei wünscht Lena ihr von Herzen, dass sie ihr Glück in der Liebe findet. Wer weiß, vielleicht hilft ihr dieses Retreat ja, ein bisschen lockerer zu werden und sich mal wieder auf jemanden einzulassen? Aber nicht auf einen gestressten Banker Bad Boy wie Silvan, der bereits am ersten Abend die Regeln bricht. Sein Schäferstündchen mit Uma im Badezimmer ist ihr nicht entgangen. Sie hat das damals als Trotzreaktion auf das Manifest abgetan. Pia würde jedenfalls niemals Regeln brechen, die sie selbst aufgestellt hat. So gut kennt sie ihre Schwester, und bei einem Silvan ist das auch besser so. Sie hat mitbekommen, wie Pia am späten Nachmittag in nassen Kleidern aus dem Wald zurückkam. Fast so, als ob sie in den Bach gefallen war. Dagegen sprach allerdings, dass sie gegrinst hat wie ein Delfin. Sie wird sie morgen fragen, vielleicht erzählt sie es ihr ja. Als ihr Blick über die Essensrunde hinweg aus dem Fenster wandert, sieht sie Regentropfen an die Scheibe klatschen.

»Bin ich froh, dass wir dieses Mal zu Hause sind«, platzt es aus Uma heraus. Der Schweigetag ist fast vorbei, da will sie mal nicht so sein. Die Gewitterwolken haben sich bereits am Nachmittag angekündigt. Nachdem sie mit einer Woche Sonnenschein verwöhnt worden sind, soll das Wetter in den nächsten Tagen unbeständiger werden. Morgen wird das Yoga das erste Mal in der Stube stattfinden. Sie werden den Esstisch mit den Stühlen zur Seite rücken, damit es genug Platz gibt. Zudem wird sie heute Nacht mal wieder drinnen schlafen müssen. Sie vermisst ihre Hängematte und den Logenplatz unter dem Sternenhimmel jetzt schon.

Ob Lorenz heute gar nicht im Garten arbeitet? Die Vorstellung trübt ihre gute Laune. Es dauert noch eine Weile, bis sie sich aus dem Haus schleichen kann, was heute noch schwieriger ist als sonst, da Brigitte und Silvan den Abend bei ihr in der Stube verbringen. Silvan liegt gemütlich auf der Ofenbank und schmökert in einem alten esoterischen Ratgeber aus ihrer Bibliothek, der ihn alle fünf Minuten zum Lachen bringt. Brigitte markiert mit einem quietschgelben Leuchtstift fein säuberlich Stellen in einem ihrer Selbsthilfebücher. Rund ein Drittel des Textes ist markiert – das Buch scheint erkenntnisreich zu sein. Wie man seinen Weg findet und erfolgreich begeht – so oder so ähnlich lautet der Titel. Sie kann sich lebhaft vorstellen, was da so alles drinsteht, sie hat selbst viele dieser Bücher verschlungen. Ihr haben diese Ratgeber bis auf wenige Ausnahmen wenig gebracht. Es waren viel mehr die Begegnungen mit Schamaninnen, Meistern, Lehrerinnen und Therapeuten, die sie inspiriert haben auf ihrem Weg. Ihre wundervolle Yogalehrerin in Südindien oder die alte Nonne in diesem abgelegenen Kloster in Nepal, eine Meisterin in Achtsamkeit und Meditation. Oder Rima, die das Extrem-Survivaltraining in der Wüste Gobi angeleitet hat, und in gewisser Weise auch Alma, weil sie alles über Pflanzen weiß und über so viel Lebenserfahrung und Weisheit verfügt.

Lena ist nach einer meditativen Beschäftigung, daher kramt sie ihren Malblock mit den Mandala-Vorlagen hervor und setzt sich mit ihren Farbstiften auf ein Sitzkissen am Boden. Kaum hat sie angefangen, schielt Brigitte zu ihr hinüber und fragt, ob sie mitmalen kann. Sie lässt Brigitte ein Muster aus ihrem Block auswählen und schiebt ihre Farbstiftschachtel in die Mitte. Als Uma wenig später ihren Kopf in die Stube steckt, malen sie bald zu dritt Mandalas.

»Das ist ja wie in einer Hippiekommune«, stellt Silvan lachend fest und konzentriert sich wieder auf sein Selbsthilfebuch. »Ist echt crazy, was da drinsteht! Der Typ behauptet im Ernst, dass unser Geist die Realität formt. Ich werde das morgen in der Meditation anwenden. Mich als König der Welt visualisieren.«

»Wäre das denn dein sehnlichster Wunsch?«, fragt Lena. »Für mich wäre das ein Albtraum.«

Vielleicht passt Silvan doch besser zu Pia als gedacht?

»Was müssten die Erdenbewohner unter deiner Herrschaft denn tun?«, will Uma wissen.

»So weit bin ich noch nicht. Fest steht, dass ich in einem prunkvollen Schloss mit allen Annehmlichkeiten leben und herrschen werde. Aber erst mal Schritt eins, den Thron visualisieren und besteigen.«

»Morgen findet der Mal-Workshop statt«, kündigt Lena an, »da kannst du das gleich anwenden. Es geht um tief liegende Sehnsüchte.«

»Mensch, jetzt haben wir trotz des Schweigetages geredet«, sagt Brigitte plötzlich, die völlig in ihr Mandala vertieft war.

»Macht nix, ihr habt tapfer durchgehalten. Wir tauschen uns morgen noch über eure Erfahrungen aus.«

Brigitte stöhnt. »Nach dem Tag habe ich tatsächlich ein erhöhtes Mitteilungsbedürfnis.«

»Wie machst du das denn zu Hause? Du lebst doch alleine?«, fragt Silvan, der immer noch entspannt auf der Ofenbank liegt. Brigitte entgegnet nichts, sondern zuckt nur mit den Schultern und starrt auf ihr Mandala, das bis auf wenige Felder ausgemalt ist – ohne einen Strich daneben.

»Auch daran kannst du im Mal-Workshop arbeiten«, sagt Lena. Vielleicht kommt Brigitte ja beim Malen einen Schritt weiter in ihrer Sinnsuche? Sie würde es ihr wünschen.

Draußen regnet es inzwischen in Strömen, und die umliegenden Bergspitzen sind in Wetterleuchten getaucht.

Heute wütet das Gewitter eine Bergkette weiter. Unmöglich, dass Lorenz bei dem Regen in seinem Zen-Garten arbeitet. Die Erkenntnis macht sie wehmütig. Sie hat sich schon den ganzen Tag lang auf ihn gefreut. In welchem Zimmer er wohl schläft? Sie muss später zu ihm rüber, egal, wie gering die Chancen sind, ihn zu treffen. Sie muss ihn wiedersehen, sonst hört dieses Kribbeln in ihren Fingern nicht mehr auf.

Immerhin ist die Gruppe schnell müde, der wohlig warme Kachelofen tut da gute Dienste, ebenso die ereignisreiche Outdoor-Nacht mancher Gäste.

Jedenfalls ist es erst kurz nach zehn, als es bereits mucksmäuschenstill im Haus ist und Lena sich im Flur ihren Regenschutz überwirft. Durch eine schwarze Regenwand huscht sie rüber zur Nachbarsalp, in der kein Licht mehr brennt.

Sie schleicht um den Hof in den Garten, in dem sich, wie erwartet, kein arbeitender Lorenz befindet. Dafür haben sich bereits kleine Seen in den Kräuterbeeten gebildet. Vermutlich liegt Lorenz längst in seinem Bett und schläft.

Doch dann erkennt sie eine Gestalt, die unter dem Vordach sitzt, in einen klobigen Regenschutz gehüllt. Er winkt ihr zu und schiebt die Kapuze runter.

Lorenz.

Sie geht auf ihn zu und umarmt ihn so fest, dass ihre nassen Regenjacken beim Reiben quietschen.

»Komm«, flüstert er ihr zu und nimmt sie an der Hand. Er führt sie durch einen Hintereingang in den Keller. Dort öffnet er die Tür in eine Kammer und stellt das Licht an. An zwei Wänden stehen volle Regale mit Konservendosen, Einmachgläsern und Kartoffelsäcken. Offensichtlich ihre Vorratskammer. Erst auf den zweiten Blick erkennt Lena die Matratze in der Ecke, auf der zwei Kissen und eine Wolldecke liegen. Daneben stehen Kerzen. Der Anblick rührt sie. Lorenz hat versucht, diese modrige Vorratskammer mit den unverputzten Wänden in ein Liebesnest für sie zu verwandeln. Er kniet sich auf die Matratze und zündet die Kerzen an. Lena setzt sich zu ihm.

»Du wusstest, dass ich komme.«

Er lächelt. »Ich habe es gehofft.«

Lena kann nicht anders, als sich an ihn zu schmiegen.

»Erzähl mir etwas über dich«, bittet sie ihn.

»Hm. Das ist nicht so spannend. Ich habe mein ganzes Leben hier verbracht.«

»Es interessiert mich aber. Wie ist es, hier oben aufzuwachsen?«

Lorenz denkt nach.

»Ich habe immer viel gearbeitet. Wir alle. Es gibt einfach viel zu tun. Das Gelände ist abschüssig, die Winter sind lang. Meine Mutter hätte lieber einen Bauernhof weiter unten im Tal gehabt. Wo das Wetter milder ist und der Frühling nicht erst im Mai kommt. Doch der Hof gehört schon seit Generationen der Familie meines Vaters.«

»Aber dir gefällt es hier?«

»Ja. Ich mag die Ruhe, die Berge direkt hinter dem Haus, die Natur. Im Tal unten wird es mir schnell zu viel.«

»Wolltest du nie weg?«

Sie spürt, wie er mit den Schultern zuckt.

»Ich weiß nicht. Es ist einfach immer so gewesen, weißt du? Früher, als Mutter noch lebte, haben wir manchmal Ausflüge gemacht. Sind mit dem Auto über Pässe gefahren und haben oben im Restaurant auf der Terrasse gegessen. Wir Brüder nahmen immer Pommes mit Schnitzel, Vater einen Braten, und Mutter mochte Röschti am liebsten. Doch dann wurde meine Mutter krank. Sie ist gestorben, als ich zwölf war.«

Lena kuschelt sich noch enger an Lorenz. »Das tut mir leid zu hören.«

»Ab dann haben wir noch mehr gearbeitet. Eigentlich immer. Mutter hat mir sehr gefehlt. Uns allen. Nachdem ich mit der Schule fertig war, habe ich nur noch auf dem Hof gearbeitet. Genau wie meine Brüder. Joachim meinte, dass ich keine Lehre machen müsse. Ich weiß eh schon alles über das Bergbauern. Die Berufsschule wäre zudem unten im Tal gewesen. Zu umständlich.«

»Hast du denn gar nie Lust, andere Menschen zu treffen?«

»Ein paarmal war ich mit Joachim und Fritz im Pöstli, um zu jassen. Sie gehen da jeden Dienstagabend hin. Aber irgendwie ist das nicht so meine Welt. Es wird viel geschimpft, über alles Mögliche. Gierige Lokalpolitiker, kranke Tiere, undankbare Kinder. Oder die Touristen in den Ferienwohnungen. Ich mag das nicht.«

Und ich dich dafür immer mehr, denkt Lena. Sie drückt ihm einen Kuss auf die Wange. Sie legen sich aneinandergekuschelt auf die Matratze, und Lorenz bedeckt sie mit der Wolldecke.

»Erzähl weiter.«

»Es geht irgendwie gleich weiter. Vor drei Jahren starb Vater an einem Herzinfarkt. Er war nicht mehr glücklich, seit

Mutter gestorben war, und trank zu viel. Wir beschlossen, zu dritt weiterzumachen. Doch irgendwann wurde ich immer trauriger.«

»Was ist passiert?«

Er schweigt lange, und Lena hofft, dass er nicht ganz verstummt.

»Ich weiß es nicht. Vielleicht wegen Mutters Tod oder Vaters. Sonst blieb ja alles gleich.«

»Vielleicht hast du dich ja verändert?«

»Vielleicht. Ich weiß es nicht. Irgendwann stand ich morgens auf und war traurig und ging abends ins Bett und war traurig. So ging das wochenlang. Bis mich eines Tages Sepp darauf angesprochen hat. Der Bauer, der früher in deinem Haus wohnte.«

»Ja klar, ich kenne ihn. Er hat mir den Hof verkauft. Ein netter Mann.«

»Ich hatte schon als Kind einen guten Draht zu ihm, obwohl mein Vater und meine Brüder mit ihm zerstritten waren. Er hat mir immer wieder heimlich kleine Dinge geschenkt. Bücher oder Spielsachen, die ich in meinem Zimmer gut verstecken musste. Jedenfalls hat er mich eines Tages beim Mähen angesprochen. Da Joachim und Fritz mit den Kühen auf der Alp waren, lud er mich zu einer Limo in den Garten ein. Er meinte, dass ich vielleicht ein Hobby brauche. Etwas, das mir Freude macht. Ich habe dann lange darüber nachgedacht und gemerkt, dass ich gerne im Garten arbeite. Aber nicht immer nur im Gemüsebeet. Als ich das Sepp erzählt habe, fiel ihm ein, dass er im Regal noch ein altes Buch

über japanische Ziergärten hatte. Und so hat das alles angefangen.«

»Schön. Und deine Brüder? Wie haben sie auf den Zen-
Garten reagiert?«

Er lacht kurz. »Oh, die haben das gar nicht verstanden.
Weil wir doch schon den ganzen Tag auf dem Hof arbeiten
und so ein Ziergarten ja etwas völlig Nutzloses ist. Doch ich
hab nicht lockergelassen und einfach einmal angefangen. Zuerst mit einem symmetrisch angelegten Kräuterbeet. Diese
Arbeit hat mir so gutgetan, darum habe ich am nächsten
Abend weitergemacht. Lustigerweise hatte ich auch tagsüber
wieder Energie für die anstrengende Arbeit auf dem Hof. Irgendwann haben meine Brüder das auch eingesehen und
mich einfach machen lassen.«

Wie gerne sie ihm zuhört, seinen gewählten Worten, mit
den vielen Pausen dazwischen. Er riecht gut, immer noch
nach salzigem Rosmarin und einem Waschmittel, das sie an
ihre Großmutter Frieda erinnert und an ihr gemütliches
Haus mit der aufgehängten Wäsche im Keller.

»Und du?«, fragt er nach einer Weile. »Warum bist du auf
die Alp gezogen? Du kommst doch aus der Stadt.«

Lena beobachtet die tanzenden Schatten, die die Kerzen
werfen.

»Das stimmt. Wo soll ich bloß anfangen? Ein bisschen ist
mein Leben das Gegenteil von deinem. Ich bin viel herumge-
reist und habe es nie länger an einem Ort ausgehalten.«

»Hat es dir nirgendwo gefallen?«

»Doch, schon. Eigentlich überall. Es liegt mehr an mir.

Wie soll ich das erklären? In mir, da lodert es irgendwie ständig. Wie eine brennende Kerze bei Durchzug.«

»Aber dann muss dir doch schrecklich langweilig sein hier oben?«

Sie drückt ihm noch einen Kuss auf die Wange. Er stellt gute Fragen.

»Vor ein paar Jahren hätte ich mir das wirklich nicht vorstellen können. Da war ich rastlos, immer unterwegs, immer auf der Suche. Ich wollte so viele Erfahrungen machen wie möglich und mich dabei besser kennenlernen. Denn in Wahrheit fühlte ich mich oft fremd im eigenen Körper. Ich musste erst lernen, mich in mir selbst zu Hause zu fühlen.«

»Und die Reisen haben dir dabei geholfen?«

»Teilweise, ja. Bist du mal im Ausland gewesen, Lorenz?«

Er schüttelt den Kopf. »Nein, noch nie. Doch wir werden …«

Er verstummt, überlegt lange.

»Erzähl du lieber«, sagt er dann.

»Ich bin viel herumgekommen. Bin erst mit dem Rucksack durch Südamerika und Asien gereist. Doch irgendwann wollte ich mehr. In Südindien habe ich mich ins Yoga verliebt und eine Ausbildung zur Lehrerin angefangen. Das half mir, meinen Körper mit meinem Geist zu harmonisieren. In Thailand, Laos und Nepal habe ich viel meditiert und mich in Kursen weitergebildet. Es macht mich glücklich, zusammen mit anderen zu meditieren und sie bei dieser Reise zu begleiten.«

»Dann meditierst du viel auf der Alp?«

»Ja, schon. Zudem gefällt mir die Arbeit draußen und mit den Schafen. Das alles erdet mich irgendwie.«

»Ich würde gerne mal nach Japan reisen und Zen-Gärten besuchen. Da könnte ich bestimmt viel lernen.«

Lena schließt die Augen und fühlt, wie sie in seinen Armen wegdöst. So rundum behaglich hat sie sich lange nicht mehr gefühlt.

Erst als es bereits dämmert, schleicht sie sich von der Nachbarsalp davon, durch den nächtlichen Nieselregen, zurück auf ihre Ofenbank. Dort liegt sie noch zwei Stunden lang da und kann nicht schlafen vor Aufregung.

Pia

Pia geht Silvan beim Frühstück aus dem Weg. Sie muss sich erst darüber klar werden, was ihr der Nachmittag mit Silvan bedeutet. Leider spielt ihr Kopfkino den Liebesfilm ab, obwohl die Sommerromanze laufen sollte, wenn überhaupt. Wo doch völlig klar ist, dass er nichts Ernsthaftes sucht und sie ja eigentlich auch nicht. Jedenfalls sicher keine Beziehung, die schon im Vorhinein zum Scheitern verdammt ist. Mensch, wie kann sie jetzt schon an eine Beziehung denken? Sie weiß doch gar nicht, was sie denken und fühlen soll. Lena würde sie auslachen wegen des Dramas, das sie macht. Ihre Schwester hat fast immer einen Lover, irgendwelche Typen, die sie regelmäßig trifft, die ihr aber nichts bedeuten. Das weiß sie, auch wenn Lena ihr nie von ihnen erzählt. Selbst hier auf der Alp hat sie was am Laufen, Pia hat Ostern ein

Männer-Deodorant im Spiegelschrank entdeckt. Eigentlich wäre sie die perfekte Person, um darüber zu reden, aber das geht nicht. Nicht, nachdem sie sich so für diese Enthaltsamkeitsregel im Manifest eingesetzt hat. Und dann noch mit Silvan, einem Banker. Das wäre der Typ Mann, mit dem Lena nie etwas anfangen würde. Sein Verhalten gibt ja auch allerhand Anlass, ihn nicht sonderlich zu mögen. Sie kann es nicht leiden, wenn Leute angeben müssen. Warum hat er gestern noch erwähnt, dass er befördert wurde? Was tut das bitte zur Sache? Sie mag ihren Job ja auch, aber jemand, der nur für seine Karriere lebt, ist überhaupt nicht ihr Fall. Womit wir wieder bei der Beziehung wären, die ja gar nicht im Raum steht, ausgeschlossen.

Am liebsten würde sie sich nach dem Frühstück mit Lena in der Küche verschanzen, um bei einer Tasse Tee über alles zu reden – und über sich selbst zu lachen.

Als Pia in der Küche Kaffee nachkocht, platzt eine erregte Uma hinein. »Ich muss heute dringend ins Dorf. Ich halte es nicht mehr aus.«

»Willst du nicht noch ein, zwei Tage warten?«, antwortet sie mit Blick aus dem Fenster, an das sich eine Regenwolke drückt. Sie werden den Tag wohl oder übel zusammengepfercht drinnen verbringen.

»Jetzt sind es schon zehn Tage! Du hast gesagt, dass ich einmal die Woche runterdarf. Gestern bin ich nur wegen des Schweigetages geblieben.«

»Ich will dich nicht zurückhalten. Findest du den Weg?«

»Das schon, aber ich fürchte mich vor dem Wald. Was, wenn mir dort ein Grimm auflauert?«

»Kaum, bei dem Wetter«, erwidert Pia und ärgert sich gleich über ihre Worte. Allerdings hat sie schon einmal nach Uma gesucht. Es wäre ihr lieber, wenn sie nicht alleine unterwegs ist, und zwar nicht wegen der Grimms.

»Wird dich niemand begleiten?«

Umas Sorgenfalte nach zu schließen, schätzt sie diese Chancen realistischerweise eher als gering ein.

»Vielleicht ist das Wetter am Nachmittag besser?«

»Ich will gleich nach dem Frühstück los, damit ich zum Mal-Workshop zurück bin.«

Mit diesen Worten verlässt Uma die Küche, noch bevor sie reagieren kann.

»Begleitet mich jemand ins Dorf?«, fragt Uma in die Frühstücksrunde.

»Ähm, hast du mal aus dem Fenster geschaut?«, antwortet Silvan. Als Pia mit der Kaffeekanne die Stube betritt, wirft er ihr einen langen Blick zu. Nicht so forsch wie gewöhnlich, aber auch nicht so liebevoll wie gestern im Wald. Sie errötet.

»Ich fürchte mich vor den Grimms und wäre total froh, wenn jemand mitkommt«, bettelt Uma.

»Nicht bei dem Regen. Sonst jederzeit gerne«, sagt Silvan und grinst breit.

Autsch. Wusste sie es doch. Das war einfach ein netter Nachmittag für ihn, es hätte aber genauso gut auch Uma sein können.

»Ich muss noch etwas vorbereiten für den Workshop«, erklärt Lena, »aber morgen gehe ich sowieso einkaufen, und du kannst … »

»Ich kann nicht mehr warten!« Uma steht unter Starkstrom. »Ich brauche Internet, und zwar so schnell wie möglich. Das ist mein Job.«

Was ist bloß mit ihr los? Gestern Abend wirkte sie noch so entspannt. Ob das nur Fassade war?

»Vor den Grimms brauchst du dich nicht zu fürchten. Die tun dir nichts, versprochen«, versichert Lena.

»Woher willst du das wissen? Ich bin schon einmal nur knapp ihren Mistgabeln entkommen. Die hätten mich aufgespießt, wenn ich nicht davongelaufen wäre.«

»Damals bist du auch auf ihrem Hof gelandet.«

Leider bewirken Lenas Worte nichts, Uma ist immer noch aufgebracht.

Silvan füllt sich eine dritte Tasse Kaffee nach und meint: »Ich glaube auch nicht, dass die in ihrem Keller unschuldige Influencerinnen gefangen halten.«

»Ich finde das überhaupt nicht lustig!«, ruft Uma und stampft aus der Stube.

Lena wirft Silvan einen strengen Blick zu. »Die Bemerkung war nicht nötig.«

»War doch nur ein Witz. Ist echt albern, wie sehr sie sich vor diesen blöden Bauern fürchtet«, antwortet er schulterzuckend.

»Diese Angst ist nicht unbegründet«, sagt Peer. »Als ich gestern Nacht auf der Toilette war, brannte Licht im Grimm-Keller. Um zwei Uhr in der Früh.«

»Vermutlich haben sie einfach vergessen, das Licht auszumachen«, erklärt Lena mit betont ruhiger Stimme. Sie versucht offensichtlich, die aufgeheizte Situation abzukühlen.

»Jetzt frühstücken wir erst fertig, und dann versuche ich,

Uma zu beruhigen«, fährt sie fort. In dem Moment hören sie, wie jemand die Treppe runterrennt und wenig später die Haustür ins Schloss schmettert. Die Gruppe reiht sich an der Fensterfront auf und starrt gebannt nach draußen. Uma rennt, in einen schwarzen Regenponcho gehüllt, den Wanderweg hinunter und verschwindet bald im Regendunst. Sie sieht aus wie eine Märchenprinzessin auf der Flucht vor einem bösen Drachen.

Meditationsgedanken Peer

Heute Nacht gehe ich rüber. Ich will wissen, was es mit diesen Psychobauern auf sich hat. Total riskant, aber ich kann nicht anders. Seit Tagen drehen sich meine Gedanken nur noch um diese verschrobenen Typen. Ich muss wissen, was die nachts treiben, brauche Gewissheit, dass diese Horrorszenarien nur meine Hirngespinste sind. Damit ich sie loslassen und mich ganz auf die Selbstfindung konzentrieren kann … Wie bedrohlich der Hof der Grimms wirkt, so halb verdeckt von den Regenwolken. Der perfekte Schauplatz für einen richtig üblen Thriller. Wer einmal hier gelandet ist, der kommt nicht mehr lebend weg. Sogar die Kühe wirken trostlos mit ihrem klatschnassen Fell. Jeder normale Bauer hätte die doch in den Stall gebracht bei diesem Wetter. Denen soll es wohl nicht besser ergehen als ihren Besitzern … Vorhin brannte im Erdgeschoss Licht. Küche oder Wohnzimmer. Was die wohl machen bei dem Wetter? Arbeiten, als ob nichts wäre? Zuzutrauen wäre es ihnen. Ich muss wissen, was die in ihrem Keller treiben. Heute früh brannte kein Licht mehr. Von wegen nur vergessen, das Licht auszumachen … Ich muss mir das heute Nacht reinziehen, auch wenn ich sterbe vor Angst. Ich bin so eine Memme geworden, sogar draußen schlafen fällt mir schwer. Alle reden von Abenteuern, neuen Herausforderungen, exotischen Reisen, und ich? Ich dachte immer, dass ich einfach der fürsorgliche Vater bin, der nebenbei noch ein bisschen kreativ ist. Dass mich das voll und ganz erfüllt. Dabei bin ich einfach nur ein Langweiler, der keine Eier in der Hose hat. Der sich von seinen Kindern und Ex-Freundinnen alles vorschreiben lässt. In der Beziehung kann ich selbst von einem Großmaul wie Silvan noch etwas lernen. Gestern kam er mit nassen Kleidern aus dem Wald zurück, total cool. Ist wahrscheinlich baden gegangen in dem eisigen Bergbach da oben … Noch ist es nicht zu spät. Ich bin in diesem Selbstfindungs-Retreat gelandet, um einen Teil in mir wiederzufinden, der in den letzten Jahren verschüttgegangen ist. Meine archaische Männlichkeit. Der wilde Peer, der mutig ist und Risiken eingeht. Das meint Lena doch sicher, wenn sie von »Empowerment« redet. Ich kann nicht so weiterleben wie bisher … Wenn alle im Bett sind, schleiche ich mich aus dem Haus. Ich werde einen Zettel auf dem Küchentisch hinterlassen für den Fall, dass ich nicht zurückkomme. Die sollen wissen, wo ich bin. Vielleicht müssen sie mich retten, vielleicht kommt auch jede Rettung zu spät. Was dann aus meinen Kindern wird? Nein, Peer, nicht an deine Kinder denken. Das machen Helden auch nicht. Du wirst zurückkommen, und zwar stärker als zuvor. Und andernfalls hast du dein Leben wenigstens nicht als Memme beendet. Es ist beschlossene Sache. Ich muss da rüber. Zum Glück ist die Meditation zu Ende, bevor ich es mir anders überlegen kann.

Pia

Um halb zwei ist Uma immer noch nicht aus dem Dorf zurück. Pia fragt sich, ob sie es sich im Pöstli gemütlich gemacht hat. Bei dem Wetter hat sie gar keine andere Option. Lena hat die Stube zwischenzeitlich in ein Atelier verwandelt. Gouache- und Wasseraquarell-Farben sowie eine Farbstiftschachtel liegen auf der Ofenbank bereit. Den Stubentisch hat sie mit Zeitungen abgeklebt und große Blätter darauf ausgebreitet. Sechs Sitzkissen formen einen Kreis auf dem Boden, in dessen Mitte eine Kerze und ein Strauß Wiesenblumen stehen. Der Kachelofen ist eingeheizt und knistert wohlig. Lena kniet vor ihrem Radio und wühlt in ihrer Flohmarkt-CD-Sammlung, bis sie den passenden Soundtrack findet. Die psychodelisch knallige Hülle verrät schon einiges.

»Legen wir los, Uma kann ja später noch einsteigen«, schlägt Lena vor. Die alte Pia hätte das Bedürfnis gehabt, ins Dorf zu hasten und nach Uma zu suchen. Aber die neue Pia vertraut einfach darauf, dass alles gut wird. Lenas höhere Kräfte werden es schon richten.

Wenige Minuten später versammeln sich die übrigen Gäste im Kreis. Silvan trägt eine schlabbrige Jogginghose und ein verwaschenes Sweatshirt. Sein entspannter Freizeitlook gefällt ihr, mehr als sein herausgeputztes Outdoor-Outfit. Lena sitzt aufrecht im Schneidersitz und strahlt.

»Gestern haben wir ja einen Tag lang geschwiegen. Möchte jemand über seine Erfahrungen sprechen?«, fragt sie in die Runde.

»Also bei mir kamen schnell die Sorgen hoch«, erzählt Brigitte. »Seit einer Weile fühle ich mich in meiner Lebensplanung blockiert. Die Ideen sind da, ich habe mein halbes Notizbuch gefüllt mit Plänen, die ich noch umsetzen möchte. Einmal um die Welt reisen oder in einer Schule irgendwo in Afrika arbeiten oder eine Weiterbildung zur Yogalehrerin machen oder, oder, oder.«

»Und was sind deine Bedenken?«, fragt Lena.

»Ob ich das packe, so ganz alleine. Gestern hat mir Beate eine SMS geschrieben, dass sie die halbe Nacht mit gemeinsamen Freunden und Walter in unserem Garten gegrillt und gequatscht haben. Das hat mich irgendwie traurig gemacht. Vielleicht ist das alles ja auch ein Fehler, meine Trennung, der Auszug, meine Reisepläne und überhaupt.«

Silvan seufzt. »Man kann halt nicht alles haben.«

»Das ist mir auch klar. Aber wie finde ich heraus, was ich wirklich möchte? Jetzt ist Halbzeit, und ich bin verwirrter denn je.«

»Ich wäre mit dem Entspannungsprogramm auch gerne drei Stufen weiter. Aber so ist das halt«, wirft Silvan ein, »wir sind nun mal keine Naturtalente.«

»Du weißt wenigstens, was du willst. Karriere um jeden Preis«, sagt Peer trocken.

»Nicht um jeden Preis. Aber von nichts kommt halt

nichts. Wenn man jahrelang die Extrameile geht, muss auch etwas dabei rausschauen. Sonst hätte ich ja gerade so gut Hausmann oder sonst was werden können.«

»Du meinst, so wie ich. Vier Kinder und kein Geld.«

»So habe ich das nicht gemeint. Dich erfüllt dieses Leben ja. Mir sind Kinder zu laut und zu anstrengend. Ich würde die nach zwölf Stunden Arbeit nicht mehr ertragen.«

»Ihr habt alle eure Fragen und Themen. Nichts ist wichtiger oder besser als das andere«, stellt Lena klar und fixiert mit ihren Augen die brennende Kerze vor sich am Boden. »Jeder und jede hat eine andere Vorstellung von einem erfüllten Leben.«

»Aber wir machen definitiv zu wenig Fortschritte. Vielleicht bräuchten wir noch mehr Programm? Morgens und nachmittags«, schlägt Silvan vor.

»Die nächsten beiden Wochen werden wieder intensiver. Doch bedenkt bitte: Es sind oft die stillen Phasen, die am kostbarsten sind. Die Muße. Einfach mal nichts tun, kein Programm haben. Es geht nicht um Tempo oder eine volle Agenda, sondern um das Sein. Darum beharre ich auch so auf dem Meditieren.«

Das war den enttäuschten Gesichtern nach zu schließen nicht die Antwort, die sie sich erhofft hatten. Brigitte kräuselt ihre Stirn. »Das fällt mir nicht leicht. Zu Hause bin ich immer in Bewegung, arbeite oder gehe meinen Hobbys nach.«

»Darum seid ihr ja auch hier. Schließt die Augen, und gebt euch die Hände. Ich möchte mit euch eine Botschaft manifestieren. Sie lautet: Ich bin wertvoll und liebenswert, genau so, wie ich gerade bin.«

Schweigen. Pia merkt, wie sie die Worte tiefer berühren als erwartet. Eigentlich weiß sie ja, wie wichtig Selbstakzeptanz ist, und doch ist es wohltuend, es immer mal wieder zu hören.

»Wir wollen uns heute mit Gefühlen beschäftigen und wie wir sie zum Ausdruck bringen können – ganz ohne Worte«, erklärt Lena. »Malt, wie ihr euch am Anfang des Retreats gefühlt habt, wie ihr euch aktuell fühlt und wie ihr euch fühlen möchtet, wenn ihr wieder nach Hause reist. Wählt die Farben aus, die euch dafür passend erscheinen. Habt ihr noch Fragen?«

»Eine ganze Menge«, entgegnet Silvan. »Ich habe keinen blassen Schimmer, wie ich meine Gefühle malen soll. Das ist ja total abstrakt.«

»Es geht um Intuition, und dabei gibt es kein Richtig oder Falsch. Tauche tief in diese Empfindung ein.«

»Aber Unruhe ist doch gar kein offizielles Gefühl.«

»Schließ deine Augen, und stell dir vor, wie sich deine Unruhe anfühlt. Wie könnte sie aussehen?«

Silvan seufzt. Ob er aufgibt? Pia ist Kreativitätspraktiken gegenüber zwar kritisch eingestellt, weiß aber, dass sie erfolgreich sein können. Nach ihrem Studium hat sie ein Praktikum in einer Klinik absolviert und eine Gestalttherapeutin kennengelernt, die mit ihren Patienten wahre Wunder vollbracht hat. Gerade bei jenen, die Mühe hatten, ihre Emotionen in Worte zu fassen.

Brigitte greift als Erste zur Farbe und beginnt, grüne Kreise zu malen. Am liebsten würde sich Pia vor der Übung drücken, aber dafür ist es zu spät. So schnappt sie sich eine

Schachtel mit Farbstiften und setzt sich damit auf ihr Sitzkissen. Das Zeichnen fällt ihr leichter, wenn nicht alle auf ihr Papier starren.

»Darf man auch woanders hingehen?«, fragt Silvan, nachdem mindestens fünf weitere Minuten verstrichen sind, in denen er reglos dagesessen hat.

»Wo immer du dich wohlfühlst«, antwortet Lena, woraufhin er nach ein paar Farbstiften greift und die Stube verlässt. Lena stellt das Radio an, und schon klingt indisch angehauchte Meditationsmusik durch die Stube. Als sie auch noch ein Räucherstäbchen anzündet, erwartet sie Protest, doch alle sind in ihre Malarbeiten vertieft. Die Atmosphäre erinnert sie an den Ashram ihrer Eltern oder zumindest daran, wie sie sich ihn vorstellt. Nach all den Jahren kommt ihr das immer noch unwirklich vor. Ihre Eltern, wie sie in weiten Pumphosen im Schneidersitz zur Sitar ihres Gurus chanten. Ihre Eltern! Insbesondere ihr Vater, der früher gar nichts mit Spiritualität und Esoterik zu tun haben wollte. Von Lena weiß sie, dass ihre Eltern unter ihrem Kontaktabbruch leiden. Doch warum bemühen sie sich dann nicht mehr um eine Beziehung? Warum haben sie sich für ein Leben fernab von dem ihrer Töchter entschieden?

Sie starrt auf die Schachtel mit den Farbstiften und würde am liebsten einen schwarzen Stift wählen – doch sie weiß, dass das die Farbe der Trauer ist. Also lieber etwas Fröhliches nehmen, zum Beispiel den gelben Stift. Sonst muss sie sich nachher noch dafür rechtfertigen, und das möchte sie nicht. Sie ist ja schließlich nicht als Gast hier, sondern fürs Management, wie Silvan sagen würde, halbironisch natürlich. Was er da draußen wohl malt? Sie wäre gerne zu ihm gegangen. Bestimmt hätte er einen flotten Spruch bezüglich dieser Übung auf den Lippen gehabt. Die esoterische Musik und das Räuberstäbchen hätten ihm wohl noch den Rest gegeben.

Sie beginnt, Muster mit dem gelben Stift zu zeichnen, die sie mehr an eine Kritzelei während eines Telefonats erinnern. Blümchen und Herzchen und Sternchen. Erst, nachdem sie das halbe Blatt damit zugepflastert hat, erinnert sie sich wieder an den eigentlichen Auftrag. Beschämt dreht sie ihr Blatt um und inspiziert Brigittes Zeichnung, die das Blatt fein säuberlich gedrittelt und von links nach rechts verschiedene Muster in unterschiedlichen Farbtönen gemalt hat, die immer klarer und heller werden. So würde man die Aufgabe wohl richtig lösen.

Plötzlich poltert es im Flur. Alle heben ihren Kopf, und Uma betritt die Stube. Ihre Haare kleben in nassen Strähnen an ihrem Regenponcho. Sie trägt immer noch ihre dreckigen Wanderschuhe.

»Da bist du ja endlich«, sagt Lena und lächelt, »wir haben dich schon vermisst.«

Uma bleibt in der Mitte der Stube stehen, dann beginnt sie zu weinen. Sofort geht Lena zu ihr und nimmt sie in den Arm, obwohl sie völlig durchnässt ist. Sogar Silvan hat ihre Rückkehr mitbekommen und streckt neugierig seinen Kopf in die Stube.

»Haben dich die Grimms verfolgt?«, fragt Brigitte.

Uma weint immer lauter und krallt sich an Lenas Oberkörper fest.

»Es war schrecklich. Einfach nur schrecklich«, schluchzt sie dazwischen.

»Was ist denn passiert?«, fragt Lena und wiegt Umas Kopf leicht hin und her, als ob sie ein weinendes Baby im Arm hätte.

Silvan sieht man sein schlechtes Gewissen wegen der flapsigen Bemerkung vom Morgen richtig an. »Ich habe die Schnauze so voll von diesen Scheiß-Grimms!«, ruft er energisch. »Die haben sie doch nicht mehr alle. Aber mich schüchtern die nicht ein. Ich rede mal Tacheles mit den Brüdern.«

Allmählich beruhigt sich Uma wieder. Ihre Wimperntusche klebt an Lenas türkiser Flatterbluse, neben einem tränennassen Fleck. Endlich kann sie erzählen, was passiert ist.

»Niemand hat mir geschrieben. Nur meine Mutter. Mein letztes Video auf TikTok wurde kaum gelikt. Auf YouTube habe ich tausend Abonnenten weniger als vor zwei Wochen.«

»Was hat das denn mit den Grimms zu tun?«, wundert sich Silvan. Für Pias Geschmack geht er zu sehr auf in der Beschützerrolle für hübsche Influencerinnen.

»Was habt ihr bloß mit den Grimms? Die habe ich nirgends gesehen«, schnieft Uma.

»Heißt das, die ganze Aufregung war umsonst?«, fragt Silvan.

»Ich habe nix von den Grimms gesagt!«

»Mensch, und wir haben uns schon Sorgen gemacht!«, ruft Peer und fummelt an seiner Brille herum. Uma wischt sich die Tränen aus dem Gesicht. »Ihr versteht überhaupt nicht, worum es geht. Ihr zeigt null Mitgefühl.«

»Bei diesem Zusammenbruch dachten wir halt, dass etwas Schlimmes passiert ist«, rechtfertigt sich Silvan.

»Ist es auch. Ich bin ruiniert. Meine Existenz als Influencerin ist vernichtet. Da bin ich mal zehn Tage offline, und schon werde ich geghosted. Meine letzte Insta-Story war die schlechteste in meiner ganzen Karriere. Und du, Silvan, meintest noch, dass ich ›voll nice‹ aussehe auf der Blumenwiese nur mit Wimpertusche. Angelogen hast du mich. Ich sehe schrecklich aus, und das fanden auch meine Follower. Mein Make-up-Sponsor hat mir gekündigt! Die dachten, ich bin ungeschminkt.«

Silvan lässt sich auf die Ofenbank plumpsen. »Sorry, dass ich nicht auf aufgemotzte Tussis stehe.«

Bei diesen Worten beginnt Uma erneut zu schluchzen. Pia ist froh, dass Lena auf die angespannte Situation reagiert und mit Uma aufs Zimmer geht. Silvan, Peer, Brigitte und sie bleiben in der Stube zurück, mitten in ihrer unterbrochenen Malübung.

»Verstehe einer euch Frauen«, schnaubt Silvan und schüttelt den Kopf.

»Dass sie das so aus der Fassung bringt«, sagt Brigitte. »Aber ich bin wohl einfach zu alt, um diese Welt verstehen zu können.«

Peer kratzt sich am Bart. »Also, wenn eine meiner Töchter Influencerin werden möchte, würde ich ihr das sofort verbieten. Sich nur auf Äußerlichkeiten reduzieren zu lassen, widerstrebt mir völlig.«

Alle Blicke sind auf Pia gerichtet. So als ob sie von ihr erwarten, dass sie noch abschließende Worte an die Gruppe richtet. Doch das wird sie nicht tun. Wortlos setzt sie sich wieder auf ihr Sitzkissen und starrt auf ihr umgedrehtes weißes Blatt Papier. Immerhin weiß sie jetzt, dass sie die richtigen Leute auf die Alp mitgenommen hat.

Lena

Der Tag war so was von anstrengend, findet Lena. Auch wenn sie damit gerechnet hat, dass beim Malen Gefühle hochkommen, die für Gesprächsbedarf sorgen. Nach Umas stürmischer Rückkehr war sie zwei Stunden lang bei ihr auf dem Zimmer, hat sie getröstet, besänftigt und ihr neue Perspektiven aufgezeigt. Als sie in die Stube zurückkam, war niemand mehr da. Brigitte hat ihr Bild fein säuberlich abgeschlossen, von den konfusen Kritzeleien in schrillen Farbtönen auf der linken Seite bis hin zu den linearen Musterzeichnungen in Pastelltönen auf der rechten Seite. Ob sie so geordnet die Alp verlassen wird? Lena hofft es für sie. Auf Peers Bild erkennt sie einen Wandel vom Vater hin zum Superhelden und fragt sich, ob sie etwas verpasst hat. Von Silvans Bild fehlt jede Spur, auch Pia hat ihr Werk weggepackt oder entsorgt.

Beim Abendessen ist die Stimmung kühl. Uma schweigt demonstrativ, sie fühlt sich unverstanden. Bei jeder anderen Person hätte man Verständnis gezeigt, wenn sie ihren Job verloren hätte. Aber sie als Influencerin wird mit ihren existenziellen Sorgen nur belächelt. Dennoch scheint ihr Gespräch etwas in Uma ausgelöst zu haben: Jedenfalls hat sie sich nach dem Abendessen die Gouache-Farben und drei Blatt Papier gekrallt und sich auf ihr Zimmer verzogen. Vermutlich sitzt sie dort am alten Schreibtisch von Bauer Sepp und malt an ihrer Zukunft. Was für ein spannender Kontrast zwischen der Buchhaltung eines Bergbauern und den kreativen Zukunftsvisionen einer Influencerin.

Nach dem Abendessen ist Lena so erschöpft, dass sie sich instinktiv in ihr Zimmer verkriecht. Sie setzt sich auf ihr Bett, in dem sie schon so lange nicht mehr geschlafen hat, und starrt eine Weile an die Wand mit den Astlöchern. Wie damals, als sie sehnlichst auf Pias Nachricht gewartet hatte. In dem Moment kommt ihre Schwester ins Zimmer und fragt: »Stör ich?«

Sie schüttelt den Kopf, und Pia setzt sich neben sie auf das Bett.

»Konntest du Uma wieder etwas beruhigen?«

»Ich habe mein Bestes gegeben. Jetzt verarbeitet sie ihre Gefühle beim Malen. Vielleicht hilft es ja?«

»Gut, dass du mit ihr aufs Zimmer gegangen bist. Die Stimmung war ja aufgeheizt.«

Pias Lob legt sich wie eine samtige Decke um ihre Schultern. Überhaupt genießt sie den vertrauten Moment mit ihrer Schwester, auch wenn sie beide müde sind von diesem intensiven Tag.

»Silvan hat echt kein Taktgefühl«, sagt Lena nach einer Weile. »Ich finde einfach keinen Zugang zu ihm. Mehr als Sprücheklopfen geht da nicht.«

Pia schweigt verdächtig lange.

»Ich glaube nicht, dass der hier seine Erfüllung findet«, fährt Lena fort. »Beziehungsweise hat er sie ja schon in seiner Karriere gefunden.«

Pia antwortet immer noch nicht, sondern streckt nur ihre rot lackierten Zehen. Sie haben ganz ähnliche Füße, denkt Lena. Schmal mit langen Zehen, der zweitgrößte ist etwas schief geraten. Nur sind ihre Füße zwei Nummern größer, und ihre Nägel sind mintgrün lackiert.

»Ich hoffe, dass er sich noch öffnen kann«, seufzt Pia. »Nicht nur in homöopathischen Dosen.«

Oje, er gefällt ihr! Bei ihrem letzten Austausch waren sie beide noch klar auf der »Silvan ist anstrengend«-Schiene. Doch Pias Zug ist abgebogen. Dass sie sich immer in so komische Typen verguckt. Ob sie ihre Schwester vor ihm warnen soll?

»Glaubst du auch, dass die Grimms ein dunkles Geheimnis haben? Peer kann ja von fast nichts anderem mehr reden«, fragt Pia und zieht ihre Knie an die Brust, genau wie sie.

»So ein Blödsinn. Ehrlich gesagt nerven mich diese Anschuldigungen. Als ob die Grimms an allem Elend auf dieser Welt schuld sind.«

»Na ja, ganz koscher sind die nicht.«

Lena rollt mit den Augen. »Mensch, Pia, du nicht auch noch.«

»Ich meine ja nur. Die würde doch niemand verdächtigen.«

»Sie sind vielleicht gar nicht so schlimm, wie alle meinen.«

»Deinen Optimismus möchte ich haben. Du hast sie schließlich das ganze Jahr über an der Backe.«

»Ich habe noch Hoffnung, dass sich die Situation wieder entspannt – wenn das Retreat durch ist.«

»Ich mache mir eher Sorgen, wenn du wieder alleine bist. Mit der Gruppe im Haus trauen sie sich wohl nicht rüberzukommen.«

»Ich brauche niemanden, der mich beschützt«, stellt Lena klar.

»Stimmt auch wieder«, sagt Pia lachend, »du bist schließlich eine starke, unabhängige Frau und bist dir selbst genug.«

»Da ist aber jemand im Retreat-Leben angekommen«, neckt Lena ihre Schwester, legt ihren Arm um sie, und für einen Moment sitzen sie kichernd da. Wie gerne hätte sie Pia von Lorenz erzählt, von ihren nächtlichen Besuchen bei ihm … Vielleicht holt sie das nach, wenn das Retreat durch ist?

Diese Vertrautheit mit Pia, das war genau das, was sie sich an Weihnachten so gewünscht hatte – und was damals stattdessen in Streitereien endete. Seit ihre Eltern in Indien leben, ist Weihnachten irgendwie komisch. Da waren nur noch sie beide und all die Erinnerungen an früher: Weihnachten war im Hause Wunderlich eine aufregende Angelegenheit mit vielen Ritualen, die von allen zelebriert wurden, auch als sie bereits erwachsen waren. Dabei ging es nicht um teure Geschenke, sondern um ein stimmungsvolles Zusammensein mit einer intensiven Vorbereitung. Es war Tradition, dass Lena und Pia bereits einen Tag vorher gemeinsam den Christbaum schmückten, ein Jahr Freestyle à la Lena, das andere farblich und förmlich choreografiert nach Pias Geschmack. Gemeinsam mit ihrer Mutter backten sie ausgewählte Sorten Weihnachtskekse, mit schmalziger Weihnachtsmusik im Hintergrund, wobei sie immer darüber stritten, wie oft man »Last Christmas« am Stück hören konnte, ohne durchzudrehen. In Endlosschleife, wie Pia fand. Ihr Vater war mit dem Schmücken des Hauses beauftragt. Obwohl er sich den Rest des Jahres wenig um Deko jeglicher Art scherte, gelang es ihm jedes Mal, das Haus in neuem Glanz erscheinen zu lassen. Mit Lichtinstallationen, Krippen oder anderweitigen, knapp an der Kitschgrenze vorbeischlitternden Weihnachtsinnovationen, wie er sie nannte. Dazu die obligaten Diskussionen über das Weihnachtsessen. Ihr damals ziemlich militanter Wunsch, dass der traditionelle Kalbsbraten einer vegetarischen Alternative weichen möge, sorgte zeitweise für hitzige Diskussionen. Am Weihnachtsabend flötete und sang die gesamte unmusikalische Familie gemeinsam und hatte einen Heidenspaß dabei. Selbst Pia konnte den verstimmten Liedern und quietschenden Blockflötenklängen etwas abgewinnen.

Und heute? Waren sie da mit all den Erinnerungen an alte Traditionen und ohne einen blassen Schimmer, wie Weihnachten im Jetzt aussehen könnte. Die vorletzten Jahre war Lena eh häufig im Ausland und Pia bei Ines' spanischer Großfamilie eingeladen gewesen. Doch wenn sie beide hier waren, dann war da diese Weihnachtsleere, die sie trotz bester Absichten nicht zu füllen vermochten. Die Tatsache, dass Pia ihre Eltern mit keinem Wort erwähnen wollte, half da auch nicht. Letztes Jahr boten ihre Eltern an, sie an Weihnachten zu besuchen, doch Pia lehnte die Einladung ab, weil Mama nur sie angefragt hat. Obwohl das doch klar war, da Pia und sie kaum Kontakt hatten und Pia nicht ans Telefon ging, wenn Mama anrief. Doch Pia schaltete auf stur, Mama hätte sie schließlich per Mail oder Post oder weiß der Geier wie kontaktieren können. So blieben ihre Eltern nach mühseligen Diskussionen schließlich in Kerala. Lena verbrachte stattdessen gestresste Weihnachtstage in Pias nüchterner Wohnung (eine rote Kerze, das war alles!), wo sie sich wegen jeder Kleinigkeit – sprich Lenas menschlichem Dasein – in die Haare kriegten.

Zum Glück sind sie beide in dieses Retreat eingespannt, und sie kann ihrer Schwester endlich zeigen, dass sie eigentlich ein starkes Team sind und sich in ihrer Verschiedenheit bestens ergänzen.

Als es dunkel wird, steht Lena, in einen dicken Kaschmirschal gewickelt, draußen vor dem Eingang. Es hat aufgehört zu regnen, und die feuchte Nachtluft belebt sie wieder. Wenn sich der Mond hinter der nächsten Wolke versteckt, wird Lena zum Nachbarhof schleichen. Sie kann nicht anders. Da ist eine Anziehung zwischen Lorenz und ihr, für die sie keine Worte findet. Noch immer spürt sie seine unsicheren Hände auf ihrem Körper, die von der harten Arbeit zwar rau, aber auch sehr zärtlich sind.

Auf dem Grimmhof brennt kein Licht mehr. Sie schleicht um das Haus und öffnet die Kellertür, die er einen Spalt offen gelassen hat. Es ist stockdüster im Flur. Erst jetzt fällt ihr ein, dass sie die Taschenlampe vergessen hat. Sie traut sich nicht, das Licht anzuzünden. Ob er schon da ist und auf sie wartet?

Sie haben keine Uhrzeit ausgemacht. Entlang der kalten Kellerwand tappt sie nach vorne. Hier müsste irgendwo die Tür sein, die in die Vorratskammer führt. Bald wird sie ihn wiedersehen, aber zuerst muss sie sich in diesem finsteren Keller zurechtfinden. Wenn die anderen wüssten, wo sie gerade ist, würden sie die Krise kriegen. Mitten im gefährlichen Grimmland und dann noch alleine im Keller.

Sie spürt einen Türrahmen und ertastet sich den Weg zur Falle. Als sie die Tür öffnet, strömt ihr ein intensiver Duft entgegen, der ihr irgendwie bekannt vorkommt. Das ist nicht die Kammer, in der sie gestern waren. Durch zwei schmale Fensterluken fällt mattes Licht hinein und beleuchtet einen überraschend großen Raum, der vollgestopft ist mit Pflanzen. Plötzlich weiß sie, woher sie diesen Geruch kennt. Auch wenn sie ihn überhaupt nicht mit einer Alphütte verbindet und am allerwenigsten mit knorrigen Bergbauern wie den Grimms. Sie bleibt einen Moment lang wie angewurzelt stehen. Wie ist das möglich? Ist das überhaupt möglich, oder träumt sie? Sie streckt ihre Hand aus, greift nach den Blättern der nächsten Pflanze und reißt einen Zweig ab.

Sie kann es nicht fassen: Die Grimms haben in ihrem Keller eine Hanfplantage! Und irgendwie hat sie das Gefühl, dass dieser nicht für Jutetaschen und Beruhigungstee bestimmt ist. In ihrem Kopf rattert es. Ihre Nachbarn haben keine Leichen im Keller, sondern so viel Hanf, dass man halb Amsterdam damit versorgen könnte. Ob sie den auch selbst verticken? Sie will gar nicht wissen, wie die Brüder reagieren würden, wenn sie wüssten, dass sie hier ist.

Weg hier, Lena. Weit weg. Vielleicht sind die Grimms

doch nicht so harmlos, wie sie angenommen hat. Vorsichtig schließt sie die Tür hinter sich und steht wieder im düsteren Flur. Ihr Herz rast, inzwischen nicht mehr vor Vorfreude auf das Wiedersehen mit Lorenz, sondern aus nackter Angst. Schritt für Schritt findet sie den Weg zur Kellertür, die immer noch offen steht. Der Mond hat ein Fenster in der Wolkenwand gefunden und beleuchtet die Treppenstufen, die hinauf in den Garten führen. Der Weg raus aus dem Schlamassel. Gerade als sie das Ende des Flurs erreicht, wird ihr gegenüber eine Tür aufgerissen. Ihr stockt der Atem. Jetzt haben sie dich erwischt.

»Da bist du ja!«, ruft Lorenz und strahlt sie an. Hinter ihm erkennt sie die Vorratskammer mit der Matratze in der Ecke, wieder in Kerzenlicht getaucht.

Alles gut. Es ist nur Lorenz. Er tut dir nichts. Wir hatten doch eine Verabredung.

Dennoch zittert sie am ganzen Körper.

»Was ist denn los mit dir?«, fragt er.

»Ich habe … war … warum …«

»Bist du meinen Brüdern begegnet?«

Sie schüttelt den Kopf, und sein Gesicht entspannt sich wieder. Er hat sich herausgeputzt, trägt ein frisches, halb offenes Sennenhemd und hat seinen Bart gestutzt. Sie steht immer noch völlig perplex da, bis er sie in den Arm nimmt und fest an sich drückt. Zaghaft legt sie ihren Kopf an seine Brust, spürt seinen Herzschlag. Allmählich fällt die Angst von ihr ab. Egal, was er für Geheimnisse hat, sie will nicht weg von ihm. Minutenlang stehen sie ineinander verschlungen da, dann führt er sie zur Matratze. Er hat in einer verschnörkelten Kanne sogar Tee gemacht, weil ihr gestern Abend kalt war.

Lorenz, der heimliche Hanfbauer. Ob er das Gras auch selbst konsumiert und in seinem Zen-Garten manchmal kifft? Eigentlich eine ganz witzige Vorstellung, wenn sie nicht wüsste, dass das ziemlich illegal ist, was sie da treiben. Und sie Problemen ja eigentlich fernbleiben wollte, wenigstens solange das Retreat dauert und ihr Pia auf die Finger schaut. Aber eigentlich auch sonst, ihre Troubleshooting-Zeit ist vorbei. Da lässt sie sich auf einen bodenständigen Bergbauern ein und dann so was. Nicht daran denken, Lena. Einfach entspannen und Lorenz' Gegenwart genießen.

»Du bist so still«, sagt er nach einer Weile.

»Mir geht gerade einiges durch den Kopf.«

Er streicht ihr zärtlich über den Kopf. »Willst du nicht mehr zu mir auf den Hof kommen?«

»Doch, schon. Es ist einfach gerade schwierig.«

Er schweigt, ihre Worte verstimmen ihn. Vermutlich hat er sich genauso auf sie gefreut wie sie sich auf ihn. Was ist bloß los mit ihr? Sätze wie »Es ist einfach schwierig« gehören nicht in ihr Repertoire. Schon gar nicht, wenn sich »schwierig« so heiß anfühlt wie Lorenz. Sie spürt seinen sehnigen Oberarm und möchte Lorenz berühren. Überall.

»Im Herbst werden wir wegziehen«, flüstert er ihr ins Ohr, und eine Traurigkeit schwingt mit. Wie bitte? Die Grimms haben doch ihr ganzes Leben auf dieser Alp verbracht und kennen gar nichts anderes.

»Wohin denn?«

»Nach Griechenland, auf eine kleine Insel namens Alonnisos. Dort werden wir Olivenbauern. Ich wollte es dir gestern schon sagen.«

Das ist zu viel für sie. Erst die Hanfplantage, dann dieses Geständnis. Sie bringt keinen Ton heraus.

»Meine Brüder wollen weg«, fährt er fort. »Sie vertragen die kalten Winter nicht mehr, sie haben schon Arthrose mit kaum vierzig. Darum wollen wir in die Wärme. Griechenland soll schön sein. Wir haben Bilder gesehen von dem Hof. Mehr als hundert Olivenbäume. Man sieht sogar das Meer.«

Und die Hanfplantage? Ob sie die in Griechenland weiterbetreiben? Frag ihn einfach, Lena. Du bist doch sonst nicht so. Aber sie kann nicht, irgendetwas hält sie zurück. Lorenz wird mit seinen Brüdern nach Griechenland auswandern, und ihr Verhältnis wird ein natürliches Ende finden. Was vielleicht gar nicht schlecht ist, sie ist ja eh nicht der Typ für eine ernsthafte Beziehung. Dafür wären ihre Welten auch zu unterschiedlich.

Doch jetzt will sie ihn spüren, seinen harten, sexy Körper, und zwar so richtig. Sie küsst ihn leidenschaftlich und öffnet dabei sein Hemd und seine Hose. Dann reißt sie sich ihr T-Shirt vom Leib und schwingt sich auf ihn. Wie selbstverständlich sich alles anfühlt, obwohl er noch nie mit einer Frau zusammen war. Er ist zwar etwas passiv-schüchtern, aber sie kann sich ihm ganz hingeben.

»Was ist denn hier los?«, ruft plötzlich eine Männerstimme. Blitzartig dreht sie sich zur Tür um und nimmt eine Silhouette wahr, die mit der Taschenlampe abwechselnd auf sie und Lorenz leuchtet. Dann erkennt sie ihn. Peer! Was hat der denn hier verloren? Lorenz zuckt zusammen und wendet sich zur Wand ab. Beschämt bedeckt er seinen nackten Körper mit der Decke, während sie sich schnell ihr T-Shirt überzieht.

»Mensch, Lena, du hier?«, ruft Peer und streckt selbstbewusst seinen Oberkörper in die Höhe.

»Ich kann das erklären. Es ist nicht so, wie du denkst.«

»Ich fass es nicht! Dass du dein Leben riskierst, um hier zu sein.«

»Was erzählst du denn da?«

Das ist ja schon paranoid, was der hier abzieht. Nachts in den Keller der Nachbarn einzubrechen.

»Jetzt verstehe ich. Du steckst mit den Grimms unter einer Decke. Ist diese Fehde nur gespielt, um uns an der Nase herumzuführen?«

Sie möchte sterben vor Scham und gleichzeitig laut lachen, weil die Situation so komisch ist.

»Du hast dich da in etwas reingesteigert«, antwortet sie so ruhig wie möglich.

»Das sagt ja gerade die Richtige. Ich habe dir vertraut.«

»Wir mögen uns einfach, das ist alles. Und weil die Lage so verzwickt ist, haben wir es für uns behalten. Nicht wahr, Lorenz?«

Lorenz hat sich zusammengekauert und gibt keinen Ton von sich. Beim ersten Mal im eigenen Keller von einem fremden Mann überrascht zu werden, ist wahrhaftig ein traumatisches Erlebnis.

»Geh bitte, Peer! Du hast hier nichts verloren. Du siehst doch, wie verstört Lorenz ist.«

»Er ist verstört? Ich bin verstört! Ich bin … ich kann …

das ist alles zu viel für mich«, stottert Peer und setzt sich zitternd auf den Boden. Der Lichtstrahl seiner Taschenlampe wackelt hin und her. »Ich wollte herausfinden, was die Grimms für ein dunkles …«

Dann beginnt Peer zu heulen, sein ganzer Mut hat ihn verlassen. Er lässt die Taschenlampe auf den Boden fallen und drückt die Knie fest an sich. Mensch, Lena, du steckst halb nackt mit zwei eingeschüchterten Männern in einem fremden Keller fest. Was für eine Scheiße. Und als ob das nicht schon schlimm genug wäre, hört sie plötzlich Schritte oben. Die Brüder scheinen vom Lärm wach geworden zu sein. Lorenz schießt wie von einer Wespe gestochen auf.

»Weg, weg, weg! Sie kommen.«

Lena durchfegt ein Adrenalinschub. Jetzt wird es ernst. Sie schlüpft in ihre Hose, während Peer wimmert: »Gleich haben sie uns.«

Trotz des fahlen Lichts erkennt sie, dass Lorenz kreideweiß ist. Mit zitternden Händen reißt er das Kellerfenster auf, das direkt in den Garten führt. Sie hört schwere Schritte die Kellertreppe hinunterpoltern. Nichts wie weg hier. Peer kauert immer noch in Angststarre auf dem Boden und ruft: »Ich will nicht sterben. Ich will nicht sterben.«

Lorenz packt ihn am Arm.

»Raus!«, sagt er bestimmt, hievt Peer zum Fenster hoch, und schon steht er im Garten. Lena reagiert sofort und folgt Peer. Draußen packt sie seine Hand, zerrt ihn zum Busch, und dann rennen sie weiter zu ihrer Alp. Noch nie in ihrem Leben ist sie so schnell gelaufen und Peer bestimmt auch nicht.

Pia

Auf Zehenspitzen tippelt Pia morgens an der auf der Ofenbank dösenden Lena vorbei in die Küche. Sie hat letzte Nacht schlecht geschlafen und fühlt sich müde. Anscheinend war sie nicht die Einzige, denn sie wurde immer wieder von Stimmen und Gepolter im Flur aufgeweckt. Da hilft nur ein starker Espresso direkt auf den nüchternen Magen.

Plötzlich steht Silvan im Türrahmen und strahlt sie an.

»Schon gewusst? Deine Schwester treibt's mit einem Grimm. Ganz schön durchtrieben, die gute Lena.«

Er gähnt und fixiert die Espressokanne, aus der Kaffee sprudelt. Was faselt er da für einen Blödsinn am frühen Morgen, denkt Pia.

»Bekomme ich schon einen Kaffee, liebste Pia? War eine kurze Nacht. Peer war ganz aufgebracht. Fast so, als ob er selbst bei einem Schäferstündchen erwischt worden wäre.«

Ohne eine Antwort abzuwarten, holt Silvan eine Tasse aus dem Schrank.

»Aus deiner Reaktion schließe ich, dass du nichts von dieser Alpenromanze gewusst hast«, stellt er nach einer Weile fest und kippt Unmengen Zucker in den Kaffee, den er sich soeben eingeschenkt hat. Dann setzt er sich an den Küchentisch und schaut sie erwartungsvoll an. Meint er das ernst? Lena und ein Grimm? Und Peer ist auch noch irgendwie involviert?

Aus der Stube hört sie Schritte in die Küche tappen. Lena scheint von Silvans Worten aufgewacht zu sein.

»Lasst mich erklären, was passiert ist«, sagt sie, ihr Gesicht ist von Augenringen gezeichnet.

»Du brauchst dich nicht zu erklären«, erwidert Silvan. »Du stehst halt auf Bergbauern, die dir das Leben schwer machen. Wir haben alle unsere Vorlieben.«

»Lorenz ist nicht wie seine Brüder. Und ich habe ihn wirklich gern.«

Pia schluckt leer. Heißt das etwa, Silvan hat recht, und Lena hat tatsächlich was mit einem Grimm am Laufen? Wie hat sie das denn wieder angestellt?

»Eine heimliche Romanze zwischen verfeindeten Alpen«, säuselt Silvan. »Stoff für den Bergdoktor.«

»Es tut mir furchtbar leid, Pia.« Lena beißt auf ihrer Unterlippe rum. »Ich wollte es dir sagen. Aber ich wusste nicht, wie – und ich wollte nicht schon wieder Probleme machen.«

Was ihr mal wieder wunderbar gelungen ist. Raushalten, Pia. Das war doch die Devise.

»Weißt du was, Lena? Das ist deine Angelegenheit. Klär das bitte selbst.«

Die Tonlage war zu emotional, aber die Botschaft klar. Schwungvoll füllt Pia ihre Tasse mit Kaffee. Den hat sie mehr als nötig.

»Logo. Das war echt doof von mir.«

Silvan strahlt immer noch über das ganze Gesicht. Sie könnte ihm eine schmieren für dieses selbstgefällige, schadenfreudige Dauergrinsen. Wie konnte sie sich bloß auf ihn einlassen?

»Entspann dich, Lena.« Er winkt ab. »Von mir aus kannst

du dir deine Nächte um die Ohren schlagen, mit wem du willst.«

»Wir können gerne reden. Es ist mir wichtig, dass du keinen schlechten Eindruck von mir hast.«

»Easy. Ein bisschen Sex hat noch niemandem geschadet«, erwidert er.

Die Anspannung fällt allmählich ab von Lenas müdem Gesicht.

»Vergiss es einfach«, holt er aus. »Peer soll sich nicht wie eine Memme aufführen. Was hat der überhaupt im Keller der Grimms verloren?«

»Eine Art Mutprobe wohl.«

»Besser, er findet ein Liebespaar vor als eine Leiche.«

So langsam fügen sich die Aussagen zusammen, und Pia versteht. Lena und einer der Grimms – es kann nur Lorenz sein – haben sich im Grimm'schen Keller getroffen. Doch wie um alles in der Welt kam es dazu? Sie ist furchtbar neugierig, aber zu stolz, um zu fragen. Und überhaupt: Wie war das noch mal mit einer dramafreien Fortführung des Retreats? Eine Affäre mit einem Grimm gehört sicher nicht dazu. Aber sie will keine Szene machen – schon gar nicht vor Silvan. Ihr romantischer Nachmittag am Bergbach ist erst ein paar Tage her.

»Gerade gestern habe ich gedacht, dass es allmählich langweilig wird«, sagt Silvan und nimmt genüsslich einen Schluck Kaffee. »Und siehe da: Erst Umas Zusammenbruch und dann Peer mit seiner Undercover-Entdeckung. Ein bisschen Aufregung zwischendurch, das gefällt mir.«

Lena weicht Silvans Blick aus und schaut aus dem Fenster. »Mir wäre lieber, wenn es nicht so wäre. Ich suche das ja nicht.«

»Könnt ihr mich alleine lassen?«, bittet Pia die beiden. »Ich möchte in Ruhe das Frühstück zubereiten. Gleich kommen die anderen.«

Sie muss das alles erst verarbeiten. Während sie das Porridge kocht, denkt sie an Silvans Aussage über die Langeweile der letzten Tage. Ist ja auch nichts Aufregendes passiert. Sie könnte ihn ohrfeigen.

Lena

Lena klopft an Peers Zimmertür. Ob er noch schläft nach der ereignisreichen Nacht? Sie hat das dringende Bedürfnis, sich zu erklären, und zwar, noch bevor er die nächtliche Episode Uma und Brigitte erzählt. Nach ihrer Rückkehr ist er schweigend auf sein Zimmer verschwunden. Was vielleicht ganz gut war, sie waren beide völlig aufgeputscht. Erst in den frühen Morgenstunden konnte sie für ein paar Stunden schlafen. Die gestrige Nacht war selbst für sie zu viel. Was Lorenz seinen Brüdern wohl erzählt hat? Dass er Besuch hatte, ließ sich kaum leugnen. Sie wüsste so gerne, wie es ihm geht. Die letzte Nacht hatte so abrupt geendet, obwohl sie so vielversprechend angefangen hatte. Obwohl, na ja, nicht ganz. Da war ja noch diese andere Entdeckung, die sie durcheinandergebracht hat. Sie kann sich einfach nicht vorstellen, dass Lorenz in kriminelle Machenschaften verwickelt ist. Andererseits muss er von den Hanfpflanzen im Keller wissen. Die

Brüder leben so eng aufeinander, unmöglich, dass er das nicht mitbekommen hat.

Sie hört im Schlafzimmer den Holzboden knacken, dann öffnet Peer die Zimmertür und schaut sie streng an. Ein klitzekleines bisschen hat sie gehofft, dass er gestern Nacht geschlafwandelt hat und sich heute an nichts mehr erinnert. Aber seine Augen sagen schon alles. Wenig später sitzen sie auf Peers Bett, und sie erzählt ihm alles. Er hört ihr aufmerksam zu, und sein Blick wird immer väterlicher.

»Es tut mir leid«, das sagt sie mindestens dreimal, obwohl sie das gar nicht wirklich meint. Egal, so viel diplomatisches Geschick hat sie von Pia gelernt. Lieber einmal zu oft Entschuldigung sagen, dafür herrscht wieder Frieden auf der Alp. Und das will sie, die aufwühlenden ersten Tage haben genug Nerven gekostet. Schließlich nickt Peer verständnisvoll, und Lena nutzt die Gelegenheit, um ihn in die Arme zu nehmen. Eine Umarmung wirkt fast immer. Die verbindet einfach, gerade bei einer Versöhnung.

»Wäre es möglich, dass du Uma und Brigitte nichts davon erzählst?«, fragt sie mit einer hoffentlich nicht zu süßen Stimme.

»Willst du ihn wiedersehen, nach allem, was passiert ist?«

Das hat sie sich die halbe Nacht auch gefragt.

»Fürs Erste wohl nicht«, antwortet sie ausweichend.

»Ob die Brüder uns gesehen haben?«

Er hat tiefe Sorgenfalten im Gesicht.

»Ich hoffe es nicht. Auch für Lorenz.«

»Das hätte ganz schön ins Auge gehen können«, seufzt Peer.

Das ist ganz schön ins Auge gegangen, denkt Lena.

»Ich will gar nicht wissen, was die Brüder mit uns angestellt hätten.«

Wenn sie das wüsste. Wenn sie nur irgendetwas wüsste. Dass sich Lorenz so vor seinen Brüdern fürchtet, stimmt sie wenig optimistisch. Sie hat gestern Abend jedenfalls die Haustür abgesperrt. Das erste Mal, seit sie auf der Alp lebt. Was gäbe sie dafür, sich mit Lorenz austauschen zu können. Doch so bald traut sie sich da nicht rüber, und seine Handynummer hat sie nicht. Vermutlich hat er noch nicht mal ein Handy.

»Jetzt warten wir einfach mal ab«, sagt sie.

Plötzlich muss sie an Peers Superman-Zeichnung denken. Ob er sich damals Mut für die letzte Nacht angezeichnet hat? Hätte er sie bloß in seine Pläne eingeweiht, dann wäre ihnen das alles erspart geblieben. Irgendwie muss sie sein Vertrauen noch gewinnen.

»Noch etwas. Keine geheimen Aktionen mehr, bitte. Falls du das Verlangen nach einer Mutprobe hast, hätte ich da bessere Ideen.«

Peer lächelt und drückt sie noch mal an sich.

Meditationsgedanken Uma

Heute ist die Meditation die reinste Qual. Diese Stille um mich, das Atmen der anderen – nur in mir ist es alles andere als ruhig. Ich weiß nicht, wie es weitergehen soll. Meine Follower haben mich vergessen und das nach zehn Tagen offline. Zehn Tage! Und meine Konkurrenz hat wieder zugelegt, die Community bei Fitandfunny und Askandworkoutwanda wächst pausenlos. Ich verstehe nicht, warum meine Naturbilder so schlecht ankamen. Bei den anderen werden Wanderstorys gelikt wie blöd, nur bei mir nicht. Ein sexy Foto im Fitnessstudio oder ein Clip an einer angesagten Afterwork-Party hätten sicher besser performt. Erfolg zu haben ist so etwas Fieses, denn irgendwann ist der wieder vorbei, und du fragst dich bei jedem schlechten Post, was du bloß falsch gemacht hast. Anfangs dachte ich, dass es einfach so weitergeht, dass die Community wächst, mich die Sponsoren und Kundinnen auch nächstes Jahr wieder buchen. Und jetzt holt es mich ein, und ich checke plötzlich, dass ich nicht mehr gefragt bin da draußen, obwohl ich mich viel mehr anstrenge als früher … Kevin hat mich ja gewarnt, dass mein Profil zu allgemein sei und ich meine Nische noch nicht gefunden habe. Na klar, das muss er als Branding Coach ja auch sagen. Bisschen Lifestyle, bisschen Reisen, bisschen Fitness, bisschen von allem, aber nix richtig. Das läuft nicht mehr. Vor allem bisschen weg sein, bisschen Auszeit nehmen. Das war eine blöde Idee mit der Alp. Ich hätte das Yoga-Retreat auf Ibiza wählen sollen, dort hätte ich täglich meine drei Posts bringen können. Sogar eingeladen hätten sie mich. Aber nein. Kevin ist schuld. Yoga und Meer kann jede, du brauchst was anderes, dein Signature Topic. Etwas, das dich auszeichnet. Die normale, hübsche Uma beim Proteindrink-Mixen, Vegan-Kochen oder Infinitypool-Testen interessiert niemanden mehr … Nicht mal mich selbst. Irgendwie habe ich das alles so satt. Alles. Mein Make-up-Sponsor, der meinen Vertrag kündigt, nur weil ich auf dem einen Bild nicht so stark geschminkt bin. Meine Fitnessstudio-Partner, die meckern, weil ich sie seit einer Woche nicht mehr getaggt habe. Kevin, der meint, dass ich das mit dem digitalen Detox noch nicht überzeugend bei meiner Community placen konnte. Ja, wie denn bitte, ohne Internet? Ich kann es niemandem recht machen, egal, wie sehr ich mich bemühe. Tief ein- und ausatmen. Denk an das gestrige Gespräch mit Lena. Was sie alles Nettes zu dir gesagt hat. Dass viel mehr in dir steckt als nur die Influencerin. Dass ich doch schon zur Ruhe gekommen und immer ein ganz anderer Mensch bin, wenn ich von den Schwarznasenschafen zurückkomme. Geerdet und mit einem Leuchten auf dem Gesicht. Ob das vielleicht etwas wäre, etwas mit Tieren zu machen? Ich und etwas mit Tieren machen! Was für eine seltsame Vorstellung. Ich, die als Kind nie ein Haustier wollte. Während meine Freundinnen reiten gingen, habe ich zu Hause meine bunten Einhörner gemalt. Ich fürchte mich ja bis heute vor Pferden. Nur Tante Sophies Mops hab ich sofort ins Herz geschlossen. Der war ja auch drollig, und ich war so traurig, als er starb. Überhaupt war ich immer gern bei meiner Tante im Hundesalon. Meine Eltern haben sie und ihr Tun ja immer belächelt, genauso wie sie meine Arbeit auch nicht wirklich ernst nehmen. Aber ich finde es beeindruckend, wie einfühlsam Sophie mit den Tieren umgeht und selbst die störrischsten Pudel fein säuberlich getrimmt aus ihrem Salon herausspazieren … Ich hätte ja nie gedacht, dass Schafe kämmen so entspannend ist. Vorgestern habe ich Freya und Aphrodite eine richtige Frisur verpasst. Die sahen so sweet aus mit den Zöpfen und bunten

Haarbändern. Kein Wunder, dass ich an Tante Sophie denken muss. Eigentlich sollte ich ja an gar nichts denken und nur ruhig atmen. Aber heute geht das einfach nicht. Überhaupt nicht … Nicht nach gestern. Nicht nach diesem regnerischen Scheißtag im Pöstli, an dem ich so fest geweint habe, dass mir die Wirtin aus Mitleid einen Nussgipfel spendiert hat. Keinen veganen zwar, aber das war mir egal. Da hätte ich mir sogar ein Steak reingezogen, so niedergeschmettert, wie ich war. Die war eigentlich ganz lieb, diese Vreni. Sie kannte mich noch von unserem illegalen Ausflug ins Pöstli. Was wir hier oben denn Krasses machen, dass wir dauernd ausbüxen, hat sie mich nur gefragt. Da musste ich lachen, trotz meiner misslichen Lage. Für eine gestandene Wirtin einer Dorf-kneipe ist Selbstfindung wohl blöder Esokram. Aber es war voll süß, dass sie sich so um mich gesorgt hat. Immerhin eine … Und dann der Zusammenbruch vor den anderen. Sil-van mit seinen doofen Sprüchen, obwohl er doch weiß, wie viel mir mein Job bedeutet. Er ist ja selbst ein Workaholic, der an nichts anderes denkt als an seine blöde Bank. Mit dem Typen habe ich abgeschlossen. Männerprobleme brauche ich definitiv nicht auch noch zu meiner Existenzkrise … Jetzt will uns Lena am Ende der Meditation auf eine Reise an unse-ren Kraftort mitnehmen. Mein Kraftort. Keine Ahnung, wo der sein soll und wie der aussieht. Und wieder tief ein- und ausatmen. Der Atem ist der Schlüssel für die Tür, die mich zu meinem Kraftort führt. Wie sieht die Tür aus? Woraus ist sie gemacht? Wie fühlt sie sich an? Keine Ahnung, eine Tür halt. Ich warte auf eine Eingebung, doch ich sehe nur eine ganz gewöhnliche weiße Tür vor mir. Mit einem Spion, so wie zu Hause. Ich öffne niemals die Tür, ohne vorher durch den Spion gelugt zu haben. Ich will wissen, mit wem ich es zu tun habe. Keine Überraschungen bitte … Und schon wieder bin ich abgeschweift. Wir sollen die Tür öffnen und herausfinden, was sich dahinter verbirgt. Bei meinen Visualisierungskünsten wohl nichts. Obwohl – so schlimm ist es doch gar nicht. Beim Malen gestern ging es doch auch irgendwie. Erst dachte ich noch, ich kriege das niemals hin, meine Gefühle zu zeichnen. Vielleicht sollte ich Pia als Psychologin fragen, wie sie mein Werk einschätzt? Lena hat eher einen spirituellen Zugang dazu. Den hätte ich auch gerne. Ich wäre so gerne spirituell, habe ja auch ganz viele Buddhas zu Hause rumstehen und mache Power Yoga. Ich möchte unbedingt mal eine tiefe Erkenntnis beim Meditieren haben. Irgendwie kriegen das alle hin, außer mir. Schon bald ist Halbzeit. Ob ich mich zu wenig bemühe? Vielleicht müsste ich noch mehr meditieren, um endlich einen Durchbruch zu haben? Dieses Retreat, das mich meine Karriere gekostet hat, muss doch für irgendetwas gut sein. Ich möchte als neugeborener Mensch zurückkommen, mit so einer krass positiven Aura und so tiefenentspannt, dass mich meine Freundinnen gar nicht mehr wiedererkennen. Wer weiß, vielleicht führt mich mein Weg ja in ein buddhistisches Kloster? Mensch, Uma, du kriegst schon die Krise, wenn du zehn Tag lang offline bist. Wahrscheinlich würde dich so ein Kloster sofort umbringen … Jetzt müssen wir die Tür zum Kraftort öffnen, und ich habe voll den Faden verloren. Ich könnte wetten, dass ich nichts hinter dieser Tür sehe, egal, wie fest ich mich bemühe. Das nervt total. Vielleicht sollte ich lieber erst durch den Spion gucken. Mich meiner Vision in Minischritten nähern.

Pia

Bitte mach, dass der Regen bald aufhört, denkt Pia, als sie auf der Ofenbank sitzt – vor sich ein leeres weißes Blatt Papier. Das Haus ist einfach zu klein für ein ganztägiges Indoor-Programm. Wenn sie zu sechst Yoga praktizieren und meditieren, wird die Luft in der Stube schnell stickig. Aber was soll's, das Wetter kann sie nun wirklich nicht beeinflussen, nur versuchen, die Gruppe mit einem leckeren Essen bei Laune zu halten. Und da sich die Küche als Rückzugsort anbietet, verbringt sie noch mehr Zeit darin als sonst. Sie ertappt sich dabei, wie sie ihren eigentlich schon sehr durchdachten Menüplan unnötig optimiert. Inzwischen kennt sie die Alpküche wie ihre Westentasche. Sie weiß um die Tücken des Holzherds, der erst ewig braucht, bis er heiß ist, und nachher eine vulkanartige Hitze abgibt, sodass es schwer ist, ein Gericht zu kochen, das langsam vor sich hin garen muss.

Gestern Abend hat sie ein ziemlich perfektes Kartoffelgratin gezaubert, mit einer Kruste wie aus dem Kochbuch. Silvan hat ihr ein Kompliment dafür gemacht. Die anderen schienen weniger auf das Essen konzentriert, denn Umas Zusammenbruch sorgte nach wie vor für Aufregung. Pia ist froh, dass Lena sich um Uma gekümmert hat. Als sie schmollend beim Abendessen saß und schwieg, nervte sie das. Klar war Silvan ruppig, aber er war nicht der Einzige, der auf ein unschönes Zusammentreffen mit einem Grimm getippt hat.

Aufhören, Pia. Du denkst doch nur über Uma nach, um von dem abzulenken, was dich wirklich beschäftigt. Die große Silvan-Frage und Lenas amouröse Grimm-Allianz. Die hat sie überhaupt nicht kommen sehen. Wenigstens ist ihr nun klar, warum Lena bei der letzten Grimm-Diskussion so auf Schmusekurs war und die Brüder verteidigt hat. Wieder so eine typische Lena-Aktion. Kann sie nicht mal vier Wochen auf ihre Affären verzichten? Dass sie sich immer so schwertut mit Regeln und Verantwortung übernehmen. Dabei hat sie die letzten Tage doch souverän gemeistert und ist in ihrer Rolle als Retreat-Leiterin angekommen. Und dann so was. Gekrönt von diesem unglücklichen Zufall, dass Peer die beiden auch noch in flagranti erwischt. Wie absurd ist das denn?

Eigentlich steht doch Malen auf dem Programm. Leider nicht nach Zahlen, sondern der visualisierte Kraftort soll auf das Blatt. Ihre erste Malübung konnte sie während Umas Auftritt heimlich entsorgen. Dass sie sich bei diesen Übungen immer so ungeschickt anstellt. Schon beim Meditieren schafft sie es kaum, ein paar Sekunden bei ihrem Atem zu bleiben. Und jetzt soll sie den Ort, den sie nicht visualisiert hat, auch noch zeichnen.

Am Tisch wird konzentriert gemalt, die Farbstifte kratzen auf den Blättern. Heute zum Glück ohne esoterische Musik und Räucherstäbchen. Silvan hat sich zum Zeichnen wieder auf sein Zimmer verdrückt. Lena steht am Fenster und schaut hinaus. Sie trägt eine dunkelrote Yogahose und ein

Oberteil mit weiten Puffärmeln. Ob sie an Lorenz und die letzte Nacht denkt? Schon oft hat Pia sich gefragt, warum Lena sich nie wirklich verliebt und eine Beziehung eingeht. Ist das einfach ihr ungestümer Freiheitssinn, oder spielt da auch eine Angst vor dem Verlassenwerden mit hinein? Irgendwie haben sie da beide einen Knacks. Mit dem Unterschied, dass sie leider die Tendenz hat, sich treffsicher in die falschen Männer zu verlieben.

Sie braucht einen Kraftort, und zwar sofort. Sonst sind die anderen fertig, bevor sie überhaupt angefangen hat. Vielleicht die Küstenlandschaft in Wales, wo sie während ihres Austauschsemesters in Birmingham zum Wandern war? Einmal hat es richtig heftig gestürmt, das schäumende Meer glich geschlagener Sahne. In ihre Regenjacke gehüllt, ist sie unerschrocken dem Küstenweg gefolgt, vorbei an steilen Kalksteinklippen und menschenleeren Sandstränden. Damals hat sie sich unbesiegbar gefühlt. Das wäre doch mal ein Kraftort. Sie greift nach einem grauen Farbstift und beginnt, zackige Klippen zu skizzieren. Irgendwo muss sie schließlich anfangen.

Plötzlich klopft es. Alle heben den Kopf und starren an die Stubentür. Lena hat sich in einem Satz vom Fenster weggedreht. Ist das etwa einer von Silvans semilustigen Scherzen?

»Silvan?«, fragt Lena.

Spannungsvolle Stille liegt in der Luft, der Kraftort könnte nicht weiter weg sein. Wenn es nicht Silvan ist, wer ist es dann?

Peer wirft beim Aufspringen seinen Stuhl um. »Scheiße,

sie kommen!«, ruft er, rennt in die Küche und stemmt sich mit voller Kraft von innen gegen die Tür.

»Wer kommt?« Brigitte runzelt die Stirn. »Willst du uns vielleicht erklären, was los ist?«

Alle fragenden Blicke hängen an Lena, deren Miene keine Zuversicht ausstrahlt.

»Es sind die Grimms. Bringt euch in Deckung!«, brüllt Peer aus der Küche.

»Ist das wahr?«, fragt Uma, ihre Stimme zittert. Da Lena schweigt, stürmt Uma ebenfalls an die Küchentür und klopft mit ihren Fäusten dagegen. »Lass mich sofort rein! Sofort!«

Jetzt lässt auch Brigitte ihren Farbstift auf den Tisch fallen. »Muss ich mich auch in Sicherheit bringen? Sag doch etwas.«

Lena steht wie versteinert da, mit offenen Mund, was Brigitte als schlechtes Omen deutet. Wenige Sekunden später hämmert sie gemeinsam mit Uma gegen die Küchentür, bis Peer aufgibt und sie mit Wucht aufknallt. Er jault, vermutlich hat er sich irgendwo angeschlagen. Die beiden stürzen in die Küche und werfen sich von innen gegen die Tür, da sie keinen Riegel hat.

Es ist plötzlich totenstill in der Stube, jetzt, wo nur noch sie und Lena da sind. Dann klopft es wieder, diesmal sehr zaghaft. Pia bekommt kaum Luft. Das ist wie in einem surrealen Horrorfilm. Stehen tatsächlich die Grimms vor der Tür? Aber wenn sie ihnen etwas antun wollten, wären sie dann nicht schon längst hereingestürmt? Adrenalin rauscht durch ihren ganzen Körper. Warum kann Lena nicht einfach cool reagieren und sagen, dass keine Gefahr besteht? Warum muss sie so dastehen, als ob gleich der Sensenmann höchstpersönlich die Stube betritt? Und dann wird ganz langsam die Türklinke runtergedrückt.

Fünfter Teil

Lena

Als die Schockstarre nachlässt, ist Lenas erster Impuls Flucht. Einfach davonlaufen, aus dem Fenster springen, raus in den Garten. Weit weg von dem, was gleich kommt. Denn egal, was es ist: Es bedeutet nichts Erfreuliches.

Knirschend öffnet sich die Tür einen Spalt, dann ist es wieder totenstill. Einzig ein Wimmern aus der Küche ist zu hören von Peer. Brigitte findet tröstende Worte, doch ihre Stimme ist schrill. Zum Glück ist er nicht alleine dadrin, mit all den Küchenmessern. Ein paar nasse braune Locken treten hinter der Tür hervor. Lorenz. Und wie es scheint, ohne seine Brüder im Schlepptau. Das ist die bessere Nachricht oder jedenfalls die weniger gefährliche. Obwohl …

»Darf ich – reinkommen?«

»Du kannst doch hier nicht einfach so reinplatzen«, kommt es aus Lena geschossen. »Wir haben uns zu Tode erschreckt.«

»Tut mir leid.« Er rührt sich nicht vom Fleck, einzig sein Kopf lugt in die Stube. »Ich habe an die Haustür geklopft, aber niemand hat geöffnet. Der Regen ist wohl zu laut.«

Jetzt schaut er noch verschüchterter als vorher und tut

ihr leid. Sie spürt Pias stechenden Blick. Sie muss ihrer Schwester beweisen, dass sie diese Situation souverän meistert. »Kein Grund, einfach das Haus zu betreten. Wir sind mitten in einer Übung.«

»Ich wollte nur kurz mit dir reden und fragen, ob … »

Sie starrt ihn so eisig an, dass er sich nicht traut, die Frage zu beenden. Wenn Pia nicht hier wäre, würde sie gleich wieder einknicken. »Bitte geh. Ich kann dir nicht helfen. Meine Gruppe hat sich in der Küche versteckt, weil sie sich so vor dir fürchten.«

»Aber ich tu doch niemandem etwas.«

Plötzlich öffnet sich hinter ihm die Tür, und Silvan betritt die Stube. »Besuch von der Grimm-Alp?«, fragt er und mustert Lorenz. In dem Moment erkennt Lena, dass Lorenz einen altmodischen Wanderrucksack mit sich führt, der randvoll gepackt ist.

»Ziehst du hier ein?« Silvan zeigt auf sein Gepäck. »Bei uns im Zimmer ist leider kein Platz mehr. Aber ich nehme an, du würdest sowieso ein anderes Bett bevorzugen.«

Lorenz' Gesicht wird feuerrot.

»Haben sie dich rausgeschmissen?«, fragt Silvan.

Stummes Nicken.

»Da verstehen deine Brüder wohl keinen Spaß. Wie heißt du eigentlich?«

»Lorenz.«

»Na dann, willkommen in unserem Retreat, Lorenz! Bist du auch auf der Suche nach deinem tieferen Lebenssinn?«

Lorenz schaut Silvan nur entgeistert an.

»Du kannst nicht hierbleiben«, stellt Lena klar.

Es rumpelt in der Küche. »Können wir rauskommen?«, fragt Brigitte.

»Also ich bleibe hier, bis er weg ist!«, ruft Peer.

»Nicht gerade gastfreundlich.« Silvan lacht. »Also von mir aus kannst du bleiben. Wir Männer sind ja in der Unterzahl. Verstärkung schadet nicht.«

Jetzt muss Lena ein Machtwort sprechen. Er kann unmöglich hierbleiben, das würde alles durcheinanderbringen.

»Lorenz, das geht leider nicht. Wir haben keinen Platz für dich. Tut mir leid. Kannst du nicht zu einem Freund gehen?«

Diese traurigen Augen. Sie weiß doch, dass er keine Freunde hat. Nur seine Brüder, und die haben ihn knallhart rausgeschmissen. Und alles nur wegen ihr und ihrem Leichtsinn! Für sie war er doch nur ein kleines Abenteuer. Warum musste er auch tagsüber hier so unverblümt hereinplatzen? Wäre er nachts gekommen, dann hätte sie ihm helfen können. Aber so, vor allen, sind ihr die Hände gebunden. Aus den Augenwinkeln erkennt sie, dass Pia die Küchentür öffnet, ohne Widerstand. Brigitte und Uma treten in die Stube und beobachten die Situation skeptisch. Als sie Lorenz sehen, der durch all die musternden Blicke noch verlorener wirkt, entspannen sie sich.

»Ich weiß nicht, wo ich hinsoll«, murmelt er. »Meine Brüder wollen nichts mehr mit mir zu tun haben.«

»Hast du Verwandte, die dich aufnehmen könnten?«, schaltet sich Pia in das Gespräch ein. »Du darfst gerne unser Telefon benutzen.«

Lorenz schüttelt wieder den Kopf. Warum tut Pia so fürsorglich? Gerade jetzt, wo sie einmal die Strenge markiert, macht Pia einen auf Mutter Teresa.

»Er kann hier nicht bleiben«, stellt Uma klar. »Mit einem Grimm schlafe ich nicht unter einem Dach. Auch wenn er harmloser scheint als seine Brüder.«

»Mensch, seid ihr kaltherzig.« Silvan stellt sich solidarisch neben Lorenz. »Der arme Kerl ist obdachlos, weil er sich in die falsche Frau verguckt hat.«

Scheiße, das hätte Silvan nicht sagen sollen. Ob es stimmt? Ob Lorenz ernsthafte Gefühle für sie entwickelt hat?

»Worum geht's hier eigentlich?«, fragt Brigitte. »Nachbarschaftshilfe ist ja gut und schön, aber die Probleme der Grimms können uns wirklich egal sein. So unfreundlich, wie die sind.«

»Er hat was mit Lena am Laufen«, klärt Silvan die Gruppe auf. »Und das haben die Brüder halt mitbekommen, weil Peer sie im Keller der Grimms aufgespürt und ein Drama daraus gemacht hat.«

»Ich habe kein Drama gemacht«, sagt Peer und zupft an seinem Dutt herum. »Sondern ich war schlichtweg schockiert über die Entdeckung. Ich konnte ja nicht ahnen, dass die Brüder nichts von der Affäre wissen – so wie wir ja auch nicht.«

»Sonst hätten sie sich für ihr Schäferstündchen doch nicht im Keller verabredet!«

Brigitte schaut Lena tief in die Augen. »Ich verstehe gar nichts mehr. Lena, du hast eine Beziehung mit diesem jungen Mann hier?«

»Voll krass«, sagt Uma, bevor Lena antworten kann, »das

hätte ich dir nie zugetraut. Von uns erwartest du, dass wir enthaltsam sind, und selbst treibst du's mit den bösen Jungs vom Nachbarhof?«

Davonlaufen. Es kann nicht mehr schlimmer kommen. Doch Lenas Beine sind wie angewurzelt.

»Wir können ja darüber abstimmen, ob er bleiben darf«, schlägt Silvan vor und durchbricht damit die Stille des Entsetzens.

»Vielleicht sollten Lorenz und Lena das erst unter vier Augen klären?« Pias Stimme ist immer noch unerwartet nett.

»Wenn wir neue Leute aufnehmen, möchte ich auch ein Wörtchen mitreden. Vor allem, wenn es sich um einen Grimm handelt«, stellt Peer klar.

Lorenz schluckt leer. »Warum nennt ihr mich einen Grimm?«

Silvans Lachen bebt in der stickigen Stube. »Die heißen gar nicht so?«

Immer, wenn man denkt, dass es nicht mehr schlimmer kommen kann.

»Ich heiße Lorenz Bodmer.«

»Verstehe. Du nennst die so, weil sie so grimmig sind?«, fragt Silvan, immer noch grinsend. Die angespannte Miene von Lorenz neben den empörten Blicken der anderen. Was für eine Kacke! Doch Lenas Beine bleiben standhaft. Sie nickt und schaut betreten auf den Boden, unter den sie sich am liebsten beamen würde.

»Eigentlich ganz witzig.« Außer Silvan scheint das aber niemand so zu empfinden.

»Wir brauchen eine Entscheidung«, meldet sich Pia mit

ihrer Diplomatenstimme. »Ich finde den Vorschlag von Silvan gar nicht schlecht. Lasst uns darüber abstimmen, ob er bleiben darf. Natürlich nur, bis sich die Situation entspannt hat. Was meinst du, Lorenz? Sollen wir das Gespräch mit deinen Brüdern suchen?«

Aus ihren Augenwinkeln erkennt Lena, dass er nur energisch den Kopf schüttelt.

»Die Sache mit deinen Brüdern können wir ja später klären«, fährt Pia fort. »Wer ist dafür, dass Lorenz für eine Weile bei uns wohnen darf? Wir können ihm hier in der Stube einen provisorischen Schlafplatz einrichten.«

»Ich bin klar Team Lorenz.« Bei den Worten stupst Silvan den verdatterten Lorenz in die Seite.

»Wir können den armen Kerl ja nicht einfach sich selbst überlassen«, sagt Brigitte. »Meiner Einschätzung nach stellt er tatsächlich keine Gefahr für uns dar.«

»Denkt doch mal einen Schritt weiter.« Peer atmet nervös ein und aus. »Wenn seine Psychobrüder erfahren, dass er hier ist, könnt ihr euch vorstellen, wer das nächste Opfer sein wird.«

Nachdenkliche Stille.

»Wissen deine Brüder denn, dass du hier bist?«, fragt Pia.

Lena hebt den Blick, um seine Reaktion zu erkennen. Er schüttelt den Kopf.

»Nein, aber sie wissen von Lena.«

»Seht ihr?«, ruft Peer triumphierend. »Die stehen sicher schon mit ihren Mistgabeln im Garten!«

Lorenz zieht seine Nase hoch, die voller unterdrückter

Tränen ist. Warum sagt er nicht, dass keine Gefahr für die Gruppe besteht? Warum schweigt er einfach?

Silvan verlässt die Stube, kommt wenig später zurück und erklärt: »Die Haustür ist abgeriegelt.«

»Du tust mir schon leid und so«, seufzt Uma, »aber ich will mein Leben nicht gefährden. Meine letzte Begegnung mit deinen Brüdern war echt traumatisch.«

»Traust du ihnen zu, dass sie hier einfallen?«, will Brigitte wissen.

Lorenz schweigt und überlegt lange. »Eigentlich tun sie niemandem etwas. Aber so wütend waren sie noch nie.«

»Na bitte, was habe ich euch gesagt?« Peer nimmt seine Brille ab und zwirbelt sie in der Hand herum. »Wir sind hier, um zu uns selbst zu finden, und nicht, um die Probleme anderer Leute zu lösen.«

Sein scharfer Blick in ihre Richtung entgeht ihr nicht. Sie hat die Kontrolle abgegeben, und einmal mehr haben die anderen diese übernommen. Sie steht nur blöd daneben und bringt kein Wort hinaus.

Dafür drängt sich Silvan in den Vordergrund. »Du bleibst hier, Lorenz, und ich gehe rüber zu deinen Brüdern und rede mit ihnen. Falls sie übergriffig werden, ruft ihr die Polizei.«

»Du willst alleine dahin? Die machen dich platt!«, sagt Peer.

»Ich bin Bergbauernsohn, schon vergessen? Mich haut so schnell nichts um. Und falls doch, wisst ihr ja, wo sie meine Leiche aufbewahren.«

Die abgestandene Luft in der Stube macht die Stimmung noch unerträglicher.

»Das ist doch verrückt. Wir sollten einfach die Polizei rufen«, erwidert Uma.

Lorenz' Gesicht versteinert sich. »Nein, nein, keine Polizei!«

Und Lena versteht. Jetzt gilt es, das Schlimmste zu verhindern. »Ich komme mit. Sollen sie sich an mir abreagieren. Auf mich sind sie schließlich sauer. Aber bitte keine Polizei.«

»Ich glaube nicht, dass das taktisch klug ist, Lena«, sagt Silvan. »Deine Anwesenheit erzürnt sie doch erst recht. Nein, ich werde alleine in die Höhle des Löwen steigen. Ich will niemanden in Gefahr bringen.«

»Ich komme mit«, stellt Pia klar und verschränkt die Arme vor der Brust. »Schließlich bin ich Psychologin und weiß, wie man schwierige Situationen löst.«

Silvan schaut Pia skeptisch an, interveniert aber nicht.

»Keine Widerrede«, legt Pia nach.

Eigentlich haben sie ja recht. Lena ist vermutlich die letzte Person, die die Brüder sehen wollen. Aber tatenlos mit anzusehen, wie die anderen ihre Probleme lösen – mal wieder –, fällt ihr schwer. Immerhin konnte sie die Gruppe davon abhalten, die Polizei zu rufen. Sie will sich gar nicht vorstellen, wie die Brüder austicken würden, wenn die Polizei die Hanfplantage entdecken würde.

Lorenz steht zwar immer noch wie ein begossener Pudel im Türrahmen, wirkt aber lockerer als vorher. Sie beschließen, erst nach dem Mittagessen rüberzugehen, wenn sich die erhitzten Gemüter der Brüder hoffentlich etwas abgekühlt haben.

Pia bietet Lorenz als Willkommensgeste einen Tee an,

den er nickend annimmt. Bevor Pia in die Küche verschwindet, erklärt sie der Gruppe, dass sie den Mal-Workshop planmäßig fortführen, und wirft Lena dabei einen aufmunternden Blick zu. Die beiden Machertypen Pia und Silvan haben es mal wieder geritzt, und sie ist einmal mehr in die Assistentinnenrolle zurückgefallen.

Lorenz wirkt erleichtert, als Pia ihm wenig später eine Tasse Minztee bringt. Endlich kann er etwas in den Händen halten.

»Hoffen wir mal, dass er kein Trojanisches Pferd ist«, brummt Peer, aber mit einer gewissen Ironie in der Stimme.

Uma mustert Lorenz mit zusammengekniffenen Augen. »Ich möchte nicht alleine in einem Raum mit ihm sein. Nicht, bis ich mich persönlich davon überzeugen kann, dass er anders ist als seine Psychobrüder.«

»Ich kann sonst auch im Keller warten. Dort störe ich niemanden«, murmelt Lorenz.

Inzwischen liegt Mitleid in Umas Blick. »Nein, nein, du darfst bei uns bleiben.«

»Er soll dort auf der Ofenbank sitzen«, schlägt Peer vor.

Wie ein artiger Schulbube nimmt Lorenz in der hinteren Ecke der Ofenbank Platz. Pia setzt sich zu ihm und erklärt ihm die Übung.

»Was ist denn ein Kraftort?«, fragt Lorenz schüchtern. Die Gruppe lacht.

»Willkommen in unserem Selbstfindungs-Retreat«, antwortet Silvan. »Ich könnte wetten, dass das sehr wenig mit deiner Welt zu tun hat, was wir hier so treiben.«

Wenig später herrscht absolute Konzentration beim Malen. Als Lena wenig später zu Lorenz rüberschielt, staunt sie. In kurzer Zeit hat er einen fantasievollen Zen-Garten hinge- kritzelt, den er in kräftigen Grüntönen ausmalt. So, als ob er noch nie etwas anderes gemacht hat. Lorenz. Irgendetwas macht dieser Mann mit ihr.

Sie möchte ihm erklären, warum sie vorhin so kalt re- agiert hat. Gleichzeitig steht sie nach dem Patzer wieder un- ter Beobachtung der Gruppe, die ein Programm von ihr er- wartet. So bringt sie den Workshop wie geplant zu Ende, ein- fach mit einem neuen begabten Teilnehmer in der Runde. Die neidischen Blicke der anderen sind ihr nicht entgangen, als sie sich zum Abschluss der Übung im Kreis versammeln, um über ihre Kraftorte zu sprechen. Dass sich der Neuan- kömmling so problemlos in die Gruppe einfügt und gleich so ein Meisterwerk hinlegt, ist nicht bei allen auf Begeisterung gestoßen.

Silvan hat nach langem Zögern eine Südseeinsel mitten im Meer gezeichnet, mit einem Bungalow und der obligaten Hängematte zwischen den Palmen. Das Ganze ziemlich sim- pel, ohne Farbe, nur eine Bleistiftskizze.

»Silvan, möchtest du noch etwas zu deiner Zeichnung sa- gen?«, fragt Lena.

»Ziemlich offensichtlich, dass Malen nicht mein Ding ist. Ich habe wohl im Kindergarten meine letzte Zeichnung ge- macht und bin auf dem Niveau stehen geblieben. Aber ich kann mit der Übung auch sonst nicht viel anfangen. Ich glaube nicht daran, dass es Orte gibt, die kraftvoller sind als andere. Höchstens, dass ich in den Ferien etwas entspannter unterwegs bin als sonst. Darum habe ich mich für diese Insel entschieden. Auch, weil die Bergwelt leider nicht die gewünschte Entspannung in mir auslöst.«

Brigitte hat eine bunte Weltkugel gemalt und sich selbst als Reisende mit einem großen Rucksack und einem Pfeil, der die ganze Erde umspannt. Auf den verschiedenen Kontinenten hat sie bekannte Reiseziele skizziert, wie die Chinesische Mauer, den Tadsch Mahal und den Regenwald im Amazonas – verziert mit Smileys.

Als sie an der Reihe ist, erklärt sie: »Ich habe mich entschieden. Zum Ende des Jahres werde ich meine Stelle kündigen und endlich auf Weltreise gehen. Und zwar so richtig, mit einem One-Way-Ticket. Da gibt es keinen Weg zurück mehr.«

»Das ist mutig von dir«, erwidert Lena lächelnd.

»Ich muss es tun. Ich merke, wie traurig mich das macht, dauernd über mein Leben nachzudenken. Immer dieses Verkopfte, das bremst mich schon so lange. Jetzt ist meine Zeit für einen Neuanfang. Die übrigen Tage will ich nutzen, um meine Pläne zu konkretisieren.«

Ihre Stimme klingt selbstsicher, fast streng, als ob sie zu einer Klasse spricht, die nicht ganz von dem überzeugt ist, was sie ihnen beibringen will. Die Runde hört wortlos, fast apathisch zu.

Peers Bild ist wild und düster. Lena erkennt unter den schwarzen Strichen schemenhaft eine Alphütte und finstere Gestalten.

Peer räuspert sich: »Mir geht es so wie Silvan. Dieses ganze Kraftort- und Sinnsuchezeug macht mich fertig. Je mehr ich mich mit diesen Dingen beschäftige, desto stärker spüre ich den Drang, mich mit den dunklen Seiten des Lebens zu befassen. Mein Alltag besteht doch eh schon aus Kinderliedern, Trostsprüchen, Elternblogs und Haushaltskram. Und hier auf der Alp, da wird mir diese heuchlerische Idylle so deutlich vor Augen geführt. Dieser ganze Achtsamkeitsunsinn, bei dem ich keine Fortschritte mache.« Schnaubend wirft er seine Zeichnung auf den Boden.

Ob Peer so emotional ist, weil ihn die Anwesenheit von Lorenz mehr aufwühlt, als er zugegeben hat? Er wirkt richtig verbittert in den letzten Tagen, denkt Lena.

Umas Bild ist auf der rechten Seite voll mit bunt gestylten Schafen. Auf der linken Seite hat sie einen Haufen aus chaotischen Strichen gekritzelt.

»Das ist ein Scherbenhaufen. Mein Scherbenhaufen. Ich war schon an so vielen paradiesischen Orten auf der Welt und hätte diese alle malen können, alle. Ewig habe ich durch den Türspion geguckt, doch nichts. Keine Vision. Kein Bild.« Sie pausiert, schluckt. »Aber ich spüre eine ungewohnte Kraft, wenn ich bei den Schafen bin. Ich kann mir das nicht erklären. Eigentlich hatte ich noch nie einen besonderen Draht zu Tieren. Außer zum süßen Mops meiner Tante Sophie. Die führt einen Hundesalon, wo ich als Mädchen nach der Schule manchmal zu Besuch war und meiner Tante beim Shampoonieren der Tiere geholfen hab. Daran denke ich momentan öfters. Deshalb habe ich die Schafe und Hunde gezeichnet.« Sie seufzt laut. »Mehr kann ich dazu nicht sagen. Außer, dass ich hoffentlich noch Klarheit finde, wie Brigitte.« Bei den Worten lächelt Uma Brigitte an, doch deren Gesicht ist wie versteinert. Wie eine Frau, die gerade eine erleuchtende Erkenntnis über ihr Leben gewonnen hat, sieht Brigitte nicht aus.

Und dann Lorenz mit seinem Zen-Garten.

»Wie kommt ein Bergbauer wie du denn darauf, einen japanischen Zen-Garten zu malen?«, fragt ihn Silvan.

Jetzt strahlt Lorenz wie Märzschnee in der Sonne.

»Das ist – mein Zen-Garten. Er ist noch nicht ganz fertig. Aber so könnte er mal aussehen, irgendwann.«

»Du hast auf eurem Hof einen Zen-Garten angelegt?«, will Silvan wissen.

Lorenz nickt.

»Wo denn?«

»Hinter dem Haus, damit ihn niemand sieht.«

»Echt jetzt? Warum willst du denn, dass ihn niemand sieht? Ist das nicht der Sinn von so einem Ziergarten? Dass man ordentlich damit angeben kann?«

Lorenz fährt sich durch seine lockigen Haare. »Nein, ich gärtnere nur für mich. In der Bergwelt ist alles so rau und unberechenbar. Aber in meinen Garten kann ich die Natur etwas zähmen.«

Silvan schnalzt. »Coole Sache, Lorenz. Das hätte ich dir echt nicht zugetraut.«

»Wirklich beeindruckend«, sagt Brigitte, deren Gesicht sich endlich wieder etwas entspannt hat. »Ich weiß, wie viel Aufwand so ein Garten macht. Und erst recht auf der Höhe hier und dann noch neben deiner Arbeit als Bergbauer. Alle Achtung.«

Lorenz lächelt verlegen.

Wenn er bloß nicht so umwerfend wäre, denkt Lena. Seine Anwesenheit macht sie richtig kribbelig.

Zudem kapieren allmählich alle, dass keine Gefahr von ihm ausgeht.

Pia

Nach dem Mittag hört der Regen auf. Als Pia und Silvan aus dem Haus treten, reißt der graue Himmel auf. Nebelschwaden berühren das feuchte Gras an sonnenbeschienenen Flecken. In einem Fantasyfilm wäre das die perfekte Stimmung für eine Aufbruchsszene, denn Verheißung und Tatendrang liegen in der Luft. Wenn Pia zu Silvan rüberschielt, sieht sie Entschlossenheit. Sie fühlt sich ebenfalls wohl in ihrer Rolle als mutige Klärerin der Fronten. Sie schaffen das. Wenn nicht sie, wer dann?

»Auf unser nächstes Abenteuer«, sagt Silvan mit Blick auf den entfernten Grimmhof.

»Ich hoffe, dass ich dich nicht wieder retten muss.«

»Jep. Obwohl wir ja schon ein eingespieltes Team sind.«

Die Aussage rührt sie, obwohl sie nicht weiß, wie ernst sie gemeint ist. Seit ihrem gemeinsamen Nachmittag im Wald ist sie ihm aus dem Weg gegangen – und er schien ihre Nähe auch nicht zu suchen. Doch heute ist alles anders. Heute marschiert das Heldenpaar siegessicher über die dampfende Blumenwiese in Richtung der feindlichen Festung. Verrückt! Die Bauern könnten schon auf der Lauer liegen und ihr Heldenepos schnell in einer Tragödie enden.

Auf dem Grimmhof ist es verdächtig still. Es brennt kein Licht, obwohl es in den niedrigen Räumen mit den schmalen Fenstern düster sein dürfte. Kurz bevor sie den Hof erreichen, beginnt es wieder zu nieseln, und sie ziehen ihre Kapuzen hoch. Vor der Haustür bleiben sie stehen. Eigentlich wollte sie mit Silvan noch das Vorgehen besprechen, doch er hat schon geklopft. Auch dieses Bauernhaus verfügt über keine Klingel. Hier erstaunt es sie allerdings nicht.

Nichts geschieht. Entweder, sie sind nicht zu Hause, oder sie wollen die Tür nicht öffnen. Als Pia hinter sich ein Rascheln hört, zuckt sie zusammen. Doch es ist nur ein Kater mit rötlichem Fell, der sich am Weidezaun kratzt. Wie mager er ist. Der scheint schon alle Mäuse auf der Alp gefressen zu haben.

Silvan klopft noch mal an die Tür und ruft: »Hallo. Seid ihr da? Wir möchten mit euch reden.«

Äußerlich wirkt Silvan cool. Ihr Herz schlägt dafür so heftig, dass es fast aus dem Brustkorb springt. Wieder passiert nichts. Der Kater miaut und streift um ihre Beine. Sein Fell ist ganz nass vom immer stärker werdenden Nieselregen. Hoffentlich sind sie nicht hier, denkt Pia. Irgendetwas stimmt da nicht.

»Bitte macht auf!« Silvans Stimme überschlägt sich fast.

Und dann kommen sie um die Ecke. Erst erkennt sie nur ihre Silhouetten, ihre hageren O-Beine, die zielgerichtet in ihre Richtung marschieren. Vermutlich waren sie im Stall, sie tragen Gummistiefel und ihre schmutzigen dunkelgrünen Overalls, darüber lose Regenjacken. Wie in einem Western. Die Cowboys bereiten sich auf das Duell vor. Silvans Gesicht verkrampft sich, kein Wunder, jetzt wird es ernst. Viel zu nahe vor ihnen bleiben sie stehen. Es liegt eine teilnahmslose Härte in ihren Gesichtern.

»Können wir reinkommen?«, fragt Silvan. »Wir möchten mit euch reden.«

Zwei kalte Augenpaare sind auf sie gerichtet.

»Ich bin selbst auf einem Bergbauernhof aufgewachsen«, fährt er fort. »Ich weiß, dass ihr viel zu tun habt. Dennoch, es ist wichtig.«

Ohne zu antworten, stapfen die Brüder an ihnen vorbei in das Haus. Bevor sie die Tür hinter sich zuschlagen, hat Silvan sich in den Eingang gestellt. Sie folgen den Brüdern in die Stube, unaufgefordert. Diese ist so niedrig, dass Silvan fast an die Decke stößt. In der Mitte steht ein Tisch mit drei Stühlen. Mehr brauchen sie wohl nicht. Ihr wird mulmig, als sie die vielen ausgestopften Tierköpfe sieht, mit denen die Rückwand zugepflastert ist. Steinböcke, Gämsen, Murmeltiere und Hirsche gaffen sie mit glasigen Augen an. Dieser Friedhof der Bergtiere und ihr muffiger Geruch schlagen ihr auf den Magen. Auch Silvan hat seine Gelassenheit vor der Haustür gelassen.

Die Brüder setzen sich nebeneinander an den Tisch, verschränken ihre Arme vor der Brust und kneifen ihre Augen zu Schlitzen zusammen. Silvan starrt auf die Mistspur, die sie auf dem Boden hinterlassen haben. Sein Kiefer zittert. Scheiße. Der ist total blockiert. Mach was.

»Danke, dass ihr uns reingebeten habt«, sagt sie mit übertrieben netter Stimme. »Wir schätzen das sehr und fassen uns kurz. Es geht um Lorenz.«

Wenn der Blick vorher frostig war, ist er jetzt nordpoleisig. Das war definitiv das Triggerwort.

»Lorenz befindet sich bei uns auf der Alp«, fährt sie fort. »Er darf auch gerne noch eine Weile bleiben.«

Puh, sie hätte sich vorbereiten sollen.

»Wir suchen keinen Streit«, fährt sie fort. »Wir wollen nur nachfragen, ob … Nun ja, ob das in Ordnung ist für euch. Ihr habt ihn ja weggeschickt, weil …«

Mensch, sag was, Silvan. Warum bleibt der Redepart alleine an ihr hängen? Sie weiß doch auch nicht, was sie sagen soll. Schließlich will sie die beiden nicht noch zusätzlich reizen. Einer der Brüder schleppt sich an das Fenster und gafft zu Lenas Alp rüber, so als ob er sich versichern möchte, dass Lorenz tatsächlich da drüben ist. Dann stellt er sich vor ihnen auf, immer noch die Arme vor der Brust verschränkt, seine Lippen zucken. Er ist zwar nur etwas größer als Pia, aber so muskelbeladen, dass er es leicht mit ihnen beiden aufnehmen könnte – gleichzeitig. Über seine Schulter lugt der Steinbockkopf mit einem leichten Grinsen auf dem Gesicht.

»Lor – Lorenz – er muss wieder zu – zu – zurück – kommen«, stammelt er.

»Habt ihr ihn denn nicht rausgeschmissen?«, fragt sie.

»Er muss arbeiten. Es gibt – zu tun – die Tiere, heuen.«

Bereuen sie etwa ihre Tat? Oder ist Lorenz viel mehr vor seinen Brüdern geflüchtet?

»Verstehe. Ihr braucht seine Arbeitskraft«, sagt Silvan und schnaubt. »Immer nur arbeiten, arbeiten, arbeiten. Alles andere interessiert euch nicht!«

Nein, Silvan. Definitiv nicht der Moment, dein Kindheitstrauma zu verarbeiten.

»Er ist … ein … Lügner«, stottert der Grimm.

»Kein Wunder, dass er euch anlügen musste. Es scheint euch einen Scheiß zu kümmern, was Lorenz will.«

»Ganz ruhig«, interveniert sie. »Ich verstehe, dass ihr auf seine Unterstützung angewiesen seid. Wir wollen alle das Beste für Lorenz – jeder auf seine Art und Weise.«

»Diese Frau, diese Frau, diese Frau … ist schuld.« Sein Gesicht verdunkelt sich bei jedem Mal, wenn er »Frau« sagt.

»Findet ihr das nicht leicht übertrieben?«, fragt Silvan.

»Nein! Sie macht alles kaputt. Alles.«

»Mensch, seid doch nicht so engstirnig. Ich bin ja selbst im hinterletzten Bergkaff aufgewachsen. Habe meine erste Freundin verstecken müssen, weil sie nicht katholisch war. Aber Lorenz ist doch sicher schon dreißig und ihr keine alten Alpöhis. Entspannt euch lieber mal.«

Jetzt erhebt sich auch der andere Grimm. Pia vermutet, dass er der mittlere Bruder ist.

»Ihr bringt ihn zurück!«, sagt dieser und ballt seine Fäuste. »Lorenz muss zurück! Sonst …«

Sie will nur noch weg von hier, aus dieser miefigen Stube voller toter Tiere, cholerischer Bergbauern und dem aufmüpfigen Bergbauernsohn Silvan, der erst kein Wort über die Lippen bringt und jetzt in gewohnter Unverfrorenheit seine Lebensweisheiten von sich gibt.

»Sonst was?«, fragt Silvan und verschränkt siegessicher seine Arme vor der Brust. Das ist nicht sein Ernst, denkt Pia.

»Sonst … sonst … sonst … sonst.«

Der stotternde Grimm ist so erzürnt, dass er keine Worte findet und sich stattdessen auf Silvan stürzt. Er packt ihn am Oberkörper und schüttelt ihn kräftig durch. Silvans Selbstbewusstsein bröckelt. Der Grimm'sche Bizeps ist stärker als Stahl, kein Wunder bei der harten Arbeit hier oben.

»Lass uns verschwinden«, flüstert sie ihm zu und geht rückwärts zur Tür. Sie will auf keinen Fall, dass sich der andere Grimm auf sie stürzt und sie so in die Mangel nimmt.

»Jep, wir bringen ihn zurück«, japst Silvan ergeben. »Lass mich bitte los, ich bin doch nur der Vermittler.«

Seine Stimme ist ängstlich, die Schüttelaktion hat Wirkung gezeigt. Plötzlich ist Silvan frei, offenbar hat er ihn losgelassen. Und dann sprinten sie los, durch den schummrigen Flur Richtung Haustür. Pia öffnet sie und hört dabei Silvan hinter sich schnaufen. Dann rennen sie über den Hof und die nasse Wiese, fast rutscht Pia aus. Als sie wieder auf Lenas Land stehen, dreht sie sich um. Die Grimms sind ihnen nicht gefolgt, dennoch braucht sie noch eine Weile, bis der Schrecken ganz von ihr abfällt.

Lena

»Sie wollen, dass er zurückkommt«, sagt Silvan, kaum dass er und Pia die Stube betreten haben. Die Gruppe wendet sich aufgeregt den Rückkehrern zu. Außer Lorenz, der mit angezogenen Beinen auf der Ofenbank sitzt und schweigt. Die Situation ist ihm offensichtlich unangenehm.

»Erzählt doch erst mal, wie sie reagiert haben. Waren sie sehr aufgebracht?«, fragt Lena.

»Na ja, erfreut waren sie nicht«, erwidert Silvan.

Ihr wäre es lieber, wenn ihre Schwester berichten würde. Aber war ja klar, dass Silvan sich in den Vordergrund drängt.

»Sie wollen, dass du heimkehrst«, fährt er an Lorenz gerichtet fort. »Auch wenn es mehr um deine billige Arbeitskraft geht. An deiner Stelle würde ich deine Lebenssituation einmal überdenken. Ich bezweifle, dass du bei deinen Brüdern dein volles Potenzial ausschöpfen kannst.«

Lorenz blickt auf seine braunen Wollsocken und sagt kein Wort.

»Fürchtest du dich heimzukehren?«, fragt Pia mit ihrer milden Therapeutinnenstimme und setzt sich ihm gegenüber auf die Bank.

Sie sollen ihn einfach in Ruhe lassen, denkt Lena. Sehen sie denn nicht, wie schwierig das für ihn ist?

»Was war denn euer Eindruck von den Brüdern?« erkundigt sich Peer.

»Die gehören schon eher zur Brutalo-Sorte. Der eine hat mich tätlich angegriffen«, antwortet Silvan betont gelassen, »aber wenn Lorenz bald heimkehrt, werden sie das wohl untereinander klären.«

»Ich will nicht zurück«, murmelt Lorenz.

»Was soll das heißen?«, fragt ihn Pia. »Jetzt im Moment, weil die Situation mit deinen Brüdern so angespannt ist? Oder so ganz allgemein?«

Er zuckt mit den Schultern. »Ich weiß es nicht.«

Na bravo. Jetzt haben sie so lange auf ihn eingeredet, bis

er völlig verstört reagiert. Er kann hier doch nicht bleiben, das geht doch nicht.

»Das versteh ich, Bro«, sagt Silvan. »Ich hab es nie bereut, dass ich früh von zu Hause weg bin. Sonst wäre ich genauso kauzig geworden wie meine Geschwister.«

»Ich will nicht zurück.« Diesmal ist Lorenz' Stimme gefasst. »Weil, sonst – können wir uns nicht mehr sehen.«

Diese Augen, dieser Blick. Da bringt Lena kein Wort heraus.

Silvan nickt dafür süffisant. »Verstehe.«

»Hör schon auf!«, fährt sie Silvan an. Sie möchte ihren Beziehungsstatus nicht vor der Gruppe diskutieren. Überhaupt ist ihr die ganze Situation peinlich, und sie versucht, das Thema zu wechseln. »Lorenz bleibt erst mal hier, bis sich alle beruhigt haben.«

»Moment«, entgegnet Peer. »Wenn die Brüder ihn zurückwollen: Bringen wir uns dann nicht in Gefahr?«

»Unsinn.« Sie kann diese blöden Grimmsorgen echt nicht mehr hören. »Ihr seid hier, um an euch zu arbeiten, und nicht, um Kleinkriege mit den Nachbarn zu führen. Ich verspreche euch, dass ich das klären werde, sollten die Brüder hier aufkreuzen und Probleme machen.«

»Du opferst dich also?« Peer scheint beeindruckt.

»Es wird nicht nötig sein. Und falls doch, können sie mich aufspießen mit ihren Mistgabeln, während ihr die Polizei ruft. Einverstanden?« Das war ironisch gemeint, doch sie erkennt an den verstörten Gesichtern, dass es nicht so rüberkam, und ergänzt: »Alles wird gut, ihr werdet sehen. Bitte vergesst die Brüder einfach, und konzentriert euch auf euch selbst. Lasst uns jetzt eine Runde meditieren. Morgen scheint übrigens wieder die Sonne für den Heilpflanzentag mit Alma. Das wird ein richtiges Highlight, versprochen.«

Meditationsgedanken Brigitte

Schon wieder meditieren. Ich habe Rückenschmerzen von der täglichen Praxis. So gerade zu sitzen, ist ganz schön anstrengend. Dabei dachte ich, dass mich das weiterbringt. So wie Julia Roberts in diesem Film, in dem sie nach Indien reist und monatelang nichts anderes macht. Ich werde den indischen Ashram wieder von meiner Weltreiseliste streichen. Das ist einfach nichts für mich, das ewige Rumsitzen, nichts tun und nichts denken. Da werde ich ganz kirre. Ich wünschte, wir würden einfach nur Yoga machen und den Rest weglassen. Bei den anderen scheint es aber zu wirken, daher will ich es noch nicht ganz aufgeben. Schließlich sind wir erst zwei Wochen auf der Alp. Es kann noch viel geschehen. Es muss noch viel geschehen, sonst … Mir graut schon vor der Rückkehr in meine winzige Wohnung, mit der dröhnenden Straße davor und den johlenden Besoffenen in der Nacht. Immerhin liegt die Wohnung zentral, sodass ich morgens auf dem Weg in die Schule noch einen Espresso in einem Café trinken kann. Könnte. Tatsächlich getan habe ich das natürlich noch nie. Aber die Vorstellung hat mir damals Kraft gegeben, als ich die Wohnung besichtigt und das Formular ausgefüllt habe, obwohl sie mir gar nicht gefallen hat. Ich weiß noch genau, wie ich minutenlang auf den tristen

Wohnblock gestarrt hab. Von außen erinnert mich das Gebäude immer an einen überdimensionierten Hasenstall mit seinen engen Gitterbalkonen. Aber ich musste schnell weg … Walters leerer Blick, als ich ihm davon erzählt hatte. Den kann ich nicht vergessen. Wir waren ja schon seit ein paar Wochen getrennt, aber so richtig glauben konnte er es erst, als ich ihn über meinen Auszug informiert habe. Und ich auch. »Ab wann?«, hat er nur leise gefragt. »Sofort …« Wie sich dieses *sofort* in die Stille unseres Wohnzimmers gebohrt hat. Am liebsten hätte ich damals alles hingeschmissen und mich Walter in die Arme geworfen … Aber ich bin stark geblieben. Natürlich hatte ich damit gerechnet, dass ich das Haus vermissen würde. Mein Bastel-Yoga-Zimmerchen unter dem Dach, in das ich Emilias Schlafzimmer verwandelt habe. Die neue Küche mit der Fensterfront in den Garten, mit den drei Pappeln und dem Rasen davor, auf dem meine Töchter ihre ersten Schritte im Gras gemacht haben. Dahinter Walters Gemüsebeete, aus denen er mir jeden Sommerabend einen frischen Salat ins Haus brachte. Mensch, und ich vermisse meine Freundinnen … Wie machen das bloß Abenteurerinnen? Haben die kein Heimweh? Oder einfach kein Zuhause? Niemand kann meine Entscheidung nachvollziehen. Nicht einmal Noemi, obwohl wir uns so nahestehen und sie mehr eine Freundin ist als meine Tochter. Klar, respektiert haben meine Entscheidung alle. Mein Wunsch nach Veränderung, die Trennung, der Umzug in meine eigene Wohnung, meine Reisepläne, doch wie sie mich dabei angesehen haben. Einige haben es sogar ausgesprochen: »Wir dachten alle, dass du glücklich bist … Ist das nicht einfach eine Midlife-Krise, die bald wieder vorüber ist? Oder Wechseljahres-beschwerden? Nimm ein paar Hormone, dann bist zu sicher wieder zufrieden mit deinem bisherigen Leben.« Das tat schon weh. Warum konnten sie sich nicht für mich freuen? Mir gratulieren zu dieser mutigen Entscheidung? Das wäre die Reaktion gewesen, die ich mir erhofft hatte. Ich verstehe es ja selbst nicht. An manchen Abenden fühle ich mich so verloren wie noch nie in meinem Leben. Dann hilft nur eines: Raus auf den Balkon und ganz lange die Alpen bewundern, die bei klarem Wetter zum Greifen nah sind. Dort spüre ich, dass irgendwo da draußen die Freiheit und die Leichtigkeit liegen, die ich suche. Ich kenne dieses Gefühl doch noch von früher, bevor der Alltagstrott der letzten Jahre die Oberhand gewonnen und nur noch ein nächtliches Herzklopfen zu-rückgelassen hat. Doch dass der Weg dahin so steinig sein muss … Und ich immer noch so oft an Walter denke. Klar, die vielen Erinnerungen lösen sich nicht einfach in Luft auf. Aber dass sie so präsent sein müssen … Das Kapitel »Walter« ist abgeschlossen. Im Kopf bin ich schon da, aber mein Herz flackert noch. Wie eine Glut, die nicht erlöschen will, obwohl ich permanent Wasser hineingieße … Trennungen brauchen einfach ihre Zeit. Wir haben schöne Jahre miteinander ver-bracht, Walter und ich, und zwei wunderbare Töchter groß-gezogen. Dabei steht uns die Scheidung erst noch bevor, und die wird mich noch mal richtig durchschütteln. Kein Wun-der, dass ich sie vor mir herschiebe. Die Trennung ist ja schon hart genug. Es würde mir leichter fallen, wenn er mich nicht so vermissen würde. Ich war seine große Liebe, wie oft er mir das gesagt hat. Ich habe das irgendwann einfach so hingenommen. Doch jetzt, wo seine Worte und treuherzigen Blicke fehlen, frage ich mich manchmal, wer ich eigentlich bin ohne ihn. Und wer ich noch sein möchte ... Mit Walter an meiner Seite wäre ich niemals auf lange Reisen in ferne Länder aufgebrochen. Es war die richtige Entscheidung. Auch wenn sie wehtut – noch. Ich muss mich auf die Zukunft konzentrieren. Die vielen Kraftorte, die ich unterwegs finden werde. Uma hat mit ihren achtundzwanzig Jahren schon die halbe Welt bereist. Und ich? Habe es erst einmal geschafft, weiter als Europa zu reisen, auf einem Roadtrip durch die USA, vor mehr als zwanzig Jahren. Mit Walter. Der die Reise zwar ganz nett fand, aber künftig doch lieber wieder an die Ostsee fahren wollte ...

Pia

Die Stube ist für die nachmittägliche Yogastunde so voll, dass es Pia zu eng wird. Kurz entschlossen drückt sie dem verdattert dreinschauenden Lorenz ihre Yogamatte in die Hand. Sie braucht frische Luft, weit weg von den sphärischen Mantra-Klängen und Duftlämpchen. Wenig später tritt sie aus dem Haus und schaut in alle Richtungen. Bei den Grimms brennt Licht. Vermutlich schmieden sie schon einen Plan, wie sie Lorenz wieder zurückholen, notfalls wohl mit Gewalt. Eigentlich tragisch, diese Brüder. Im Gegensatz zu Silvan glaubt sie nämlich, dass sie Lorenz durchaus vermissen – nicht nur seine Arbeitskraft. Wenn man so eng und isoliert zusammenlebt, dann verändert sich die Dynamik gewaltig, wenn plötzlich jemand fehlt. Vermutlich war Lorenz mit seiner liebenswürdigen Art der Harmoniestifter in der Familie. Was, wenn er wirklich nicht mehr zurück möchte? Sie hat Lenas panisches Gesicht gesehen, als er bedauerte, sie dann nicht mehr sehen zu können. Das war wohl zu viel der großen Gefühle für einen Freigeist wie Lena. Für sie ist das wohl mehr ein kurzes Techtelmechtel mit einem knackigen Bergbauern.

Eigentlich ist in diesem Retreat doch schon so einiges schiefgelaufen! Sie ist erstaunt, wie gelassen sie das Ganze inzwischen nimmt. In ihrer Vorstellung sollten das vier besinnliche Wochen in den Bergen werden, mit maximal relaxten Gästen am Ende. Doch inzwischen ist mehr als die Hälfte der Zeit vorbei, und die Kraftorte-Übung hat gezeigt, dass noch viele Fragen offen sind.

Umas Geständnis, dass sie sich bei den Schafen so geborgen fühlt, hat sie berührt, und sie möchte ihnen auch wieder einmal einen Besuch abstatten. Die Tiere haben sich im Stall verkrochen, feuchtes Wetter mögen sie wohl nicht. Sie zieht die schwere Tür auf und wird von zwölf treuherzigen Augenpaaren angestarrt. Wie herausgeputzt sie sind! Sie streichelt eines der Schafe, vielleicht Freya? Sie kann die Tiere nicht voneinander unterscheiden.

Plötzlich hört sie Schritte vor dem Stall und zuckt zusammen. Jemand hantiert an der Tür herum und schiebt von außen den Riegel vor. Jetzt sitzt sie in der Falle. Wie konnte sie nur so naiv sein?

»Bitte nicht abschließen!«, ruft sie hinaus. Ob die anderen sie bald vermissen und finden werden? Doch schon öffnet sich quietschend die Tür.

»Was machst du denn hier?«, fragt Silvan, als er den Stall betritt und sie ungläubig anschaut.

»Das frage ich dich. Ich hatte voll Schiss, dass mich ein Grimm einsperrt.«

»Mir war's zu eng beim Yoga. Musste raus und mir die Beine vertreten. Da habe ich die offene Stalltür gesehen und gedacht, dass die wohl jemand vergessen hat zu schließen.«

Es ist nur Silvan. Was für eine Erleichterung! Sie streicheln den Schafen, die sich nach vorne gedrängt haben, über die wuscheligen Köpfe. Dann setzt sich Silvan auf einen Strohballen an die Holzwand und sagt: »War ziemlich krass bei den Grimms, findest du nicht?«

»Ja, und wir, dass wir da reingegangen sind.«

»Alleine wäre ich gestorben vor Angst.«

Da ist er wieder, der Silvan, der nicht den Helden spielen muss. Den sie so mag.

»Du hast dich ganz schön für Lorenz eingesetzt. Für sein Liebesglück«, sagt sie.

»Ja, die Situation hat mich an früher erinnert. Dann noch die Mistspuren am Boden und die ausgestopften Jagdtrophäen an der Wand. Mein Vater ist auch Jäger. Puh, das war harte Kost.«

»Das glaube ich. Hast du noch Kontakt zu deiner Familie?«

»Meist nur an Weihnachten. Wir stehen uns nicht nahe. Ich war es irgendwann leid, mich ihnen dauernd erklären zu müssen.«

»Wofür denn?«

»Ach, mein ganzes Leben ist nicht bergbauernkonform.

Andere Eltern wären stolz auf ihren Sohn, ich habe es doch ein kleines bisschen zu etwas gebracht, weißt du. Aber meine Eltern … Hätte ich einen kräftigen Stier im Stall, wären sie mehr beeindruckt.«

Er seufzt tief.

»Verstehe. Ich habe selbst ein schwieriges Verhältnis zu meinen Eltern. Die sind nach Indien ausgewandert, als ich zwanzig war.«

»Nach Indien? Crazy. Was arbeiten sie denn da?«

»Sie leben in einem Ashram, meditieren und unterrichten einheimische Kinder in der Dorfschule.«

»Ganz schön ausgestiegen.«

Pia merkt, wie bewegt sie ist, immer noch, nach all den Jahren.

»Ich bin mit sechzehn fürs Gymnasium ins Tal runter. Eine Befreiungstat für mich, Geldverschwendung für meine Eltern. Von da an kam ich nur noch an den Feiertagen zurück oder wenn meine Wenigkeit gerade dringend gebraucht wurde.«

Kein Wunder, dass er sich so in Lorenz einfühlen kann. Sie weiß nur zu gut, wie familiäre Verpflichtungen oder unausgesprochene Erwartungshaltungen einen ein Leben lang belasten können. Dabei ist sie bezüglich ihrer Situation unsicher, was sie eigentlich will: endlich akzeptieren, dass ihre Eltern kein Bestandteil ihres Lebens mehr sind, oder einen Neustart wagen.

Als sie sich neben Silvan auf den Strohballen setzt, versammeln sich die Schafe um sie herum und glotzen sie an.

»Die wollen mehr Streicheleinheiten«, sagt sie.

»Da sind sie nicht die Einzigen.«

»Von Uma oder von mir?«, rutscht es ihr heraus.

»Wie kommst du denn auf Uma?«

»Mir scheint, dass Uma deinen Beschützerinstinkt weckt.«

»Blödsinn. Ich versuche schon die ganze Zeit, mit dir zu flirten, Pia. Aber du bist eine echte Herausforderung.«

»Du bist auch nicht gerade ein einfacher Fall, Silvan.«

»Wir scheinen beide das Komplexe zu suchen«, erwidert er schulterzuckend.

»Und ein paar Komplexe zu haben.«

Silvan lacht. »Deinen trockenen Humor mag ich sehr. Und dann dieser strenge Blick. Der turnt mich richtig an.«

»Ich gucke doch gar nie streng«, sagt Pia und schaut betont unschuldig.

»Ha, machst du Witze? Deine grünen Augen zerlegen mich regelmäßig in Filetstücke.«

»So ein Unsinn!«

Gleich küssen wir uns, denkt Pia. Und tatsächlich, wenige Sekunden später schauen ihnen die Schafe neugierig dabei zu.

»Ich fühle mich beobachtet«, flüstert sie ihm zu.

»Sollen wir rüber in den Grimmkeller? Ich habe gehört, dass es da ein verbotenes Liebesnest gibt.«

Du verliebst dich gerade, Pia. Ob das schlau ist?

»Mensch, was machen wir bloß?«, seufzt sie.

»Regeln brechen. Ihr Schwestern habt es ja faustdick hinter den Ohren. Uns Keuschheit auferlegen, aber selbst geheime Affären anzetteln.«

Das war nicht ganz ernst gemeint, aber es stimmt halt doch. Er hat seinen Arm um sie gelegt und drückt sie an sich. Was, wenn sie doch eine Zukunft haben? Immerhin wohnen sie in derselben Stadt. Wenn er nur nicht so ein krasser Workaholic wäre.

»Kann ich dich mal etwas fragen?«

»Ich habe jetzt schon Angst.«

»Geht's dir wirklich nur ums Entspannen? Du bist doch glücklich in deinem Job und freust dich über deine Beförderung. Richtig?«

Eines der Schafe stupst den schweigenden Silvan mit der Nase an, fast so, als ob es ihn darin bestärken möchte, sich zu öffnen.

»Eigentlich schon, ja. Ich wollte einfach mal wieder meinen Kopf freikriegen und den ganzen Stress hinter mir lassen. Der frisst mich manchmal richtig auf.«

Sie spürt, dass da noch mehr ist, über das er nicht reden möchte. Vermutlich hat er größeren Respekt vor seinem neuen Job, als ihm lieb ist. Sie küsst ihn mit zugespitzten Lippen auf die Wange und neckt: »Aber he, du hast dann ja eine persönliche Assistentin. So etwas stelle ich mir toll vor. Unsereins muss sich ja um alles selbst kümmern.«

Silvan schweigt hartnäckig. Sie bereut, dass sie das Thema angeschnitten hat. Seine Arbeit scheint ein rotes Tuch für ihn zu sein. Eigentlich wollte sie ja nur abchecken, ob er neben den langen Arbeitstagen überhaupt Zeit hätte – für eine Beziehung.

»Und warum bist du hier, Pia? Du hast zu Hause doch

sicher auch Patienten, die deinen therapeutischen Rat schmerzlich vermissen?«

Jetzt hat er den Spieß einfach umgedreht. Clever.

»In erster Linie wollte ich meine Schwester unterstützen. Ihre Bankerin hat sie übers Ohr gehauen und die Zinsen verdreifacht. Daher stammt auch die Idee, dieses Retreat durchzuführen, sonst hätte sie die Alp nämlich verkaufen müssen. Und da die Fähigkeiten meiner Schwester mehr spiritueller Natur sind, hat sie mich gebeten mitzuhelfen.«

»Du gute Seele. Du könntest ja auch einen Monat lang faul am Palmenstrand liegen, anstatt dich in einer Alpküche abzurackern.«

Soll sie ehrlich sein, auch wenn Silvan sich nicht in seine Karten blicken lässt?

»Na ja, ich habe schon etwas Bedenkzeit gebraucht. Meine Schwester bedeutet ja auch Trouble, wie du gemerkt hast. Der Zeitpunkt war aber günstig: Ich war ziemlich in meinen Alltagshamsterrad gefangen und habe mal wieder ein Abenteuer gebraucht. Badeferien sind zudem gar nicht meins, da langweile ich mich schnell. Dafür koche ich sehr gerne, gerade auch für viele Leute. Ehrlich gesagt kann ich beim Kochen viel besser entspannen als beim Meditieren.«

»Du sagst es. Für mich ist dieses Meditieren die reinste Plage.«

Sie lacht, doch Silvan wirkt nachdenklich, fast in sich gekehrt. Sie sitzen noch eine Weile da, dann nimmt er seinen Arm von ihrer Schulter.

»Lass uns zurückgehen, die Yogastunde ist beendet. Du

willst vermutlich nicht, dass die anderen Verdacht schöpfen wegen dem hier.«

Wegen dem hier? Was ist denn das für eine Formulierung? Gemeinsam bahnen sie sich den Weg an den Schafen vorbei zum Ausgang. Silvan schlüpft als Erster aus dem Stall, sie folgt ihm später. Sie fühlt eine große Leere in sich und kann sich nicht erklären, warum.

Lena

»Sag mir bitte, was ich tun soll«, flüstert Lena in den Hörer ihres Telefons, das sie über das Kringelkabel aus der Stube bis auf die Kellertreppe gezogen hat. Dort sitzt sie auf der Holztreppe, den Rücken an die Tür gelehnt. Immerhin ein Stück Privatsphäre.

»Ach, Leni, das ist doch alles halb so schlimm«, sagt Alma mit ihrer gewohnt ruhigen Stimme. Wie sehr hat sie die liebe Alma vermisst. Hätte sie sich schon früher einmal mit ihr ausgetauscht, wäre ihr wohl einiges an Problemen erspart geblieben.

»Er wird heute Nacht neben mir auf dem Boden schlafen, sie haben ihm schon eine Isomatte aufgepumpt.«

»Du hast ihn doch auch gern, wenn ich dich richtig verstanden habe?«

»Darum geht es doch gar nicht.« Sosehr sie Alma schätzt, manchmal braucht diese eine Weile, bis sie die Ernsthaftigkeit eines Problems ganz erfasst hat.

»Lorenz will hierbleiben, weil er sich vor seinen Brüdern fürchtet«, beginnt sie noch mal von vorne.

»Und weil er dich weiterhin sehen möchte, oder?«, fragt Alma.

»Das auch, ja. Dabei können ihm seine Brüder doch nicht vorschreiben, was er zu tun hat. Ich meine, der Mann ist dreiunddreißig Jahre alt.«

»Ach Leni, du weißt doch inzwischen, dass die Bergbauern da anders ticken. Möchtest du denn gar nicht, dass er bleibt?«

»Der Moment könnte nicht ungünstiger sein, so mitten im Retreat«, seufzt Lena. »Einige meiner Gäste fürchten sich vor seinen Brüdern und einer Racheaktion. Zudem habe ich doch gar keinen Platz.«

Sie durchschaut mich, denkt Lena. Aber da muss sie durch.

»Du kannst ihm sonst auch anbieten, dass er ein paar Tage bei mir unterkommen kann. Würde dir das helfen?«

Wie sehr sie gehofft hat, dass Alma ihr dieses Angebot macht. Das entschärft das akute Lorenz-Problem und gibt ihr Luft und Raum, um in Ruhe über alles nachzudenken.

»Oh Alma, du bist meine Retterin. Vielleicht kannst du ihn morgen nach dem Heilpflanzentag gleich mitnehmen?«

»Aber der ist doch erst in drei Tagen«, erwidert Alma und lacht.

Das hast du mal wieder bestens hingekriegt, Lena. Das Programm geändert, ohne die Kursleiterin darüber zu informieren. Nur eine Glühbirne beleuchtet die enge Treppe, die mörderisch steil hinunter in den Keller führt. Sie hört, wie die

Gäste den Gang entlanggehen, vermutlich zieht es sie bereits auf ihre Zimmer. Es ist schon spät.

»Gibt es vielleicht eine klitzekleine Möglichkeit, dass du schon morgen kommst?«, bettelt sie. Die Gruppe freut sich bereits auf den Workshop und rechnet damit, dass er morgen stattfindet. Sonst hat sie schon wieder versagt.

»Eigentlich stehen zwei Hausbesuche an. Aber wenn dir das so wichtig ist, dann versuche ich, diese zu verschieben.«

»Tausendmal danke, liebe Alma. Habe ich dir eigentlich schon mal gesagt, dass du die Beste bist?«

Alma gluckst. »Immer dann, wenn ich dir einen Gefallen tue.«

Das tut sie eigentlich die ganze Zeit. Nach dem Retreat wird sie sich würdig bei Alma revanchieren. Ihr im Garten helfen oder bei was auch immer sie Alma unterstützen kann.

»Ich möchte dich bezahlen für morgen. Wirklich.«

»Kommt nicht infrage«, antwortet Alma bestimmt. »Ich freue mich darauf, endlich deine Gäste kennenzulernen.«

Freu dich lieber nicht zu früh, denkt Lena und schämt sich gleich für den Gedanken. Sie ist einfach angespannt, weil Lorenz hier ist und ihr Verhältnis aufgeflogen ist. Dass er sich ernsthaft in sie verliebt haben könnte – daran will sie nun wirklich nicht denken. Sie fühlt sich ja schon eingeengt, wenn ein Mann mehr als drei Nächte neben ihr im Bett schläft.

»Dann darf ich ihm sagen, dass er vorläufig bei dir wohnen kann?«, versichert sie sich.

»Natürlich. Wenn du willst, können wir gemeinsam das

Gespräch mit den Brüdern suchen. Ich kenne die ja noch ein bisschen von früher.«

Die Welt wäre ein besserer Ort, wenn es mehr Almas gäbe.

»Du bist wunderbar, Alma. Einfach wunderbar.«

»Ach Leni, gern geschehen. Ich werde ihm Ivos ehemaliges Zimmer herrichten.«

Nachdem sie sich verabschiedet haben, bleibt Lena noch eine Weile auf der Treppe sitzen. Schummrige Keller wecken alles andere als schöne Erinnerungen in ihr, doch solange noch Betrieb im Haus herrscht, lässt sie sich lieber vom Kellerloch beklemmen. Am liebsten hätte sie Alma von der Hanfplantage erzählt. Aber irgendwie möchte sie nicht, dass das außer ihr noch jemand weiß. Sie wird Lorenz zu einem späteren Zeitpunkt darauf ansprechen. Momentan ist ihr alles zu viel.

Immerhin hat sie das heutige Programm den Umständen entsprechend souverän durchgezogen. Lorenz hat sich problemlos in die Runde eingefügt und sich auch beim Yoga als Naturtalent entpuppt. Dass er als Bergbauer die nötige Kraft dafür hat, war klar, nicht aber, dass er so beweglich und geschmeidig ist. Mühelos hat er sich den Asanas hingegeben, ist fast durch diese hindurchgeglitten. Peers und Silvans neidische Blicke dabei sind ihr nicht entgangen. Die beiden tun sich nach wie vor schwer mit Baum, Hund und Fisch. Silvan hat nach zehn Minuten abgebrochen, angeblich, weil es ihm zu eng in der Stube wurde. Ein weiterer Grund, warum Lorenz nicht bleiben kann. Der weckt das Konkurrenzdenken in den Kerlen, und auf Hahnenkämpfe hat sie keine Lust.

Endlich ist es still draußen, und sie huscht hinaus. Die Stube ist leer, Lorenz hat sein Nachtlager noch nicht eingenommen. Sie putzt sich die Zähne, zieht ihr Schlafshirt und die Pluderhosen an und streckt sich auf der Ofenbank aus. Wer weiß, vielleicht hat sich ihr Problem ja von alleine gelöst, und Lorenz ist zu seinen Brüdern zurückgegangen? Sie hat sich ihm gegenüber ja nicht gerade von ihrer Schokoladenseite gezeigt.

Normalerweise macht es ihr nichts aus, auf der Ofenbank zu schlafen, doch heute spürt sie jeden Knochen auf der harten Unterlage. Sie beobachtet den Mond, der an dem wolkenlosen Nachthimmel seine glanzvolle Bühne eingenommen hat. Langsam lässt sie ihre Hand auf Lorenz' leeres Nachtlager fallen und ertastet den Schlafsack, der ihm als Decke dienen soll. Pia hat sogar ein Laken über die Oberfläche der Isomatte gelegt. Jetzt ist er nicht hier, und das ist ihr auch nicht recht. Mit dir stimmt schon etwas Gröberes nicht, Lena.

Sie hört leise Schritte im Flur. Wenig später geht die Stubentür auf, und Lorenz tippelt auf Zehenspitzen hinein. Ihr Herz klopft freudig, anscheinend ist er doch nicht einfach abgehauen. Als er näher kommt, erkennt sie im Mondlicht, dass sein Gesicht voller Tränen ist.

»Meine Brüder haben alles kaputt gemacht«, flüstert er. »Meinen ganzen Garten. Die haben die Kühe da reingejagt, und die haben alles zerstampft.«

Pia

Pia versteht sofort, warum Lena Alma so mag. Sie strahlt so eine mütterliche Wärme aus, dass sie sich sofort geborgen fühlt. So wie Alma aussieht, stellt sie sich eine weise Frau vor: ein starkes, vom Wetter gezeichnetes Gesicht, lange weiße Haare und einen sehnigen, fast mädchenhaften Körper. Man sieht ihr an, dass sie viel Zeit im Garten verbringt und ihre Pflänzchen hegt und pflegt. Auch die Gäste sind sofort von ihr angetan.

Alma tauchte nach dem Frühstück bei ihnen auf, mit einer Menge getrockneter Pflanzen, Salben, Dosen und Büchern in ihren weiten Jutetaschen. Uma fragt sie mit Blick auf ihre Ledersandalen ungläubig, ob sie das alles zu Fuß hochgetragen hat. Alma lächelt nur und breitet ihre Utensilien auf der Ofenbank aus. Sofort verströmt sich der Duft einer frischen Blumenwiese in der Stube.

Der Heilpflanzentag startet mit einer Runde Kräutertee entsprechend der aktuellen Befindlichkeit. Silvan runzelt erst die Stirn, entscheidet sich dann für etwas Beruhigendes, da er schon vier Tassen Kaffee intus hat und seine Finger kribbeln. Ohne ihn zu verurteilen – Pia hätte sich eine Bemerkung zu seinem übermäßigen Kaffeekonsum wohl nicht verkneifen können –, greift Alma zur getrockneten Kamille, dem Johanniskraut und der Passionsblume und überreicht ihm ein gefülltes Tee-Ei. Dazu erklärt sie, welche Wirkung diese Pflanzen haben. Brigitte verlangt nach aktivierenden Kräutern, sie brauche Power für all die anstehenden Entscheidungen. Peer wünscht sich einen kreativitätsfördernden Tee mit einer leicht beruhigenden Note, während Uma schüchtern fragt, ob es auch Kräuter gibt, um die Gedanken frei zu machen. Ohne weitere Fragen zu stellen, stellt Alma ihnen ihre Mischungen zusammen.

Sogar der traurig dreinblickende Lorenz, der außerhalb der Runde auf einem Küchenschemel Platz genommen hat, erhält ungefragt ein Tee-Ei. Etwas muss vorgefallen sein, nimmt Pia an. Vermutlich hat er sich mit Lena gezofft. Die schien von der Idee, dass er bleiben möchte, wenig angetan zu sein. Irgendwie schade. Sie war anfangs alles andere als amüsiert über Lenas Affäre und Lorenz' seltsamen Auftritt. Aber irgendwie mag sie ihn, seine ruhige, fast demütige Art. Er tut der fordernden Gruppe gut.

Plötzlich richten sich alle Blicke auf sie. Was sie denn heute brauche, fragt Alma, vermutlich zum zweiten Mal. Dabei funkeln ihre Augen wie Bernsteine, als Sonnenstrahlen durch das Fenster auf ihr Gesicht fallen.

»Etwas, das wach macht«, erwidert sie schnell.

Lena bringt heißes Wasser aus der Küche und füllt die Tassen. Nach ein paar Minuten Ziehzeit trinken alle konzentriert ihre Tees, fast so, als ob sie eine sofortige Wirkung erwarten würden.

Dann stellt Alma sich vor und erzählt, wie sie zur Kräuterfrau geworden ist. Silvan fragt nach ihren größten Heilerfolgen, und die bescheidene Alma druckst erst rum, bis sie zu plaudern beginnt. Sie habe mit Arnika, ihrer Lieblingsheilpflanze, bei einem Politiker im Tal eine schwere Prellung innerhalb weniger Tage kuriert – sehr zum Erstaunen der behandelnden Hausärztin.

Unaufgefordert haben alle Gäste ihre Notizhefte geöffnet und sich fleißig Notizen gemacht. Sie kann das rege Interesse der Gruppe kaum fassen. Nachdem sie ihre Teetassen ausgetrunken haben, gehen sie nach draußen auf die Alpwiese, eine klassische Magerwiese, wie Alma sie lehrt. Gemeinsam waten sie durch die Wiese, und Alma kommt aus dem Erzählen nicht mehr heraus.

Heute wird es ein heißer Sommertag auf der Alp, denkt Pia. Es hängen zwar noch ein paar Dunstwolken an den Berggipfeln, doch sie lösen sich in Sekundenschnelle auf. Lorenz beobachtet immer wieder den Nachbarhof. Fürchtet er, dass seine Brüder plötzlich aufkreuzen und ihn zurückholen?

Vor dem Mittagessen sammeln sie essbare Kräuter für einen Salat – inklusive Blütenbouquet. Es rührt sie, mit welcher Hingabe Silvan nach den passenden Kräutern Ausschau hält und sie für die Gruppe in einem Strauß sammelt. Anschließend bringt er sie in die Küche und hilft beim Zubereiten. Er bietet sogar an, die Salatsoße zu machen, was sie dankend annimmt. Fröhlich pfeift er dazu, während sie die Polenta rührt. Ob er zu Hause auch gerne kocht? Sie will nicht immer so viel fragen. Wer weiß, vielleicht findet sie es auch so noch raus.

Der Kräutersalat schmeckt jedenfalls, und Silvan genießt die vielen Komplimente dafür. Uma verwickelt ihn sofort in ein Gespräch über makrobiotisches Essen. Peer schöpft sich eine zweite Portion Polenta und seufzt mehrmals dabei. Niemand fragt nach dem Grund dafür, fast hat sich die Gruppe an sein grummeliges Dasein gewöhnt. Brigitte fragt Alma nach Tipps für die biologische Schädlingsbekämpfung, und

Alma kommt kaum zum Essen, weil sie so mit Fragen ge-löchert wird. Dafür sind Lorenz und Lena immer noch im Schweigemodus. Nach dem Essen bringt Lorenz das Ge-schirr in die Küche. Schon gestern Abend bestand er darauf, den Abwasch zu übernehmen. Sie ließ ihn machen, dankbar für das Angebot und weil sie gespürt hat, dass er auf diese Weise seinen Beitrag leisten möchte.

Am Nachmittag sammelt die Gruppe Ringelblumen, um daraus Salbe herzustellen. Pia fällt erst nach einer Weile auf, dass Lorenz fehlt. Er ist nach dem Abwasch nicht mehr nach draußen gekommen.

»Die Ringelblume wird auch als Totenblume bezeichnet«, erzählt Alma beim Pflücken, »da sie den ganzen Sommer im-mer wieder blüht und daher in vielen Völkern eine beliebte Grabpflanze ist.«

Die Worte wecken Peers Interesse. »Ist sie giftig?«, will er wissen.

Alma schüttelt den Kopf. »Die Wirkung der Ringelblume ist entzündungshemmend, weshalb sie für Salben verwendet wird. Falls du jemanden vergiften möchtest, dann empfehle ich dir den blauen Eisenhut da drüben«, fügt sie mit einem Augenzwinkern an. »Der ist hochgiftig. Bereits ein paar Gramm sind tödlich. Der Legende nach wurde der römische Kaiser Claudius damit vergiftet – seine Frau soll es ihm unter das Essen gemischt haben. Giftmorde waren in der Antike an der Tagesordnung. Die Angst davor war enorm, besonders bei den Herrschern.«

»Faszinierend«, sagt Peer und strahlt über das ganze Gesicht. »Heute wird so eine Substanz einfach nachgewiesen, richtig?«

»Ja, heute sind die Pflanzengifte gut erforscht. Und Gift ist nicht gleich Gift: Die Dosis macht den Unterschied. Eisenhut wird zum Beispiel in sehr kleinen Dosen in der Homöopathie verwendet. So, und jetzt wenden wir uns doch wieder den Ringelblumen zu.«

»Wie langweilig!«, ruft Peer. »Ringelblumen, Arnika, Wundsalben. Warum können wir uns nicht intensiver mit Giftpflanzen beschäftigen? Warum muss immer alles so zivilisiert sein?«

»Tut mir leid, aber ich soll doch Heilpflanzen mit euch anschauen«, rechtfertigt sich Alma. Auf diese heftige Reaktion war sie nicht gefasst – und sie ist nicht die Einzige.

»Schaut mich nicht so blöd an!« Peer wirft sein Ringelblumensträußchen auf die Wiese und läuft davon.

»Der hat sie nicht mehr alle«, sagt Silvan kopfschüttelnd, »erst bricht er bei den Grimms ein, dann interessiert er sich für Giftmorde. Da ist doch eine Schraube locker.«

Bei der Aussage schaut er Pia an. Ein Fall für die Psychologin, klar.

»Du solltest mal mit ihm reden«, meint auch Brigitte. »Vielleicht will er die Grimms vergiften? Kommt so was vor, Pia? Dass Leute den Verstand verlieren, wenn sie sich zu intensiv mit sich selbst beschäftigen?«

»Ich werde mit ihm reden«, bietet Lena an.

»Lass mal, ich übernehme«, erwidert Pia schnell. Ihrer Schwester flüstert sie ins Ohr: »Vielleicht braucht er tatsächlich etwas therapeutische Unterstützung.«

Lena nickt nur, und sie folgt Peer, er hat den Pfad hinter das Haus eingeschlagen. Wenig später sieht sie ihn auf der Hängematte sitzen und schaukeln. Sie gibt ihm noch ein paar Minuten, um sich abzuregen. Dann stellt sie sich mit einem Sicherheitsabstand vor die wippende Hängematte.

»Möchtest du darüber reden, was dich so wütend macht?«

»Ich bin nicht wütend«, sagt er wütend. Er schaukelt so fest, dass ihr alleine vom Zusehen schwindlig wird. Sie setzt sich auf einen Holzstumpf und wartet. Nach einer Weile werden die Bewegungen ruhiger, und er kommt mit seiner Hängematte zum Stillstand.

»Scheiße, ist mir schlecht.« Peer verschwindet hinter den Lärchen. Sie hört, wie er sich lauthals übergibt. Mit einem bleichen Gesicht setzt er sich zurück auf die Hängematte.

»Siehst du, Pia, das ist genau mein Problem. Ich krieg nichts auf die Reihe, sogar beim Schaukeln wird mir schlecht. Ich meine, das schafft doch jedes Kind, nur ich muss kotzen.«

Ihr wäre auch schlecht geworden, doch sie spürt, dass es um etwas anderes geht, und lässt ihn erst mal durchatmen.

»Diese Selbstfinderei macht mich noch wahnsinnig«, fährt er fort. »Dabei waren meine Gedanken noch nie so düster. Diese Grimms haben sich in meinem Kopf eingenistet. Ich male mir aus, auf welche Weise sie sich für den abtrünnigen Lorenz rächen. Und wie wir zurückschlagen, mit einem Giftmord, heimlich untergejubelt in einem Versöhnungskuchen, der plötzlich vor ihrer Haustür steht. So plappern meine Gedanken sinnloses Zeugs vor sich hin. Verrückt, nicht? Ich habe wohl einfach zu viel Zeit, um nachzudenken. Und zu viel Fantasie. Das war schon immer mein Problem.«

»Warum verarbeitest du deine Eindrücke nicht beim Schreiben?«

Peer wippt mit seinen Füßen auf dem Boden. »Das will ich ja. Hört sich aber eher nach einem Thriller an als nach einer Kindergeschichte.«

»Und wenn du das Genre wechselst?«

»Das geht doch nicht. Ich kann doch nicht einfach …»

»War ja auch nur eine Idee«, entschuldigt sie sich. Jetzt erteilt sie schon Ratschläge, anstatt einfach beratende Fragen zu stellen. »Wenn du willst, können wir über deine Fantasien sprechen«

»Ein Psychothriller, der auf einer heruntergekommenen Alp spielt«, fällt Peer ihr ins Wort. »Aber ich kann doch nicht von einem Selbstfindungs-Retreat zurückkommen mit einer Thrilleridee im Kopf und allen sagen: He, wisst ihr, was ich Spannendes über mich herausgefunden habe? Das Vater- und Kinderbuchautorsein entspricht gar nicht meinem Naturell.«

»Gibt es denn eine Möglichkeit, beide Seiten miteinander zu verbinden? Du bist kein schlechter Mensch, nur weil du dunkle Fantasien hast. Als Autor kannst du die ja verarbeiten.«

Peer kratzt sich so fest am Bart, dass trockene Hauptpartikel abfallen. »Ich weiß nicht, ob ich mir das zutraue, ist ja schon ein ziemlich anderes Genre. Aber die Grimms inspirieren mich tatsächlich, so blöd das auch klingt.«

»Dann gib dir die Erlaubnis, dem Raum zu geben. Ganz ohne Druck.«

»Ohne Druck klingt gut. Den hab ich sonst schon genug.«

»Das glaube ich. Vermisst du deine Kinder?«

»Sehr. Ehrlich gesagt halten sie mich so auf Trab, dass ich gar nicht mehr weiß, wer ich ohne sie noch bin.« Er zuckt mit den Schultern. »Vielleicht ein Mann, der mehr Zeit für sich braucht, und ein Autor, der gerne mal einen Thriller schreiben würde?«

»Hört sich gut an«, sagt Pia und nickt ihm aufmunternd zu.

»Hm. Das macht mir schon ein bisschen Angst. Ob ich so einen Thriller hinkriege?«

»Den Schauplatz für dein Verbrechen scheinst du ja schon gefunden zu haben.«

»Die Täter auch. Eigentlich habe ich gar keine Zeit, um ein Buch zu schreiben. Das ist wohl mein größtes Problem«, seufzt er.

»Kannst du denn die Kinderbetreuung mit den Müttern neu aufteilen?«, fragt Pia. Ob Peer gerade einen Durchbruch hat? Das würde sie ihm wünschen.

»Schwierig, das einzufordern. Die haben immer so überzeugende Argumente.«

»Die hast du auch.«

»Stimmt.« Peer lächelt sie an. »Für diesen Monat scheint es auch irgendwie zu klappen. Danke, Pia. Dieses Gespräch hat mir gerade sehr geholfen.«

Lena

Mist, denkt Lena. Peer hat einen Ausraster, und Lorenz ist seit dem Mittagessen verschwunden. Immerhin scheint der Rest der Gruppe friedlich gestimmt, sie hängen richtiggehend an Almas Lippen. Sie zeigt gerade, wie man Pflanzentinkturen und -salben herstellt. Dass selbst Silvan so bei der Sache ist, erstaunt sie. Hoch motiviert hilft er Alma dabei, die Ringelblumenblüten auf dem Gaskocher im Garten einzukochen.

Lorenz gestern so niedergeschlagen zu sehen, war hart für Lena. Seine Brüder sind wirklich sadistische Volldeppen! Die haben ganz bewusst seinen Zen-Garten zerstört, indem sie die Kühe dort weiden ließen. Und selbst haben sie auch noch Hand angelegt, schließlich geht so ein Springbrunnen nicht von alleine kaputt. Wie können die nur so fies sein? Seit drei Sommern arbeitet Lorenz an diesem Garten, fast jeden Abend bis spät in die Nacht hinein.

Natürlich hat sie es nicht übers Herz gebracht, ihm zu eröffnen, dass er ab heute bei Alma schlafen wird. Es war einfach nicht der richtige Zeitpunkt dafür. Die ganze Nacht lang haben sie eng umschlungen auf der schmalen Isomatte gelegen. Sie würde ihm so gerne helfen, weiß aber nicht, wie. Hierzubleiben wäre zu viel für ihn – für sie beide. Die Gruppenaktivitäten scheinen ihn bereits zu überfordern, sonst wäre er nicht einfach verschwunden. Immerhin kommen in diesem Moment Peer und Pia zu der Gruppe zurück.

Peer grinst dabei breiter als der Mississippi. »Planänderung: Ich wage mich an einen Thriller.«

»Echt?«, fragt Uma.

»Ich lege einfach mal los und schaue, was dabei herauskommt. Die Grimms bieten genug Material für eine aufregende Story.«

»Na, dann Glückwunsch zur neuen Karriere«, sagt Silvan. »Ist das denn retreatkonform, Lena?«

Er hat es als Witz gemeint, dennoch nerven sie seine Bemerkungen, in denen meist noch ein kleines bisschen Vorwurf mitschwingt.

»Was soll ich sagen? Ich habe eine Kinderbuchidee gesucht und einen Thrillerplot gefunden«, kontert Peer zufrieden.

Uma strahlt ihn an. »Voll abgefahren. Schreib mir bitte, wenn er veröffentlicht wird. Ich liebe Thriller.«

Für einen Moment haben alle ihre Arbeit niedergelegt und sind ganz auf Peer konzentriert, der die Aufmerksamkeit zu genießen scheint.

»Wird der Thriller auf der Alp spielen?«, will Uma wissen.

»Oh ja, mit drei verschrobenen Bergbauern, die mit der ganzen Welt in Unfrieden leben.«

»Kommen wir auch darin vor?«

Peer winkt ab. »So weit bin ich noch nicht.«

»Falls das Buch verfilmt wird, könnte ich mich selbst spielen«, erklärt Uma. »Ich habe schon einmal eine kleine Rolle in einem Werbeclip gespielt.«

Die Antwort amüsiert Silvan offensichtlich. »Jetzt muss er das Ding erst mal schreiben«, meint er nur.

»Wo ist eigentlich Lorenz, meine Muse?«, fragt Peer in die Runde.

Alle kichern, außer Lena. Der sitzt wahrscheinlich irgendwo im Wald und betrauert seinen zerstörten Zen-Garten – er spielt definitiv nicht den Bösewicht in seinem Thriller. Lena muss Alma noch verklickern, was gestern vorgefallen ist, sobald sie mal einen Moment alleine mit ihr hat.

»Falls du Heil- oder Giftpflanzen in deine Geschichte einbauen willst, berate ich dich gerne«, bietet Alma an. Sie scheint beruhigt zu sein, dass Peer sich wieder gefangen hat.

»Am liebsten würde ich gleich loslegen«, erwidert er mit roten Wangen. »Vielleicht kann ich dir ein paar Fragen stellen? So einen Giftmord fände ich durchaus reizvoll.«

In den kommenden Stunden wird viel gescherzt und gelacht, und gleichzeitig sind alle motiviert dabei, ihre Salben fertigzustellen. Alma hat kleine Gläser zur Aufbewahrung mitgebracht, sogar Etiketten hat sie gestaltet. Pia hilft Silvan kichernd beim Abfüllen der Salbe. Ob da etwas läuft zwischen den beiden?, fragt sich Lena. Nein, sie kennt ihre Schwester, die wartet brav das Ende des Retreats ab. Klare Verhältnisse. Etwas, das ihr leider fremd ist.

Uma erkundigt sich bei Alma, welche Pflanzen sich zum Färben eignen. Sie möchte die geflochtenen Zöpfe der Schafe nämlich bunt einfärben. Natürlich nur, wenn Lena nichts dagegen hat. Nein, sie hat nichts dagegen. Ehrlich gesagt hat sie gerade andere Sorgen als eine schafaufbrezelnde Uma. Geduldig zeigt ihr Alma, mit welchen Pflanzen sie die gewünschten Farben herstellen kann.

Niemand hat Lorenz kommen hören, der plötzlich vor ihnen steht.

»Wie lange bleibst du noch bei uns?«, fragt ihn Peer. »Ich hätte da noch einige Fragen zum Bergbauernleben, damit ich meine Figuren möglichst realitätsnah gestalten kann.«

Lorenz schaut ihn irritiert an. Lena wird klar, dass sie intervenieren muss, sonst geht dieses Gespräch in die falsche Richtung. »Lorenz, wir haben ein Angebot für dich. Du kannst vorerst bei Alma wohnen und bekommst dort sogar dein eigenes Zimmer. Wenigstens, solange das Retreat noch dauert.«

»Willst du denn nicht lieber bei uns bleiben?«, fragt ihn Uma. Anscheinend sind jetzt plötzlich alle im Team »Pro-Lorenz«.

»Wo ich am wenigsten Umstände mache.«

»Ich dachte, du freust dich«, sagt Lena und bereut es sofort.

»Na, du siehst doch, wie begeistert er ist«, entgegnet Silvan.

»Das hat doch gar nichts damit zu tun. Seine Brüder haben den Zen-Garten zerstört. Darum ist er so niedergeschlagen.«

Hoffentlich hat sie mit dieser Aussage nicht sein Vertrauen missbraucht. Alma reagiert als Erste und legt Lorenz die Hand auf die Schulter. Dann nimmt ihn die ganze Gruppe fürsorglich in die Mitte.

»Die sind so kaltherzig, da muss ich nicht viel dazuerfinden«, sagt Peer und schüttelt nur den Kopf.

Selbst Silvan ist sichtlich bewegt. »Dieser Garten war doch total wichtig für dich. Was machst du denn jetzt?«

Schweigend senkt Lorenz den Blick.

»Können wir dir irgendwie helfen?«, fragt Brigitte.

Lena versteht die Welt nicht mehr. Wann wurde die Gruppe derart vom Nächstenliebe-Virus befallen?

»Das ist echt nicht in Ordnung. Sollen wir noch mal das Gespräch mit ihnen suchen?«, bietet Pia an.

Lorenz schüttelt den Kopf.

»Du hast abgeschlossen mit den Typen. Recht hast du«, sagt Silvan. »Vorschlag: Wir bauen gemeinsam einen Zen-Garten in Lenas Garten. So als Runterkomm-Aktivität für einen guten Zweck. Wie findet ihr die Idee?«

»Da hätte ich voll Lust drauf«, antwortet Brigitte, ohne lange nachzudenken.

»Ich könnte maximal eine Stunde pro Tag mithelfen«, hat Peer schon ausgerechnet.

»Siehst du, Lorenz?«, erwidert Silvan »Am Ende des Retreats hast du den geilsten Zen-Garten vor der Hütte, den du dir vorstellen kannst.«

Was ist bloß mit Silvan passiert? So viel selbstlosen Enthusiasmus für eine andere Person? Vielleicht hat Pia ja doch einen positiven Einfluss auf ihn?

»Wenn das euer Herzenswunsch ist, nehme ich das gerne ins Programm mit auf. Wir haben ja noch zehn Tage Zeit, und diese Arbeit wäre tatsächlich sinnstiftend«, bekräftigt Lena die Gruppe.

»Dann darf ich also bleiben?«, fragt er vorsichtig.

»Du kannst bei mir in der Hängematte schlafen oder die Ofenbank übernehmen.«

Er nickt, und seine Wangen laufen rot an. Am liebsten würde Lena ihn auf der Stelle küssen, doch sie hält sich zurück. Auch die Gäste wirken zufrieden. Überhaupt ist gerade alles so harmonisch. Wie wird das erst, wenn sie gemeinsam einen Zen-Garten anlegen? Sie spürt plötzlich Zuversicht, dass alles gut wird. Auch wenn das Retreat turbulenter war als erhofft: *Alles* scheint sie nicht falsch gemacht zu haben.

Sechster Teil

Pia

Pia kann kaum glauben, wie friedlich die letzten Tage verlaufen sind. Es wird viel geplaudert und gelacht, einander beim Essen wortlos Wasser nachgeschenkt und eifrig auf der ganzen Alp nach Steinen für den Zen-Garten gesucht. Ob das Retreat allmählich Wirkung zeigt? In einer Woche wird es bereits Geschichte sein. Schade eigentlich.

Anfangs war die Angst vor einem Vergeltungsschlag der Grimms omnipräsent. Was, wenn sie den Zen-Garten in Nachbarsgarten genauso skrupellos zerstören wie den eigenen? Doch es blieb ruhig auf dem Grimmhof. Ganz wohl ist ihr dennoch nicht. Nachts schläft sie unruhig und wacht bei jedem Geräusch auf. Allerdings ist das Tappen im Flur tendenziell eine freudige Angelegenheit, da Silvan ihr seit ein paar Tagen einen nächtlichen Besuch abstattet. Dann lachen, kuscheln und quatschen sie für eine Weile, und sie fühlt sich dabei unbefangen wie ein Teenager. Irgendwie ist dieses Versteckspiel ja auch ganz reizvoll. Tagsüber verhalten sie sich nämlich bewusst distanziert, und er macht manchmal absichtlich schnoddrige Bemerkungen, über die sie sich vor allen aufregt.

Doch trotz der Nähe, die sich zwischen ihnen aufbaut, spürt sie bei ihm immer noch eine dicke Schutzschicht. Silvan macht schnell dicht, wenn es zu persönlich wird. Als sie gestern Nacht auf die Grimmbrüder zu sprechen kamen, meinte er, dass doch jeder so sein Geheimnis hätte. Irgendwie hat sie die Bemerkung irritiert, gerade, weil sie ihm in der Nacht zuvor ihr großes Geheimnis anvertraut hat. Sie sprachen über Fehler bei der Arbeit, und Silvan hat erzählt, dass ihm kürzlich ein Patzer beim Anlagenbudget unterlaufen sei und ihm ein paar Millionen Franken gefehlt hätten. Viel zu euphorisch habe er eine fette Stange Kundengeld in eine riskante Aktie angelegt. Er habe richtig kreativ sein müssen, um das Geld unauffällig wieder einzutreiben. Mehr wollte er dazu nicht sagen. Außer, dass ihn das Ganze mehr belastet habe, als es sollte, weil parallel ja sein Bewerbungsverfahren lief. Schlussendlich habe er es wieder hinbekommen, wie immer. Darauf käme es schließlich an. Nach einer langen Pause fügte er an, dass er manchmal am liebsten alles hinwerfen möchte. Als Pia ihn nach den Gründen fragte, meinte er nur, es sei zu kompliziert, das zu erklären. Pia hakte nicht weiter nach, obwohl es ihr unter den Nägeln brannte. Er ist offensichtlich noch nicht bereit, darüber zu sprechen oder jedenfalls nicht mit ihr.

Dann hat sie ihm von Henrik erzählt. Seinen richtigen Namen nannte sie natürlich nicht. Nur, dass er wegen seines hohen Aggressionspotenzials und seiner Depressionen bei ihr in Therapie war, und zwar sehr erfolgreich. Bis er ihr nachts vor ihrer Wohnung auflauerte und so laut und außer sich an die Tür hämmerte, dass sie die Polizei rufen musste.

Diese Szene sei ihr wahnsinnig unter die Haut gegangen. Ihr stockte beim Erzählen der Atem. Silvan hörte ihr aufmerksam zu und meinte, dass er das nachvollziehen könne, sie aber ja nichts falsch gemacht habe. Sie schwieg einen Moment lang und entschied sich dann, ihm die ganze Wahrheit zu erzählen. Dass sie sich sehr mochten und auch privat trafen – nach Abschluss seiner Therapie, wohlgemerkt. Sie habe die Beziehung dann aber beendet, bevor sie ernst wurde, weil sie zu fest in ihren Rollen feststeckten. Das habe Henrik nicht akzeptiert und sei in alte Verhaltensmuster zurückgefallen. Sie habe sich wahnsinnig geschämt dafür, dass sie so leichtsinnig war und sich auf ihn eingelassen hat. Einen ehemaligen Patienten mit Aggressionsproblemen! Sie ist doch sonst auch nicht so naiv. Auch wenn Henrik nie mehr vor ihrer Haustür auftauchte, habe sie sich noch lange vor einer erneuten Begegnung gefürchtet. Silvan strich ihr während ihrer Erzählung sachte über den Kopf – und dann hatten sie den besten Sex ihres Lebens. Wie das wohl weitergeht mit ihnen? Sie haben noch nie über die Zeit nach dem Retreat gesprochen. Irgendwie gelingt es ihr unerwartet gut, einfach den Moment zu genießen.

Beim Mittagessen diskutieren Lorenz, Lena, Brigitte und Silvan darüber, ob sie im Zen-Garten einen Teich anlegen wollen – hier oben auf Höhe der Alp wohl eher ohne Seerosen. Lena ist erst wenig begeistert von der Idee, dafür sind die anderen sofort Feuer und Flamme. Als Lorenz erzählt, dass dies schon immer ein Traum von ihm war, aber seine Brüder es völlig daneben fanden, ist die Sache schnell entschieden.

Die Arbeiterinnen und Arbeiter zieht es nach dem fruchtigen Dessert wieder in den Garten, während sie mit Lorenz das Geschirr in die Küche trägt. Auch wenn sie ihm versichert hat, dass er nicht jedes Mal den Abwasch übernehmen muss, kann sie ihn dennoch nicht davon abbringen. Irgendwie gefällt ihr seine Hartnäckigkeit, er ist ja sonst ein sanftmütiger Mensch. Trotz seiner Schweigsamkeit gelingt es ihr manchmal, ihn in ein Gespräch zu verwickeln. Vor allem, wenn es um den Zen-Garten geht, kommt er schnell ins Schwärmen.

Silvan und Brigitte arbeiten fast die ganze Zeit, beide sind nicht fürs Nichtstun gemacht. So zufrieden wie nach einem Tag Gartenarbeit hat sie die beiden noch nie erlebt. Gestern Nachmittag sind sie gemeinsam zu Alma gewandert, um Setzlinge abzuholen. Dabei haben sie ganz frech den Fahrweg genommen, der ja eigentlich eine Privatstraße der Grimms ist. Lena hat erst heftig protestiert, doch Lorenz hat ihnen versichert, dass ihm die Alp ebenfalls zu einem Drittel gehöre und er ja schließlich dabei sei. Tatsächlich hat sich ihnen kein grimmiger Grimm in den Weg gestellt.

So langsam nimmt der Zen-Garten Form an und besticht durch Harmonie und Symmetrie. Lorenz und Silvan haben am ersten Tag drei Erdhügel aufgeschüttet, die symbolisch für Berge stehen und die mit verschiedenen Heilpflanzen begrünt werden. Dem Haselstrauch und dem Holunderbusch hat Brigitte mit Lenas rostiger Gartenschere einen runden Schnitt verpasst, sodass sie ebenfalls zum Zen-Konzept passen. Sobald die jungen Pflanzen gesetzt sind, wollen sie mit dem Anlegen des Teichs und des Wasserfalls beginnen. Das Wasser dafür leitet ein Bambusrohr vom Brunnen rüber zum

Garten. Am Ende des Teichs entsteht ein Abfluss zum Gemüsegarten, um mit dem Wasser auch gleich die Beete zu tränken. Brigitte übernahm begeistert die Ingenieurinnen-Aufgaben und plante ein Bewässerungssystem mit verstellbaren Schleusen.

Pia ist von dem Eifer beeindruckt, mit dem in den letzten Tagen alle Gäste tätig wurden. Ein Flow wie aus dem Psychologie-Lehrbuch. Peer geht völlig auf in seinem Thriller und nutzt jede freie Minute für sein neues Werk. Den ganzen Tag lang sitzt er am Gartentisch – mit bester Sicht auf den Grimmhof – und schreibt wie wild. Selbst beim gemeinsamen Essen inspiriert ihn manchmal die eine oder andere meist harmlos scheinende Bemerkung. Dann zückt er sein Notizbuch, das er immer bei sich trägt, und schreibt sie auf. Manchmal muss auch Lorenz dran glauben und wird penibel verhört. Peer will alles über das Leben der Bergbauern wissen und stellt dabei auch sehr persönliche Fragen, die Lorenz peinlich sind und die er nur stichwortartig beantwortet. Die Tatsache, dass in Peers Thriller die Bauern brutale Mörder sind, macht ihm zu schaffen, und er betont daher immer wieder, dass er nichts Böses getan habe.

Vorgestern verkündete Peer glücklich, dass die Handlung der Geschichte steht und er nun mit dem eigentlichen Schreiben beginnen kann. Lena bot ihm ihren alten Laptop an, mehr als ein Schreibprogramm braucht er ja nicht. Seither sieht man nicht mehr viel von Peer. Er verbringt den Tag auf seinem Zimmer und haut in die Tasten.

Silvan, Brigitte und Lena sind schon mitten in der Arbeit, als Pia nach dem Mittagessen den Garten betritt. Sie will heute mithelfen, aber zuerst Uma und den Schafen noch einen kurzen Besuch abstatten. Uma beteiligt sich nur sporadisch am Zen-Garten und wenn, dann mehr, um ihre Gedanken zu sammeln, wie sie sagt. Ansonsten verbringt sie fast die ganze Zeit bei den Schafen. Nachdem Lena ihr den Segen erteilt hat, die Tiere auch »aufwendiger stylen« zu dürfen, ist sie richtig aufgeblüht. Unter Almas Anleitung hat sie verschiedene Pflanzenfarben hergestellt, und Pia wundert sich, was sie damit alles anstellt.

Silvan grinst sie an, als sie am Zen-Garten vorbeischlendert. Sie trägt bereits ihren Arbeitsoverall, ein schrecklich unförmiges Ding, doch Silvan meinte letzte Nacht, dass sie unglaublich heiß darin aussehe. Sie hat ihn zurückgeneckt, dass sein ästhetisches Empfinden offensichtlich auf dem Bergbauernhof geprägt wurde, woraufhin er sich mit einem leichten Stups mit dem Ellbogen im viel zu engen Bett revanchiert hat.

Uma hat die Tür zum Stall von innen verriegelt. Pia klopft.

»Nicht reinkommen«, tönt es heraus. Einen Moment später öffnet Uma die Tür einen Spalt und beäugt sie kritisch.

»Wollte nur mal fragen, ob alles okay ist bei dir.«

»Total, bin voll in meinem Element«, antwortet Uma. »Ich plane für morgen eine Performance mit den Schafen.«

»Eine Art Modenschau?«, fragt Pia.

»Lasst euch überraschen. Bist du gut im Filmen und Fotografieren?«

»Geht so.«

»Dann frag ich Silvan, der macht das sicher gerne.«

Klar fragt sie lieber Silvan!

»Es ist nicht so, wie du denkst«, erwidert Uma. »Ich bin nicht an Silvan interessiert. Ich sehe doch, dass du ein Auge auf ihn geworfen hast.«

Echt jetzt? Sie ist bisher fest davon ausgegangen, dass niemand ihr Verhältnis mitbekommen hat.

»Keine Ahnung, was da läuft zwischen euch beiden«, fährt Uma fort. »Und es geht mich auch nichts an. Aber so von Frau zu Frau würde ich dir von ihm abraten. Der Typ ist voll der Player. Wir hatten am ersten Abend unbequemen Sex im Badezimmer, einfach, weil es ihn so genervt hat, dass ihr uns das verboten habt. Und ich fand's ja irgendwie auch doof und hab mich drauf eingelassen. War aber nix Besonderes. Eine einmalige Sache. Das habe ich ihm klargemacht, und das konnte sein Männer-Ego dann auch verkraften.«

Pia ist sprachlos. »Ich …« Mehr bringt sie nicht heraus.

»Lass am besten die Finger von ihm. Oder betrachte das Ganze einfach als kleine Retreat-Romanze. Zu einer richtigen Beziehung ist der Typ nicht fähig, das kannst du mir glauben. Ich spreche aus Erfahrung.«

»Ich will nichts von Silvan.«

»Da bin ich total froh. Du hast was Besseres verdient.«

Uma lächelt sie an und drückt sie an sich. Sie riecht nach einem süßen Parfüm und Schafwolle, und Pia spürt, wie ihr Körper bei der Berührung erstarrt.

Lena

Wir müssen reden, denkt Lena. Auch wenn es gerade so schön ist. Seit einigen Nächten schläft sie mit Lorenz draußen in der übergroßen Hängematte von Almas Enkel Tobi, in der es locker Platz für zwei gibt. Anfangs war sie bezüglich dieses Schlafarrangements noch skeptisch. Aber Lorenz fühlt sich richtig an. Tagsüber ist so viel los, dass sie nur wenig von ihm hat. Doch das, was sie sieht, gefällt ihr. Lorenz beim Graben im Zen-Garten, beim Helfen in der Küche, beim Meditieren (sexy), beim Yoga (sexyer), nackt an ihren Körper geschmiegt in der Hängematte unter dem Sternenhimmel (…).

Sie hatte sich davor gefürchtet, dass seine Anwesenheit sie erdrücken könnte. Doch das Gegenteil ist der Fall: Es wird immer besser. Gerade auch, weil sie sich wortlos verstehen. Er stellt keine Ansprüche, keine Fragen. Er ist einfach da und tut ihr gut.

Wäre da nur nicht die fremde Mistgabel, die sie heute Morgen vor dem Gartentor gefunden hat. Sie steckte mitten in einem Kuhfladen, den jemand direkt vor dem Eingang platziert hatte. Der Morgen dämmerte bereits, und sie wollte nur schnell aufs Klo. Sofort hat sie die Mistgabel und den Kuhfladen entfernt. Die Grimmbrüder haben nicht vergessen. Das Zeichen war eindeutig, und sie wollte auf keinen Fall, dass die Gäste das mitbekommen. Die Anlage des Zen-Gartens stellt für die Brüder wohl eine einzige Provokation dar. Tagtäglich mitansehen zu müssen, wie ihr jüngerer Bruder einen völlig unnützen Ziergarten in Nachbars Garten baut, während die harte Arbeit auf dem Hof alleine an ihnen hängen bleibt. So schwer es ihr auch fällt, sie wird Lorenz davon erzählen müssen. Überhaupt fragt sie sich, wie es weitergehen soll. Nach dem heutigen Fund kann sie das Grimm'sche Pulverfass nicht länger ignorieren. Sonst steckt die feindliche Mistgabel morgen vielleicht an einem ganz anderen Ort …

»Wegen deiner Brüder«, sagt sie, da sie einfach keinen passenden Einstieg ins Gespräch findet.

Er seufzt leise.

»Ich habe heute Morgen eine Mistgabel in einem Kuhfladen gefunden, direkt vor dem Gartentor. Wohl eine Drohung. Wir brauchen einen Plan.«

Er schweigt, denkt nach.

»Sie sollen mich einfach in Ruhe lassen«, murmelt er dann. »Ich habe ihnen nichts getan.«

»Bist du sicher, dass sie im Herbst nach Griechenland auswandern werden?«

Er nickt.

»Und du willst hierbleiben?«

Wieder schweigt er. Ist ja auch eine schwierige Frage.

»Ich will nicht zu meinen Brüdern zurück.«

»Und was geschieht mit eurem Hof? Wollt ihr den verkaufen?«

Stille. Nur das sanfte Zirpen der Grillen in der Wiese. Ein Kauz ruft im Wäldchen neben ihnen. Eine Sternschnuppe streicht über den Nachthimmel. Die Idylle macht sie fertig.

»Mensch, Lorenz, das sind wichtige Fragen. Wir müssen

das klären. Was geschieht mit dem ganzen Hanf in eurem Keller?«

Er zuckt zusammen. Na bravo, das hättest du taktvoller einbringen können. Andererseits ist es jetzt endlich raus.

»Woher weißt du …?«

»Ich hab mich im Keller verirrt, daher. Das ist voll illegal, was ihr da macht. Ist dir das klar?«

Schweigen. Mach, dass keine Antwort kommt, die alles zerstört. Sie kann so nicht liegen bleiben, im Kuschelmodus mit einem potenziellen Drogendealer. Plötzlich spürt sie eine Wut auf ihn, weil er nicht ehrlich zu ihr war. Ihr überhaupt so wenig von sich erzählt. Alles muss sie ihm aus der Nase ziehen.

Er setzt sich auf und lässt seine Beine neben ihr in das Gras fallen. »Wir wollten das nicht.«

»Was soll das heißen, ihr wolltet das nicht? Hat euch die Bergmafia dazu gezwungen oder was?«

Nicht zynisch werden. Damit erreichst du gar nichts.

»Wir hatten nicht genug Geld für den Hof in Griechenland.«

»Warum verkauft ihr nicht einfach euren Hof?«

»Das … das wollten wir. Doch die Frau von der Bank …«

»Frau Eisenhut von der Dorfbank?«

Er nickt.

»Sie meinte, dass niemand so einen vernachlässigten Hof am Ende der Welt haben wolle. ›Niemand‹, hat sie gesagt. Da müssten wir noch was draufzahlen, wenn sie den verkaufen soll. Dann hat sie so blöd gekichert …« Er stockt, schluckt und sucht nach Worten. »Nach dem Bankbesuch waren wir am Boden zerstört und haben uns im Pöstli volllaufen lassen. So richtig mit Kräuterschnaps, dabei trinken wir sonst nie. Der Sohn der Wirtin fragte, was denn mit uns los sei. Da habe ich ihm alles erzählt. Er meinte, er kenne da jemanden, der jemanden kennt, der dringend jemanden sucht, der Hanf anpflanzt, und so ein abgelegener Hof mit einem großen Keller sei ideal dafür. Wir waren so betrunken und haben einfach Ja gesagt. Am nächsten Tag stand so ein Typ bei uns auf dem Hof und fragte, wann es losgehen kann. Wir hatten einen schlimmen Kater und haben unsere Zusage natürlich sofort bereut. Joachim wollte ihn schon zum Teufel jagen, doch dann hat er uns eine Zahl genannt. Dreimal so viel, wie der Hof in Griechenland kostet.«

Vrenis Sohn also! Ob sie von den krummen Geschäften ihres Nachwuchses weiß?

»Mir ist klar, dass es falsch war, Lena. Ich habe nächtelang nicht geschlafen deswegen. Aber irgendwie ist es doch unfair. Wir haben unser Leben lang hart geschuftet und trotzdem keine Möglichkeit …«

Jetzt sieht er sie so an, und sie fühlt, wie ihre Wut schmilzt wie ein Eiszapfen in der prallen Sonne. Zeit für ein Geständnis. »Mich hat die Eisenhut auch abgezockt, sonst würde ich dieses Retreat nicht durchführen.«

Sie küsst ihn, weil ihr ein Stein vom Herzen fällt. Lorenz und seine Brüder sind zwar in kriminelle Machenschaften verstrickt, aber ihre Motive sind nachvollziehbar.

»Und, willst du das Geschäft fortführen, wenn deine Brüder weg sind?«

Er schüttelt den Kopf. Das gibt gleich noch mal einen Kuss.

»Du musst deinen Brüdern klarmachen, dass sie dir deinen Anteil auszahlen sollen und dich anschließend in Ruhe lassen.«

»Das werden sie nicht tun. Du siehst doch, wie wütend sie sind.«

»Du musst mit ihnen reden.«

»Bei uns wird nicht geredet.«

Das scheint tatsächlich in der Familie zu liegen.

»Bedeutet das, wir werden noch eine Weile von ihnen bedroht, bevor sie dann mit dem Geld nach Griechenland abrauschen?«

»Vermutlich, ja.«

»Und was geschieht mit den Tieren auf dem Hof?«

»Das wissen wir noch nicht. Vielleicht übernimmt sie Ueli vom Lehner Hof. Einige Kühe sind alt und geben kaum noch Milch. Die sind eher ein Verlustgeschäft oder kommen gleich zum Metzger.«

Ach herrje, und sie dachte, dass *sie* nichts vom wirtschaftlichen Betreiben eines Hofes versteht. Aber offensichtlich scheinen sie beide nicht vom Fach zu sein.

»Und was ist mit Subventionen? Die gibt's doch, wenn man ordentlich Landwirtschaft betreibt.«

»Meine Brüder wollten kein Geld vom Staat.«

Dann lieber illegal Hanf anpflanzen. Ach Lena, wen hast du dir da wieder angelacht?

»Bist du sehr sauer?«, fragt er.

Sie wünschte, sie wäre es.

»Ich will, dass deine Brüder damit aufhören, uns zu bedrohen, und sie sollen dir dein Drittel auszahlen. Ich nehme an, du hast dich zu gleichen Anteilen um die Pflanzen gekümmert?«

Schweigend senkt er seinen Kopf, und sie versteht. Er war es, der sich um die Pflanzen gekümmert hat. Wohl mit ein Grund dafür, dass sie seinen Weggang so schmerzlich vermissen.

»Das lassen wir nicht auf uns sitzen«, sagt sie bestimmt. Er schaut sie nur mit großen Augen an.

Pia

Die heutige Yogastunde ist eine einzige Qual für Pia. Ihr Körper fühlt sich genauso steif und schwerfällig an wie ihre Gedanken. Lustlos hat sie das Frühstück zubereitet, sich vor den morgendlichen Gartenarbeiten gedrückt und in ihrem Zimmer herumgelümmelt. Und jetzt Yoga. Lena scheint sie heute besonders quälen zu wollen, sie bleiben so lange in der Brett-Position, bis sie fast zusammenbricht. Der Sonnengruß nimmt auch kein Ende. Sie leite heute eine erdige Yogastunde an, hat Lena angekündigt. Doch anstatt gemütlich auf der Matte rumzuturnen, hängen sie die meiste Zeit knapp über dem Boden. Selten hat Pia sich so sehr auf die Entspannung zum Schluss gefreut.

Links vor ihr befindet sich Silvan, immer noch kein Yogameister, doch er hat Fortschritte gemacht. Seine mangelnde Geschmeidigkeit macht er mit seiner Kraft wett. Zudem hat

Lorenz seinen Ehrgeiz geweckt. Dass sich ein Bergbauer schon in der ersten Yogastunde besser anstellt als manche Yogini nach vielen Jahren Praxis, hat die Gruppe sehr wohl zur Kenntnis genommen. Bereits in der dritten Yogastunde hat er den Kopfstand gemacht, als ob es nichts Einfacheres gäbe – und das auf dem unebenen Boden der Alpwiese, auf der sie bei schönem Wetter ihre Matten ausbreiten. Während Peer den Yoga-Bettel zugunsten seines Thrillers ab und an hinschmeißt, geben Brigitte, Uma und Silvan noch mal Vollgas. Vor allem Silvan ist wie ausgewechselt, nachdem er vorher meist rumgemault hat, wenn ihm eine schwierige Übung nicht gelungen ist. Ein neidischer Blick zu Lorenz, und er presst seine Lippen zusammen und probiert es erneut.

Rechts vor ihr turnt Uma in ihrer Batik-Leggins und einem bauchfreien Sporttop. Für den Nachmittag hat sie ihre Schaf-Verwandlungsshow angekündigt. Sie hat sogar Einladungsflyer gezeichnet und heute Morgen beim Frühstück verteilt. *The fancy pimp your sheep show.* Unter normalen Umständen hätte sie sich darüber gefreut. Das Ganze natürlich etwas belächelt, aber sich doch gefreut, dass Uma bei den Schafen ihr Kreativitätspotenzial so ausleben kann. Darum ärgert es sie umso mehr, dass ihre Warnungen in Bezug auf Silvan sie so durcheinandergebracht haben. Klar ist Silvan ein Draufgänger, der keine ernsthafte Beziehung sucht. Er hat ja auch nie etwas anderes behauptet. Dass er aber gleich am ersten Abend aus Trotz mit Uma rumgemacht hat, nervt sie. Für ihn ist das doch einfach eine Challenge, wie viele Frauen er knacken kann, um bei seinen Bankerkollegen damit anzugeben. Mit der Regelbrecherin Pia hat er da natürlich eine besondere Trophäe vorzuweisen. Wie konnte sie sich bloß auf ihn einlassen? Und dann noch ganz naiv annehmen, dass niemand in der Gruppe das mitbekommt? Sie wirft Lena gerne vor, wie draufgängerisch und verantwortungslos sie ist, aber selbst ist sie keinen Deut besser.

»Alles in Ordnung mit dir?«, flüstert ihr Brigitte zu. »Du wirkst heute extrem abwesend.«

Sie bereiten sich gerade auf die Schlussentspannung vor und legen sich mit dem Rücken auf ihre Matten.

»Alles gut«, erwidert Pia und merkt selbst, dass ihr Gesicht wohl etwas anderes sagt. Aber Brigitte soll sich einfach auf sich selbst konzentrieren. Überhaupt sollen sie alle in Ruhe lassen: Uma mit ihren Beichtrunden und Männer-TÜVs, Brigitte mit ihrem fürsorglichen Getue, Lena mit ihrer viel zu anstrengenden Yogastunde, Lorenz mit seiner Achtsamkeitshochbegabung und ganz besonders Silvan, einfach mit seiner ganzen verlogenen Art. Dass sie so einem Typen ihr Herz geöffnet und von Henrik erzählt hat. Wie konnte sie bloß so blöd sein?

Nach der Yogastunde rollt sie zackig ihre Matte zusammen, um sich in die Küche zu verdrücken. In einer Stunde soll es Mittagessen geben, und sie hat noch nichts vorbereitet. Auch diesbezüglich wird sie schlampig. Am Anfang des Retreats stand sie fast den ganzen Tag in der Küche, um ihre ausgeklügelten Drei-Gänge-Menüs zu kochen. Heute wird sie für Uma leider keinen veganen Nachtisch haben. Man kann es nicht allen recht machen.

»Hast du eine Minute Zeit für mich?«, fragt Brigitte.

Nein, hast du nicht.

»Klar. Nur nicht zu lange, die Küche ruft.« Brigitte schaut so besorgt aus, da kann sie nicht anders. Sie setzen sich unter den Apfelbaum in den Schatten. Pia ist so verschwitzt, dass sie am liebsten unter die Dusche springen würde.

»Die Zeit wird langsam knapp«, seufzt Brigitte.

»Knapp wofür?«

»Für alles. Ich möchte bei meiner Rückkehr zu meinen Liebsten sagen können: Das sind meine Einsichten, und darum mache ich jetzt das und das.«

»Dieses Retreat ist doch mehr der Anfang einer Reise. Es ist völlig normal, dass du noch nicht auf alle Fragen Antworten gefunden hast.«

Warum ist es so viel einfacher, andere zu beraten, als sich selbst?

»In den ersten Tagen war ich noch voller Hoffnung. Dann kam die totale Blockade. Inzwischen spüre ich, wie gut mir die Gartenarbeit tut. Wie sehr mir das alles fehlt, jetzt, da ich keinen Garten mehr habe.«

Sie zupft etwas Gras von der Wiese und verstreut es gleich wieder.

»Dafür kannst du ohne Probleme lange verreisen. Das wolltest du doch?«, hakt Pia nach.

»Damit komme ich irgendwie auch nicht weiter.«

»Ist es nicht einfacher, die Reise zu Hause zu planen, mit einem Laptop und Internet?«

Brigitte beißt auf ihrer Unterlippe herum. »Ich wollte Klarheit gewinnen. Und jetzt bin ich noch verwirrter als zuvor.«

Das wird kein Fünf-Minuten-Gespräch. Das hättest du dir denken können.

»Ich muss leider in die Küche, sonst gibt es nichts zu essen. Können wir uns am Nachmittag weiter unterhalten? Nach der Schafshow?«

Schweigend drückt Brigitte ihre roten Fingernägel in die Yogamatte, die sie eng zusammengerollt hat. Nebeneinander kehren sie zum Haus zurück. Pasta mit Soße und ein Salat, für mehr bleibt keine Zeit. Sie ruft Lena aus dem Fenster in den Garten, sie solle ihr doch bitte einen Salat und Karotten bringen. Dann setzt sie Wasser für die Pasta auf und holt eine Dose Tomaten aus dem Küchenschrank. Sie wird noch eine Zwiebel und fünf Karotten reinschneiden, und gut ist. Eine Dose Schokocreme steht auch schon lange in der Vorratskammer rum. Wenig später steht Silvan mit dem Salat und einem Bund erdiger Karotten in der Küche. Ausgerechnet heute, wo sie ihn nicht sehen will.

»Soll ich den Salat gleich waschen?«, bietet er an.

Und dann muss er auch noch so hilfsbereit sein.

»Nein, passt schon«, entgegnet sie und zeigt ihm, wo er das Gemüse hinlegen kann.

»Ich helfe aber gerne.« Er lächelt sie an. »Voll albern, diese Schafshow heute Nachmittag, findest du nicht?«

»Wenn es Uma glücklich macht.«

»Ob die Schafe das mögen, wenn sie dauernd gestylt werden? Ich finde das irgendwie abartig. Mein Vater hätte wegen so einer Aktion die Vollkrise bekommen.«

»Welche Erleichterung, dass du ihm Uma nicht vorstellen musst.«

»Nope, so eine Uma würde nicht in sein Schwiegertochter-Schema passen.«

Er beginnt, den Salat zu waschen.

»Was ist denn mit dir los?«, fragt er nach einer Weile.

»Nichts, ich bin nur gestresst. In einer halben Stunde gibt's Mittagessen. Lena hat die Yogastunde überzogen, dann wollte Brigitte noch reden, und jetzt willst du über Uma lästern.«

»Das will ich gar nicht. Warum bist du so angepisst?«

»Ich bin nicht angepisst.«

Tief durchatmen.

»Ich weiß, dass ich nicht der empathischste Mensch der Welt bin. Aber du bist sauer. Das sehe ich doch.«

»Du hast recht, ich bin sauer. Und das hat auch mit dir zu tun, Silvan. Deiner Unehrlichkeit«, platzt es aus ihr heraus.

»Da bin ich aber gespannt.« Er dreht sich vom Trog mit dem schwimmenden Salat darin weg und schaut ihr direkt in die Augen.

»Uma.«

»Was hast du bloß mit Uma? Echt, das nervt langsam.«

»Du hast mich angelogen. Mir gesagt, dass du nichts von ihr willst. Dabei weiß ich, dass du mit ihr geschlafen hast und sie dir anschließend einen Korb gegeben hat.«

Er atmet energisch aus.

»Was soll der Scheiß, Pia? Jep, wir hatten am ersten Abend Protest-Sex wegen eures Manifests. Aber das war eine einmalige Sache, hat mir nichts bedeutet. Und ihr auch nicht.«

Sie schweigt. Es geht nicht um Uma, da hat er recht. Sie

glaubt ihm das sogar. Und doch hat er sie angelogen, völlig ohne Grund.

»Ich habe manchmal das Gefühl, dass du eine Show abziehst«, fährt sie fort.

Sein Blick verfinstert sich. »Ich bin hier, um mich besser kennenzulernen. Was soll daran Show sein?«

Du bist zu weit gegangen, Pia. So ein Frontalangriff hilft logischerweise nicht dabei, dass er sich öffnet.

»So habe ich es nicht gemeint. Hör zu, ich bin gerade genervt. Lass uns ein andermal reden, ja?«

Er verschränkt die Arme vor der Brust. »Nein, das klären wir jetzt. Du kannst mir nicht so etwas vorwerfen und mich dann stehen lassen.«

»Was willst du eigentlich, Silvan?«

»Warum fragst du mich das dauernd? More peace, less stress. Das weißt du doch.« Bei den Worten reißt er den Salat in kleine Fetzen.

»Und was willst du an deinem Leben ändern, wenn du zurück bist?«

»Das müsst ihr mir doch verklickern. Darum bin ich schließlich hier und zahl euch verdammt viel Kohle!«

»Jetzt sind Lena und ich in der Pflicht. Toll.«

»Das habe ich nicht gesagt«, ruft er. »Aber logisch habe ich Erwartungen an das Retreat, und die darf ich auch haben. Du hast keine Ahnung, wie schwierig es für mich war, für eine so lange Zeit Ferien am Stück zu kriegen, ohne gefeuert zu werden. Ironischerweise merke ich, dass mir die Arbeit im Garten richtig guttut. Viel besser als dieses ganze Yoga-Meditations-Workshop-Gedöns.«

»Dann hast du ja ein Mittel gefunden, um runterzukommen. Solche Routinen musst du aber fest in deinen Alltag integrieren, sonst nützen sie nichts.« Viel zu therapeutisch, denkt Pia, kaum dass sie die Worte ausgesprochen hat. Aber sie kann nicht anders.

»Als ob das so einfach wäre in meinem Job. Ich sitze nicht den ganzen Tag auf der Couch, quatsche ein bisschen und gehe abends gechillt in die Achtsamkeitsmeditation. Mein Arbeitstag dauert locker zwölf Stunden, und wenn mein Psychochef abends um zehn noch was von mir will, dann springe ich.«

Sie hat einen wunden Punkt getroffen, und er schlägt mit voller Wucht zurück.

»Darum geht es doch. Ist das wirklich das Leben, das du führen willst? Keine Zeit für dich, für Freunde, eine Freundin?«

Das mit der Freundin hätte sie nicht sagen sollen. Lena streckt ihren Kopf in die Küche und fragt, ob alles in Ordnung ist. Silvan nickt abweisend und bedeutet ihr, dass sie verschwinden soll.

»Ich liebe es, Erfolg zu haben, dafür schäme ich mich nicht«, fährt er mit bebender Stimme fort. »Ich komme aus einer der unehrgeizigsten Familien der Welt und hätte als kleiner Bergbauer in einem namenlosen Seitental enden sollen. Auf so ein Leben hatte ich keinen Bock.«

»Wenn du zufrieden bist mit deinem Job und Leben, mach weiter so. Dann rate ich dir einfach dringend, weitere Entspannungstechniken zu erlernen. Dein neuer Job wird ja noch stressiger und …«

»Hör mir schon auf mit meinem neuen Job!«, fällt er ihr laut ins Wort.

Dann sackt er völlig in sich zusammen. »Es gibt keinen neuen Job. Ich bin nicht befördert worden. Was das Gleiche bedeutet wie entlassen. Du hast keine Ahnung, wie erniedrigend das ist.«

»Das … das tut mir leid.«

Sie ist zu weit gegangen. Dieses Gespräch war ein einziger Fehler.

Silvan dreht sich weg. »Ich verdrück mich jetzt ins Pöstli. Wenn ich zurück bin, dann gehen wir uns für den Rest des Retreats aus dem Weg. Und wehe, du erzählst jemandem davon.«

Beim Hinausgehen knallt er die Tür so fest zu, dass der siedende Wassertopf auf dem Herd wackelt.

Lena

Die Gäste stochern lustlos in ihren Spaghetti rum. Das Essen ist nahezu ungenießbar: Die Nudeln sind völlig verkocht, die Tomatensoße ist versalzen, dafür besteht die Salatsoße nur aus Essig und Öl und schmeckt nach gar nichts. Silvan ist vorhin aus dem Haus gestürmt und hat den Wanderweg hinunter ins Dorf eingeschlagen. Die haben sich richtig gefetzt, denkt Lena. Worum es wohl ging? Pia versucht, ihre Anspannung zu überspielen. Auf Peers Frage nach Silvans Verbleiben antwortet sie nur knapp, dass er eine dringende Besorgung im Dorf machen müsse. Niemand traut sich, Kritik am

Essen anzubringen, und Pia ist gedanklich so weit weg, dass sie es gar nicht mitbekommt. Lena bietet früh an, Kaffee für alle zu kochen, und in Kombination mit der Dosen-Schokocreme aus der Vorratskammer werden die Bäuche doch noch voll. Uma erinnert noch mal alle an die Schafshow, die gleich stattfindet, allerdings ist sie sichtlich enttäuscht, dass Silvan nicht teilnehmen wird. Sie wirft Peer einen so eindringlichen Blick zu, dass er versteht. Um diese Show darf er sich nicht drücken, egal, wie sehr er gerade im Schreibfluss ist. Er bietet Uma an, das Filmen und Fotografieren zu übernehmen, und sie nimmt dankend an.

Brigitte und Lorenz plaudern beim Essen über das neue Bewässerungssystem, an dem sie heute Morgen gearbeitet haben. Es rührt Lena, mit wie viel Herzblut die beiden den Zen-Garten vorwärtstreiben. Brigittes Genauigkeit harmoniert bestens mit Lorenz' Vorstellungsvermögen. Gestern hat ihr Brigitte anvertraut, dass er Mutterinstinkte in ihr wecke. Er wäre der perfekte Schwiegersohn für Walter und sie. Wie glücklich Brigitte die Arbeit im Garten macht. Doch kaum ist sie ohne Beschäftigung, wälzt sie Zukunftsvisionen – oder wird von ihnen gewälzt.

Lena hätte sich von sich aus nie getraut, Gartenarbeit als Programmpunkt anzubieten, da sonst sicher die Kritik von den Gästen gekommen wäre, dass sie nicht zum Arbeiten hier sind. Nach wie vor wird Lena aus ihrer Gruppe nicht ganz schlau. Als Teilnehmerin in Kursen hat sie all die Achtsamkeitsübungen, die sie lehrt, vielfach angewandt und tiefgreifende Veränderungen bei sich und den anderen festgestellt. Doch ihre Gäste scheinen da anders zu ticken. Nicht in ihren wildesten Fantasien hätte sie sich ausgemalt, dass es für jemanden die größte Freude sein könnte, einen Thriller über die Alp ihrer Nachbarn zu schreiben. Für Lorenz hofft sie, dass er sich in keiner der Figuren wiedererkennt. In ihm schlummert echt die Seele eines Zen-Mönchs. Gestern hat sie mit ihm die halbe Nacht über Wiedergeburt geredet. Sie ist fest davon überzeugt, dass seine Seele schon einmal in einem buddhistischen Kloster gelebt hat. Oder in einem indischen Ashram, so gut, wie der Typ Yoga macht. Nur wenn es um seine Brüder geht, puh, dann wird es schwierig. Dort steckt er in seiner Braver-kleiner-Bruder-Rolle fest und lässt sich einfach alles gefallen. Gut, dass die bald nach Griechenland auswandern.

Was allerdings auch bedeutet, dass sie alleine mit Lorenz auf der Alp leben wird. Das fühlt sich ziemlich eng an, und eng ist nicht ihr Ding. Wovon sollen sie bloß leben? Sie haben beide kein Erspartes, und ihre Begabungen liegen mehr im altruistischen oder zumindest schlecht bezahlten Bereich.

Wenn sie ehrlich ist, hat sie sämtliche Zukunftsgedanken erfolgreich verdrängt. Ganz im Sinne vieler spiritueller Meisterinnen und Lehrer: Lebe im Moment, gib dort dein Bestes, und vertraue darauf, dass sich alles zu deinen Gunsten entwickelt. Das hat bis jetzt auch wunderbar geklappt, außer wenn es ums Geld ging. Das haben das Universum und sie noch nicht so ganz im Griff.

»Alles klar bei dir?«, fragt Lena, als sie das Geschirr vom Mittagessen in die Küche zu Pia bringt.

»Ich bin einfach genervt, das ist alles.«

Pia stellt das Geschirr so geräuschvoll in die Spüle, dass

sie befürchtet, nach dem Abwasch könnte es einige Teller weniger geben.

»Silvan?«, fragt Lena.

Schweigen.

»Willst du darüber reden?«

»Einfach ein blöder Tag«, antwortet Pia.

»Vielleicht wird dich Umas Schafshow aufheitern?«

Pia seufzt.

»Ist etwas passiert?«

»Immer diese Erwartungshaltungen. Als ob ein Monat Retreat neue Menschen aus ihnen macht.«

»Hat sich Silvan beklagt?«, will Lena wissen.

»Das tut er doch immer auf seine Art und Weise.«

»Anfangs schon. Aber in den letzten Tagen kam er etwas zur Ruhe und fand Erfüllung bei der Arbeit im Zen-Garten. Das war jedenfalls mein Eindruck.«

Und hat nachts wohl eine aufregende Zeit mit dir, denkt sie, traut sich aber nicht, das zu erwähnen. Sie haben sich offensichtlich gestritten, dabei hat ihr Pia ihre Affäre noch nicht einmal gestanden. Obwohl sie sich inzwischen sicher ist, dass da was läuft zwischen den beiden.

»Das ist doch alles nur Fassade bei ihm«, sagt Pia mit stockendem Atem.

Sie ist richtig verknallt in den Typen. Oje, das gibt Probleme. Er hat ihr am Anfang des Retreats mal erzählt, dass ihm Beziehungen lästig sind, weil er keinen Bock hat, permanent erklären zu müssen, warum er so wenig Zeit für eine Freundin hat.

»Lasst mal«, zischt Pia ihr und Lorenz zu, der soeben in

der Küche aufgetaucht ist, um den Abwasch zu übernehmen. »Ich mach das schon.«

Energisch weist sie die Störenfriede aus der Küche. Wenn Pia so drauf ist, dann lässt Lena sie lieber in Ruhe. Draußen im Garten stoßen sie auf eine hektische Uma. Sie sei noch am Feintuning der Schafe, ob sie ihr beim »Aufstellen der Tribüne« helfen können. Lorenz nickt, froh, jemandem helfen zu können. Mit den Gartenstühlen formen sie zu zweit einen Halbkreis vor der Wiese beim Stall. Einen roten Teppich zaubern sie auf die Schnelle nicht hin, aber die Schafe zeigen deshalb bestimmt keine Starallüren. Lorenz will von Lena wissen, warum Uma die Schafe so herrichtet, und sie erzählt ihm, dass diese eine Art Zen-Garten für sie sind. Manchmal ist es gar nicht so einfach, ihm zu erklären, was normales menschliches Verhalten ist und was ins Exzentrische fällt. Zumal sie mit Kategorien wie »normal« und »logisch« sowieso wenig anfangen kann.

Hoffentlich erkennt sie ihre Schafe noch. Vor einigen Tagen hat Uma eine uralte elektrische Schafschere im Stall gefunden und so lange gebettelt, bis sie ihr das Okay gegeben hat, dass sie die Schafe – wo nötig – zurechtstutzen darf. Unter der Bedingung, dass Lorenz ihr zeigt, wie sie sie richtig einsetzt. Eigentlich wollte Lena die Tiere im Frühling sowieso scheren, damit sie für den Sommer ein leichteres Fell haben. So hat Sepp sie bei der Übergabe angewiesen. In den ganzen Vorbereitungen rund um das Retreat hat sie das aber völlig verschwitzt. Immerhin den Herbstschnitt möchte sie sauber machen. Da die Grimms früher selbst Schafe hatten, brauchte Lorenz keine fünf Minuten, bis die halbe Freya geschoren war. Uma fand das voll abgefahren und freute sich über die neuen Stylingmöglichkeiten.

In wenigen Minuten startet die Show. Uma hat sie spitz angewiesen, alle herbeizurufen, da sie pünktlich beginnen wolle. Brigitte und Peer kommen bereits aus dem Haus geschlurft. Sie hat sogar Alma eingeladen, die allerdings verhindert ist. So besteht das Publikum aus den üblichen Verdächtigen, nämlich Brigitte, Peer, Pia, Lorenz und ihr. Peer hält Umas Smartphone in seinen Händen. Uma hat ihm vorhin ausführliche Anweisungen zu den Aufnahmen gegeben, damit er bloß nichts falsch macht. Sie braucht schließlich verschiedene Filme und Bilder im Hoch- und Querformat. Die Show ist Uma extrem wichtig, sie ist schon den ganzen Tag aufgeregt.

Aus dem Stall dröhnt plötzlich Musik. Allem Anschein nach hat sich Uma Lenas Boxen ausgeliehen. Dann öffnet sich schwungvoll die Tür, und Uma führt stolz Schaf Nummer eins vor. Punk Freya. Nur auf dem Kopf hat sie noch einen Kamm hellgrün gefärbter Locken, im Kontrast zu den hellrosa Fußzotten. Das Schaf schaut erst perplex in die Runde, scheint sich dann aber über die Aufmerksamkeit der Zuschauer zu freuen. Lena schluckt, dann lacht sie. Es sind ja nur Pflanzenfarben! Uma hat echt ganze Arbeit geleistet. Erst jetzt entdeckt sie die feinen Zöpfchen im Fell, die sie dunkelgrün eingefärbt hat. Ihre süße Freya als Fashion Punk! Sie klatscht euphorisch, auch, um die Runde aufzuheitern, die mehr entsetzt als begeistert auf das doch recht entstellte Schaf starrt.

Aphrodite erinnert sie an eine Regenbogen-Fee. Sie hat

das längste und kuscheligste Fell der Schafe, das Uma aufwendig frisiert und mit großen und kleinen Zöpfen in unterschiedliche Richtungen gestylt hat. Einige davon sind pastellfarben eingefärbt. Peer ruft Uma zu, dass er ein paar der Fotos seinen Kindern schicken wolle, die ausflippen werden, wenn sie das sehen. Brigitte und Lorenz sind bemüht, immerhin etwas Begeisterung für die gestylten Schafe zu zeigen. Auch Pia klatscht eifrig, ohne wirklich bei der Sache zu sein.

Venus, das Schaf der Liebe, hat Uma mit roten Herzen versehen, inklusive einer pinken Palmenfrisur auf dem Kopf. Demeter kommt, passend zu ihrem Namen, in gemusterten Erdtönen daher, während Diana, die Göttin der Jagd, durch metallene Töne und eingewobene Silberfäden (Lametta von einem Christbaum? Wo sie das herhat?) glänzt. Damit ist die Show auch schon zu Ende, der eigensinnige Karl Ludwig habe auf stur geschaltet und wollte sich nicht frisieren lassen.

Uma stellt sich neben ihre Schafe, die nicht so brav posieren wollen wie einstudiert. Die Runde applaudiert begeistert. Lena darf nicht zu Lorenz schauen, sonst müsste sie lachen, wenn sie sein verdutztes Gesicht sehen würde. In vielen Bereichen haben er und seine Brüder wirklich hinter dem Mond gelebt, nur die lokale Wochenzeitung haben sie regelmäßig gelesen. In der das Weltgeschehen natürlich nur als Randbemerkung vorkam und der Fokus auf der nächsten Viehschau oder den Aktionswochen des Baumarkts lag. Dennoch staunt sie manchmal, was Lorenz alles weiß. Er hat viele Bücher gelesen, vor allem historische Romane und Fachbücher. Weil er nur selten ins Dorf kam, hat ihm die Bibliothekarin der winzigen Dorfbibliothek immer ein paar alte Bücher mitgegeben, die sie aus dem Sortiment haben wollte. So kam über die Jahre ein halbes Bücherregal zusammen. Es beeindruckt sie, mit welcher Sorgfalt er die Bücher gelesen hat und an wie viele Details er sich noch erinnern kann.

Uma, die ihr stolz das Smartphone unter die Nase hält, holt sie wieder in die Realität zurück. »Wahnsinn, was ich aus den Schafen gemacht habe. Findest du nicht?«

Es ist nicht der Moment, um ehrlich zu sein. Sie sollte Umas Kreativität wertschätzen.

»Ich hätte sie fast nicht wiedererkannt.«

»Ich kann dir zeigen, wie ich vorgegangen bin. Dann kannst du ihren Signature Look weiterführen.«

Hat sie tatsächlich Signature Look gesagt? Nicht lachen. Uma ist glücklich, alles ist gut.

»Ich fürchte, dass ich dafür keine Zeit habe.«

»Warum, du hast doch keinen richtigen Job. Du könntest mit den Schafen Shows besuchen oder selbst welche veranstalten. Das könnte ganz lukrativ sein.«

Manchmal kann Uma sehr direkt sein und sieht sie dabei mit ihren unschuldigen Augen so an, als wäre nichts dabei. Natürlich hat sie recht, sie hat keinen festen Job. Aber mit albernen Schafshows wird sie ihr Leben sicher nicht finanzieren. Da hat sie andere Ideen.

»Ich geh runter ins Pöstli. Ich brauch dringend Internet. Wetten, dass die Schaf-Posts voll einschlagen?« Mit diesen Worten sprintet sie los, ohne die Schafe vorher in den Stall zurückzubringen. Lorenz springt ein, während sich Brigitte Pia schnappt. Irgendwie hat ihre Schwester da schon den Dreh raus, kein Wunder, dass alle mit ihr quatschen wollen.

Sie selbst ist oft zu unverblümt, das weiß Lena. Zudem will sie niemandem ihre Meinung aufschwatzen, das ist nicht ihr Ding.

Später in der Nacht, als sie bereits in der Hängematte liegt und Lorenz neben ihr schläft, muss sie noch mal daran denken. Wann ist es angezeigt, ehrlich zu sagen, was sie denkt, und wann schweigt sie besser, um das Gegenüber nicht zu verunsichern oder, wie im Fall von Umas Schafstyling, zu verletzen? Gerade in ihrer Rolle als Retreat-Leiterin möchte sie allen ein gutes Gefühl vermitteln und einen sicheren Raum anbieten, damit sie sich öffnen können. Gleichzeitig ist sie einfach nicht der Typ, der anderen etwas vormacht, und sie schätzt es selbst auch, wenn Leute authentisch sind. Das gefällt ihr auch so an Lorenz. Er ist der aufrichtigste Mensch, den sie kennt. Wenn nur seine Brüder nicht wären. Heute war es ruhig auf der Nachbarsalp. Keine Mistgabeln oder anderen Drohgesten. Was nichts bedeuten muss. Vielleicht schmieden sie schon den nächsten Schlachtplan.

Sie wälzt sich so oft hin und her, dass sie fürchtet, Lorenz zu wecken. Nach einer Weile erhebt sie sich vorsichtig aus der Hängematte und trippelt um das Haus, um freie Sicht auf den Nachbarhof zu haben. Inzwischen brennt Licht in der Küche oder im Wohnzimmer. Sie erkennt in der Ferne zwei Silhouetten. Was die beiden wohl treiben zu so später Stunde? Laut Lorenz gehen die Brüder für gewöhnlich um halb zehn Uhr schlafen, selbst im Hochsommer. Das Retreat dauert nur noch eine knappe Woche, doch das ist eine lange Zeit, wenn sie dauernd auf der Hut vor einer Racheattacke sein muss. Sie hat das Verhalten der Brüder richtig satt. Zudem geht das mit den Drohgesten vermutlich so weiter, bis sie im Herbst nach Griechenland auswandern – mit dem Drogengeld, für das Lorenz am meisten geschuftet hat.

Das ist eine ziemlich blöde Idee, die du da gerade hast, Lena. Aber sie könnte funktionieren.

Sie wirft einen Blick zurück zur Hängematte, in der Lorenz friedlich schläft. Dann düst sie los.

Pia

Die Alp liegt noch im Morgentau, als sich Pia mit einer Tasse Kaffee in der Hand vor das Haus setzt. Das Frühstück hat sie bereits gerichtet, aber die Gäste schlafen noch. Heute ist der letzte Tag, an dem sie im Zen-Garten arbeitet. Nicht, weil dieser schon fertig wäre, sondern weil das Retreat zu Ende ist. Es erstaunt sie selbst, wie wenig sie das Stadtleben vermisst hat. Die Ruhe auf der Alp und die lockere Tagesstruktur mit Yoga, Meditieren, Gartenarbeit und Kochen haben ihr – entgegen allen Erwartungen – richtig gutgetan. Doch heute freut sie sich das erste Mal wieder auf ihr Zuhause: ihr weiches Bett, die Zwei-Kolben-Kaffeemaschine mit frisch gemahlenem Kaffee, den superschnellen Induktionsherd. Vor allem aber auf ihre Freundinnen, insbesondere auf Ines, aber auch auf Matteo. Und sogar auf ihre Arbeit. Inzwischen fühlt sie sich wieder gewappnet für ihre Patienten und deren Sorgen und Nöte. Die kleine Auszeit in den Bergen hat sie richtig belebt. Wer hätte das gedacht?

Sie atmet die kühle Alpluft ein und labt sich an der Fernsicht, die nicht enden will. Ein klarer Tag, an dem es um die Mittagszeit heiß werden dürfte. Inzwischen kennt sie die verschiedenen Stimmungen auf der Alp und kann abschätzen, wie sich der Tag entwickeln wird.

Diese ruhigen Morgen, wenn alle noch schlafen und sie alleine ihren Kaffee trinkt oder das Frühstück richtet, die wird sie vermissen. Die sind ihre liebste Morgenmeditation.

Es gibt nur etwas, das ihre Stimmung trübt. Und das ist Silvan, der seit seinem Geständnis völlig distanziert und in sich gekehrt ist. Er geht ihr konsequent aus dem Weg und redet allgemein nur das Nötigste. Seine bedrückte Stimmung entgeht auch den anderen nicht. Die nicht erfolgte Beförderung belastet ihn offensichtlich sehr, sonst hätte er sie nicht angelogen. Sie wollte schon das Gespräch mit ihm suchen, doch dann hat sie von Uma erfahren, dass sie ihn nach der Schafshow im Pöstli gesehen hat, in ein angeregtes Gespräch mit einer blonden Frau vertieft, die viel und affektiert gelacht hat. Er sei völlig betrunken gewesen und habe Uma gar nicht zur Kenntnis genommen. Klar ist Silvan kein Kind von Traurigkeit. Doch wenn er sich gleich die Nächste schnappt, warum ist er dann so niedergeschlagen? Irgendwie passt das alles nicht zusammen. Tief ein- und ausatmen und die negativen Gedanken ziehen lassen wie Wolken am Himmel. Sie lacht. Ja, so langsam scheint das Retreat seine Wirkung zu zeigen.

Wenig später sitzt die Gruppe beim Frühstück und lobt den Zopf, den sie gestern Abend noch gebacken hat. Zusammen mit der Butter aus der Alpmolkerei und der Aprikosenmarmelade aus Almas Früchten ist er ein echter Genuss.

Direkt nach dem Frühstück verdrückt sich Uma auf einen Nachbarshügel, da Lorenz ihr verraten hat, dass es dort Internetempfang gibt. Vor zwei Tagen hat sie diverse Schaf-Beiträge auf ihren sozialen Medien geteilt, und nun interessiert sie natürlich das Echo darauf. Heißt, sie kommt entweder jauchzend oder als Häufchen Elend zurück.

Als Pia in ihrem Arbeitsoverall den Zen-Garten betritt, befestigt Brigitte gerade eine Wasserleitung vom Teich hinüber in den Gemüsegarten. Lorenz ist ganz in den Bau des Wasserfalls vertieft und hievt schwere Steinbrocken aufeinander. Im Gemüsegarten erntet Lena Federkohl, den Pia später für das Mittagessen verwenden wird.

»Kommt Silvan heute wieder nicht?«, fragt Lorenz und gibt sich keine Mühe, seine Enttäuschung zu verbergen.

»Sieht nicht danach aus«, entgegnet sie knapp.

»Schade. Ist heute doch der letzte Tag.«

»Was ist dem denn über die Leber gelaufen?«, wundert sich Brigitte.

»Keine Ahnung. Das müsst ihr ihn schon selbst fragen.«

»Das habe ich gestern. Er meinte, dass alles in Ordnung sei. Richtig angekläfft hat er mich. Dabei sehe ich doch, dass ihn etwas belastet«, sagt Brigitte.

»Ich habe es auch schon zweimal versucht und dieselbe Antwort erhalten«, erzählt Lena. »Er will offensichtlich nicht darüber reden.«

»Was ist denn passiert?« Brigitte seufzt. »Seit er unten im Dorf war, ist er wie ausgewechselt. Ich konnte ihn anfangs ja echt nicht leiden, aber er hat sich verändert. Im Garten haben wir uns gegenseitig unterstützt.«

Lorenz lässt den schweren Stein aus seiner Hand fallen. »Er fehlt. Wir wollten eigentlich noch den Steinhügel für den Wasserfall fertigbauen.«

»Willst du nicht mit ihm reden, Pia?«, schlägt Brigitte vor, »du hast doch einen guten Draht zu ihm.«

Gehabt, denkt sie. Die sollen aufhören mit ihren Fragen. Sie zuckt mit den Schultern und antwortet: »Ich kann es auch nicht ändern.«

»Seltsam, er war immer so motiviert«, sagt Brigitte. »Er wollte mir eigentlich beim Befestigen der Wasserleitungen helfen, doch inzwischen taucht er nur schlecht gelaunt zum Essen auf und sagt kein Wort.«

Offenbar hat es Silvan geschafft, sich vom Enfant terrible zum Lieblingsselbstfinder der Gruppe zu mausern.

»Peer hat mir erzählt, dass Silvan den ganzen Tag auf dem Bett liegt und an die Decke starrt«, fährt Brigitte fort. »Anfangs hat es ihn vom Schreiben abgelenkt, aber inzwischen hat er sich an seine stille Anwesenheit gewöhnt.«

Pia schluckt. Das hat sie nicht gewusst.

»Geben wir ihm einfach den Raum, den er braucht. Sobald wir ihm helfen können, sind wir für ihn da«, wirft Lena ein und wechselt das Thema. »Pia, du bist heute am Start?«

»Klar, spann mich ein, wo ihr mich gebrauchen könnt.«

Die Arbeit im Garten bringt sie hoffentlich auf andere Gedanken. Erst hilft sie Lorenz beim Hochheben der Steine, dann Brigitte beim Anbringen der Holzleitung.

»Freust du dich wieder auf zu Hause?«, fragt sie Brigitte.

Diese seufzt nur. »Meine Freundinnen zu sehen, ja. Am nächsten Wochenende besuchen mich meine Töchter. Aber sonst? Zu Hause wartet niemand auf mich. Aber das ist bei dir ja nicht anders.«

Was ist heute eigentlich los? Erst wird sie wegen Silvans Abwesenheit belagert, nun von Brigitte an ihr fehlendes Begrüßungskomitee zu Hause erinnert.

»Darauf kommt es doch nicht an«, entgegnet sie. »Ich freue mich jedenfalls auf meine Wohnung und darauf, wieder mehr Privatsphäre zu haben.«

»Da gebe ich dir recht. Mal wieder alleine in einem Zimmer zu schlafen, das sind schöne Aussichten. Obwohl Uma eine rücksichtsvolle Mitbewohnerin ist. Dein leckeres Essen werde ich hingegen vermissen, Pia. Ich bin ja nicht so die Köchin, das war immer Walters Job.«

Walter, immer wieder Walter.

»Als ich von meiner Yogareise aus Marokko zurückkkam, hat mich Walter mit einem selbst gekochten Fünf-Gänge-Menü verwöhnt. Den ganzen Tag lang stand er dafür in der Küche. Er wusste noch nie, wann genug ist.«

Die Wasserleitung ist montiert, und sie hofft, dass ihre nächste Arbeit am anderen Ende des Gartens sein wird – ganz weit weg von Brigitte.

»Dafür hat mir Walter gestern noch eine SMS geschrieben. Ob er mich am Bahnhof abholen soll, da ich sicher viel Gepäck dabeihabe. Fast einen Monat lang hat er es geschafft, sich nicht bei mir zu melden. Und jetzt ist er doch noch schwach geworden.«

Ganz weit weggehen.

»Ich frage mich echt, wie Walter auskommen soll ohne

mich. Es ist so offensichtlich, dass ich ihm immer noch viel bedeute.«

Was für ein unmöglicher Kerl, dieser Walter!

»Hilfst du mir noch, den Schalter für die Wasserregulation zu befestigen?«, fragt Brigitte. Nein, das schafft sie nicht. Doch bevor sie antworten kann, ist Uma zurück und strahlt über das ganze Gesicht.

»Wollt ihr wissen, wie meine Schafposts angekommen sind?«

Eine rhetorische Frage bei ihrem breiten Grinsen.

»Die gingen richtig durch die Decke! So viele Views und Likes hatte ich noch nie. Crazy ist das. Soll ich euch was verraten? Ich werde Sheepfluencerin!«

»Sheepfluencerin?«, fragt Lorenz.

»Na ja, ich werde sicher nicht nur Schafe stylen, sondern eher Hunde und so. An die komme ich leichter ran. So krass, dass ich hier oben einen solchen Impuls für meine Zukunft gefunden habe. Danke, liebe Lena. Deine Schafe sind echt so sweet und du natürlich auch!«

Dabei wirft sie sich Lena so temperamentvoll um den Hals, dass diese fast das Gleichgewicht verliert. Wie ein Äffchen klebt die zierliche Uma an ihr.

»Ist das ein Beruf, Sheepfluencerin?«, erkundigt sich Lorenz, und alle lachen. Außer Uma, die Lorenz brühwarm von ihren Visionen erzählt. Er hört ihr aufmerksam zu und stellt viele Fragen. Auch Brigitte äußert ihre Bedenken, und Pia nutzt die Gelegenheit, um sich ins Haus zu verdrücken. Im Flur begegnet sie Silvan, der gerade von der Toilette kommt. Am liebsten wäre er wohl unbemerkt auf sein Zimmer geschlichen, doch sie war zu leise unterwegs, und jetzt stehen sie einander gegenüber im Flur. Er schaut sie kurz an, sein Blick ist schwermütig. Dann steigt er schweigend die Treppe hoch.

Lena

Lange hat Lena sich überlegt, ob sie ihren persönlichen Kraftort am Wildbach mit den Gästen teilen soll. Gerade, weil er so voller unbelasteter Energie ist. Doch es gibt in der Nähe keinen besseren Ort für eine Naturmeditation und das schamanische Schwellenritual, das sie zum Abschied geplant hat. Daher ist sie mit der Gruppe hierhergekommen, an einem strahlenden Sommertag. Der Bach führt kaum Wasser und plätschert fröhlich vor sich hin.

»Richte deine Aufmerksamkeit auf die üppige Natur, die dich umgibt«, beginnt sie mit der Meditation, als alle einen Platz eingenommen haben, der für sie stimmig ist. »Diese Fülle. Alles ist da, es fehlt an nichts.«

Wie unterschiedlich sich die Gäste entwickelt haben, denkt sie dabei. Jede und jeder hat auf höchst individuelle Weise an ihren oder seinen Themen gearbeitet und einen neuen Zugang zu sich gefunden. Nur das mit der Selbstliebe, das hat sie nicht so hinbekommen, wie sie es gerne hätte. Es könnte daran liegen, dass sie da selbst noch nicht ganz mit sich im Reinen ist. Das ist aber auch so eine lebenslange Aufgabe.

»Und nun schließ deine Augen, und hör einfach zu. Das

Gurgeln des Bergbachs, das Pfeifen der Vögel, das Summen der Mücken. Was hörst du sonst noch?«

Wirkliche Zweisamkeit. Das war für sie bislang kein Thema. Bis ein umwerfender obdachloser Bergbauer bei ihr in der Stube stand und – zack – zu einem festen Bestandteil in ihrem Leben wurde.

»Richte deine Aufmerksamkeit auf deine Nase. Spüre den Atem, der deine Lungen mit schwerer Waldluft füllt. Rieche den Wald, das feuchte Moos, die würzigen Harze.«

Lorenz beim Meditieren bringt sie sofort zurück zu weltlichen Gelüsten. Lieber Richtung Silvan schielen, der verkrampft seine Augen zudrückt. Er befindet sich nach wie vor im Kummermodus und lässt niemanden an sich ran. Immerhin nimmt er an der Naturmeditation teil und verschanzt sich nicht im Zimmer. Ob er einfach Bammel davor hat, in seinen stressigen Job zurückzukehren?

»Wie fühlt sich dieser Ort an? Der weiche Waldboden, auf dem du sitzt. Leg deine Hände für einen Moment neben dich, verbinde dich mit der Erde, und spüre ihre Kraft.«

Peer schnauft laut ein und aus. Vermutlich denkt er sich gerade einen blutrünstigen Plot-Twist aus, anstatt sich mit Mutter Erde zu verbinden. Er hat ihr verraten, dass er die halbe Nacht wach liegt und gedanklich an den Nebensträngen der Story rumspinnt. Sie kennt das von sich selbst. Wenn sie erst mal Feuer gefangen hat, dann kommt sie auch kaum mehr aus ihrer Bubble raus. Sie blinzelt zu ihrer rechten Seite. Uma sitzt kerzengerade neben ihr, die Haare hat sie zu einem fröhlich wippenden Pferdeschwanz gebunden. Kein Wunder, sie baut eine Community für abgefahrene nachhaltige Tierstylings auf und hat bereits erste Sponsorenanfragen.

»Nun kehrst du in deinen Körper zurück. Wie fühlt er sich an? Gibt es Stellen, die hart sind und drücken?«

Brigittes Mundwinkel zucken. Irgendetwas nagt an ihr, und Lena hofft, dass sie noch zum Kern des Problems vordringt. Es würde ihr leidtun, sie in diesem Zustand heimkehren lassen zu müssen.

»Nimm wahr, wie sich die Waldluft in deinem Körper ausbreitet. Überall schafft sie Weite und Gelassenheit.«

Ihr gegenüber sitzt Pia. Trotz der Gefühlswirrungen rund um Silvan scheint sie einen Retreat-Effekt zu spüren. Beim Kochen ist sie richtig aufgeblüht und hat die bescheidenen Möglichkeiten der Alpküche souverän gemeistert. Diesbezüglich bewundert sie Pia wirklich. Überhaupt hat sie sich überraschend leicht von ihrem Job distanziert. Sie hat eine gesunde Bräune und wirkt bei Weitem nicht mehr so angespannt wie am Anfang.

Lena lässt die Runde noch eine Weile dasitzen und bei sich ankommen. Auf den Teil, der folgt, freut sie sich ganz besonders. Ein schamanisches Schwellenritual, das sie selbst vor Jahren durchlaufen und das tiefe Spuren bei ihr hinterlassen hat. Für ihre Gruppe und den Ort hat sie es entsprechend angepasst und vereinfacht.

Erst gibt sie den Gästen den Auftrag, drei Naturgegenstände im Wald zu suchen, die sie an ihre Vergangenheit erinnern. Dabei sollen sie sich von ihrer Intuition leiten lassen. Zu ihrem Erstaunen tut sich die Gruppe leicht mit der Übung, und wenig später sitzen sie wieder im Kreis auf dem weichen Moos des Waldbodens. Dann bestimmen sie drei Dinge aus der Vergangenheit, die sie loslassen möchten. Das können belastende Erinnerungen, Eigenschaften oder Glaubenssätze sein, die sie einem dieser Naturgegenstände zuordnen. Sobald sie bereit sind, übergeben sie diese dem Bergbach. Die Gäste sind konzentriert bei der Sache, und sie spürt, dass Emotionen hochkommen und frei fließen.

Dann konzentrieren sie sich auf die Zukunft. Sie sammeln drei Steine, die sie aufgrund ihrer Form oder Farbe ansprechen. Jeden Stein verbinden sie mit einer Einsicht, einer Gewohnheit, einem Wunsch oder einem Glaubenssatz, dem sie in Zukunft größere Aufmerksamkeit widmen wollen. Gemeinsam bauen sie damit einen Steinturm, der sich nach oben hin immer mehr zuspitzt. Als der Turm fertig ist, stellt Lena eine Kerze auf die Spitze und zündet sie an. Sie bilden einen Kreis, halten sich an den Händen und betrachten ihr gemeinsames Werk, während Lena ein rituelles Lied dazu singt.

Es liegt eine ehrfürchtige Stille über der Gruppe, als sie den Rückweg auf die Alp antreten. Alle sind in sich gekehrt und schweigen. Selbst beim Abendessen spricht kaum jemand. Nach dem Essen hilft Lena Pia beim Aufräumen der Küche und schickt Lorenz in den frühen Feierabend. Lena reicht Pia die dampfenden Teller zum Abtrocknen, beide arbeiten im Gleichtakt.

»War ein intensiver Tag«, sagt Pia. »Das ging irgendwie tief.«

»Dann hat es funktioniert. Ich habe im Amazonas ein

ähnliches Ritual mit einer Schamanin durchlebt und war nachher tagelang wie elektrisiert.«

Draußen geht die Sonne unter, die Bergspitzen färben sich rot, und das Licht fällt durch das Küchenfenster direkt auf Pias Gesicht. Lena fühlt eine wohlige Wärme in ihrem Bauch und eine große Verbundenheit mit ihrer Schwester.

»Eigentlich haben wir das Retreat doch gar nicht schlecht hinbekommen, findest du nicht?«, meint sie zu Pia.

»Das ist vor allem dein Verdienst, Lena. Du machst das so authentisch.«

»Danke.«

Plötzlich steht Silvan in der Küche. Sie hat ihn nicht kommen hören und hätte vor Schreck fast den Teller fallen lassen.

»Entschuldige, ich wollte euch nicht erschrecken.«

»Schon okay. Brauchst du was?«, fragt Lena.

»Ich wollte mit euch reden. Ich ... ich habe etwas auf dem Herzen. »

»Na dann, schieß los!«

»Aber ich ... es ist wohl nicht der richtige Zeitpunkt.«

»Unsinn, wir sind ganz Ohr.«

Das Ritual scheint bei Silvan etwas ausgelöst zu haben. Besser, er redet, bevor sich das Zeitfenster wieder schließt.

»Vielleicht können wir uns dafür hinsetzen?«

»Wir sind gleich fertig«, erklärt Pia.

Silvan nickt mit versteinertem Gesicht und verschwindet in die Stube. Wenig später sitzen sie zu dritt am Holztisch.

»Ich habe einen Fehler gemacht«, beginnt er. »Der lässt mir keine Ruhe.«

Lena wirft einen Blick zu Pia rüber, die kaum atmen kann vor Anspannung.

»Nun sag schon«, sagt Lena.

Er schaut lange aus dem Fenster in das fast schon kitschige Abendrot.

»Ich weiß, dass du finanzielle Probleme hast – mit der Alp hier …«

Ihre Unbeschwertheit ist wie weggeblasen. »Woher weißt du das?«

»Pia hat mir davon erzählt.«

Na toll. Haben sie während ihrer Schäferstündchen keine anderen Themen? Pia starrt vor sich auf die Tischplatte und schweigt.

»Dann weißt du ja, warum ich dieses Retreat durchführe. Ich bin nicht so das Finanzgenie. Für dich als Banker vermutlich unvorstellbar.«

Pia wirkt nervös. Hat sie Angst, dass er ihr Verhältnis ausplaudert?

»Das hat doch nichts mit dir zu tun«, schnauzt Pia ihn an.

»Eben schon.«

Lenas Brust zieht sich zusammen. »Was soll das heißen?«

»Wegen mir wurde die Alp fast verpfändet«, sagt er leise.

»Unsinn! Das war Frau Eisenhut von der Dorfbank.«

»Lotta Eisenhut. Sie arbeitet für mich.«

»Wie bitte?«

»Frau Eisenhut leitet die Filiale. Aber ich bin ihr Vorgesetzter.«

Irgendwie ergibt das alles keinen Sinn.

»Ich hatte viel Druck von oben«, fährt Silvan fort. »Interne

Umstrukturierungen und Strategiewechsel. Mehr Umsätze, weniger Zeit, endlose Überstunden. Ich habe kaum noch geschlafen, in der Folge einen Fonds schlecht angelegt und dabei viel Geld von Kunden verloren. Wir haben daher angefangen, die Hypothekenzinsen von unwichtigen Immobilien einiger Privatkunden zu verdreifachen. Unser Anwalt fand einen juristischen Graubereich, den haben wir uns zunutze gemacht.«

»Und ich war eines deiner Bauernopfer?«

Er nickt. »Als ich vor ein paar Tagen ins Pöstli gegangen bin, habe ich dort zufällig Lotta getroffen. Sie hat mich ausgelacht, als ich ihr gesagt habe, dass ich wegen eines Selbstfindungs-Retreats hier bin. So kamen wir ins Plaudern, und sie hat mir von der Fast-Verpfändung dieser Alp erzählt. Seitdem bin ich …«

Wut steigt in Lena auf. Hatte sie Pia nicht gesagt, dass sie keine Banker im Retreat haben will? Und jetzt hat Pia sogar einen ausgewählt, wegen dessen Geldgier sie fast ihr Zuhause verloren hätte. Sie muss sich bewegen, sonst geht sie noch auf ihn los.

»Und ich habe dir dabei geholfen, dass du dich von deinem stressigen Job erholen kannst! Auf meiner Alp, die du mir wegnehmen wolltest«, schnauzt sie ihn im Gehen an.

»Tut mir wahnsinnig leid, Lena. Wirklich. Ich bereue das zutiefst.«

Silvans Augen wandern verängstigt von ihr hinüber zu Pia. »Ich habe mich verändert, das müsst ihr mir glauben. Vor einem Monat war ich gefangen im Hamsterrad von Leistungsdruck und Bewerbungsverfahren.«

»Soll ich auch noch Mitleid mit dir haben? Bei mir geht es um meine Existenz und nicht bloß um einen übertriebenen Bonus.«

Sie tigert in der Stube hin und her. Immer schön in Bewegung bleiben.

»Ich verstehe, dass du wütend bist. Und ich verspreche dir, dass ich alles tun werde, um dir das Geld zurückzuzahlen.«

»Und was ist mit den anderen Leuten, die du übers Ohr gehauen hast? Den anderen unwichtigen Kunden ohne fette Villa und Anwalt?«

Sie ist zu sauer, um sich von seinem verzweifelten Erscheinungsbild einlullen zu lassen.

»Ich werde meinen Fehler wiedergutmachen. Ich schwöre es dir. Du hast keine Ahnung, wie elend ich mich fühle. Das nagt schon lange an mir, und die letzten Tage wurde mir so richtig bewusst …«

»Dass du Scheiße gebaut hast?«, fällt Lena ihm ins Wort.

»Jep, im großen Stil. Ich sah keinen anderen Weg mehr. So einen Fehler hätte mein Chef mir nie verziehen.«

»Du gieriger, egoistischer Scheißtyp!« Kaum hat sie die Worte ausgesprochen, tun sie ihr leid. Sie ist zwar impulsiv, wenn sie zornig ist. Aber verletzend will sie nicht sein. In keiner Situation.

Dafür sitzt Pia nur schweigend am Tisch und knabbert an ihrer Unterlippe.

»Ich hasse mich selbst dafür.« Er fährt sich hastig durch seine kurzen Haare. »Wenn du willst, dann reise ich heute noch ab.«

»Tu das bitte«, antwortet sie, wieder etwas gefasster. Bei der Vorstellung, dass Silvan morgen an ihrer Wie-fühle-ich-mich-Abschiedsrunde teilnimmt, sperrt sich alles in Lena. Auch wenn er niedergeschmettert aussieht mit seinen hängenden Schultern und der tiefen Sorgenfalte auf der Stirn.

»Ich hoffe, dass du mir vergeben kannst. Eines Tages. Wenn ich dir das Geld zurückgezahlt habe.«

Lorenz schaut zur Tür herein und fragt, ob alles in Ordnung sei. Sie schickt ihn fort.

»Weißt du noch, wie du uns in der Berghütte um Vergebung gebeten hast?«, fährt Silvan fort. »Das habe ich damals für Schwachsinn und Koketterie gehalten. Aber jetzt verstehe ich, wie du dich gefühlt haben musst.«

Die Aussage berührt sie.

»Ich packe meine Sachen und verschwinde«, fügt er an. Er schafft es nicht, ihr dabei in die Augen zu schauen, geschweige denn Pia.

»Um die Uhrzeit fährt aber kein Postauto mehr«, sagt Lena.

»Dann wandere ich ins Tal. Irgendwie komme ich schon runter.«

Er erhebt sich, mit gesenktem Kopf, und murmelt: »Ich danke euch für alles. Ich werde die Zeit hier oben nie vergessen. Tut mir echt leid, dass wir so auseinandergehen. Grüßt mir bitte die anderen.«

Gerade, als er im Flur verschwindet, ruft Lena ihn zurück. »Du kannst bleiben.«

Pias entgeisterter Blick klebt an ihr.

»Bist du sicher? Seid ihr sicher?«, hakt er nach.

Lena nickt. »Du hast aus deinem Fehler gelernt und willst ihn wiedergutmachen. Ich glaube an Schicksal. Es gibt einen Grund, warum du in meinem Retreat gelandet bist.«

Da er wie erstarrt dasteht, sichtlich überrumpelt von ihrem Sinneswandel, bietet Lena ihm eine Umarmung an. Noch etwas zögerlich kommt er zu ihr hinüber, und sie spürt förmlich, wie seine Anspannung in ihren Armen dahinschmilzt.

»Was soll der Scheiß?«, ruft Pia plötzlich. »*Ich* möchte, dass du sofort verschwindest!«

So explosiv hat Lena ihre Schwester noch nie erlebt. Die Worte spucken aus ihr wie Feuer aus einem Drachenschlund. »Wenn nur alles so einfach wäre, nicht? Fehler machen, Lügen erzählen, um Vergebung bitten. Und so weiter und so fort. Einen Dummen findest du schon, der dir glaubt.«

»Pia«, fleht Silvan. »Ich wollte nicht …«

Er will seine Hand auf Pias Arm legen, doch sie stößt ihn weg.

»Verschwinde einfach!«

Mit diesen Worten stürmt Pia aus der Stube. Wenig später knallt die Haustür zu.

Pia

Pia rennt die steile Alpwiese hoch. Es dämmert bereits, die Nacht ist noch mond- und sternenlos, und ein Wolkenband liegt über der Bergwelt. Sie strauchelt, fällt hin, steht wieder auf, läuft weiter im Stechschritt, bis sie kaum noch Luft bekommt. Mit letzter Kraft setzt sie sich auf einen Felsbrocken, dann fließen die Tränen. Für eine Weile sitzt sie einfach da und starrt talabwärts auf die Alpwiese, die sich wie ein Teppich vor ihr ausrollt, bis sie weiter unten vom dunklen Wald verschluckt wird. Normalerweise hätte sie sich gefürchtet, nachts so ganz alleine in den Bergen. Doch sie empfindet nur Trauer, die sie erst aufwühlt, dann aber ruhiger werden lässt, bis sie nur noch wie ein schwerer Schatten auf ihr liegt. Als Pia zur Alp absteigt, ist es finstere Nacht, nur der Halbmond beleuchtet sparsam ihren Weg. Im Haus brennt kein Licht mehr. Sie ist so müde, dass sie wenig später einschläft.

Am nächsten Morgen erwacht sie von Stimmen und Geschirrgeklapper aus der Stube. Sie steht auf, macht sich im Bad frisch und betritt wenig später die Stube, in der bereits die ganze Gruppe beim Frühstück versammelt ist. Erleichtert stellt sie fest, dass Silvan fehlt. Dafür ist Lena für sie eingesprungen und hat den Tisch gedeckt. Die Gäste lächeln sie aufmunternd an. Ob sie ihre Auseinandersetzung mitbekommen haben?

Peer rückt auf der Sitzbank etwas zur Seite, damit Pia mehr Platz hat. »Hast du es schon mitbekommen? Silvan ist gestern Abend überstürzt abgereist.«

»Das Retreat trägt wohl nicht bei allen Früchte«, klagt Brigitte, scheint aber mehr sich selbst zu meinen.

»Aber die Arbeit im Zen-Garten hat dir doch Freude gemacht, Brigitte?«, fragt Lorenz.

»Schon, aber zu Hause habe ich keinen Garten, sondern einen großen Rucksack, der immer noch nicht weiß, wohin ihn seine nächste Reise führt.«

Pia bestreicht sich ein Butterbrot, ihre nächtliche Wanderung hat sie hungrig gemacht. Lena reicht ihr das Honigglas, bevor Pia danach fragen kann.

»Fahr doch nach Indien. Das ist echt ein aufregendes Land«, schlägt Uma vor.

Indien. Sie spürt, wie Lenas Blick auf ihr ruht. Vor zwei Tagen haben ihre Eltern nachts auf Lenas Festnetztelefon angerufen. Ihr monatlicher Anruf. Lena hat in der Stube über eine Stunde angeregt mit ihnen geplaudert. Pia hat sich schlafend gestellt, als Lena an die Tür geklopft hat. Sie kann das nicht, mit ihren Eltern telefonieren. Schon gar nicht, wenn das Haus voller Gäste ist.

Brigitte runzelt die Stirn. »Das wäre mir zu anspruchsvoll. Ich war noch nie in Asien.«

»Dann starte deine Weltreise am besten in Thailand«, schlägt Lena vor. »Das ist ein ideales Einsteigerland für Asien. Und von dort aus entscheidest du spontan, wonach dir ist. Wie lange wolltest du unterwegs sein?«

»Mindestens ein halbes Jahr. Sonst lohnt es sich doch gar nicht.«

Lena nimmt einen großen Schluck von ihrem Chai, der im ganzen Raum den Duft von Zimt und Nelken verströmt. »Ach, da komme ich gleich ins Schwärmen. Ich wollte auf meinen Reisen meist gar nicht mehr nach Hause kommen und bin so lange geblieben, bis mir die Kohle ausging. Das waren noch Zeiten! Mensch, jetzt bin ich auch schon in einem Alter, in dem ich nostalgisch werde, wenn ich von früher spreche.«

»Findet ihr, dass ich zu alt bin, um länger zu verreisen?«, fragt Brigitte.

»Unsinn. Es gibt kein ›zu alt‹. Es gibt nur ›zu wenig mutig‹«, erwidert Lena. »Wenn eine Fernreise dein Lebenstraum ist, dann lebe ihn.«

Brigitte nickt nur stumm. Ganz überzeugt wirkt sie nicht.

»Wenn ich sehe, wie viel Spaß mir das Thriller-Schreiben macht, frage ich mich, warum ich so viel Zeit damit verplempert habe, über ein weiteres Kinderbuch nachzudenken«, sagt Peer. »Obwohl es doch offensichtlich ist, dass ich mit vier Kindern zu Hause als Ausgleich etwas anderes brauche.«

»Und ich erst!« Uma zieht ihre Augenbrauen hoch. »Mensch, habe ich gelitten die letzten Jahre! Mich permanent inszenieren zu müssen, vordergründig Spaß zu haben. Das hat mich so was von ausgelaugt.«

»Es braucht Erfahrungen im Leben, auch unliebsame, an denen wir wachsen und uns weiterentwickeln können. Das ist ein ganz normaler Prozess«, hört Pia sich sagen, fast zu streng.

»Da muss ich meinem Schwesterchen recht geben«, bestärkt Lena sie. »Wir können solche Einsichten nicht erzwingen. Ich habe viel Verrücktes gemacht in meinem Leben und aus jeder Erfahrung etwas mitgenommen.«

Brigitte seufzt laut. Die Gruppe reagiert nicht darauf. Allmählich haben alle Brigittes Gejammer satt.

Beim Abräumen des Frühstücks flüstert Lena zu Pia: »Er ist gestern abgereist. Hier, das ist für dich.«

Sie reicht ihr einen Brief, auf dem ihr Name steht. Die Schrift ist krakelig und ihr fremd, da sie noch nie etwas Handschriftliches von ihm gelesen hat. Sie widerstrebt dem ersten Impuls, ihn zu öffnen. Das handgeschöpfte Papier riecht nach Räucherstäbchen und verrät, dass der Umschlag von Lena stammt. Wenig erstaunlich, warum sollte Silvan auch Briefpapier mit auf eine Alp nehmen. Sie legt den Brief im Schlafzimmer auf das Bett und kehrt in die Küche zurück, in der Lorenz schon mit dem Abwasch beschäftigt ist.

»Schon okay«, sagt er zu ihr, als sie ihm helfen will. Sie setzt sich auf den Stuhl und sieht sich in der Küche um. Morgen wird sie hier das letzte Mal das Frühstück für die Gruppe richten. Eigentlich freut sie sich auf zu Hause, aber heute fühlt sie sich lustlos. Dennoch ist sie froh, dass Silvan abgereist ist. Lena mag ihm zwar vergeben haben, sie aber nicht.

Lorenz spült das Geschirr, sie beobachtet ihn von hinten.

»Vermisst du deine Brüder manchmal?«, fragt sie ihn.

»Ja. Manchmal. Obwohl es nicht funktioniert hätte. Das mit Lena …«

»Sie hätten nicht akzeptieren können, dass du eine Freundin hast?«

Er nickt.

»Bist du nicht wütend, dass sie deinen Zen-Garten zerstört haben?«

»Doch, schon. Aber ich bin eher traurig.«

Eher traurig als wütend. Das trifft es gut.

»Bald habt ihr die Alp für euch, Lena und du. Und Zeit, euch besser kennenzulernen.«

Er schaut sie ernst an. Sie stutzt. So sieht kein Frischverliebter aus.

»Machst du dir Sorgen deswegen?«, fragt sie.

»Nicht wegen mir. Wegen Lena. Ob sie mich wirklich hier haben will.«

»Du musst ihr genug Freiraum lassen, weil ihr das wichtig ist. Ich glaube, sie mag dich sehr, auch wenn sie das vielleicht nicht so sagen und zeigen kann.«

Ein Lächeln huscht über seine Lippen. Er hat schon etwas, dieser Lorenz.

»Und was ist mit Silvan?«

Warum kommen ihr alle mit Silvan? Hat er auch mitbekommen, dass da was lief zwischen ihnen?

»Keine Ahnung. Er ist ja gestern abgereist«, antwortet sie schulterzuckend.

»Schade. Ich mochte ihn.«

»Tja.«

Da ist er leider nicht der Einzige, denkt Pia. Sie ist froh, dass in wenigen Minuten bereits die Abschlussrunde stattfindet und sie für eine Weile nicht an ihn denken muss.

Wenig später sitzt die Gruppe auf der Wiese im Kreis. Lena hat ein orientalisch gemustertes Tuch ausgebreitet und die Meditationskissen kreisförmig angeordnet. In der Mitte brennen drei Kerzen, umgeben von einem frisch gesammelten Blumenkranz.

»Das Retreat ist fast zu Ende, und ich möchte mit euch über eure Erfahrungen und Einsichten reden«, beginnt Lena. »Ihr habt am Anfang aufgeschrieben, als welcher Mensch ihr die Alp wieder verlassen möchtet. Seid ihr eurem Wunsch näher gekommen, oder hat euch die Reise in eine ganz andere Richtung geführt?«

Peer blättert durch sein Notizheft und eröffnet die Runde. »Das mit dem häufiger Neinsagen, nun ja, daran muss ich noch arbeiten. Ich habe mir vorgenommen, nicht mehr nur abends zu schreiben, sondern mir zwei Tage dafür freizuschaufeln. Ich brauche mehr Luft für mich und meine Projekte. Sosehr ich meine Kinder liebe und auch vermisst habe in den letzten Wochen.«

»Wow, da bist du aber einen großen Schritt weitergekommen. Gibt es sonst noch Praktiken und Erkenntnisse, die du in deinen Alltag integrieren möchtest?«

»Hm.« Peer überlegt und schweigt für einen Moment. »Das mit dem Meditieren war eher schwierig, da fangen meine Gedanken sofort an, meine Geschichte weiterzuspinnen. Dafür fand ich es brauchbar. Ich bin ja nicht so der Bewegungsmensch, aber die regelmäßige Yogapraxis hat mich kräftiger werden lassen, und ich möchte sie zu Hause fortsetzen. Vielleicht nimmt mich Anna, meine Nachbarin, ja mal mit? Sie ist Yogalehrerin, und eigentlich wollte ich sie schon lange mal …«

»Gefällt sie dir?«, fragt Lorenz.

»Na ja, sie ist klasse. Aber nicht meine Liga.«

Lena lächelt ihn aufmunternd an. »Vielleicht machst du einfach den ersten Schritt, Peer. Alles andere wird sich ergeben.«

»Sie liest gerne, das hat sie mir auf dem Spielplatz erzählt. Ihre Tochter ist genauso alt wie meine zweitjüngste. Wer weiß, vielleicht hat sie sogar eine heimliche Schwäche für Thriller?«

»Du wirst es herausfinden.«

Lena lässt den Blick in die Runde schweifen, und Uma ergreift als Nächste das Wort. »Bei mir gibt es Neuigkeiten. Ich habe gestern lange mit meiner Tante telefoniert, und sie hat mir angeboten, bei ihr im Salon einzusteigen. Wir werden voll auf biologische Produkte und Pflanzenfarben setzen, das ist mir total wichtig. Und dann natürlich das ganze Programm: vom Styling bis zum Shooting für Social Media. Da bin ich noch nicht ganz raus.« Sie lächelt verschmitzt, dann fährt sie fort. »Das Meditieren hat mir gutgetan. Auch wenn es mir an vielen Tagen schwergefallen ist, bei mir zu bleiben. Aber so ein täglicher Moment der Stille und Achtsamkeit, der bringt schon was. Vor allem dann, wenn ich aufgedreht bin und sich meine Gedanken tornadoartig drehen. Für die erhoffte Erleuchtung hat es nicht gereicht, dafür fühle ich mich nach dem Meditieren ein Stück gechillter. Manchmal geht's mir wie Peer, und ich habe die wildesten Ideen für neue Stylings.«

Als Brigitte dran ist, rollen Tränen über ihre Wangen.

»Da steht, dass ich meine neu gewonnene Freiheit genießen und herausfinden will, was ich damit anfange. Mir hat das Retreat geschadet. Ich bin voller Tatendrang angereist, und jetzt bin ich völlig durcheinander. Ich vermisse meine Familie. Das wollte ich nun wirklich nicht.«

Lena legt Brigitte die Hand auf die Schulter. »Aber möglicherweise brauchst du das in diesem Moment? Menschen, die dich lieben, um dich herum? Daran ist doch nichts verkehrt.«

»Aber das hatte ich doch mein Leben lang, und es hat mich auch nicht glücklich gemacht.«

»Vielleicht hast du diese Auszeit gebraucht, um zu merken, was dir wirklich wichtig ist und wofür du im Leben dankbar bist?«

Brigitte schweigt und verscheucht einen Käfer, der sich auf ihren Arm gesetzt hat. Allmählich wird es warm, obwohl erst wenige Sonnenstrahlen über die Bergspitzen gekrochen sind. Uma zieht die Ärmel ihres Langarm-Tops hoch und sagt nach einer Weile: »Weißt du, Brigitte, ich wäre froh, wenn ich eine Familie hätte, die mich unterstützt. Meine Eltern können nicht akzeptieren, dass ich nicht studiert habe und Juristin oder Ärztin geworden bin wie meine Geschwister. Die belächeln alles, was ich tue.«

»Ich verstehe euch ja, aber ich brauche eine Veränderung. Ich wollte schon immer reisen und Walter halt nicht. Doch gleichzeitig fürchte ich mich vor der Einsamkeit. Schon das Alleine-Wohnen ist nichts für mich. Immerhin sehe ich meine Freundinnen, Töchter und Schüler regelmäßig. Aber die Vorstellung, sie alle für ein halbes Jahr …« Die Tränen schnüren ihr die Kehle zu.

»Warum startest du nicht erst mal im Kleinen?« schlägt Lena vor. »Sagt doch niemand, dass du gleich für ein halbes Jahr aufbrechen musst.«

»Voll wahr«, pflichtet Uma ihr bei. »Ich bin viel gereist, aber nach spätestens drei, vier Wochen habe ich mich immer auf mein Zuhause und meine Homies gefreut. So wie jetzt.«

Als Lorenz Taschentücher holt, ist Brigitte gerührt.

»Ihr seid alle so nett zu mir. Aber ...«

Lena knufft Brigitte in die Seite. »Kein Aber! Du musst nur auch etwas netter zu dir und deinen Bedürfnissen sein.«

»Das ist gar nicht so einfach. Kann das Universum das nicht für mich übernehmen?«, fragt Brigitte, lacht aber dabei und die anderen mit ihr.

»Warum treffen wir uns nicht nächsten Sommer wieder und arbeiten daran weiter?«, schlägt Peer vor. »Ich meine an der Selbstliebe. Da gäbe es schon ein bisschen was zu tun.«

»Das wäre nice! Was hältst du von der Idee, Lena?«, fragt Uma. »Willst du die Retreats fortführen? Zusammen mit Lorenz als neuem Achtsamkeits-Coach?«

Lenas Gesicht versteinert sich für einen Moment.

»Keine Ahnung. So weit bin ich noch nicht. Aber gut zu wissen, dass ihr Interesse hättet.«

»Wie wird man denn Achtsamkeits-Coach?«, fragt Lorenz.

»Am besten ist man es einfach«, erwidert Uma, »du hast echt die besten Voraussetzungen dafür. Wenn ich dir beim Meditieren oder Zen-Gärtnern zuschaue, fahr ich gleich runter.«

»Aber ich mach doch gar nichts Besonderes.«

»Eben.« Uma grinst ihn an. »Ich sehe da echt Karrierepotenzial für euch beide. Falls ihr eure Retreats und Meditationen auf Social Media vermarkten möchtet, kann ich euch gerne beraten.«

»Aber genau das macht Lorenz doch aus«, interveniert Brigitte und rotzt in ihr Taschentuch, »dass ihn das alles nicht interessiert und er zufrieden ist mit dem einfachen Leben. Zieh ihn da nicht rein!«

»Es ist an ihm und mir, das zu entscheiden. Nicht wahr, Lorenz?«, erwidert Lena schnell.

Offensichtlich ist es Lena nicht wohl dabei, mit der Gruppe über ihre Zukunft zu diskutieren, wofür Pia vollstes Verständnis hat.

»Eine Retreat-Reunion in einem Jahr fände ich wunderbar. Euch alle wiederzusehen – und natürlich die Schafe frisch zu stylen. Ich fürchte ja, dass du sie diesbezüglich vernachlässigen wirst, Lena.« Uma zwinkert ihr frech zu. »Dann machen wir nachts ein Lagerfeuer, und Peer liest uns aus seinem Thriller vor. Das wird sicher gruselig.«

Peer zupft an seinem Dutt herum und meint: »Da könnte ich kein Wort gerade lesen. Immer die Angst im Nacken, dass die Grimmbrüder gleich zum nächsten Vergeltungsschlag ansetzen.«

»Dann sind sie weg«, wirft Lorenz in die Runde. Sofort sind alle Blicke auf ihn gerichtet.

»Warum das denn?«, fragt Pia

»Sie wollen auswandern, nach Griechenland. Olivenbauern werden.«

»Und du bleibst hier?«

»Wir sprechen ja nicht miteinander. Aber sie gehen wohl auch ohne mich. Und ich vertrage die Hitze sowieso nicht so gut.«

Lena wirkt nicht überrascht, was bedeutet, dass sie es bereits gewusst hat. Ob sie das zusätzlich nervös macht?

»Dein Leben wurde ganz schön durcheinandergewirbelt«, stellt Brigitte mitfühlend fest.

»Oh ja. Aber das wird schon«, erwidert er mit einem verliebten Blick in Lenas Richtung, die doch tatsächlich leicht errötet.

Um das Thema zu wechseln, sagt Lena: »Ich möchte mich an dieser Stelle noch mal herzlich bei euch bedanken. Ich hoffe sehr, dass ihr gestärkt und inspiriert in euren Alltag zurückkehrt. Und falls ich – wir – nächstes Jahr wieder ein Retreat anbieten, freue ich mich auf ein Wiedersehen.«

Ein frisches Lüftchen weht von der Bergflanke zu ihnen herüber, und Pia wird bewusst, dass sie die Bergwelt zu Hause vermissen wird. Aus der Ferne sieht sie, wie die Nachbarskatze in ihre Richtung läuft.

»Dann muss Silvan aber auch wieder dabei sein«, findet Brigitte.

»Auf jeden Fall. Dann könnten wir den Zen-Garten ausbauen«, sagt Lorenz. Als der Kater ihn erblickt, streicht er miauend um ihn herum. Lorenz streichelt ihn und ist offensichtlich erfreut darüber, ein Stück Heimat in den Händen zu halten.

»Das mit Silvan könnt ihr vergessen.« Uma schüttelt ihren Kopf so fest, dass ihr Pferdeschwanz wippt. »Er ist ja fast entlassen worden für die vier Wochen Urlaub. In seiner neuen Position wird das nicht mehr möglich sein.«

Liebe höhere Kräfte allerseits, unternehmt bitte alles dafür, dass ich diesen Silvan möglichst bald vergessen kann, denkt Pia.

Als sie nach einem ausgelassenen Abendessen mit drei

Flaschen Rotwein, lustigen Retreat-Anekdoten und vielen Sentimentalitäten um Mitternacht auf ihr Zimmer schwankt, liegt da immer noch der Brief auf ihrem Bett. Sie nimmt den Umschlag in die Hände und starrt ihn lange an. Loslassen, Pia. Schweren Herzens zerreißt sie ihn in tausend Stücke und wirft die Fetzen aus dem Fenster. In alle Richtungen wirbeln sie hinaus in die Nacht.

Lena

Es ist schon richtig finster, als Lena zu der frei stehenden Eiche hinübersprintet. Immerhin beleuchtet der Halbmond die Wiese, und die Sicht ist frei. Was, wenn ihr die Brüder eine Falle gestellt haben? Niemand weiß, dass sie hier ist, nicht einmal Lorenz. Er hat tief und fest geschlafen, als sie vorhin aus der Hängematte gestiegen ist. Sie erreicht den Baum mit dem Astloch auf Augenhöhe, greift hinein und ertastet eine knisternde Plastiktüte. Im Mondlicht erkennt sie, dass sie mit Geld gefüllt ist, große Scheine in zwei Bündeln. Ihre Drohung scheint gewirkt zu haben, die Brüder haben geliefert. Ein Felsbrocken fällt ihr vom Herzen, und sie rennt sofort zur Hängematte zurück. In dieser letzten Nacht des Retreats genießt sie eine der klarsten Sternennächte dieses Sommers. Fünf Sternschnuppen hat sie gezählt, bis sie endlich ausreichend Mut gesammelt hatte, um das Versteck aufzusuchen. Sie schiebt die Tüte unter das Kissen und kuschelt sich an den schlummernden Lorenz.

»Wo warst du?«, fragt er plötzlich. Sie zuckt zusammen.

»Nur schnell zur Toilette.«

Sie wird ihm von ihrem Vorhaben erzählen, wenn das Retreat vorbei ist. Überhaupt müssen sie dann erst mal in Ruhe über alles reden. Ihre Zukunft und so.

»Warum lügst du mich an?«

Scheiße, Lena.

»Können wir morgen darüber reden, wenn die Gäste abgereist sind? Bitte.«

»Ich dachte, wir wollten ehrlich zueinander sein.«

So einfach macht er es ihr nicht. Und sie ist sonst ja auch ein Fan von Ehrlichkeit.

»Okay, wenn du es unbedingt wissen willst: Es gibt geniale Neuigkeiten. Ich habe nämlich deinen Hanfanteil organisiert. Das Geld steckt in einem Plastiksack unter meinem Kopfkissen. Eigentlich wollte ich dich morgen damit überraschen.«

»Du warst bei meinen Brüdern?«, fragt er entgeistert.

»Vor ein paar Tagen habe ich ihnen einen nächtlichen Besuch abgestattet. Ich finde das absolut nicht okay, dass sie die ganze Hanfkohle kriegen und du nichts.«

Sein Körper verhärtet sich vor lauter Anspannung. »Haben sie dir das Geld einfach so gegeben?«

»Ganz so leicht war es nicht. Ich habe ihnen gedroht, dass ich sie sonst bei der Polizei anzeigen werde. Das hat gewirkt.«

Er schweigt, laut atmend.

»Du könntest ruhig ein bisschen Dankbarkeit zeigen. Freiwillig hätten die keinen Franken herausgerückt.«

Er schweigt immer noch.

»Hallo?«

Sie hasst das, wenn er nichts sagt und sie Dinge nicht ausdiskutieren können.

»Ich wollte das nicht«, erwidert er dann.

»Wie bitte?«

Das wird ja immer bunter.

»Es sind meine Brüder, und es war mein Geld. Warum hast du dich da eingemischt?«

»Damit du was zum Leben hast, Lorenz. Von Luft und Liebe wird man nämlich nicht satt!«

Wieder schweigt er, eine gefühlte Ewigkeit lang.

»Sag doch was«, hakt sie nach. Die Spannung erdrückt sie fast.

»Ich wollte mich nach dem Retreat mit meinen Brüdern zusammensetzen und alles klären. Ich weiß, dass ich dir Geld schulde. Das werde ich dir zurückzahlen.«

»Darum geht es mir doch gar nicht.«

»Worum geht es dir dann?«

Sie schluckt. Ja, worum geht es ihr eigentlich? Um Gerechtigkeit? Oder hat sie einfach Angst davor, dass er auf ihre sowieso schon bescheidenen Kosten bei ihr leben will?

»Ich wollte einfach nicht, dass …«, stammelt sie und verliert sich im Satz.

»Meine Brüder sind schwierig. Aber es sind immer noch meine Brüder.«

»Aber von irgendwas musst du doch leben.«

»Ich bin Bergbauer, schon vergessen? Vielleicht bleibe ich auf dem Hof bei den Kühen. Oder kaufe weitere Tiere dazu und beantrage Subventionen. Oder baue eine Ferienwohnung ein. Ich weiß es noch nicht. Ich wollte das mit meinen

Brüdern klären. Das ist nicht deine Angelegenheit.« Seine Stimme bebt. So hat sie ihn noch nie erlebt. Der sonst so friedfertige Lorenz ist wütend.

»Tut mir leid. Ich dachte, dass ich dir damit helfe. Mit dem Geld bist du vorläufig frei und kannst tun und lassen, wonach dir ist. Vielleicht willst du ja jetzt nach Japan reisen und lernen, wie man so richtig professionell Zen-Gärten anlegt?«

»Du willst nicht, dass ich bei dir wohne. Stimmt's?«

Jetzt schweigt sie. Nein, dieses Gespräch kann nicht gut enden. Was soll sie ihm bloß sagen? Sie hat keinen blassen Schimmer, wie es weitergehen soll, wenn alle weg sind. Wenn nur noch sie beide hier sind, in ihrem kleinen Bergbauernhaus, ohne einen Plan für die Zukunft. Bei dieser Vorstellung schnürt es ihr die Luft ab. Sein enttäuschter Blick, der sekundenlang auf ihr ruht. Sag doch was. Sag ihm, dass du ihn gernhast. Sag ihm, dass ihr sicher eine Lösung für eure Wohnsituation findet. Sag ihm irgendetwas. Doch sie findet keine Worte. Bis Lorenz schließlich den Plastiksack unter dem Kissen hervorklaubt, in seine Schuhe schlüpft und in der Dunkelheit verschwindet.

Lena liegt für den Rest der Nacht wach da und starrt in den Himmel. Ab morgen hat sie die Alp wieder für sich. Nie hat sie sich einsam gefühlt vor dem Retreat, aber damals wusste sie auch noch nicht, wie bereichernd es ist, wenn Leben auf der Alp herrscht. Sicher wurde es ihr manchmal zu eng und zu viel. Dennoch hat sie das Zusammensein mit den Gästen genossen – insbesondere auch mit Lorenz. Der sich so mühelos in die Gruppe eingefügt hat. Der immer geholfen hat, wenn es etwas zu tun gab. Der ihren mickrigen Vorgarten in einen Zen-Garten verwandelt hat. Der ...

Als es dämmert, wird ihr klar, dass er heute Nacht nicht mehr zurückkommen wird. Sie wird den Tag ohne ihn beginnen müssen und schleicht rüber in das Haus, wo Pia bereits Kaffee kocht. Lena ist froh, dass sie nicht nach Lorenz fragt. Gemeinsam richten sie das letzte Frühstück des Retreats.

»Freust du dich auf zu Hause?«, fragt sie ihre Schwester.

»Oh ja. Nichts gegen dein Bett, aber mich mal wieder in mein Kingsize kuscheln ...«

»Und auf deine Patienten?«

»Auch auf die.«

»Ich finde das bewundernswert, wie du dich tagtäglich mit den Sorgen anderer auseinandersetzt.«

»Ist auch nicht einfach, dabei immer die Balance zu halten.«

Lena hatte befürchtet, dass Silvans Abgang sie mehr mitnimmt. Doch Pia wirkt gelöst.

»Hast du den Brief schon gelesen?«

»Nein, und das werde ich auch nicht. Ich habe ihn in tausend Stücke zerrissen.«

»Wow. Da weiß eine Frau, was sie will.«

»So ist es. Ich will nichts mehr mit ihm zu tun haben. Soll er sein Leben selbst auf die Reihe kriegen.«

»Aber ein bisschen verguckt hattest du dich schon?«, hakt Lena nach.

»Wir haben ein paar schöne Stunden zusammen verbracht, das schon«, gibt Pia zu. »Vor allem, wenn ich alleine mit ihm war. Da habe ich eine Seite an ihm kennengelernt, die mir durchaus gefallen hat.«

Lena nickt. »Anfangs konnte ich ja nicht viel mit ihm anfangen, doch er hat sich echt gewandelt. Die letzten Tage hat er so engagiert im Zen-Garten gearbeitet. Lorenz hat ihn richtig ins Herz geschlossen.«

Sie spürt einen feinen Stich. Lorenz. Wo er wohl steckt? Wann er wieder zurückkommt? Wenn es um Beziehungskisten geht, haben Pia und sie eine Schraube locker, und zwar jene, welche die Beziehung zusammenhält. Vertrauen, Nähe, solche Sachen.

»Ich sage ja, er hat auch eine andere Seite«, sagt Pia und beißt sich auf ihre Unterlippe. »Das mit der Beförderung war übrigens auch eine Lüge. Er hat den Job nicht bekommen.«

»Haben die rausgekriegt, dass er seine Kunden betrogen hat?«

»Keine Ahnung. Wohl nicht, sonst hätten sie ihn gleich entlassen. Obwohl: Bei Silvan weiß ja niemand so genau, was stimmt und was nicht.«

Pia seufzt und schenkt sich eine Tasse Kaffee ein.

»Wo bleiben denn alle? Ist doch schon acht«, sagt sie dann. Fast gleichzeitig geht die Tür auf, und Peer stampft in die Stube. Er strahlt über das ganze Gesicht.

»Ich muss dringend aufs frühe Postauto, damit ich am Nachmittag wieder zu Hause bin«, erklärt er und beginnt mit dem Frühstück. »Meine vier Kinder und ihre Mütter holen mich am Bahnhof ab. Die ganze Familie! Ich freue mich total und sie sich auch. Es ist nämlich drunter und drüber gegangen in den letzten Wochen, und alle sind froh, wenn ich wieder zurück bin.«

»Das ist das Gute, wenn man mal einen Monat weg ist«, entgegnet Lena und grinst ihn an.

»Vom Thriller habe ich ihnen noch nichts erzählt. Das wird dann die große Überraschung. Ach Pia, deine Vollpension werde ich vermissen. Zu Hause stehe ich wieder am Herd, mit den stürmenden Kindern im Nacken. Kein Vergnügen.«

»Wem sagst du das«, bestätigt ihn Lena, »ich bin auch alles andere als eine leidenschaftliche Köchin.«

»Dafür kocht Lorenz doch gerne«, sagt Pia, »er hat mir oft geholfen.«

Peer beißt in ein dick bestrichenes Butterbrot und fragt: »Wo ist er eigentlich?«

In dem Moment betritt Uma die Stube, bereits mit ihrem Rollkoffer im Schlepptau. Außer einem Kaffee mit Hafermilch nimmt sie nichts zu sich, ihr werde sonst schlecht beim Postautofahren mit den vielen engen Kurven.

»Lena, bitte versprich mir, dass du dich liebevoll um die Schafe kümmerst«, sagt sie mit besorgten Kulleraugen.

»Klar«, antwortet Lena. Sie hat sich vorgenommen, die Schafe in den nächsten Tagen zu scheren.

»Danke euch für alles.« Uma erhebt sich, ihre Kaffeetasse ist noch halb voll. »Das war so inspirierend. Auch dir, Pia, fürs vegane Kochen. Big hugs für alle?«

Uma kann sich aus den langen Umarmungen kaum lösen.

»Dann sehen wir uns nächsten Sommer wieder? Mit einem so richtig hardcore Selbstliebeprogramm? Ich freue mich drauf!«

Uma schnappt sich ihren Rollkoffer, und schon ist sie weg. Auch Peer wickelt das letzte Butterbrot in eine Serviette und eilt auf das Zimmer. Eigentlich will er dasselbe Postauto wie Uma erwischen, muss aber noch fertig packen. Sie hören ihn im oberen Stock herumfuhrwerken. Von der ganzen Hektik wird auch Brigitte wach und setzt sich wenig später an den Frühstückstisch.

»Was, alle schon weg?«, fragt sie ungläubig.

»Die nehmen das frühe Postauto.« Eine Bemerkung, dass sie sich auf zu Hause freuen, kann Lena sich gerade noch verkneifen. Aus der Küche klimpert es laut, Pia summt dort vor sich hin.

»Ich möchte nach Hause«, gesteht Brigitte. »Mein altes Zuhause. Aber was werden die anderen dann über mich denken? Dass ich schwach bin und keine eigenen Träume habe?«

»Du kannst deine Träume doch auch leben, ohne auf ein Zuhause, deine Familie oder deine Freundinnen zu verzichten. Deshalb bist du doch nicht schwach«, sagt Lena.

Brigitte verschluckt sich fast an ihrem Haferbrei. Sie denkt eine Weile nach und antwortet dann: »Mit Anfang zwanzig war ich genau wie du, Lena. Völlig unabhängig und frei. Ich bin ein ganzes Jahr lang alleine mit dem Rucksack um die Welt gereist. So unbeschwert habe ich mich seither nie mehr gefühlt. Aber ich bin inzwischen ja auch vierundfünfzig. Das Verrückte ist, dass ich auch eine sehr häusliche Seite habe. Darum habe ich mich bei Walter und den Kindern auch immer so geborgen gefühlt.«

»Das ist nicht verrückt, Brigitte. Es ist nicht leicht, diesen unterschiedlichen Bedürfnissen in einem Leben gerecht zu werden.«

Pia kommt aus der Küche und setzt sich zu den beiden.

»Wenn ich nur wüsste, was ich will«, stöhnt Brigitte. »Ich weiß, wie dekadent sich das anhört. Aber so viele Möglichkeiten zu haben, überfordert mich.«

»Das kann ich gut nachvollziehen«, sagt Pia. »Ich hasse es, wenn ich nicht weiß, was ich will. Klar gehört Unsicherheit zum Leben, und jeder Mensch geht durch diese Phasen. Als Psychologin begleite ich ja sogar Menschen dabei und unterstütze sie bei anspruchsvollen Entscheidungen. Aber bei mir halte ich das fast nicht aus.«

Pias Offenheit freut Lena. »Genau in diesen Momenten braucht es meiner Meinung nach Annahme und Hingabe. Unser Leben ist nun mal eine bewegte Heldinnenreise mit Hochs und Tiefs. Das tut manchmal weh, gerade in den Zeiten, in denen wir uns neu orientieren.«

»Lena hat vorgeschlagen, dass es für mich sinnvoll wäre, erst mal im Kleinen anzufangen«, sagt Brigitte. »Vielleicht ist es nicht gleich die Weltreise, sondern erst mal eine längere Fernreise. Alleine oder mit einer Freundin. Mir gefällt es, wenn ich mich über die Erlebnisse des Tages austauschen kann.«

»Das hört sich nach einem stimmigen Plan an«, erwidert Lena und lächelt sie an.

»Und Walter – nun ja. Ich vermisse ihn schon ein wenig. Aber ob ich gleich zu ihm zurückkehren soll? Wir können uns ja mal für ein Abendessen verabreden. Ich freue mich darauf, ihn wiederzusehen und mit ihm über meine Erfahrungen zu reden. Wenn du nächsten Sommer wieder ein Retreat anbietest, bin ich auf jeden Fall dabei«, erklärt Brigitte und verlässt beschwingt die Frühstücksrunde, um zu packen. Auch das letzte Schäfchen scheint seinen Weg gefunden zu haben.

Lena seufzt erleichtert. »Und da waren es nur noch zwei.«

»Wo ist eigentlich Lorenz?«, fragt Pia plötzlich.

»Der ist gestern Nacht weggegangen. Ich glaube, er ist bei seinen Brüdern, um einige Dinge zu klären.«

»Dinge zu klären?«

Jetzt hat Pia den Konflikt gewittert. Da kommt sie nicht so einfach wieder heraus.

»Ja, wir hatten gestern Abend Streit.«

Bei diesen Worten zieht sich alles in ihr zusammen.

»Kann man mit Lorenz denn streiten? Der ist doch so friedlich.«

Falsche Frage. Immerhin erkennt Pia das an ihrer Reaktion.

»Weswegen denn?«, fragt sie schließlich.

»Ich habe mich in eine Geldfrage mit seinen Brüdern eingemischt. Die wandern ja nach Griechenland aus, und ich wollte vermeiden, dass er dabei leer ausgeht.«

»Und er hat das anders gesehen?«

»Er fand, dass es seine Sache sei, das mit seinen Brüdern zu klären.«

»Wo er ja auch recht hat.«

»Die Erkenntnis kam mir dann auch, ja.«

Leider erst etwas zu spät.

»Und jetzt?«

»Keine Ahnung. Er war ganz schön sauer und ist mitten in der Nacht weg. Dabei wollte ich ihm nur helfen.«

Sie tippelt zum Fenster und schaut rüber zum Hof. Nichts regt sich.

»Und was machst du, wenn er nicht wiederkommt?«, fragt Pia.

Sie zuckt mit den Schultern.

»Willst du denn, dass er zurückkommt?«, hakt sie nach.

Oje. Sie ist mitten im schwesterlichen Psychoverhör gelandet. Da wollte sie nicht hin.

»Klar will ich ihn auch weiterhin sehen, ich habe ihn echt gern. Aber gleich zusammenziehen – das ist schon ein Riesenschritt für mich.«

»Kann er denn auf dem Hof bleiben, wenn seine Brüder nicht mehr da sind?«

Wenn sie das wüsste. Wenn sie nur irgendetwas wüsste.

»Habt ihr nie darüber geredet?«

»Nein, wir waren beide so vom Retreat absorbiert.«

Pia nickt streng. Das macht sie bei ihren Patienten sicher auch, wenn sie mit deren Antworten nicht zufrieden ist.

»Schade. Ich mochte ihn irgendwie. Er ist so anders als alle Menschen, die ich kenne.«

Warum schade? Es ist doch noch nicht alles vorbei. Doch für Pia ist das Gespräch beendet, sie verschwindet in die Küche und ruft: »Ich putze hier noch alles fertig. Willst du mit den Zimmern beginnen?«

Wie meistens gibt es gegen Pias Pläne nichts einzuwenden. Dennoch beginnt Lena halb trotzig mit dem Putzen von

Bad und Toilette. Dazwischen verabschiedet sie Brigitte, die sie herzlich an sich drückt und ihr ein baldiges Walter-Weltreise-Update verspricht.

Eigentlich hasst sie putzen, doch heute macht es ihr nichts aus. Fast genießt sie die monotone Arbeit, bei der sie das Retreat ausklingen lassen kann, indem sie die Spuren der Gäste entfernt. Sie hat das Radio in der Stube laut aufgedreht und bewegt sich beim Schrubben im Takt der Musik. Bei den Liedern, die sie kennt, singt sie laut mit. Bald hat sie die Alp wieder für sich, und dank Pias strengem Regime sogar frisch aufgeräumt und geputzt. Sie selbst hätte vermutlich erst einen Faulenztag in der Hängematte eingelegt. Kurz vor Mittag ist das ganze Haus gefegt, und Pia kocht mit den Speiseresten eine Mahlzeit für sie beide.

Lena holt dafür schon mal den Kräuterschnaps aus dem Regal. »Mensch, Pia. Wir können echt stolz auf uns sein.«

Lena füllt die Schnapsgläser, während Pia sich müde auf die Sitzbank plumpsen lässt.

»Irgendwie schon witzig, was bei dieser Selbstfindungsreise alles herauskam, findest du nicht? Ein Thriller-Autor, eine Sheepfluencerin, ein reuiger Banker und eine Weltreisende mit Heimweh«, zählt Lena auf. Pia grinst sie nur an, und dann stoßen sie auf das Retreat an.

»Mensch, ist der bitter«, sagt Pia und verzieht das Gesicht.

»Gut für den Magen, heißt es. Sorry, dass das Kochen so viel von deiner Zeit in Anspruch genommen hat.«

»Ach was, es hat Spaß gemacht. Und ich kann mich schlecht mit weniger zufriedengeben. Daran sollte ich noch ein bisschen arbeiten.«

»An deinem Perfektionismus?«

»Ja, der darf auch mal pausieren. Weißt du, was ich mir vorgenommen habe? Dass ich künftig weniger Patienten behandle, damit ich mehr Zeit und Energie für anderes habe. Eigentlich liebe ich meinen Job ja, und Kochen ist ein toller Ausgleich dazu. Gerade auch für viele Menschen. Das möchte ich irgendwie weiterführen. Und bei dir?«

»Ich fand's fordernd, aber auch total abgefahren, wie sich die Gäste entwickelt haben. Obwohl es am Anfang ja nicht danach aussah, dass aus dem Retreat noch was wird.«

»Du bist in deine Rolle hineingewachsen.«

Lena füllt die Schnapsgläser erneut randvoll. »Ich werde dich jedenfalls vermissen, Pia.«

»Du meinst, mein Essen?«

»Nein, ich meine das wunderbare schwesterliche Gesamtpaket.«

»Ich dich auch, Lena.«

Am liebsten würde sie ihrer Schwester um den Hals fallen, aber das wäre wohl zu viel der großen Gefühle so kurz vor dem Abschied.

»Denkst du, Silvan hat das ernst gemeint mit dem Geld zurückzahlen?«, fragt sie stattdessen.

»Keine Ahnung. Ich würde mir nicht allzu viel Hoffnung machen.«

Sie nickt. Trotzdem ist sie zuversichtlich, er schien seine Tat ernsthaft zu bedauern.

»Hast du schon Zukunftspläne für die Alp?«, fragt Pia.

»Ich könnte mir vorstellen, auch weiterhin Retreats anzubieten oder vielleicht ein, zwei Zimmer an Gäste zu vermieten, die mal Bergluft schnuppern wollen.«

»Und was ist mit deiner Idee, Bergbäuerin zu werden?«

Pia weiß schon, wie man die richtigen Fragen stellt.

»Das reizt mich auch. Aber da müsste ich noch viel lernen.«

»Gibt es dafür keine Ausbildungen?«

»Die gibt es. Am liebsten möchte ich beides tun. Aber alleine wäre das wohl zu viel.«

Jetzt scheint Pia das Dilemma zu verstehen. Lorenz wäre natürlich der ideale Partner dafür – inklusive Kühe. Pia wirft einen Blick auf die Wanduhr. In einer Stunde fährt das nächste Postauto, und sie muss noch packen. Wenig später stehen sie beide vor der Alphütte, Pia mit ihrem prall gefüllten Rucksack. Lang und breit erklärt sie Lena, was sie mit den übrigen Lebensmitteln noch kochen kann, bis Lena sie unterbricht: »Kommst du im Winter mit mir nach Indien? Erst unsere Eltern besuchen, dann eine Rundreise machen?«

Pia schaut sie überrascht an. »Ich glaube nicht, dass das eine gute Idee ist.«

»Das hast du beim Retreat erst auch gesagt.«

»Ja, aber … da ging es nicht um unsere Eltern.«

»Du kannst es dir ja überlegen. Aber ich habe fest vor zu fahren.«

Sie drückt Pia fest an sich, die nach Putzmittel und Abschied riecht.

»Tausend Dank für alles. Ohne dich hätte ich das nie geschafft.«

»Gern geschehen«, flüstert Pia ihr ins Ohr. Dann nimmt

sie ihren Rucksack und wandert los, über die Alpwiese Richtung Wald. Lena schaut ihr mit klopfendem Herzen nach. Sie ist Pia ein Riesenstück nähergekommen in den letzten Wochen. Ihrer großen Schwester, die sie über alles liebt und auf die sie immer zählen kann. Sie wird ihr in den nächsten Tagen einen Brief schreiben und sich noch mal für alles bedanken.

Es ist ein befreiendes Gefühl, die Alp wieder für sich zu haben. Immer könnte sie das nicht, auf so engem Raum mit so vielen Leuten zusammenleben. Sie betritt ihr Zimmer, das noch nach Pia riecht, und legt sich auf das Bett. Vor dem offenen Fenster zirpt der Alpsommer, ansonsten ist es still. Heute wird sie das erste Mal seit einem Monat wieder in ihrem Bett schlafen. Ein bisschen freut sie sich darauf. Obwohl sie sicher auch in den nächsten Tagen einige Nächte draußen schlafen wird.

Es gab viele Erfahrungen während des Retreats, die aufwühlend waren und die sie an ihrer verletzlichen Stelle berührt haben. Sie ist stolz darauf, dass sie drangeblieben ist, dass sie alle drangeblieben sind. Denn darum geht es doch irgendwie im Leben, um das Lebendigsein, auch wenn das manchmal ganz schön wehtut.

Plötzlich hat sie voll Bock auf ihre Schafe. Die Tiere traben ihr freudig entgegen, als sie die Weide betritt. An deren gestylten Auftritt muss sie sich allerdings erst noch gewöhnen. Gegen Abend regnet es, dann werden die Pflanzenfarben aus dem Fell gewaschen, wenn sich die Schafe nicht vor lauter Eitelkeit im Stall verstecken. Inzwischen haben sich alle um sie versammelt, die vordersten stupsen sie an und wollen gestreichelt werden. Selbst Karl Ludwig geht mit seinen krummen Hörnern auf Tuchfühlung. Das will was heißen.

Sie wird die nächsten Tage viel Zeit haben, sich um sie zu kümmern. Die Vorstellung, neben den Schafen noch weitere Tiere auf dem Hof zu halten, gefällt ihr. Ziegen, Kühe, vielleicht sogar einen zutraulichen Hofhund, dem sie abends über die Schnauze streicheln kann, wenn sie nach getaner Arbeit auf der Ofenbank entspannt. Ein spiritueller Bergbauernhof mit Zen-Garten, Yogabereich und Meditationsecke. Tränen kullern ihr über die Wangen. Die ganze Anspannung der letzten Wochen fällt von ihr ab. Doch da ist noch mehr, was sie traurig macht.

Siebter Teil

Pia

Gleich sind sie da. Wie sehr Pia diesen Moment liebt, kurz bevor die Gäste zur Tür hereinkommen. Der vegane Nussbraten im Ofen hat schon eine knackige Kruste, die Prosecco-Gurkensuppe steht ästhetisch angerichtet auf dem Tisch, der Wein atmet in der Karaffe. Für einen Samstagabend im August ist es herbstlich, wie überhaupt die letzten Tage, es regnet viel, und die ersten Blätter verfärben sich schon. Seit zwei Wochen ist sie wieder zu Hause – und genießt die Vorzüge der Zivilisation. Auf dem Balkon, den sie bis dahin kaum genutzt hat, stehen Kräutertöpfe vom Markt und ein Tisch mit zwei Gartenstühlen. Der perfekte Frühstücksort mit Morgensonne. Selbst bei Regen setzt sie sich mit ihrem Kaffee heraus, um den Morgen zu begrüßen. Sie ist erstaunt, wie gelassen sie immer noch ist – zu Hause, bei der Arbeit, eigentlich bei allem. Obwohl das Retreat nicht nur erholsam war, konnte sie doch einiges vom Spirit mitnehmen. Sie schafft es sogar, am Dienstagabend in die Yogastunde und am Wochenende zu meditieren.

Heute hat sie länger mit Lena telefoniert, wie schon letzten Samstag. Beide genießen es, wieder ihr Reich für sich zu haben, vermissen sich aber auch. Lorenz ist nicht zurückgekommen, dafür hat Silvan Wort gehalten. Lena hat wenige Tage nach Ende des Retreats einen Anruf von Frau Eisenhut erhalten, bei dem diese sich mehrfach für die falsche Berechnung der Zinsen entschuldigt hat. Den Betrag hat sie sofort zurücküberwiesen. Lenas heitere Stimme am Telefon zu hören, tat gut, und sie hat sich mit ihr über die Neuigkeiten gefreut.

Es war Silvan also ernst. Leider ändert das nichts an ihrer Situation. Auf der Rückreise hat sie seine Nummer aus ihren Kontakten gelöscht, mehr als Selbstschutz. Nur einmal hat sie nachts in einem schwachen Moment im Internet nach ihm gesucht. Doch außer ein paar Karrieremeilensteinen und einem unpersönlichen Instagramprofil hat sie nichts über ihn herausgefunden. Was ihr gerade recht war.

Sie hat weder Ines noch Matteo von ihm erzählt. Was soll sie denn schon sagen? Dass sie sich höchst unprofessionell in einen Retreat-Teilnehmer verknallt hat, der meist schnoddrig war, ihre Schwester über den Tisch gezogen und sie selbst mehrfach angelogen hat? Während sie sich ihm dummerweise geöffnet und sehr Persönliches anvertraut hat. Aber egal. In ein paar Wochen wird sie ihn vergessen haben.

Es klingelt.

Wenig später sitzen Ines, Janis, Tim, Selina, Matteo und Damaris bei ihr in der Stube am Küchentisch und loben das Amuse-Bouche, das sie serviert.

»Jetzt erzähl schon«, ruft Selina bereits zum zweiten Mal. Vorhin war Pia noch so mit Begrüßen beschäftigt, dass sie die neugierigen Fragen auf später verschoben hat. »Also«, sagt sie schließlich. Im Zentrum ihrer Lieblingsmenschen zu stehen, das will sie auskosten. Und dann beginnt sie zu erzählen.

Ihr Erlebnisbericht wird immer wieder von Fragen und Kommentaren zum unerwarteten Actionreichtum des Retreats unterbrochen.

»Mit Lena wird es nie langweilig, was?«, sagt Ines, als Pia fertig ist, die Runde aber immer noch an ihren Lippen hängt.

»Kommt sie bald mal wieder zu Besuch?«, will Ines wissen.

»Das wird sie bestimmt. Sie muss erst noch ein paar Dinge klären da oben.«

Mehr will sie zu Lenas turbulentem Liebes- und Alltagsleben nicht sagen. Das kann sie selbst tun, wenn sie das möchte.

»Jedenfalls habe ich noch andere News«, sagt Pia und räuspert sich.

»Du bist mit einem Teilnehmer durchgebrannt, und ihr habt in Las Vegas heimlich geheiratet?«, spekuliert Tim. Er hat die Lacher auf seiner Seite. Wenn der wüsste!

»Fast. Die Hochzeit findet erst noch statt, und ihr seid alle herzlich eingeladen«, kontert sie.

»Echt wahr?«, fragt Tim.

»Unsinn. Willst du es ihnen sagen, Damaris?«

»Nein. Du bist schließlich die neue Geschäftsführerin.«

Geschäftsführerin. Das hört sich so wichtig an. Sie spürt, wie sie errötet.

»Damaris und ich werden ab sofort jeden zweiten Freitag im Monat sogenannte »Friendly Dinners« anbieten. Heißt, wir werden zusammen groß kochen und anschließend in einer bunten Runde speisen. Dazu dürfen sich Freunde, Kolleginnen und Fremde anmelden, die Zahl der Plätze ist aber begrenzt.«

»Dann ist dieses Essen nur ein Werbe-Event?«, fragt Ines, und ihr Pony wackelt vor Schalk.

»Absolut. Wartet nur, bis ihr das Zaziki von Damaris gegessen habt. Dann ist es um euch geschehen.«

»Mich hattet ihr schon beim Amuse-Bouche. Keine Ahnung, was dadrin ist, aber es schmeckt phänomenal.«

Ihre Idee vom gemeinsamen Kochen für Freunde und Fremde ist bei ihrer alten Studienkollegin Damaris auf offene Ohren gestoßen. Ihre Eltern betreiben das beste griechische Restaurant der Stadt, und genau wie Pia ist Damaris eine begeisterte Freizeitköchin, die Lust auf mehr hat. Die Kochuhr zwitschert aus der Küche. Ein Geschenk von Ines. Der Nussbraten ist gar.

Lena

Lena liegt dösend auf der Bank ihres Kachelofens und schmiegt sich in die wohlige Wärme hinein. Seit vielen Wochen hat sie den Ofen mal wieder angefeuert. Die Alp war heute Morgen in ein Nebelkleid gehüllt, eine Erinnerung daran, dass der Sommer nicht mehr lange dauert. Gestern ist sie mit zwei Dosen Ravioli, Kamillentee, Schokokeksen und einem Batzen fürs Feuerholz auf die Unwetteralp gewandert und hat alles in der Hütte hinterlassen – zusammen mit einer anonymen Dankesnotiz.

Bald wohnt sie ein Jahr hier. Lena erinnert sich noch sehr genau an den Tag, an dem sie hier eingezogen ist. Gemeinsam mit zwei Freundinnen hatten sie ihr Hab und Gut in sechs vollen Rucksäcken auf die Alp geschleppt. Da sie die Jahre zuvor überwiegend im Ausland gelebt hatte, besaß sie eh nur das Nötigste. Ein paar Relikte aus der Kindheit durfte sie in Pias Keller zwischenlagern.

Selten war sie sich bei etwas so sicher und hat sich gleichzeitig so sehr davor gefürchtet. Eine Alp zu kaufen! Obwohl sie so günstig war, dass selbst sie es sich leisten konnte – mit einem kaum existenten Einkommen und dem letzten Ersparten ihrer Eltern. Intuitiv wusste sie sofort, dass dies der Ort ist, an dem ihre Seele ankommen kann. Wenn sie auf der Ofenbank liegt, fühlt sie das immer noch tief in sich. Aber sie spürt auch, dass es Zeit wird, einen Schritt weiterzugehen.

Lorenz ist nicht zurückgekommen. Sie hat keine Ahnung, ob er bei seinen Brüdern untergekommen ist oder ob er ganz weg ist. Mehrmals täglich beobachtet sie den Nachbarhof, doch sieht sie ihn nie um das Haus huschen oder auf dem Hof arbeiten. Die Brüder sind die meiste Zeit bei ihrem Vieh auf der Alpweide. Nur einmal hat sie die beiden zu Gesicht bekommen, als sie mit ihrem Traktor im Mordskaracho die schmale Alpstraße hochgedonnert sind. Nachts brennt in einem schmalen Fenster unter dem Dach noch lange Licht. Das könnte sein Schlafzimmer sein. Ob er dort auf dem Bett liegt und liest? Vielleicht ist es auch das Zimmer von einem seiner Brüder.

Warum ist er nicht zurückgekommen? Natürlich hat sie eine Grenze überschritten, aber sie hat es doch nur gut gemeint. Jedes Mal, wenn sie am Zen-Garten vorbeiläuft, tut es weh. Wie harmonisch das Wasser vor sich hin plätschert und wie friedlich alles wirkt. Lorenz hat ihr am Tag vor seinem Verschwinden vorgeschlagen, dass sie nach der Abreise der Gäste am Morgen jeweils gemeinsam im Zen-Garten meditieren könnten.

Jetzt ist es mehr als zwei Wochen her, dass er weg ist. Und sie, die immer am liebsten unabhängig und frei war, vermisst plötzlich jemanden.

Die letzten Tage hat sie viel Zeit bei Alma verbracht und ihr im Kräutergarten geholfen. Die Ablenkung tat ihr gut. Alma meinte, dass sie ihm Zeit geben soll. Dass er schon wiederkäme, wenn er das möchte.

Und wenn er nicht mehr möchte, Alma?

Lena versucht zu meditieren, bricht aber nach zehn Minuten wieder ab, es ziehen zu viele Wolken über den stürmischen Himmel. Es gibt so vieles, das sie ihm sagen möchte. So wahnsinnig viel. Allmählich verliert sie die Geduld. Vielleicht ist er ja zu Hause und ist bereit, mit ihr zu reden? Oder wenigstens sich anzuhören, was sie ihm zu sagen hat? Sie muss das Risiko eingehen, sonst dreht sie noch durch.

Ihr Puls rast, als sie vor dem Nachbarhof steht, der noch heruntergekommener wirkt als zuvor. Es ist abends gegen acht, früher hätte er um die Uhrzeit im Zen-Garten gearbeitet. Sie schleicht um das Haus. Der Regen der letzten Tage hat die Kuhtritte aufgelöst und den Zen-Garten in ein einziges Matschfeld verwandelt. Wie trostlos alles aussieht. Über ihr öffnet sich ein Fensterladen.

»Er ist nicht hier!«, keift einer der Brüder hinaus.

Sie kann kein Gesicht erkennen, hört nur eine erregte Stimme. Sofort verschwindet sie vom feindlichen Hof. Das hatte sie fast befürchtet. Bevor sie ihre Alp erreicht, schlagen ihre Beine den Wanderweg ins Dorf ein. Lorenz ist nicht da, und das bedeutet, dass er irgendwo ist und sie das vielleicht niemals herausfinden wird. Seine Brüder werden es ihr sicher nicht verraten, falls die überhaupt mehr wissen. Obwohl sie den Pfad in- und auswendig kennt, stolpert sie einmal. Kein Wunder, so schnell, wie sie durch den Regen rennt. Im Dorf setzt sie sich auf die Bank vor der Kapelle, trotz des feuchten Holzes. Das Dorf ist wie ausgestorben. Bei diesem Schmuddelwetter bleiben die Leute lieber zu Hause. Ihre Kleider sind völlig durchnässt, und sie friert. Warum ist sie bloß hierhergekommen? Sie hat noch nicht einmal ihren Geldbeutel dabei. Die Situation erinnert sie an ihren frustrierenden Bankbesuch bei Frau Eisenhut. Damals hat nur Alkohol geholfen. Vreni lässt sie sicher einen Schnaps anschreiben.

Das Pöstli ist voll, die Einheimischen jassen an den Tischen, es herrscht eine ausgelassene Stimmung. Sie widerstrebt dem ersten Impuls, gleich wieder umzukehren, und setzt sich stattdessen an den Tresen. Nur ein Schnaps, dann ist sie weg. Vreni eilt mit einem vollen Tablett Bier an ihr vorbei und grüßt sie mit einem Nicken. War ja klar, dass sie keine Zeit zum Plaudern hat, an einem Samstagabend, wenn der Laden voll ist. Vrenis mittlerer Sohn Roby steht am Zapfhahn. Im Gegensatz zu seinem älteren Bruder scheint der noch ganz altmodisch an harte Arbeit zu glauben. Er schiebt ihr ein Glas Kräuterschnaps rüber. »Den scheinst du brauchen zu können.«

Im Hintergrund scheppert laute Volksmusik, sie versteht kaum, was er sagt. Sieht sie so verzweifelt aus? Sie kippt den Schnaps in einem Schluck herunter. Eine angenehme Wärme breitet sich in ihrem Hals aus, die sich leider schnell wieder verflüchtigt.

»Kann ich den anschreiben lassen?«, ruft sie Roby zu.

»Geht aufs Haus«, ruft er zurück. »He, bevor du gehst. Franz hat deine Post hiergelassen. Du warst schon ewig nicht mehr am Schalter, darum hat er deine Briefe Vreni gegeben.«

»Kann ich die ein andermal holen?«

Doch Roby hat sich schon gebückt und grapscht unter dem Tresen ein gebündeltes Paket Briefe hervor. Er überreicht ihr die Umschläge mit den üblichen langweiligen Rechnungen drin. Immerhin ist sie inzwischen so weit, dass sie alle brav öffnet und pünktlich bezahlt. Zwischen den trostlosen Kuverts sticht eine bunte Postkarte hervor, mit einem kitschigen Sonnenuntergang über dem Meer darauf. Darüber steht der Name einer Insel in griechischer Schrift. Sofort dreht sie die Karte um.

Liebe Lena,
tut mir leid, dass ich einfach so weggegangen bin. Ich bin nach Griechenland gefahren. Es ist wahnsinnig heiß hier. Ich verbrenne mir die Füße im Sand. Die Weite des Meeres ist schön. Die Sonnenuntergänge auch. Doch ich vermisse die Berge und dich. Ich möchte zurückkommen, den Hof weiterführen. Ohne meine Brüder. Das weiß ich jetzt. Morgen werde ich die Fähre nehmen und dann den Zug in Athen. Ich bin bald wieder zu Hause.

Liebe Grüße
Lorenz

Sie starrt auf die Briefmarke, das Datum des Stempels ist zwei Tage alt. Bald ist Lorenz wieder da. Ihr Herz beginnt, wild zu klopfen. Sie ist bereit für ihn.

Pia

»Ich habe mich noch nie in meinen Leben so zufrieden gefühlt«, sagt Frau Stoll und setzt sich mit erhobenem Haupt auf das Patientensofa. Pia lächelt. Die längere Therapiepause hat ihnen beiden gutgetan. Ihre Patientin hat ein Leuchten auf dem Gesicht, das ihr neu ist.

»Single zu sein, ist einfach das Beste. Ich weiß nicht, warum ich je geheiratet habe. Das waren so naive Mädchenfantasien, die mich da geritten haben«, fährt sie fort.

»Wie lange sind Sie denn schon Single?«, fragt Pia.

»Seit wir uns das letzte Mal gesehen haben – und es hat keinen einzigen Rückfall gegeben. Ich bin alleine einfach besser dran. Diese Streitereien mit meinem Ex haben mich so ausgelaugt.«

»Dann sind Sie zu der Erkenntnis gekommen, dass Sie keine Beziehung führen möchten?«

»Absolut. Das Problem waren gar nicht unsere Beziehungsprobleme, sondern die Tatsache, dass ich lieber für mich sein möchte. Die Gesellschaft gaukelt uns doch vor, dass wir nur dann glücklich sind, wenn wir einen Mann, Kinder und ein Einfamilienhaus haben. Dabei ist das einfach nichts für mich.«

»Erfreulich, dass Sie das für sich herausgefunden haben. Es braucht Mut, sich gesellschaftlichen Erwartungen zu widersetzen und seinen eigenen Weg zu gehen.«

»Wem sagen Sie das. Ich war die letzten Jahre permanent in Beziehungen, Beziehungspausen oder Übergängen und habe mich gefragt, was eigentlich falsch mit mir ist. Dabei bin ich einfach ein zufriedener Single. Sind Sie liiert, Frau Wunderlich?«

»Nein, bin ich nicht.«

»Auch glücklich alleine?«

»Die meiste Zeit«, antwortet sie knapp. Eigentlich spricht sie mit ihren Patientinnen und Patienten nicht über ihr Privatleben und schon gar nicht über Themen, bei denen sie selbst nicht weiß, wo sie steht.

»Ich denke, dass wir die Therapie beenden können. Ich bin stark genug für diese Welt«, erklärt Frau Stoll. Ihr neuer Mohairpulli ist völlig fusselfrei.

»Das sehe ich auch so.« Pia klappt ihr Notizheft zu und verabschiedet sich herzlich von Frau Stoll.

In der Küche bereitet sie sich ihren dritten Espresso zu – den letzten für heute – und setzt sich damit an das offene Fenster, das in den grünen Hinterhof führt. Fünf Uhr, Feierabend – und sie fühlt sich nicht ausgelaugt, seit sie die Anzahl ihrer Patienten reduziert hat und freitags meist freinimmt.

»Schon Feierabend?«, fragt Matteo und streckt seinen

Kopf durch die Tür. »Da arbeitet aber jemand an seiner Work-Life-Balance.«

»Weißt du was? An dem, was wir unseren Patienten so auf den Weg mitgeben, ist wirklich was dran.«

Er legt sein Matteo-Lächeln auf. »Wer hätte gedacht, dass dieses Retreat derartige Früchte trägt.«

»Gestern hätte ich mir in einem Dekoladen fast japanische Räucherstäbchen gekauft.«

»Hör auf, Pia. Sonst krieg ich Angst.«

»Danke noch mal, Matteo. Dass du mich motiviert hast, das durchzuziehen.«

»Gern geschehen. War das vorhin Frau S., die aus dem Praxisraum kam? Sie sah sehr heiter aus«, fragt er.

»Das war sie auch. Sie ist inzwischen glücklicher Single und braucht mich nicht mehr.«

»Da geht ja eine Ära zu Ende. Wie lange war sie bei dir in Therapie?«

»Mehr als drei Jahre.«

»Dieses Retreat scheint allen gut bekommen zu sein.«

»Du sagst es. Jetzt wäre ich bereit für diese Pilgerreise«, neckt sie ihn.

»Pia, ich erkenne dich nicht wieder!«

Das hat ihr gefehlt auf der Alp. Matteo und ihr psychohygienisches Gequatsche.

»Apropos Pilgerreise: Lena möchte im Winter mit mir nach Indien reisen, um unsere Eltern zu besuchen. Wie du dir vorstellen kannst, war ich anfangs alles andere als begeistert von der Idee.« Sie zwinkert. »Doch dann habe ich tief in mich hineingespürt, und irgendwie hat sie recht: Ich muss mich mal wieder mit meinen Eltern auseinandersetzen. Anschließend wollen wir noch durch Kerala reisen.«

Es klingelt. Matteos letzter Patient ist da.

»Aufregend. Ich muss leider. Aber über diese Indienreise will ich noch mehr erfahren.«

Schon ist er weg. Pia geht zurück in ihren Praxisraum und öffnet die Fenster. Wieder ein regnerischer Sommertag. Ihren Vorsatz, nach der Arbeit häufiger das Freibad zu besuchen, konnte sie diesen Sommer noch nicht oft umsetzen. Aber egal. Sie wird stattdessen durch die Feinkostläden der Stadt schlendern und sich inspirieren lassen. Die Freitagsdinner für die nächsten Monate sind bereits ausgebucht – und das nur durch Mundpropaganda. An der Weinbegleitung muss sie noch arbeiten.

Sie zuckt zusammen, weil sie hinter sich ein Geräusch hört.

In der Tür steht Silvan. »Hallo, Pia. Sorry, die Tür war offen. Ich war gerade in der Gegend …«

Überrumpelt starrt sie Silvan an und bringt kein Wort heraus.

»Habt ihr das Retreat noch gut zu Ende gebracht?«, fragt er.

»Ein voller Erfolg. Was willst du, Silvan?«

»Eigentlich bin ich gekommen, um dich zu fragen, ob du mir einen Therapeuten empfehlen kannst. Es gibt da ein paar Themen, an denen ich arbeiten möchte.«

Der geläuterte Silvan. Leider zu spät.

»Ich kann dir gerne ein paar Namen geben.«

»Danke.«

Schweigen. Immerhin plätschert draußen der Sommerregen auf den Asphalt.

»Hast du meinen Brief gelesen?«

»Nein.«

Sie sieht seine Enttäuschung und weiß sofort wieder, warum sie ihn nicht gelesen hat.

»Ich habe Lena das Geld zurückbezahlt. Hat sie es dir erzählt?«

Sie nickt. Er hat seine Haare geschnitten und sieht leider immer noch sehr gut aus. Anders, als sie ihn sich im realen Leben vorgestellt hat. Er trägt ein weißes T-Shirt und blaue Shorts, beides sehr casual und feucht vom Regen, der plötzlich eingesetzt hat. Meint sie das nur, oder klebt da Erde an seinen Kleidern? Er erinnert sie mehr an den Zen-Gärtner als an den Banker.

»Ich hüte seit ein paar Tagen einen Schrebergarten unweit deiner Praxis«, sagt er, ihren Blick deutend. »Von einem Kollegen, der sich das Bein gebrochen hat. Seit ich arbeitslos bin, habe ich jede Menge Zeit.«

»Du hast gekündigt?«

»Jep. Aber ich konnte vorher einiges wiedergutmachen.«

Die Stille ist erdrückend.

»Ich habe viel nachgedacht in letzter Zeit«, fährt er fort. »Ich bin zu einem Menschen geworden, der ich nicht sein will. Der ganze Druck hat mich fertiggemacht. Was aber keine Entschuldigung sein soll für mein Handeln. Ich bin zu weit gegangen. Viel zu weit.«

»Erkenntnis ist der erste Schritt zur Besserung.«

»Jetzt züchte ich Tomaten. Ich sage dir, die dicksten rötesten Tomaten im ganzen Schrebergarten.«

Da ist er wieder, der Superlativ-Silvan. Aber mit dieser Verspieltheit, die ihr so gefällt.

»Dann gehst du unter die Selbstversorger?«

»Weiß nicht, muss erst noch eine Runde darüber meditieren.«

Sie muss sich ein Grinsen verkneifen. Wie macht er das nur?

»Sonst noch was?«, fragt sie stattdessen. Gegen seine temporären Charmeoffensiven ist sie inzwischen gerüstet. Er schweigt und fixiert ihren Kaktus mit seinen Augen.

»Ich habe viel an dich gedacht. Dass ich das ziemlich vergeigt habe mit uns.«

Sie bekommt kaum Luft.

»Und?«, fragt sie streng. Bloß nicht einknicken.

»Einfach schade.«

Bestimmt braucht er jemanden, der ihm zuhört und zur Seite steht. Ein Workaholic mit Anerkennungstrauma aus der Kindheit, aktuell ohne Job, das ist ein großes Ding – und sie ist nicht seine Therapeutin.

»Ist vielleicht besser, wenn du jetzt gehst«, sagt sie.

Und zwar so weit weg, dass er sie kaltlässt. Irgendwo an den Nordpol.

»Vielleicht, ja. Mach's gut.«

Er dreht sich um und schleicht gebückt zur Tür. Der selbstbewusste Silvan, der sonst nie um einen Spruch verlegen ist. Und sie ist stark geblieben, obwohl er ihr sein Herz ein bisschen geöffnet hat. Da hilft es auch nicht, dass er viel an sie gedacht hat und Reue für seine Taten zeigt. Das wolltest du doch, Pia. Gleich ist er weg, und du kannst die komplizierte Akte Silvan schließen, für immer. Diese Art von Aufregung brauchst du nicht in deinem Leben. Du machst alles richtig, keine Frage. Doch warum fühlt sich Rechthaben so unglaublich falsch an?

»Ich finde es mutig von dir, dass du gekündigt hast«, hört sie sich sagen. Und dass du hergekommen bist und mir das alles gesagt hast und dass du an mich denkst, weil ich nämlich auch an dich denke.

Er ist schon fast aus der Tür verschwunden, dreht sich dann aber um und stammelt: »Ich hatte irgendwie keine andere Wahl.«

»Man hat immer eine Wahl«, sagt sie mehr zu sich selbst.

»Und bei dir? Irgendwelche Einsichten aus dem Retreat?«

»Ich arbeite weniger und koche mehr. Jeden zweiten Freitagabend für Bekannte und Fremde. Macht Spaß.«

»Cool. Falls du Tomaten brauchst, darfst du dich bei mir melden. Ich habe eine richtige Schwemme und weiß nicht, wohin damit.«

»Am Freitag wollte ich meine Gemüselasagne zubereiten.«

»Daran habe ich die beste Erinnerung. Ich hätte auch noch Zucchini und Auberginen im Angebot.«

»Dann sind wir im Geschäft.«

Ihre Brust entspannt sich, sie kann wieder atmen. Er lächelt sie erleichtert an.

»Es gibt um die Ecke eine tolle Weinbar«, sagt sie. »Da wollte ich ein paar Tropfen testen. Lust, mich zu begleiten?«

»Klar. Ich muss nur schnell meine Assistentin fragen, ob ich so spontan Zeit habe.«

Er zückt sein Handy und steckt es sofort wieder in die Tasche.

»Keine Termine bis Ende des Jahres.«

Jetzt muss sie lachen.

»Na, dann los!«, sagen beide im selben Moment.

Erste Regel der Achtsamkeit: Tief durchatmen und nicht in den CEO verlieben!

Sie predigt Achtsamkeit, während er schon von dem Wort Kopfschmerzen bekommt. Merle und Patrick verbindet nichts – außer, dass sie für vier Wochen unter einem Dach wohnen. Denn Patricks Mutter spürt, dass ihr Sohn auszubrennen droht, seit er das Familienunternehmen leitet, und quartiert deshalb kurzerhand die junge Achtsamkeitstrainerin Merle bei ihm ein.

Doch wie soll Merle einem Mann helfen, der sich stur wie ein Esel gegen alles wehrt, woran sie glaubt? Als sie den gutaussehenden Patrick schließlich besser kennenlernt, fliegen plötzlich nicht mehr die Fetzen, sondern die Funken ...

Christina Rentzing
Achtsam Herzen stehlen
Roman

Taschenbuch
Auch als E-Book erhältlich
www.ullstein.de

Astrologische Hilfestellung auf dem Weg zur Liebe: eine romantische Komödie für alle Zweiflerinnen!

Eigentlich glaubt Anja nicht an die Macht der Sterne. Als ihr Tageshoroskop ihr voraussagt, dass sie eine wichtige Beförderung nicht bekommt, ihr Freund sie betrügt und ihr Freundeskreis sie vergessen hat, lacht sie zunächst darüber. Als sich dann jedoch alles bewahrheitet, beschließt sie kurzerhand, ein Experiment zu starten: Innerhalb von sechs Wochen will sie den Mann ihres Lebens finden – und sich dabei ausschließlich auf Tarotkarten und ihr Horoskop verlassen. Doch ausgerechnet bei dem Mann, der ihr Herz höherschlagen lässt, könnte das Verdikt der Sterne nicht deutlicher sein: Als Wassermann ist er absolut tabu für sie. Sticht ihr Herz die Sterne?

Christina Rentzing
Aszendent zum Happy End
Roman

Taschenbuch
Auch als E-Book erhältlich
www.ullstein.de

ullstein

Eine Traumhochzeit auf Capri

Als ihre Nonna Tommasina sie bittet, in der kleinen Goldschmiede in Neapel einzuspringen, ist Chiara nicht gerade begeistert. Ihre Heimatstadt hatte sie mit einem gebrochenen Herzen verlassen. Zurück in der Via dell'Amore, dem Gässchen Neapels, in dem sich alles ums Heiraten dreht, erwarten sie Chaos und alte Spannungen. Doch bald wird alles besser: Chiara lebt sich ein und die Arbeit macht ihr Spaß. Bis sie beim Aufräumen auf eine vergessene Bestellung für Trauringe stößt. Spontan beschließt Chiara, die Ringe selbst nach Capri zu bringen. Ihr Herz macht einen Sprung, als sie sieht, wer der Trauzeuge ist ...

Der Auftakt der neuen Hochzeitsreihe auf den schönsten Inseln Italiens – mit Meeresglitzern und ganz viel Amore!

Roberta Gregorio
Capri bedeutet für immer
Roman

Taschenbuch
Auch als E-Book erhältlich
www.ullstein.de

ullstein

Eine Freundin ist jemand, der alles von dir weiß und dich trotzdem liebt

Mia, Poppy, Schröder und Amelie sind seit ihrer Jugend »die Spaghettifreundinnen«. Schließlich gibt es kein Problem auf dieser Welt, das man nicht gemeinsam bei einem Teller Pasta lösen könnte. Leider treffen sie sich nicht mehr so oft, auch, weil Amelie mittlerweile in Italien lebt, als erfolgreiche Malerin in einem Castello. Das Leben der Freundinnen ändert sich schlagartig, als sie die Nachricht von Amelies plötzlichem Tod erreicht. Die drei haben eine Woche Zeit, um ihr Erbe anzutreten – das Castello. Als sie in der Toskana ankommen, ist alles anders als gedacht: Das Castello ist eine Ruine, Amelie war völlig verarmt. Und auch zwischen Mia, Poppy und Schröder gibt es mehr Lügen und Geheimnisse als Spaghetti auf einem Teller ...

Silke Neumayer
Keine Spaghetti sind auch keine Lösung
Roman

Taschenbuch
Auch als E-Book erhältlich
www.ullstein.de

ullstein

Mit den Blumentöchtern ins sagenumwobene Island

Soley hat alles, was sie sich je erträumt hat: Erfolg, Geld, einen gutaussehenden Freund. Doch obschon von den Fans bejubelt, fühlt sich die Sängerin auf der Bühne so allein wie noch nie. Als nach dem Tod ihrer Großmutter Rose auf dem Familienanwesen das Ölgemälde einer Frau auftaucht, die aussieht wie sie, glimmt eine Sehnsucht in ihr auf. Sie muss herausfinden, wer diese Frau war und was sie mit ihr zu tun hat. Auf eigene Faust folgt sie den Spuren des Bildes nach Island, und sie taucht ein in die Geschichte eines Landes, mit dem sie tiefer verbunden ist, als sie es je hätte ahnen können …

Tessa Collins
Die Wildblütentochter
Roman

Klappenbroschur
Auch als E-Book erhältlich
www.ullstein.de

ullstein